Klaus North | Stefan Güldenberg

Produktive Wissensarbeit(er)

Klaus North | Stefan Güldenberg

Produktive Wissensarbeit(er)

Antworten auf die Management-Herausforderung des 21. Jahrhunderts

Mit vielen Fallbeispielen

- Performance messen
- Produktivität steigern
- Wissensarbeiter entwickeln

Bibliografische Information der Deutschen Nationalbibliothek
Die Deutsche Nationalbibliothek verzeichnet diese Publikation in der
Deutschen Nationalbibliografie; detaillierte bibliografische Daten sind im Internet über
<http://dnb.d-nb.de> abrufbar.

1. Auflage 2008

Alle Rechte vorbehalten
© Gabler | GWV Fachverlage GmbH, Wiesbaden 2008

Lektorat: Ulrike M. Vetter

Gabler ist Teil der Fachverlagsgruppe Springer Science+Business Media.
www.gabler.de

Das Werk einschließlich aller seiner Teile ist urheberrechtlich geschützt. Jede Verwertung außerhalb der engen Grenzen des Urheberrechtsgesetzes ist ohne Zustimmung des Verlags unzulässig und strafbar. Das gilt insbesondere für Vervielfältigungen, Übersetzungen, Mikroverfilmungen und die Einspeicherung und Verarbeitung in elektronischen Systemen.

Die Wiedergabe von Gebrauchsnamen, Handelsnamen, Warenbezeichnungen usw. in diesem Werk berechtigt auch ohne besondere Kennzeichnung nicht zu der Annahme, dass solche Namen im Sinne der Warenzeichen- und Markenschutz-Gesetzgebung als frei zu betrachten wären und daher von jedermann benutzt werden dürften.

Umschlaggestaltung: Nina Faber de.sign, Wiesbaden
Druck und buchbinderische Verarbeitung: Krips b.v., Meppel
Gedruckt auf säurefreiem und chlorfrei gebleichtem Papier
Printed in the Netherlands

ISBN 978-3-8349-0738-7

Vorwort

„The most important contribution of management in the 20th century was to increase manual worker productivity fifty-fold. The most important contribution of management in the 21st century will be to increase knowledge worker productivity - hopefully by the same percentage. [...] The methods, however, are totally different from those that increased the productivity of manual workers." (Peter F. Drucker)

Der Reichtum der westlichen Welt basiert zu einem Gutteil auf der Fähigkeit zu effizientem Management der manuellen Arbeit und der damit verbundenen Produktivitätssteigerung seit Anbeginn der industriellen Revolution. Heute müssen wir zunehmend erkennen, dass unsere Managementpraktiken und Steuerungsmechanismen wenig geeignet sind, um auf der einen Seite in Organisationen effiziente Wissensarbeit zu ermöglichen und auf der anderen Seite für wissensintensive Organisationen und Wissensarbeiter gleichermaßen attraktive Standortbedingungen zu bieten.

Wissensarbeiter lassen sich im Gegensatz zu manuellen Arbeitern durch andere Faktoren motivieren, sie arbeiten anders und sie benötigen andere Rahmenbedingungen. So sind beispielsweise Wissensarbeiter in einem immer geringeren Ausmaß bereit, sich einer klassischen Unternehmenshierarchie unterzuordnen. Häufig verlassen die besten Köpfe die Organisation und machen sich selbständig. Bedeutet dies, dass unsere Unternehmen für Wissensarbeiter nicht attraktiv genug sind? Oder liegt es nur am falschen Führungsstil und nicht mehr zeitgemäßen Managementmethoden, dass immer mehr Wissensarbeiter ihre Zukunft außerhalb von Organisationen sehen? Gibt es erfolgreiche Modelle der Förderung von Fachkarrieren gegenüber Management-Karrieren?

Die Art und Weise, wie vielfach Informations- und Kommunikationstechnologien genutzt werden (z. B. die E-Mailflut) scheint die Produktivität von Wissensarbeit eher zu mindern, denn zu fördern. Angebotsorientierte und zentralistische Ansätze des Wissensmanagements gehen an den konkreten Bedürfnissen und Erwartungen von Wissensarbeitern vorbei. Das Buch stellt praxiserprobte Methoden und Beispiele dar, die nicht nur die oben geschilderten Herausforderungen beschreiben, sondern konkrete Vorschläge für die Messung und Gestaltung effizienter Wissensarbeit machen. Wir behandeln dabei u. a. folgende Themen mit Selbstdiagnosen, Methoden und Werkzeugen sowie vielen Fallbeispielen produktiver und humaner Wissensarbeit:

Vorwort

- Was ist Wissensarbeit?
- Was sind wirksame Methoden für die Steigerung der Produktivität und die Gestaltung kreativer, gesunder und persönlich befriedigender Wissensarbeit?
- Können Wissensarbeiter geführt werden, und wenn ja wie?
- Welche Rolle spielt die Informations- und Kommunikationstechnologie (IKT) als Instrument zur Produktivitätssteigerung von Wissensarbeitern?
- Welche Möglichkeiten der Performance-Messung (Produktivität, Wertschöpfung, Qualität usw.) von Wissensarbeit gibt es und wo liegen die Vor- und Nachteile einzelner Methoden?

Mit diesem Buch halten Sie zwei Bücher in einem in der Hand: zum einen, eine Handlungsanleitung zur Reflexion und Gestaltung von Wissensarbeit, zum anderen eine Sammlung von 21 Fallbeispielen aus unterschiedlichen Berufsfeldern der Wissensarbeit, die jedem Unterkapitel folgen. Hierdurch wird deutlich, wie produktive Wissensarbeit gestaltbar ist.

Im ersten Kapitel beginnen wir mit Berichten aus der Zukunft der klassischen Wissensarbeiter aller Gesellschaften: den Berufsfeldern Lehrer, Pfarrer, Arzt. Es folgen Geschichten aus dem Zukunftsalltag eines Rechtsanwalts, aus der Forschung, dem Journalismus, der Entwicklungszusammenarbeit und vielen weiteren Wissensarbeitern. Vielleicht regen diese Geschichten Sie dazu an, über die Zukunft Ihrer Wissensarbeit nachzudenken.

Dieses Buch zeigt auch, wie moderne Wissensarbeit heute funktioniert: Es ist ein Gemeinschaftswerk. Wir danken allen Fallstudienautoren, zu denen Sie Kurzinformationen im Autorenverzeichnis finden, für ihre kreativen Beiträge. Kapitel 4 zur Informations- und Kommunikationstechnologie wurde von Rupert Petschina gestaltet, dem dafür unser Dank gilt.

Zu besonderem Dank verpflichtet sind wir Alexandra Hingott, die die Gesamtredaktion des Buches, die grundlegenden Recherchen und Kapitel 3.5 übernommen hat.

Dem Gabler Verlag, insbesondere Ulrike M. Vetter, gilt unser Dank für die Unterstützung des Projekts.

Wir wünschen anregende Lektüre und freuen uns auf Leserpost unter k.north@gmx.de oder stefan.gueldenberg@hochschule.li.

Wiesbaden und Vaduz, im Juli 2008

Klaus North   Stefan Güldenberg

Inhaltsverzeichnis

Vorwort 5

1 Wissensarbeit(er) - Die Herausforderungen 9
   1.1   Drei Gründe, sich mit produktiver
        Wissensarbeit zu beschäftigen 9
        Lehren und Lernen - neu erfunden 15
   1.2   Was ist Wissensarbeit? 21
        Pfarrerin 2020 36
   1.3   Produktivitätskiller und -potenziale der Wissensarbeit 41
        Arzt im Jahr 2016 56
        Wissensmanagement bei Helios 62

2 Wissensarbeit managen und messen 65
   2.1   Von der Kunst und Praxis, sich selbst als
        Wissensarbeiter zu führen 66
        Ein Tag im Leben des Rechtsanwalts Friedrich Winter 74
   2.2   Wissensarbeiter und Motivation 79
        Mit Sinn² managen Menschen Wissen erfolgreich 88
   2.3   Von der Kunst und Praxis, (andere) Wissensarbeiter zu führen 89
        Google der attraktivste Arbeitgeber für Wissensarbeiter 92
   2.4   Wissensorientierte Führung in lernenden Organisationen 94
        Die sieben Phasen einer Veränderung zur produktiven Wissensarbeit 98
   2.5   Wissensarbeit messbar machen 106
        Evas Wissensbilanz 124
   2.6   Strategien der Performancesteigerung von Wissensarbeitern 130
        Zwischen den Welten: Forscher in einer außeruniversitären
        Forschungsinstitution 141

Inhaltsverzeichnis

3 Gestaltungsfelder produktiver und humaner Wissensarbeit 145
    3.1   Gesund denken 145
            Ein Blick in die kreative Zukunft *151*
    3.2   Lernen und Kompetenzentwicklung 155
            Wissensarbeit in der Produktion mit dem
            Produktionslernsystem (PLS) bei Daimler *166*
    3.3   Die Informationsflut bewältigen 169
            Volontär Florian Wunderlich im Wissenswunderland *177*
    3.4   Zusammenarbeit gestalten 180
            Armutsbekämpfung, aber bitte professionell *188*
    3.5   Standardisierung und Verlagerung von Wissensarbeit 199
            Wissen in Aktion in der Produktion *207*

4 Wie I&K-Technologie Wissensarbeit unterstützen kann 211
    4.1   Maßanzüge für Wissensarbeiter - Worauf kommt es an? 211
            Forschungsalltag bei einem globalen Geschäftssoftwarehersteller *218*
    4.2   IKT-Systeme für den Wissensarbeiter - Überblick 223
            Skywiki - das unternehmensweite Wissensportal von Fraport *234*
    4.3   Produktivitätssteigerungen durch IKT realisieren 240
            Jutta M. arbeitet sich ein *247*

5 Produktive Wissensarbeit leben 251
    5.1   Schlüsselkompetenzen für Wissensarbeiter 251
            Leitbild eines Wissensarbeiters *255*
    5.2   Wissensmanager als „Coaches" 258
            Gestatten ..., ich bin Wissensmanagerin *259*
    5.3   Einige pragmatische Vorschläge 263

Autorenverzeichnis 265

Literaturverzeichnis 269

Stichwortverzeichnis 277

1 Wissensarbeit(er) - Die Herausforderungen

1.1 Drei Gründe, sich mit produktiver Wissensarbeit zu beschäftigen

Die Presse ist voll von Meldungen über Fabrikschließungen und Standortverlagerung von Fertigungsstätten. Wir verlieren zunehmend einfache, schnell erlernbare Tätigkeiten. Dieser Verlust wird jedoch noch nicht durch den steigenden Anteil der Erwerbstätigen in wissensintensiven Tätigkeiten kompensiert. Bereits über 30 % der deutschen Erwerbstätigen arbeiten in so genannten wissensintensiven Berufen, wie z. B. als Ingenieur, Wissenschaftler, Lehrer, Berater, Banker, Manager, Journalist, Arzt, Jurist, Künstler, in sozialen Berufen oder in informations- und kommunikationstechnischen Berufen, um nur einige zu nennen (Hall 2007). Abbildung 1-1 zeigt, wie sich die Anteile der Beschäftigen beim Wandel von einer Industrie- zur Wissensgesellschaft verändern.

Bereits 30 % der Erwerbstätigen sind Wissensarbeiter

Florida (2002) postuliert die Entstehung einer neuen sozialen Schicht, der „Creative Class", deren Werte Kreativität, Individualität, Anderssein und Leistungsorientierung sind. Diese Beschäftigen verdienen einen Großteil der Lohn- und Gehaltsumme in den USA (Florida 2007, S. 29).

Und auch bei den verbleibenden zwei Dritteln der Tätigkeit steigt der Anteil von Informations- und Wissensverarbeitung. „Wertschöpfung durch Wissen" wird zur dominierenden Quelle unseres Wohlstandes. Diesen Wohlstand werden wir nur halten bzw. mehren können, wenn er auf produktiver und kreativer Wissensarbeit beruht.

Wissen = Wohlstand

Hierbei helfen viele der Rezepte aus dem Industriezeitalter jedoch nicht weiter. Wissensarbeiter, Unternehmen und Organisationen sowie darüber hinaus Regionen und Länder arbeiten daran, sich in der globalen Wissensökonomie zu positionieren, und suchen adäquate Ansätze für das Managen von Wissensarbeit(ern).

Globale Wissensökonomie

1 Wissensarbeit(er) - Die Herausforderungen

Abbildung 1-1   Wandel von Industrie- zur Wissensgesellschaft (Barley 1994)

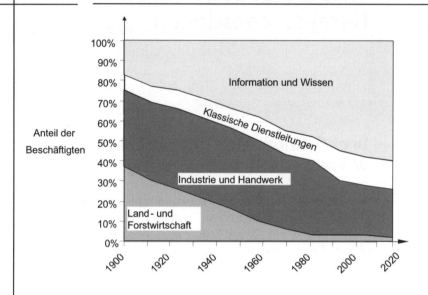

Deswegen gibt es drei gewichtige Gründe, warum wir uns mit produktiver Wissensarbeit beschäftigen sollten:

1. Warum sich Wissensarbeiter mit ihrer Wissensarbeit beschäftigen sollten.

Taylorsche Arbeitszerlegung auch für Wissensarbeit

Der allseits beklagte Fachkräftemangel bedeutet nicht, dass damit automatisch der Marktwert von Wissensarbeitern steigt. Nicht nur industrielle Arbeit, sondern auch Wissensarbeit unterliegt den Gesetzen der globalisierten Wirtschaft. Es ist nicht überraschend, dass Wissensarbeit ins Ausland verlagert wird, wenn z. B. ein Programmierer in Osteuropa oder in Indien einen Bruchteil der hiesigen Kosten verursacht.

Wie Industriearbeit, so wird auch Wissensarbeit nach den Prinzipien Taylors zerlegt. Einfache, standardisierbare Teile werden dort erledigt, wo preiswerte Fachkräfte zur Verfügung stehen. Das Zusammenfügen, Interpretieren, Vernetzen wird dann von den höher bezahlten Wissensarbeitern in den Hochlohnländern durchgeführt. In Kapitel 3.5 gehen wir darauf näher ein. Sie können selbst einmal berechnen, ob Ihr Arbeitsplatz gefährdet ist.

Überschlagen Sie einmal, wie hoch Ihre Wertschöpfung in Relation zu den Gesamtkosten Ihres Arbeitsplatzes ist (Gehalt + Nebenkosten sowie Investitionen in Ihren Arbeitsplatz und Sozialeinrichtungen):

Drei Gründe, sich mit produktiver Wissensarbeit zu beschäftigen

1.1

$$\frac{\text{Wertschöpfung}}{\text{Gesamtarbeitskosten}}$$

Die Daten liegen Ihnen nicht vor? Sie kennen Ihre Wertschöpfung nicht? Dann sollten Sie sich einmal intensiv damit beschäftigen! Liegt der Quotient in der Größenordnung von zwei, dann ist davon auszugehen, dass Ihr Job zunächst sicher ist. Weniger angenehm wäre für Sie die Erkenntnis, dass der Quotient aus Wertschöpfung und Gesamtkosten des Arbeitsplatzes nahe eins oder sogar darunter liegt. Dann wären Sie wirtschaftlich wenig attraktiv für Ihren Arbeitgeber.

Wie hoch ist Ihr Marktwert als Wissensarbeiter?

Ein Mitarbeiter eines Großkonzerns, der sich selbstständig gemacht hatte, stellte fest: *„Jetzt wird mir erst klar, wie viel ich leisten muss, um das Gehaltsniveau meiner früheren Tätigkeit zu halten. Ich denke, viele meiner früheren Kollegen verdienen ihr Gehalt nicht".*

Wissensarbeiter sind zunehmend Freiberufler. Sie müssen ihr Wissen vermarkten und ihre Zeit produktiv einsetzen. Viele Wissensarbeiter klagen über Informationsüberlastung und ständig steigende Arbeitsintensität. Haben Sie Strategien des persönlichen Informations- und Wissensmanagements? Und noch eine Gewissensfrage: Bringen Sie Ihre Talente, Fähigkeiten und Potenziale in Ihrer Tätigkeit voll ein? Oder sagen Sie lieber: „Das lohnt sich nicht! Ich halte mich zurück! Ich werde sowieso ausgebremst!" Wenn dies der Fall ist, dann sollten Sie mal darüber nachdenken, ob Ihr derzeitiger Job noch der richtige ist.

Wissensarbeiter sind Freiberufler, auch als Angestellte!

Fakten zur Wissensarbeit

Deutschland

- 2006 arbeiteten bereits rund 31 % der Erwerbstätigen in wissensintensiven Berufen.[1]
- Wissensintensive Berufe verzeichneten zwischen 1996 und 2004 einen Zuwachs von 12,4 %, während die Anzahl der Erwerbstätigen in traditionellen Berufen um 8,8 % zurückging.[2]

International

- Die Beschäftigung im Dienstleistungssektor hat sich seit 2001 nahezu verdoppelt. Knapp 70 % der Erwerbstätigen im OECD-Gebiet arbeiteten 2006 in diesem Bereich.[3]

---

[1] BIBB/BAUA-Erwerbstätigenbefragung 2006, gewichtete Daten
[2] Mikrozensus Scientific Usefiles 1996, 2000, 2004; BIBB
[3] Stats.OECD.org, Zugriff 21.06.2008

Wissensarbeit(er) - Die Herausforderungen

2. Warum sich Organisationen mit produktiver Wissensarbeit beschäftigen sollten

Wie können wir unsere hoch qualifizierten, nach Eigenverantwortung und Selbstverwirklichung strebenden Mitarbeiter auf das Erreichen der Unternehmensziele ausrichten? Fördern und mobilisieren wir die Potenziale unserer Mitarbeiter? Und kennen wir die Potenziale unserer Mitarbeiter überhaupt?

Wettbewerbsvorteile 2. Ordnung gewinnen an Bedeutung

Auf diese Fragen finden viele Organisationen keine befriedigende Antwort. Die Maschine als Metapher der Organisation in der Industriegesellschaft ist bei dominierender Wissensarbeit nur noch mit hohem Aufwand am Leben zu erhalten. Vorstellungen von Organisationen als lebende soziale Systeme werden zwar gern in der Theorie formuliert, finden sich aber in der täglichen Unternehmenspraxis nur wenig wieder. Organisationen arbeiten derzeit noch zu viel an den Wettbewerbsvorteilen der ersten Ordnung. Sie konzentrieren sich auf Qualitätsvorsprung, Markenstärke, Produkt- und Dienstleistungsinnovationen (Wüthrich et al. 2007). Einige Organisationen haben jedoch erkannt, dass es sich lohnt, aktiv und systematisch nach Wettbewerbsvorteilen zweiter Ordnung zu suchen. Die ermöglichen nach Wütrich et al. 2007, dass Mitarbeiter notwendige Freiräume erfahren, sich mit Leidenschaft einbringen können und die eigene Intelligenz der Organisation zur Verfügung stellen.

Abbildung 1-2 | Wettbewerbsvorteile 1. und 2. Ordnung (Wüthrich et al. 2007)

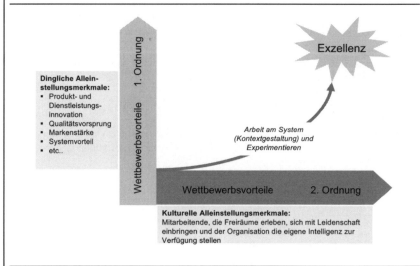

Drei Gründe, sich mit produktiver Wissensarbeit zu beschäftigen

1.1

3. Warum sich Regionen mit Wissensarbeit(ern) beschäftigen sollten

Regionen mit einem hohen Anteil von Beschäftigten in wissensintensiven Tätigkeiten weisen ein höheres Bruttosozialprodukt pro Kopf als vergleichbare Regionen auf. Wissensarbeit wird zum Wachstumsmotor der Region. Die „Creative Class" (Florida 2002) verfügt über eine hohe Kaufkraft, ist mobil und gut informiert. Weltweit haben dies Regionen erkannt und werben um die besten Köpfe. Der mit der demographischen Entwicklung prognostizierte Fachkräftemangel kann in solchen Regionen gemildert werden, die ihre Attraktivität für Wissensarbeiter entwickeln. „Brain gain" statt „Brain drain" heißt die Devise. In Abbildung 1-3 sind Faktoren zusammengestellt, die eine Region attraktiv für Wissensarbeiter machen. Stehen gut ausgebildete Fachkräfte zur Verfügung, fördert dies die Ansiedlung von wissensbasierten Unternehmen, was wiederum die Wertschöpfung in der Region steigert und so zu einer positiven Rückkopplung führt. Um diese Potenziale planmäßig zu nutzen, haben insbesondere Metropolregionen in der Welt begonnen, Strategien der Entwicklung zu einer Wissensregion zu verfolgen, indem sie Forschung und Entwicklung sowie Ausbildung von Fachkräften fördern und Unternehmen, Forschung und Bildungseinrichtungen vernetzen (North 2008). Floridas drei T: „Technology, Talent, Tolerance" bilden den Kreativitäts-Index von Regionen.

Brain gain statt Brain drain

Was macht eine Region attraktiv für Wissensarbeiter? (Montreal Knowledge City Advisory Committee 2003)

Abbildung 1-3

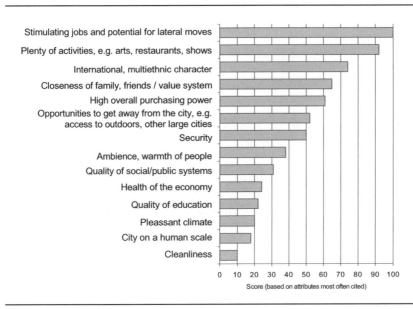

1 Wissensarbeit(er) - Die Herausforderungen

In der folgenden Checkliste können Sie sich selbst noch einmal klar werden, warum Sie sich mit produktiver Wissensarbeit beschäftigen möchten.

Tabelle 1-1

Checkliste: Warum Sie sich mit produktiver Wissensarbeit beschäftigen sollten

	Trifft zu	Trifft bedingt zu	Trifft nicht zu
Wissensarbeiter			
1. Meine Tätigkeit könnte auch an einem anderen Standort (in der Welt) ausgeführt werden			
2. Was ich tue, kann woanders in ähnlicher Qualität preiswerter geleistet werden			
3. Für meine Tätigkeit ist der Quotient: Wertschöpfung : Gesamtarbeitskosten > 1			
4. Ich habe mich schon intensiv mit der Produktivität meiner Wissensarbeit beschäftigt			
5. Ich nutze Strategien des persönlichen Informations- und Wissensmanagements			
Wissensorganisation			
6. Uns gelingt es gut, Wissensarbeiter auf das Erreichen der Unternehmensziele auszurichten			
7. Wir sind damit zufrieden, wie wir die Potenziale unserer Mitarbeiter nutzen und entwickeln			
8. Wir entwickeln systematisch Wettbewerbsvorteile zweiter Ordnung			
9. Wir haben geeignete Instrumente zur Beurteilung der Produktivität von Wissensarbeit			
Wissensregion			
10. In unserer Region gibt es Fachkräftemangel			
11. Die Region ist attraktiv für Wissensarbeiter			
12. Die Region unterstützt die Vernetzung (Cluster) von Hochschulen, Forschung und Unternehmen			
13. Die Region fördert aktiv die Ansiedlung wissensintensiver Organisationen			

Drei Gründe, sich mit produktiver Wissensarbeit zu beschäftigen

1.1

Lehren und Lernen - neu erfunden

„Guten Morgen, Ruth, gut , dass ich dich noch vor der Schule erreiche."

„Hallo Ines, habe schon ewig nichts mehr gehört, seit ich an die Oberstufenschule Alterswilen (OSA) gewechselt bin"-

„Ja, wegen der OSA rufe ich dich an. Ich habe eine Lehrerfortbildung zu organisieren und würde vorher von dir noch etwas über die OSA erfahren"

„Gut, dann erzähle ich dir mal das Wichtigste:

Die OSA ist eine kleine Landschule in der Nähe von Konstanz. 125 Schüler und Schülerinnen aus den umliegenden Dörfern radeln jeden Morgen bei Wind und Wetter zur Schule. Nach sechs Jahren Primarschule in den Dorfschulhäusern haben sie an die Sekundarschule gewechselt und besuchen hier die siebte bis neunte Klasse.

Unser Schulsystem nennen wir „OSA2plus". Unser erstes Plus: Schüler und Schülerinnen sind nicht in Jahrgangsklassen eingeteilt, sondern werden in niveau- und altersdurchmischten Gesamtklassen unterrichtet. Dabei werden sie von zwei Lehrkräften betreut. In den Gesamtklassen finden 60 % des vorwiegend individualisierten Unterrichts statt. Das zweite Plus ist das Kurssystem respektive das Lernen in Leistungs- und Interessengruppen. Angeboten werden unter anderem die Kurse Französisch, Englisch, Elektrik, chinesisch Kochen, Technisches Zeichnen, Prüfungsvorbereitung und andere mehr.

Im **Individuellen Unterricht**, kurz IU, wird in den Gesamtklassen gearbeitet. In den sieben Klassenzimmern der OSA findet man Schülergruppen im Alter zwischen 12 und 16 Jahren. In Mathematik und Deutsch erhalten die Schülerinnen und Schüler Anfang des Semesters eine individuelle Lernwegplanung. Diese kann im Laufe des Schuljahres aber angepasst werden. Im IU sind die Schüler für ihr eigenes Lernen und das Erledigen der Aufträge verantwortlich. Sie bestimmen ihr Lern- und Arbeitstempo. Zur Planung stehen Lernbücher zur Verfügung. Anhand einer „Blackbox" reflektieren sie ihr Lernen und dokumentieren ihre Fortschritte. Die Altersdurchmischung in den Lernklassen wird allgemein geschätzt und trägt zu einem positiven sozialen Klima bei und die Schüler und Schülerinnen profitieren voneinander.

In den **OSA Treffpunkten** treffen sich Schüler und Schülerinnen aus verschiedenen Gesamtklassen zur Bearbeitung eines Themas. Sie besprechen Probleme, welche bei der Bearbeitung der Arbeitsaufträge aufgetaucht sind, und beraten sich gegenseitig. Zusammen finden sie bessere Lösungen. Schüler und Schülerinnen sind der Meinung, dass ein Mitschüler oft besser erklären kann als der Lehrer oder die Lehrerin.

1

Wissensarbeit(er) - Die Herausforderungen

Damit die Lehrpersonen den Überblick über das Arbeiten der einzelnen Schüler und Schülerinnen behalten können, steht ihnen eine **Datenbank** auf Filemaker-Basis zur Verfügung. Diese wurde vom Schulleiter, auf die Bedürfnisse der Lehrpersonen ausgerichtet, programmiert. Alle Teammitglieder „füttern" die Datenbank mit Arbeitsaufträgen. Sie stellen so ihr Wissen zur Verfügung und profitieren gleichzeitig vom Wissen der anderen. Alle Arbeitsaufträge sind mit einem **Kompetenzraster** verknüpft, was eine gute Übersicht über den Stand des Lernens ermöglicht.

Dieser Kompetenzraster ist die Grundlage für eine transparente Individualisierung in den Fächern Mathematik, Deutsch, Französisch und Englisch.

Jeder Schüler, jede Schülerin erhält zu Beginn eines neuen Schuljahres ein **Lernbuch** für die 40 Schulwochen. Darin wird die Lernzeit täglich geplant, die individuelle Lernwegplanung wird eingeklebt, die Lernschritte sowie die Schritte in der Berufswahl werden dokumentiert und Themen und Vereinbarungen von Standortgesprächen werden festgehalten. Die so genannte „Blackbox" ist das Herz des Lernbuches. Hier dokumentiert der Schüler, die Schülerin das individuelle Lernen, reflektiert seine Arbeit, setzt sich Wochenziele bezüglich des persönlichen Lernens und nutzt sie ebenfalls als Wissenssammlung. Dies im Sinne eines „Mini-Portfolios". Das Lernbuch ist Grundlage für die wöchentlichen Lerngruppensitzungen.

In jeder Gesamtklasse gibt es drei **Lerngruppen,** geleitet von einem Schüler/einer Schülerin als „Lerngruppenleiter. In den Gruppen werden Arbeiten der vergangenen Woche besprochen, Erkenntnisse präsentiert, Ziele für die kommende Woche gesetzt und weitere Arbeiten geplant. Die Gruppenleiter kontrollieren regelmäßig die Lernbücher der Gruppenmitglieder.

Lerngruppenleiterinnen und –leiter lernen Menschen zu führen, sie werden in ihrem Selbstvertrauen gestärkt und übernehmen Verantwortung für die Mitglieder ihrer Gruppe. Neben den obligatorischen Sprachkursen Englisch und Französisch sollen die Schüler im Wahlpflichtsystem weitere **Kurse** belegen (siehe oben). Die Einteilung erfolgt quartalsweise. Schüler, welche beispielsweise ihren Ausbildungsplatz bereits haben, werden so gezielt gefördert und auf die anschließende Ausbildungszeit vorbereitet.

Seit der Einführung im August 2003 hat sich unser Schulsystem kontinuierlich weiterentwickelt. So haben sich zum Beispiel bei den Schülern und Schülerinnen der Wille zur Arbeit, das Planen und das konzentrierte Lernen deutlich verbessert. **Die Lehrer und Lehrerinnen sind zu Lernberatern oder Coaches geworden.** Unsere fachliche und pädagogische Kompetenz entwickeln wir in wöchentlichen Konventen oder in einer obligatorischen Arbeitswoche während der Sommerferien weiter und reflektieren dabei unsere Arbeit kontinuierlich.

Drei Gründe, sich mit produktiver Wissensarbeit zu beschäftigen

1.1

In der kommenden Zeit werden wir uns mit dem Einsatz des Kompetenzrasters weiter beschäftigen, um zum Wohle unserer motivierten Schüler und Schülerinnen eine noch gezieltere Individualisierung zu erreichen.

„Das hört sich ja fast unwirklich an, wenn ich das mit meinem Schulalltag vergleiche".

Ja, Ines, wir leben Schule anders, das kann auch manchmal ganz schön anstrengend sein". Aber jetzt muss ich los, um nicht zu spät zu kommen.

Ein Tag im Leben einer Lehrerin an der OSA

Die halbstündige Anfahrt nach Alterswilen mit Bahn und Bus nutzen mein Kollege Bruno Fink und ich zu einem Gedankenaustausch über den bevorstehenden Tag: Wo werden wir Schwerpunkte setzen, mit welchem Schüler werden wir uns besonders beschäftigen oder wo stellen wir Fortschritte bezüglich Motivation und Leistungswille fest?

Einige Schüler warten schon vor dem Schulzimmer, andere tauschen mit ihren Kollegen und Kolleginnen auf dem Schulhausplatz Neuigkeiten aus. Ich starte als Erstes den Computer und begrüße mit Handschlag die eintreffenden Schüler und Schülerinnen. Einige müssen mir unbedingt etwas berichten oder entschuldigen sich – meist wortreich – zum Beispiel für fehlende Unterschriften der Eltern.

Um halb acht kehrt Ruhe ein, und die Lernbücher liegen bei den meisten geöffnet auf dem Tisch. Da es heute Montag ist, bereiten sich alle auf die Lerngruppen vor. Nach einem Hinweis meinerseits bezüglich des zu besprechenden Themas der letzten Woche verteilen sich die Gruppen im Nebenraum, an den Tisch im Korridor und im Schulzimmer. Jetzt übernimmt der Lerngruppenchef, ein Schüler, die Führung. Nach einem Ablaufschema werden die Hausaufgaben, die Einträge in die Blackbox (Lernbuch) und die persönlichen Ziele sowie Gruppenziele der letzten Woche überprüft. Je nach Gruppe drohen bei Nichterreichen der Ziele Sanktionen, z. B. Kuchen mitbringen für die Mitschüler oder vermehrte Kontrolle durch die Gruppenmitglieder in der kommenden Woche. Für die laufende Woche werden wiederum Ziele festgelegt. Dann folgt der spannende Teil der Lerngruppe: Zwei Mitglieder stellen vor, was sie in der vergangenen Woche gelernt haben. Das Publikum ist kritisch, stellt Fragen und bewertet die Präsentation. Zum Schluss wird noch der Montag geplant. Heute sind fünf Lektionen für den Individuellen Unterricht (IU) vorgesehen, drei am Morgen und zwei am Nachmittag.

Der Lerngruppenchef gibt danach das Lerngruppenprotokoll ab, damit wir Lehrpersonen einen Überblick gewinnen und bei Bedarf Rücksprache halten können.

Unterdessen habe ich in der Datenbank ausgemacht, mit wem ich ein persönliches Beratungsgespräch führen will. Heute muss ich dringend mit Jenny sprechen. Sie hat bereits einen Ausbildungsplatz als Hochbauzeichnerin und gemerkt, dass sie in Mathematik noch vieles aufzuarbeiten hat. Die Arbeit in den Fächern Deutsch und Geschichte leidet nun aber darunter. Zusammen versuchen wir herauszufinden, was wichtig ist und woran sie dringend zu arbeiten hat; dies aufgrund eines passenden Kompetenzrasters aus dem Internet. Bald schon erklärt sich Jenny mit der angepassten Lernwegplanung einverstanden.

Ramon und Eduards Gespräch wird deutlich zu laut und verletzt die im Schulzimmer herrschende Flüsterkultur. Bald schon finde ich heraus, dass sie sich bei einer Aufgabe zum Thema Pythagoras nicht einig sind. Die Diskussion wird lauter, und so begebe ich mich zum Arbeitsplatz der beiden, um ihr Problem herauszufinden. Beide schildern mir ihren Lösungsansatz, wir diskutieren eine Weile darüber, und glücklicherweise sehen die beiden jetzt ein gemeinsames Weiterarbeiten und sind mit dem erhaltenen Input zufrieden.

Als Sprachlehrerin bin ich in mathematischen Bereichen oft gefordert und froh, wenn Mitschüler eingreifen und weiterhelfen können. Weiter geht es mit der Gruppe von Schülern, welche sich mit Reformation befassen. Stefan hat in diesem Thema ein Sonderprogramm, da er im tiefsten Niveau arbeitet. Dominik, Nicole, David und Rebecca haben die aufgegebenen Texte durchgelesen, und während 20 Minuten gehen wir Fragen durch. Ich erzähle ihnen die Geschichte von Jan Hus, der in Gottlieben im Schlossturm gefangen gehalten und in Konstanz verbrannt wurde. Nun bestätigen die Schüler, dass sie im Thema selbstständig weiterarbeiten können. Außerdem arbeiten sie in Zweiergruppen, was für sie eine Bereicherung ist und die Vorbereitung auf eine Prüfung erleichtert.

Für David, Rebecca und Dominik ist es jetzt Zeit für die Lerngruppe „Orthographie" mit der schulischen Heilpädagogin. Rebecca kommt anschließend zu mir und sagt, dass sie nach diesem Quartal damit aufhören wolle, sie habe sich nämlich stark verbessert. Bei Bedarf könne sie immer noch darauf zurückkommen. Damit bin ich einverstanden.

Rebecca aus der zweiten Klasse braucht meine Hilfe. Bis ich verfügbar bin, schwatzt sie mit ihrer Freundin Carole. Sie erklärt, dass sie die Zeitformen in Sätzen nicht bestimmen könne, und möchte wissen, wie sie vorgehen müsse. So entwickelt sich ein Gespräch über Zeitformen, Carole ist ebenfalls dabei. Sie ist schon sicherer im Bestimmen und kann darum einige Tricks weitergeben. Mit der Zeit weitet sich das Gespräch auf die Zeitformen in Französisch und Englisch aus. Wir vergleichen die Hilfsverben und die Anwendung der Zeitformen. Früher schon haben wir dazu ein Mindmap gezeichnet. So stellen wir uns vor das Plakat, um die Zusammenhänge zu erkennen. Rebecca meint, sie habe etwas mehr Durchblick. Daraufhin gestaltet sie einen Eintrag in die Blackbox. Anschließend nimmt sie die zum Auftrag gehörenden Arbeitsblätter in Angriff.

Drei Gründe, sich mit produktiver Wissensarbeit zu beschäftigen

1.1

Sie, Frau Frei, dürfen wir in die Pause gehen? Na klar!

Bevor ich aber die Pause genießen darf, bereite ich die Materialien für den Französischkurs vor.

Kursunterricht bis zum Mittag 10.20 - 11.50 Uhr

Im Französischkurs sind lediglich acht Schüler eingeteilt. Sie lernen im tiefsten Niveau. Sprechen und Verstehen stehen darum im Zentrum des Unterrichts. Die Gruppe ist motiviert und freut sich über Fortschritte.

Der Nachmittag, 13.30 bis 15 Uhr. Anschließend bis 15.45 Uhr Sport in der Gesamtklasse.

Um 13.30 Uhr beginnt der Unterricht wieder. Die Schüler sind aufgeregt. Irgendetwas von Belang muss dringend noch diskutiert werden. Aber es ist jetzt Zeit zu beginnen, und so bitte ich um Ruhe. Noch ein paar Wortfetzen wehen durch die Klasse, und die Stimmung wird ruhiger. Die Lernbücher liegen geöffnet auf den Tischen. Haben alle ihre Planung für den Nachmittag? Die meisten nicken. Bei einigen, wie zum Beispiel Stefan, gehe ich vorbei und überprüfe die Planung für den Nachmittag. Die Fleißigen sind unterdessen schon in ihre Arbeiten vertieft. Stefan und Jenny wissen noch nicht, woran sie arbeiten wollen. So setze ich mich zu ihnen und helfe beim Organisieren. Stefan will sich mit Geschichte beschäftigen, und so zeige ich ihm, welche Seiten er lesen und welche Fragen er dazu beantworten muss. Damit er nicht abgelenkt wird oder andere nicht ablenken kann, empfehle ich ihm, sich auf das Sofa zurückzuziehen. Jenny möchte sich endlich Zeit nehmen für Deutsch. Sie entschließt sich, ihren wöchentlichen Artikel für das Wochenbuch zu schreiben. Das Thema lautet „Sport ist Mord". Die früher gemachten guten Erfahrungen mit Brainstorming nutzt sie aus und ist bald in ihr Thema vertieft.

Dennis fragt, ob er am Computer Kopfrechnen dürfe, und Julia muss am PC ihren Artikel über sich selbst fertig gestalten. Die Fotos hat sie bereits eingescannt. Jetzt geht es darum, diese zu bearbeiten und in den Text einzufügen. Ihre Banknachbarin Sonja kennt sich mit der Technik aus und erklärt ihr, wie sie vorgehen kann. Schnell hat Julia begriffen, und so kann Sonja an Französisch weiterarbeiten. Sie hat sich vorgenommen, die Grammatik für sich nochmals verständlich und zusammenfassend aufzuschreiben. Ein Grammatikwerk dient ihr als Grundlage. Wenn sie etwas nicht versteht, fragt sie mich um Rat. Heute Nachmittag ist ihr anscheinend alles klar. Und so überlasse ich sie ihrer Arbeit.

Martin scheint seinen Arbeitsrhythmus noch nicht gefunden zu haben. Gedankenverloren sitzt er an seinem Pult, inmitten eines riesigen Chaos. Um ihm einen Anstoß zu geben, ermuntere ich ihn zuerst einmal aufzuräumen. Das findet er eine akzeptable Idee. Er sichtet die losen Blätter und legt sie in die entsprechenden Ordner (Ringbuch) ab. Nach ungefähr 30 Minuten hat er den Überblick wieder gewonnen. Fast 45 Minuten nach Schulbeginn

Wissensarbeit(er) - Die Herausforderungen

macht er sich endlich an die Arbeit: Ein Matheauftrag muss nämlich noch bis zum nächsten Morgen überarbeitet und das Kontrollblatt dazu geschrieben werden.

Dennis beschäftigt sich unterdessen mit Dreiecken. Da er erst seit einem halben Jahr bei uns ist - früher besuchte er eine internationale Schule in Phuket - tut er sich natürlich oft schwer mit den Fachausdrücken. Dennis stellt konkrete Fragen und so kann ich ihm erklären, was mit Winkel, Höhe, Ecke, Seite, Fläche und Umfang gemeint ist. Ich empfehle ihm, diese Ausdrücke mit entsprechenden Skizzen und Beispielen in der Blackbox festzuhalten. Sein Nachbar Martin unterstützt ihn dabei und erklärt ihm noch einmal, was er nicht verstanden hat. Dennis bestätigt nach dem Theorieeintrag, dass ihm jetzt klar sei, was in den Aufgaben verlangt werde, nämlich Flächen- und Umfangberechnungen in den verschiedenen Dreiecksarten. Jenny und Ramon haben bereits ihre Sachen zusammengeräumt, da sie Klassenabgeordnete für den Schülerrat sind. Sie verabschieden sich und gehen anschließend an die Schülerratsversammlung direkt zum Sport.

Mein Kollege übernimmt nun die Klasse. Die beiden Sportler Nebusa und Eduard haben im IU das Einlaufen vorbereitet und führen es mit ihren Klassenkameraden durch. Mir bleibt nun die Nachbereitung. In meinem Fach sind erledigte Aufträge der Schüler und Schülerinnen. Diese überarbeite ich, versehe sie mit Fragen, Bemerkungen oder Korrekturen und lege sie den entsprechenden Schülern ins Fach oder buche die erledigten Aufträge in der Datenbank ab. Hier stelle ich fest, mit wem ich etwas besprechen muss oder wem ich empfehlen werde mit einer Klassenkameradin oder einem Klassenkameraden zusammen zu arbeiten.

Die Zeit bis zum wöchentlichen Konvent ist schnell vorbei und die Arbeit noch nicht erledigt. Morgen geht's weiter. Heute werden alle angestellten Lehrer und Lehrerinnen zum pädagogischen Konvent gebeten. Unser Schulleiter hat das Thema „Zwischen Gängelband und Eigenverantwortung" gewählt. Dieses Thema diskutieren wir intensiv bis 17.30 Uhr. Anschließend schreibe ich das Protokoll der Sitzung und mache mich auf den Heimweg. Ein spannender, intensiver Tag neigt sich seinem Ende entgegen.

Rückblick auf fast fünf Jahre OSA2plus

Seit meinem Arbeitsantritt an der OSA habe ich viel erfahren und gelernt. Nach wie vor bin ich überzeugt, dass unser Modell eine Art von Schule ist, welche Schülern, Schülerinnen und Lehrpersonen entgegenkommt und Fähigkeiten individuell fördert. Ständiges Fragen, Hinterfragen und grundsätzliches Arbeiten zu pädagogischen und fachlichen Themen machen die Arbeit spannend. Teamwork ist gefragt, von Lehrenden wie auch von Lernenden. So wird der Blickwinkel weiter und Lernen bleibt - auch für mich als Lehrperson - ein Abenteuer.

Ruth Frei-Schär

1.2 Was ist Wissensarbeit?

Keine Tätigkeit kann ohne Wissen ausgeführt werden. Jede Tätigkeit, auch die einfachste, enthält Komponenten von Wissensarbeit, z. B. das Lernen. Was Tätigkeiten jedoch unterscheidet, ist der Beitrag des Wissens zur Wertschöpfung. Wird die Wertschöpfung überwiegend bestimmt durch eine materielle Leistung, wie z. B. die Montage eines Produktes, so handelt es sich um vorwiegend materielle Arbeit. Wird eine vorwiegend immaterielle Leistung erbracht, die auf kognitiven Fähigkeiten beruht, z. B. die Beratung, Produktentwicklung oder Schadensregulierung in einer Versicherung, so sprechen wir von Wissensarbeit.

In Tabelle 1-2 sind Charakteristiken von Wissensarbeit und materieller Arbeit gegenüber gestellt. Der Rohstoff für die Wissensarbeit sind Informationen und das Ergebnis wird auch wieder in Form von Informationen kommuniziert, während bei materieller Arbeit der materielle Input und ein materielles Arbeitsergebnis dominiert.

Materielle versus Wissensarbeit

Was unterscheidet Wissensarbeit von materieller Arbeit?

Tabelle 1-2

Kriterium	Wissensarbeit	Materielle Arbeit
Input	Information	Materieller Input
Output	Information	Physisches Produkt oder Dienstleistung
Arbeitsobjekt	Immateriell	Materiell
Arbeitsmittel	Werkzeuge zur Information und Kommunikation	Werkzeuge zur physischen Leistungserbringung
Arbeitsinhalt	Veredelung von Information durch Wissen	Bearbeitung von materiellem Input

Eine Produktentwicklerin hat z. B. als Input Informationen in Form einer Anforderungsliste und vielfältige weitere Produktinformationen, mit denen sie dann die Zeichnung eines Produktes (das Arbeitsobjekt) bearbeitet. Ergebnis ist eine veränderte Zeichnung oder Produktberechnung. Auch ein Arzt leistet Wissensarbeit. Er verarbeitet vielfältige Informationen, um daraus eine Diagnose zu stellen. In dieser Phase ist das Arbeitsobjekt nicht der Patient selbst, sondern die Informationen über den Patienten. Der Arzt leistet dann gegebenenfalls materielle Arbeit, indem er eine Spritze verabreicht oder den Patienten operiert. Hier sehen wir, dass Komponenten von Wissensarbeit und Komponenten von physischer Arbeit durchaus eng ineinan-

1
Wissensarbeit(er) - Die Herausforderungen

der greifen können. Der Arbeitsinhalt oder die Quelle der Wertschöpfung liegt bei Wissensarbeit in der Veredelung von Informationen mit Hilfe von Wissen.

Unsere Definition von Wissensarbeit

Wir definieren daher: Wissensarbeit ist eine auf kognitiven Fähigkeiten basierende Tätigkeit mit immateriellem Arbeitsergebnis, deren Wertschöpfung in der Verarbeitung von Informationen, der Kreativität und daraus folgend der Generierung und Kommunikation von Wissen begründet ist.

Wissensarbeiter sind Menschen, die vorwiegend Wissensarbeit leisten.

In ähnlicher Weise beschreiben Davenport et al. (1996) einen Wissensarbeiter als jemanden, dessen vornehmliche Tätigkeit im Erwerben, Erzeugen, Bündeln oder Anwenden von Wissen besteht, oder mit anderen Worten „knowledge workers think for a living" (Wissensarbeiter verdienen ihren Lebensunterhalt damit, dass sie denken. Davenport 2005).

Nach Florida (2002) zeichnen komplexe Problemlösungen, unabhängiges Urteilsvermögen auf Basis einer hochwertigen Ausbildung mit dem Ziel neue Inhalte und Lösungen zu schaffen, Mitglieder der „Creative Class" aus.

Kognitive Fähigkeiten

Wenn Wissensarbeit eine auf kognitiven Fähigkeiten basierende Tätigkeit mit immateriellem Arbeitsergebnis ist, dann müssen wir uns mit kognitiven Fähigkeiten beschäftigen, um Wissensarbeit besser verstehen zu können. Zu den kognitiven Fähigkeiten eines Menschen zählen unter anderem Wahrnehmung, Erinnerung, Lernen, Kreativität, Planen, Probleme lösen. Sie ermöglichen Gedanken, Meinungen, Einstellungen, Wünsche, Absichten.

Diese kognitiven Fähigkeiten bilden das Potenzial für produktive Wissensarbeit. Um diese Potenziale nutzbar zu machen, müssen wir geeignete Vorstellungen formulieren, wie Wissensarbeit funktioniert. Noam Chomsky und Norbert Wiener gingen davon aus, dass der Mensch Informationen wie ein Computer verarbeitet und sich Wissensarbeit durch Modelle künstlicher Intelligenz beschreiben lässt.

Unterschied Mensch und Computer

Es gibt jedoch einige gravierende Unterschiede zwischen Mensch und Computer. Der Computer als Modell und Metapher für Kognition und Wissensarbeit scheiterte insbesondere an der Erklärung, wie wir emotional, flexibel, kontextuell und konstruktiv denken können. Der Mensch scheint nicht symbolische Informationen regelbasiert zu verarbeiten, sondern in konkreten Situationen Bedeutungen zu konstruieren und dabei bereits bestehende Bedeutungen zu Hilfe zu nehmen (Ettl-Huber und Risku 2007; Clark 1997).

Was ist Wissensarbeit?

1.2

Grenzen kognitiver Leistungsfähigkeit: Mensch versus Computer

- Wahrnehmen (Sinnesorgane): Nicht alle zur Verfügung stehenden Informationen werden genutzt, sondern massiv gefiltert, integriert und auf viele andere Weisen verändert, bevor sie ins Bewusstsein gelangen.
- Denken: Das mit dem Arbeitsspeicher des Computers vergleichbare Arbeitsgedächtnis hat eine riesige Kapazität.
- Kreativität: Menschlicher Kreativität sind keine Grenzen gesetzt
- Lernen: Während ein maschineller Massenspeicher (z. B. Festplatte) die Daten so zurückgibt, wie sie abgelegt wurden, werden die Informationen, die im Langzeitgedächtnis gespeichert werden, häufig sowohl im Vorhinein (z. B. durch Erwartungen) als auch im Nachhinein (z. B. durch nachfolgende Informationen) verändert.
- Erinnern: Die im Langzeitgedächtnis vorhandenen Informationen sind häufig nicht abrufbar, das so genannte Retrieval-Problem.
- Motivation und Konzentration: Müdigkeit, Lustlosigkeit, Ablenkbarkeit usw. sind Probleme, die Computer nicht haben.

Diese Vorstellung bildet eine Grundlage für die Gestaltung produktiver Wissensarbeit, indem sie insbesondere drei Erkenntnisse der kognitiven Verhaltenswissenschaft berücksichtigt (Franken 2008, S. 119-120):

Drei Erkenntnisse

1. Menschliches Wissen ist subjektiv. Die mentalen Muster in unseren Köpfen hängen von der Erfahrung ab, beeinflussen unser Denken und Handeln. Dies ermöglicht Perspektivenvielfalt sowie gegenseitige Wissensbereicherung und Synergieeffekte in der Zusammenarbeit.

Wissen ist subjektiv

2. Wir können verschiedene Typen des Wissens unterscheiden, die im menschlichen Gehirn unterschiedlich verarbeitet werden: Beschreibendes, prozessuales und emotionales Wissen stehen in einem komplexen Zusammenspiel zueinander und ermöglichen spezifische Verarbeitungsprozesse bezogen auf Begriffe, Zusammenhänge, beschreibendes Wissen und auf die zum Teil automatisierten Handlungen (prozessuales Wissen), wobei alles Wissen bewertet und im eigenen Kontext eingearbeitet wird (emotionales Wissen). Die Unterscheidung zwischen diesen Wissenstypen und die Bedeutung des emotionalen Kontextes aller Wissensinhalte sind von großer Bedeutung für die Gestaltung von Wissensarbeit, die Führung, Motivation und das Lernen.

Es gibt verschiedene Wissenstypen

3. Das Unbewusste spielt eine dominierende Rolle im Denken und Handeln. Menschliches Bewusstsein ist nach Erkenntnissen der Neurobiologie „Gehilfe des Unterbewussten", wo die meisten Verarbeitungs- und Entscheidungsprozesse ablaufen. Als Konsequenz für die Führung und Motivation von Wissensarbeitern lässt sich daraus ableiten, dass beide auf der unbewussten Ebene stattfinden sollten.

Unbewusstes spielt eine bedeutende Rolle

1

Wissensarbeit(er) - Die Herausforderungen

Wertschöpfung: Wissen - Handeln - Kompetenz

Die Wertschöpfung von Wissensarbeitern beruht darauf, dass sie aus Informationen Wissen generieren, das durch Handeln in einem spezifischen Kontext zur Anwendung kommt. Schauen wir uns die Zusammenhänge in der Wissenstreppe an (North 1998, 2005).

Wissen

Informationen sind Daten, die in einem Bedeutungskontext stehen und zur Vorbereitung von Entscheidungen und Handlungen dienen. Diese Informationen sind für Betrachter wertlos, die sie nicht mit anderen aktuellen oder in der Vergangenheit gespeicherten Informationen vernetzen können. Aus dieser Sicht ist Wissen der Prozess der zweckdienlichen Vernetzung von Informationen. Wissen entsteht als Ergebnis der Verarbeitung von Informationen durch das Bewusstsein. Informationen sind sozusagen der Rohstoff, aus dem Wissen generiert wird, und die Form, in der Wissen kommuniziert und gespeichert wird.

Wissen ist kontextabhängig

Die Interpretation von Informationen kann insbesondere in unterschiedlichen kulturellen Kontexten sehr unterschiedlich ausfallen. Wissen ist geprägt von individuellen Erfahrungen und an Personen gebunden. Eine „Wissensdatenbank" kann es nicht geben. Es gibt aber sehr wohl Datenbanken, die Teilbereiche von Wissen als Informationen ablegen.

Unsere Wissensdefinition

Mit Probst et al. 1997 definieren wir Wissen als die Gesamtheit der Kenntnisse und Fähigkeiten, die Personen zur Lösung von Problemen einsetzen können. Dies umfasst sowohl theoretische Erkenntnisse als auch praktische Alltagsregeln und Handlungsanweisungen. Wissen stützt sich auf Daten und Informationen, ist im Gegensatz zu diesen jedoch immer an Personen gebunden. Wissen entsteht als individueller Prozess in einem spezifischen Kontext und manifestiert sich in Handlungen.

Implizites Wissen

Ein großer Teil unseres Wissens liegt als implizites Wissen vor. Implizites Wissen stellt das persönliche Wissen eines Menschen dar, welches auf Idealen, Werten und Gefühlen der Person beruht. Subjektive Einsichten und Intuition verkörpern implizites Wissen, das tief in den Handlungen und Erfahrungen des Einzelnen verankert ist. Diese Form von Wissen ist sehr schwer zu formulieren und weiterzugeben, da sie in den Köpfen einzelner Personen gespeichert ist. Implizites Wissen wird u. a. in der Erziehung vermittelt, indem wir das Verhalten der Eltern übernehmen, ohne uns darüber bewusst zu werden.

Explizites Wissen

Explizites Wissen ist dagegen methodisch, systematisch und liegt in artikulierter Form vor. Es ist außerhalb der Köpfe einzelner Personen in Medien gespeichert und kann u. a. mit Mitteln der Informations- und Kommunikationstechnologie aufgenommen, übertragen und gespeichert werden.

Was ist Wissensarbeit? | **1.2**

Die Wissenstreppe | *Abbildung 1-4*

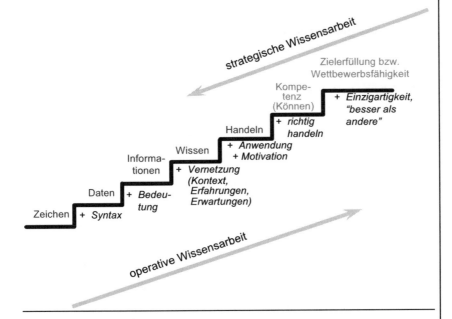

Dies trifft z. B. auf detaillierte Prozessbeschreibungen, Patente, Organigramme und Qualitätsdokumente zu.

Der Wert des Wissens wird nur dann sichtbar, wenn das Wissen (Wissen WAS) in ein Können (Wissen WIE) umgesetzt wird, das sich in entsprechenden Handlungen manifestiert. | *Können*

Das Können wird jedoch nur konkret unter Beweis gestellt, d. h. in Handlungen umgesetzt, wenn eine Motivation, ein Antrieb dafür besteht. Können und Wollen sind entscheidend für das Ergebnis und führen beide zusammen letztendlich zur Wertschöpfung. Das Handeln liefert messbare Ergebnisse wie eine Person, eine Gruppe, eine Organisation aus Informationen Wissen generiert und dieses Wissen für Problemlösungen in spezifischen Situationen anwendet. | *Handeln*

Diese Fähigkeit oder Kapazität, situationsadäquat zu handeln, wird auch als Kompetenz bezeichnet. Kompetenzen konkretisieren sich im Moment der Wissensanwendung. Von Krogh und Roos (1996, S. 45) haben dies wie folgt formuliert: „... *we view competence as an event, rather than an asset. This simply means that competencies do not exist in the way a car does; they exist only when the knowledge (and skill) meet the task.*" | *Kompetenz*

1
Wissensarbeit(er) - Die Herausforderungen

Die Kompetenz, Wissen zweckorientiert in Handlungen umzusetzen, beruht auf Erfahrung, unterscheidet den Lehrling vom Meister, den Geigenschüler vom Virtuosen.

Wert entsteht im Zusammenspiel vielfältiger Kompetenzen einer Person, Gruppe oder Organisation.

Kernkompetenzen

Als besonders wettbewerbsrelevant werden Kernkompetenzen einer Organisation oder Person angesehen (vgl. Hamel, Prahalad 1994). Kernkompetenzen sind ein Verbund von Fähigkeiten, der auf explizitem und verborgenem Wissen beruht und sich durch zeitliche Stabilität und produktübergreifenden Einfluss auszeichnet. Zusätzlich generieren Kernkompetenzen einen Wert beim Kunden, sind einzigartig unter Wettbewerbern, sind nicht leicht imitierbar und transferierbar, sind synergetisch mit anderen Kompetenzen verbunden und machen das Unternehmen einzigartig bzw. besser als andere.

Wettbewerbsfähigkeit

Kernkompetenzen sind die Quelle der Wertschöpfung und Wettbewerbsfähigkeit von Personen und Organisationen.

Aus der Wissenstreppe lassen sich zwei Dimensionen der Wertschöpfung durch Wissensarbeit ableiten:

Strategische Dimension

In der *strategischen Dimension* durchläuft der Wissensarbeiter die Treppe von oben nach unten, um die Frage zu beantworten, welche Kompetenzen und, daraus abgeleitet, welches Wissen und Können benötigt werden, um die gewünschten Ziele zu erfüllen. Individuelle Wissensziele können aus den Zielen der Organisation abgeleitet werden. In dieser strategischen Sicht ist außerdem ein Geschäfts- oder Organisationsmodell zu entwickeln, in dem die adäquaten motivationalen und organisatorischen Strukturen und Prozesse konzipiert werden.

Operative Dimension

Die *operative Wissensarbeit* beinhaltet insbesondere die Vernetzung von Informationen zu Wissen, Können und Handeln. Für die Produktivität von Wissensarbeit ist hier entscheidend, wie der Prozess, individuelles in kollektives Wissen und kollektives in individuelles Wissen zu transferieren, gestaltet wird. Ohne wirksame Anreize findet dieser Prozess jedoch nicht statt. Das operative Management von Wissensarbeit hat daher auch die Aufgabe, Rahmenbedingungen zu schaffen, die Anreize für Wissensaufbau, -teilung und -nutzung bieten.

Was ist Wissensarbeit? | **1.2**

Wissensarbeit aus der Prozessperspektive

Wollen wir weiter analysieren, wie durch Wissensarbeit Wert generiert wird, so kann ein vereinfachtes Prozessmodell weiterhelfen. Die Tätigkeit z. B. von Architekten, Ärzten, Journalisten und Lehrern besteht aus einer Reihe kognitiver Komponenten, die systemisch miteinander verknüpft bei der Wissensarbeit ablaufen. Zur Schwierigkeit, wissensbasierte Arbeitsprozesse zu beschreiben oder gar zu messen, trägt insbesondere die wechselseitige Abhängikeit wissenbasierter Arbeitsprozesse vom sozialen Kontext bei (Röll 2004).

Wissensbasierte Prozesse lassen sich nur schwer zergliedern

Die einzelnen Schritte von Wissensarbeit hängen unmittelbar zusammen und können nur analytisch, nicht praktisch voneinander getrennt werden. Das Finden und Interpretieren einer Information kann zu einer erneuten Suche nach weiteren Informationen führen. Eine Unterhaltung mit einem Kollegen kann gleichzeitig den Hinweis auf einen Artikel in einer aktuellen Fachzeitschrift, eine neue Idee für die eigene Präsentation bringen und darüber hinaus das Netzwerk persönlicher Beziehungen pflegen (Robes 2008).

Wissensarbeit aus der Prozessperspektive

Abbildung 1-5

Ausgehend von einer Fragestellung, einem Problem, der eigenen Neugier, einem Arbeitsauftrag, die sich alle in einem Input von Informationen niederschlagen, können wir bei der Wissensarbeit folgende fünf miteinander in Wechselwirkung stehende wertschöpfende Komponenten unterscheiden:

Fünf Komponenten wissensbasierter Wertschöpfung

1 Wissensarbeit(er) - Die Herausforderungen

1. Planen, Strategien entwickeln, Organisieren

Hier erfolgt die gedankliche Vorwegnahme zukünftigen Handelns. Mentale Modelle entstehen, die beim Handeln dann ständig fortgeschrieben werden. Das Problem der Strategiebildung und Planung liegt darin, dass wir aufgrund des gegebenen Wissensstandes Möglichkeiten ausschließen, die sich später vielleicht als vorteilhaft erwiesen hätten.

2. Analysieren

Die meisten Aufgaben von Wissensarbeitern sind damit verbunden, dass sie ein Recherchieren, Strukturieren, Archivieren und Reflektieren beinhalten. Eine Fragestellung wird in Komponenten zerlegt und in eine Struktur vorhandenen Wissens eingeordnet. Ein Beispiel ist ein Arzt, der mit einem Patienten konfrontiert wird und aufgrund der Informationen in einem diagnostischen Prozess auf mögliche Krankheiten zurück schließt. Eine Lehrerin strukturiert eine Unterrichtsstunde und recherchiert hierfür nach Übungsaufgaben. Bibliothekare und Archivare sind Wissensarbeiter, deren Wertschöpfung insbesondere durch die Fähigkeit zur Strukturierung und gezielten Recherche nach Informationen besteht.

3. Synthese

Die Fähigkeit zur Kombination von Wissen und Informationen, zur kreativen Gestaltung, zur Schaffung neuer Lösungen ist eine weitere Komponente der Wissensarbeit.

4. Kommunizieren, Dokumentieren

Wissensarbeit würde keinen Wert für einen Kunden generieren, wenn das Ergebnis im Kopf des Wissensarbeiters bliebe. Daher ist die Kommunikation und Dokumentation des Arbeitsergebnisses ein wichtiger Bestandteil der Wertschöpfung. Für Journalisten z. B. ist dies der Teil der Wissensarbeit, der vom Leser honoriert wird.

5. Lernen

Die vier vorangegangenen Komponenten sind verantwortlich für einen Zuwachs an Erfahrung. Mit jeder Aufgabe lernt der Wissensarbeiter bewusst oder unbewusst. Durch die Wahl der Aufgabe und der Durchführungsbedingungen kann Lernen systematisch gefördert werden. Diese Prozesskomponenten finden wir bei allen Formen von Wissensarbeit wieder, was jedoch differiert, ist der Schwerpunkt der Leistungserbringung.

In der folgenden Checkliste können Sie für Ihre Tätigkeit einstufen, wie wichtig jeweils die Komponente des Wissensprozesses ist und wie viel Zeitanteil Sie damit verbringen.

Checkliste: Kennzeichnen Sie ihre Wissensarbeit (Teil 1)

Tabelle 1-3

Tätigkeit	Wichtigkeit (Legende: 3 = hoch, 2 = mittel, 1 = gering)	Zeitanteil (% der Arbeitszeit)
1. Planen, Organisieren, Strategien entwickeln		
2. Analysieren, Strukturieren, Recherchieren, Reflektieren		
3. Synthetisieren, Gestalten, Kombinieren		
4. Kommunizieren und Dokumentieren		
5. Lernen		

Art der Aufgabe

Für die Gestaltung von produktiver Wissensarbeit müssen wir uns nicht nur mit der Struktur des Prozesses, sondern auch mit der Art der Aufgabenstellung und der Determiniertheit des Ergebnisses beschäftigen. Dabei spielen die Antagonismen Routine versus Neuartigkeit, individuelle Expertise versus kollektive Arbeit und einfache versus komplexe Aufgaben eine wichtige Rolle.

Aufgabenstellung und Arbeitsergebnis sind wichtige Faktoren bei der Gestaltung produktiver Wissensarbeit

Routine versus Neuartigkeit:
Ein Call-Center-Agent oder ein Schadenssachbearbeiter bei einer Versicherung arbeitet in routinierten Wissensprozessen nach einem immer wiederkehrenden Muster seine Tätigkeiten ab. Hier geht es darum, durch Regeln, Algorithmen, standardisierte Abläufe die Arbeit zu unterstützen. Werden Mitarbeiter häufig mit völlig neuartigen Aufgaben konfrontiert, für deren Erledigung sie nicht auf Erfahrung zurückgreifen können, dann gilt es, Raum für Kreativität, freie Wahl von Lösungsansätzen, den Austausch mit anderen Experten und auch entsprechende Zeit zur Verfügung zu stellen.

Individuell versus kollektiv:
Beruht die Tätigkeit auf individueller Expertise oder entsteht die Leistung aus der Zusammenarbeit eines Teams von Fachleuten?

Während Lehrer, Ärzte und Juristen derzeit noch eher als individuelle Experten agieren, fordert das Arbeiten in Projekten die Zusammenarbeit von Experten, oft auch unterschiedlicher Disziplinen. Auch in den eher individualistisch geprägten Berufsfeldern findet langsam ein Umdenken statt, dass eine Zusammenarbeit im Team produktiver wäre als das Aufrechterhalten des Individualismus.

Teamarbeit setzt sich durch

1 Wissensarbeit(er) - Die Herausforderungen

Einfach versus komplex:
Eine Tätigkeit im Call-Center ist schnell erlernbar. Ein Jurist benötigt nicht nur sein Studium, sondern auch eine genügende Anzahl von abgearbeiteten Fällen, um in seinem Gebiet sattelfest zu sein. Des Weiteren verändern sich Tätigkeitsfelder rasch, so dass der Bedarf des permanenten Erweiterns, Anpassens und Erneuern von Kenntnissen besteht.

Tabelle 1-4 Checkliste: Kennzeichnen Sie Ihre Wissensarbeit (Teil 2)

Tätigkeit	Trifft voll zu	Trifft bedingt zu	Trifft nicht zu
Routine Ich verbringe einen großen Teil meines Arbeitstages mit Routineabläufen.			
Neuartigkeit Ich werde oft mit völlig neuartigen Aufgaben konfrontiert, für deren Erledigung ich nicht auf Erfahrungen zurückgreifen kann.			
Individuell Ich führe meine Tätigkeit als individueller Experte aus.			
Kollektiv Meine Tätigkeit könnte ich besser im Team zusammen mit anderen Experten ausführen.			
Komplexität Meine Tätigkeitsausführung erfordert jahrelanges Lernen.			
Veränderung Mein Tätigkeitsbereich ist durch hohe Veränderungsgeschwindigkeit und entsprechenden Lernbedarf gekennzeichnet			

Typen und Rollen von Wissensarbeit(ern)

Aus der Kombination von Wissensprozess und Gestaltungsfaktoren lassen sich einige häufig wiederkehrende Typen von Wissensarbeit ableiten. Davenport (2005, S. 27) kombiniert zwei Gestaltungsfelder, die er mit „Abhängigkeit voneinander" und „Komplexität" bezeichnet, und kommt zu vier Gruppen von Wissensarbeit: dem *Expertenmodell*, das abhängig ist von der individuellen Expertise und Urteilsfähigkeit, dem *Zusammenarbeitsmodell*, in dem Experten im Team zusammenarbeiten, dem *Transaktionsmodell*, in dem Routinearbeiten individuell abgewickelt werden, und dem *Integrationsmodell*, in dem Routinewissensarbeiten eher in einem Team bzw. in einem Prozess mit aufeinander abgestimmten Teilleistungen abgewickelt werden.

Vier Wissensarbeitsmodelle nach Davenport

Levi und Mournane (2004) haben untersucht, welche Jobs in der US-Wirtschaft in den letzten Jahrzehnten das stärkste Wachstum verzeichnen konnten. Sie argumentieren, dass dies insbesondere Tätigkeiten sind, die zwar von einem Computer unterstützt werden können, aber bei denen der Computer nicht die menschliche Tätigkeit weitgehend übernehmen kann.

Klassifizierung von Wissensarbeit nach Tätigkeitsprofilen

Sie unterscheiden:

- Expert-thinking: Problemlösungen, für die es keine regelbasierte Lösung gibt
- Complex-communication: Menschliche Interaktion, um zu erklären, motivieren, überzeugen
- Routine-cognitive tasks: Aufgaben der Informationsverarbeitung, die nach klaren Regeln ablaufen
- Routine-manual tasks: Physische Routinetätigkeiten nach klarer Ablaufstruktur
- Non-routine-manual tasks: Physische Tätigkeiten, insbesondere im Servicesektor, die sehr kundenspezifisch sind, z. B. Haare schneiden

Wie Abbildung 1-6 zeigt, sind insbesondere die Tätigkeiten *Complex-communication* und *Expert-thinking* in den letzten 30 Jahren sehr stark angestiegen und werden den Kern der Wissensarbeit in den nächsten Jahrzehnten ausmachen.

1 Wissensarbeit(er) - Die Herausforderungen

Abbildung 1-6 | Entwicklung von Tätigkeitsprofilen (OECD PIAAC Programm 2007)

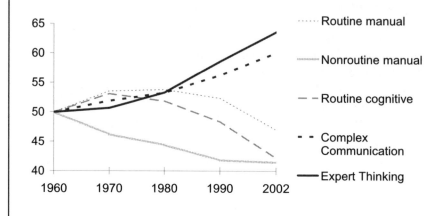

Unser Modell von Wissensarbeit unterscheidet sechs Rollen

Analysiert man den Alltag von Wissensarbeitern, so stellt man fest, dass sie mehrere der oben genannten Typen von Wissensarbeit ausführen, d. h. sie nehmen unterschiedliche Rollen in der Wissensarbeit ein. Wir wollen daher im Folgenden ein Rollenmodell von Wissensarbeit vorstellen, das von sechs Rollen ausgeht (siehe Tabelle 1-5).

Ein Arzt kann z. B. im Laufe seines Arbeitslebens oder auch in seiner aktuellen Tätigkeit eine Reihe von unterschiedlichen Rollen ausfüllen. So ist er als Wissensproduzent mit einem Forschungsprojekt in der klinischen Forschung beteiligt. Als Wissensvermittler lehrt er an einer Hochschule. Sein Geld verdient er weitgehend als wissensintensiver Dienstleister, indem er Patienten behandelt.

Daneben bleibt es ihm nicht erspart, dass er Routinewissensprozesse abwickeln muss, indem er seine Behandlung dokumentiert und Arztberichte schreibt. Um auf aktuellem Stand zu bleiben, nimmt er auch die Rolle des Lernenden ein, indem er sich kontinuierlich weiterbildet.

Ein Lehrer ist z. B. sowohl Wissensvermittler als auch wissensintensiver Dienstleister und natürlich auch Lernender.

Rollenmodell von Wissensarbeit *Tabelle 1-5*

Rolle	Beschreibung	Beispiele	Herausforderungen
Wissensproduzenten „Die Kreativen"	Kreativität und Generierung neuen Wissens in Form von z. B. Konzepten, Entwürfen, Produkten, Prozessen, Strategien	Forscher, Entwickler, Architekt, Komponist, Autor	Freiräume schaffen für Kreativität und Einbindung in Marktprozess
Wissens(ver)mittler	Zielgruppenbezogenes Recherchieren, Strukturieren, Aufbereiten, Kommunizieren von Wissen, Motivieren und Überzeugen	Journalisten, Trainer, Lehrer, Manager, Marketingfachleute, Bibliothekare, Informationsdienstleister	Im (in)direkten Kontakt mit „Kunden" Wissen situationsgerecht „verpacken"; gemeinsame Nutzung von Materialien; Individualismus versus Kooperation
Wissensintensive Dienstleister „Die klassischen Experten"	Auf spezifischer Expertise beruhend, individuelle Lösung in (in)direktem Kontakt mit Menschen gestalten	Arzt, Rechtsanwalt, Berater, Lehrer, Manager	Erfahrungsbasiertes Entwickeln individueller Lösungen aus einem immensen Repertoire von Handlungsmöglichkeiten; Nutzung kollektiver Expertise
Bearbeiter von Routine-Wissensprozessen	Standardisierte, regelbasierte Abläufe individuell oder im Gesamtprozess abwickeln	Call-Center-Agent, Schadensachbearbeiter, Versicherung, Reisekostenabrechnung	Systematisch „Best Practices" entwickeln
Wissensarbeiter in der materiellen Produktion	Problemlösungs- und Planungsaufgaben in der Produktion bzw. im technischen Service	Servicetechniker, Instandhalter, Produktionsmitarbeiter	Systematische Problemlösung lernen, Freiräume und Motivation für Verbesserungen
Lernende	Reflexion, Systematisierung von Erfahrungen, Aneignung neuen Wissens, Pflege des eigenen Kompetenzprofils	Jeder Wissensarbeiter	Zeit und Freiräume schaffen, Lernen in Wissensgemeinschaften

Wissensarbeit(er) - Die Herausforderungen

Betrachten wir die einzelnen Rollen etwas näher:

Die Kreativen"

Die Wissensproduzenten oder „Kreative": Wir denken an Forscher, Entwickler, Architekten, Komponisten und Autoren. Sie zeichnen sich durch die Generierung neuen Wissens aus. Arbeitsergebnisse sind Entwürfe, Konzepte, neue Produktideen und -entwicklungen, Prozesse, Strategien oder wissenschaftliche Veröffentlichungen. Die Herausforderung besteht darin, einerseits Freiräume zu schaffen für die Kreativität, andererseits die Wissensproduzenten in einen Marktprozess einzubinden. Denn nur dadurch, dass die kreativen Produkte einen Abnehmer finden, entsteht ein Wert für den Wissensproduzenten.

Wissensvermittler sind die Logistiker: sie lagern, verpacken, liefern

Die Wissensvermittler haben ihre Kompetenz in der zielgruppenbezogenen Strukturierung, Aufbereitung, Kommunikation von Wissen und damit auch im Motivieren und Überzeugen. Zu den Inhabern dieser Rollen gehören beispielsweise Journalisten, Trainer, Lehrer, Manager, Marketingfachleute, aber auch Bibliothekare und Recherchefachleute. Die Herausforderung für produktive Wissensarbeit dieser Rolle liegt darin, im direkten oder indirekten Kontakt mit den „Kunden" Wissen situationsgerecht zu „verpacken". Hierbei kann Arbeitsteilung und Kooperation sehr vorteilhaft sein. Zum Beispiel braucht nicht jeder Lehrer über jedes Thema Arbeitsblätter erstellen, sondern er könnte sich mit seinen Kollegen abstimmen und arbeitsteilig vorgehen. Journalisten greifen auf „Konserven" von z. B. Presseagenturen zurück und bereiten sie dann spezifisch auf.

Wissensintensive Dienstleister entwickeln maßgeschneiderte Lösungen

Wissensintensive Dienstleister: In dieser Rolle werden aufgrund spezifischer Expertise, individuelle Lösungen in direktem oder indirektem Kontakt mit Menschen entwickelt. Beispiele sind hier Arzt, Rechtsanwalt, Berater, Lehrer, Manager, Psychologe, Pfarrer. Die Herausforderung dieser Rolle besteht darin, individuelle situationsgerechte Lösungen aus einem immensen Repertoire von Handlungsmöglichkeiten zu gestalten. Ein einzelner Experte ist in vielen Fällen gar nicht in der Lage, alle Handlungsmöglichkeiten zu übersehen, so dass es sich hier auszahlt, Kooperation und Zusammenarbeit im Team zu fördern. Die vielfach gelebten individuellen Expertenkulturen führen sowohl für die Kunden zu suboptimalem Ergebnis - z. B. eine Krankheit wird nicht erkannt oder falsch behandelt - und sind auch aus Sicht der Organisation nicht effizient, z. B. ein Anwalt beschäftigt sich mit einem Vertragstypus zum ersten Mal, den ein Kollege bereits hundert Mal abgewickelt hat.

Routine-Wissensarbeiter agieren in standardisierten Abläufen

Bearbeiter von Routine-Wissensprozessen: Schadenssachbearbeiter einer Versicherung, Call-Center-Agents oder Buchhalter arbeiten in standardisierten oder standardisierbaren, regelbasierten Abläufen, die individuell oder in einem Gesamtprozess integriert abgewickelt werden. Die Herausforderung produktiver Wissensarbeit liegt in der kontinuierlichen Suche nach „Best

Was ist Wissensarbeit? **1.2**

Practices", der systematischen Problemlösung und der Anpassung dieser Routine-Wissensprozesse an veränderte Anforderungen im Umfeld.

Auch in der **materiellen Produktion** findet **Wissensarbeit** statt. Servicetechniker, Instandhalter bzw. Produktionsmitarbeiter werden mit Aufgaben der Problemlösung, mit Planung und der Generierung von Verbesserungsvorschlägen (Ideenmanagement) konfrontiert. Die Herausforderung ist hier, systematische Problemlösung zu lernen sowie Mitarbeiter für die Generierung von Ideen zu motivieren. In diesem Sinne können auch Produktionsmitarbeiter Wissensproduzenten sein.

Auch in materiellen Arbeitsergebnissen steckt Wissensarbeit

Alle Wissensarbeiter sind gleichzeitig auch **Lernende**, die ihre Erfahrungen reflektieren, systematisieren, sich neues Wissen aneignen und ihr eigenes Kompetenzprofil pflegen sollten. Dafür werden Zeit und Freiräume benötigt. Lernen findet jedoch nicht nur individuell statt, sondern zunehmend auch in Wissensgemeinschaften, in denen Erfahrungen ausgetauscht und gemeinsam neue Ideen und Lösungen entwickelt werden.

Wissensarbeiter sind ewig Lernende

Ordnen Sie sich selbst einmal in dieses Rollenmodell von Wissensarbeit ein:

Checkliste: „Meine Rolle"

Tabelle 1-6

Rolle	Meine spezifischen Herausforderungen
■ Wissensproduzent	
■ Wissensvermittler	
■ Wissensintensiver Dienstleister	
■ Routine-Wissensarbeiter	
■ Wissensarbeiter in der materiellen Produktion	
■ Lernender	

Wissensarbeit(er) - Die Herausforderungen

Pfarrerin 2020

Vicky stand vor den Pfarrerbildern in der Sakristei. Nur Männer. Die meisten ihrer Vorgänger im Pfarramt waren als wahre Repräsentanten ihrer damaligen Gemeinde abgebildet. In jeder Person bündelten sich jeweils das verfügbare Wissen, die Erfahrung, das Können und die materielle Situation der damaligen Gemeinde. In der Gemeindechronik las sich das in wesentlichen Grundzügen genauso. Sie nahm ihr Handy und rief den Archivpfleger an, erreichte aber nur den Anrufbeantworter. Wie weit er bei der **Digitalisierung** des handgeschriebenen Protokollbuchs inzwischen sei? Ob er jetzt einen Beschluss über das wertvolle mittelalterliche Reliquiendöschen finden könne, für dessen **Aufbewahrung** das privatisierte ehemals städtische Museum nach einigen Jahrzehnten jetzt im Jahr 2020 unerwartet eine astronomische Rechnung präsentiere?

Die Akte über das Reliquiendöschen, das in der alten Kirche gefunden worden war, war bei der Zusammenlegung der Gemeinden vor 20 Jahren verschollen, wenn es sie überhaupt gegeben hatte. Das Büro der damals zuständigen Sekretärin und später auch die Pfarrstelle waren aufgelöst worden. Und der pensionierte Kollege konnte sich nicht mehr so genau erinnern. Er hatte nur auf die **zentrale digitale Aktenablage** auf einem eigenen Server verwiesen, die damals als eine der ersten in seiner Landeskirche für die Gemeinde eingerichtet worden war. Aber da war nur das abgespeichert, was seitdem produziert worden war. Da die gemeindlichen Akten dem Aktenplan der Landeskirche folgten, war wenigstens schnell klar gewesen, dass weder hier noch bei anderen landeskirchlichen Dienststellen ein Vorgang zu der Sache registriert war. Zumal Reliquien nie ein eigenes Thema in der evangelischen Kirche waren.

Lächelnd erinnerte Vicky sich an Erzählungen vom Dienstzimmer im Pfarrhaus, wo im Qualm ihrer Tabakspfeifen eine kleine Handvoll Männer unter Führung des Pfarrers die Geschicke der Gemeinde bestimmt hatten. Tatsächlich aber waren die Fäden des Gemeindelebens eher in der Hand der Pfarrfrau zusammengelaufen, von der natürlich kein Bild, nicht mal irgendeine Akte überliefert war. Sie hatte die Menschen gekannt, ihre Sorgen. Hatte so alles gewusst, was für die Gemeinde von Belang war. Hatte ihrem Mann Ideen für seine Arbeit geliefert und ihn kritisch zu Korrekturen genötigt, wenn etwas schief gelaufen war. Hatte die Gemeindeschwester beraten und der Frau des Bürgermeisters eine nicht unwichtige Information gegeben oder von ihr bekommen, die für die Ortsgemeinde von Bedeutung sein würde. Aber das war schon wirklich lange her.

Vicky trat zum **Thin Client**, der seit kurzem in der Sakristei angeschlossen war, und loggte sich ein. Sie musste aus dem zentralen ökumenischen Bilderdienst der deutschen Kirchen noch einige Bilder für den nächsten Gottesdienst auswählen, die auf dem Großbildschirm zu den Texten gezeigt werden sollten. Sie fügte die Bilder dem vorformatierten Ablauf des Gottesdienstes ein. Ein paar Lieder fehlten noch. Aber sonst war jetzt das Material komplett gespeichert, so dass die Technikgruppe die Projektion am Sonntag während des Gottesdienstes gut würde leisten können und sie sich ganz auf Gebet und Predigt konzentrieren konnte.

In der **Bilderdatei der Gemeinde** fand sie beim Stöbern zusätzlich noch eine Darstellung des Reliquiendöschens. Sie beschloss, diese auch dem zentralen Bilderdienst zur Verfügung zu stellen. Die brauchten dort schließlich auch Material. Sie fügte für den sachgemäßen Einsatz durch andere eine kurze Beschreibung hinzu – auch die Angabe über den Aufbewahrungsort des kostbaren Stücks. Dass das jetzt so viel kosten sollte, ärgerte sie wirklich. Gab es noch Kontakte, wie sie ihre Vorgänger gehabt haben mussten, um eine günstigere Lösung zu erreichen?

Sie wollte gerade noch in der Buchhaltung nachschauen, wie hoch der Spendenstand für das neue Projekt „Kirchturmcafé für Wohnungslose" war. Tatsächlich hatte der Inhaber des benachbarten Cafés einen größeren Betrag überwiesen. Vicky nahm sich vor, ihm bei einem Latte macchiato am späteren Vormittag kurz zu danken. Auf dem Bildschirm blinkte das Fenster der Terminerinnerung. Das Büro hatte ihr als ersten Termin ihrer heutigen Besuchszeit ein Taufgespräch organisiert. Sie musste dafür den Wagen aus dem Carpool im naheliegenden Parkhaus nehmen, der automatisch mit der Terminvergabe für sie vorgemerkt worden war. Die Sekretärin wusste, dass sie für diese Entfernungen normalerweise ein eigenes Fahrzeug benötigte.

Zum Gespräch nahm sie die Mappe mit, die im Kollegenkreis und mit dem Öffentlichkeitsausschuss zur Information der Tauffamilien zusammengestellt worden war. Sie war den einschlägigen kommerziellen Angeboten durch die erkennbare Ortsnähe und persönliche Diktion überlegen. Die Erstellung war allerdings ein ziemlich aufwändiger Prozess gewesen. Nicht nur die individuellen Eigenheiten der sechs Pastorinnen und Pastoren waren zu berücksichtigen. Auch die angestellten und die etwa 30 ehrenamtlichen Mitarbeitenden bei den Taufvorbereitungskursen, bei den Taufen und bei der späteren Betreuung der Getauften und ihrer Familien hatten sich sorgsam aufeinander abgestimmt und fortlaufende **Weiterentwicklung** verabredet. Eine **Internetplattform** diente dem spontanen Erfahrungsaustausch und der Vorbereitung der regelmäßigen Teambesprechungen. Der Aufwand hatte sich gelohnt. Kinder, Mütter und Väter - selbst wenn die Familien inzwischen auseinanderbrachen - hielten deutlich aktiveren Kontakt zur Gemeinde. Und die Ehrenamtlichen waren von Mal zu Mal motivierter. Die jährlichen Umfragen in der Gemeinde über die Qualität der Angebote untermauerten die positiven Ergebnisse. Auch bestätigte die Spenderdatei mit dem wachsenden Anteil an Menschen, zu denen so Kontakt entstanden war, den Grundgedanken des gemeindlichen Fundraisings: Wem die Kirche ein gutes Angebot macht, der unterstützt sie auch gern.

1 Wissensarbeit(er) - Die Herausforderungen

Auf dem Weg zum Taufgespräch klingelte das Handy. Die Sekretärin übermittelte einen Sterbefall. Die Angehörigen hatten ihren Namen angegeben. Sonst wäre in dieser Woche ein Kollege zuständig gewesen. Die Sekretärin hatte schon im **elektronischen Terminkalender** die möglichen Zeiten für Trauergespräch und Trauerfeier geprüft. Vicky seufzte. Eigentlich hatte sie gehofft, den einen Vormittag doch terminfrei halten zu können, um endlich das neue Buch von Güldenberg und North lesen zu können. Wissensarbeit war mehr denn je aktuell. Auch wenn sie jetzt zwei unvorhergesehene Termine mehr hatte: die Definition von Kalenderzeiten zur Verfügung durch die Sekretärin (zur Zeit war es insgesamt ein Viertel der Arbeitszeit) hatte sich trotz anfänglich schwerwiegender Bedenken im Kollegenkreis insgesamt bewährt. Sie hatte den Pastoren **deutliche Zeitersparnis** gebracht, die sie zur **Qualitätsverbesserung** ihrer Arbeit einsetzen konnten. Sie hatten einerseits einige **Standards** für die Gespräche (u. a. auch die Taufmappe) entwickelt und damit die Notwendigkeit von Nachfragen reduziert. Andererseits sah die Sekretärin auf einen Blick, wenn jemand für das gefragte Anliegen nicht zur Verfügung stehen würde, und ersparte ihnen ebenso wie den Anfragenden die früher üblichen Verweisungsgespräche.

Im Anschluss an das Taufgespräch fuhr Vicky zu einem Geburtstagsbesuch. Leider war es nicht möglich gewesen, die Telefonnummer oder eine E-Mail-Adresse der alten Dame zu ermitteln. Ob sie da wäre? Vicky ärgerte sich schon wegen der eventuell vergeblichen Fahrt. Aber eine einigermaßen vollständige und aktualisierbare Erfassung derartiger Daten war immer noch ein Wunschtraum. Und die individualisierten Lebensstile boten immer weniger selbstverständliche Zeitfenster für derartige Begegnungen. Irgendwie, fragte sich Vicky, passten diese Besuche nicht mehr in die Zeit, oder? Doch die Dame war da. Freute sich über den Besuch. Sie hatte von der Aktion der Jugendarbeit gehört, ältere Gemeindeglieder mit Jugendlichen aus dem Migrantenmilieu in Verbindung zu bringen. Vicky wusste nichts Genaues darüber, versprach aber, schnell eine Verbindung herzustellen. Unmittelbar nach dem Besuch, im Auto, würde sie dem Arbeitskreis per SMS eine Mitteilung machen. Diesmal mit der Telefonnummer der Dame. Jemand aus dem Arbeitskreis würde sich innerhalb von 24 Stunden bei ihr melden. Das war der **vereinbarte Standard** für alle derartigen Vorgänge in der Gemeinde. Bei der **Zertifizierung** ihres Mitgliederangebots war das regelmäßiger Gegenstand der Überprüfung.

Das Abstellen des Autos im Carpool ging wie immer zügig. Nutzungsdaten und Gebühren wurden über den elektronischen Schlüssel automatisch gebucht. Der für Finanzen zuständige Mensch im Vorstand behauptete, dass dies System für die Gemeinde preiswerter sei als früher die Abrechnungen von Fahrtenbüchern.

Im Café war der Inhaber leider nicht da. Vicky trank trotzdem ihren Latte macchiato und dachte an den Nachmittag. Sie brauchte für die Konfirmanden den Medienschrank und war nicht mehr sicher, ob sie dem Hausmeister

Bescheid gegeben hatte. Hoffentlich hatte er den Schrank nicht an andere vergeben! Eigentlich könnte sie im Internet eben nachschauen oder die Sekretärin anrufen, ob eine Reservierung vermerkt war. Aber der Hausmeister hielt nicht so viel vom Umgang mit dem PC und folgte lieber seinem Gedächtnis. Zum Glück war er da zuverlässig und so funktionierte es ja meistens auch. Nur war er um diese Zeit nicht zu erreichen, weil er noch einen anderen Arbeitsplatz hatte annehmen müssen. Sie musste es drauf ankommen lassen.

Beim Verlassen des Cafés sprach sie ein Herr an, der die Presseartikel über die Arbeit der Kirchengemeinde beanstandete. Vicky hatte sich selbst darüber geärgert und schimpfte ebenfalls über die Presse. Das aber war nicht sein Anliegen. Er schlug vor, dass die Gemeinde einen Öffentlichkeitsbeauftragten benennen solle, der die Pressevertreter umfassender und regelmäßig informieren solle. Dann würde sich die Presse sicherlich auch mal für eine Sache der Gemeinde einsetzen. Vicky verwies den Herrn an die zuständige Person im Gemeindevorstand. Er aber winkte ab, die Person kenne er ja nicht. Vicky fiel wieder die Porträtgalerie in der Sakristei ein: die Allroundpfarrer, die sich für alles zuständig gefühlt hatten. Sie dankte dem Mann für seine Anregungen und verabschiedete sich. Im letzten Moment fiel ihr ein, ihn nach seinem Namen zu fragen.

Es blieb noch genug Zeit für die alltägliche Schreibtischarbeit, E-Mails und Post durchsehen, das Unmittelbare sofort erledigen, den Rest verschieben. Gern hätte sie das gleich ordentlich auf die nächsten Tage verteilt. Aber erstens konnte sie nicht genau abschätzen, wieviel Zeit sie jeweils benötigen würde, und zweitens kam ihr Freund schon. Beim gemeinsamen Essen hörte Mathis ihrem Kurzbericht über den Vormittag geduldig zu, na ja, eher gelangweilt. Wollte schon aufstehen und an seinen PC gehen. Aber sie begann nochmal von dem Problem mit dem Museum. Diese unerwartete Rechnung. „Der Typ hat recht" meinte Mathis unvermittelt. „Welcher Typ?" „Na der mit der Presse." Der Name war ihr zu ihrem Leidwesen doch wieder entfallen. „Wieso?" „Die Zeitung würde doch einen Sponsor für das Reliquiar finden, wenn sie nur wollte."

Zu Hause fand Vicky eine E-Mail des Archivpflegers vor: Er gab den Hinweis auf den Speicherort, wo er den gesuchten Protokollabschnitt über das Reliquiendöschen eingestellt hatte. Sie schaute sofort über ihren Internetzugang in den zentral gespeicherten Akten nach. Tatsächlich: es war unbefristet eine für die Gemeinde kostenfreie Aufbewahrung vereinbart worden. Dem Beschluss war sogar der Vertrag als Anlage beigefügt worden. Mit diesen Hinweisen konnten die Sekretärin und der Gemeindevorsitzende nun erfolgreich gegen die Museumsrechnung einschreiten. Vicky atmete auf.

Mathis meinte, als sie es ihm berichtete, dann brauchten sie die Zeitung eben doch nicht für das Döschen. „Aber habt ihr es schon mit dem Kirchturmcafé versucht?" „Soll ich jetzt auch noch die Zeitungsarbeit machen?!"

1 Wissensarbeit(er) - Die Herausforderungen

Vickys Reaktion war heftiger, als sie gewollt hatte. „Schon gut", beschwichtigte er.

Zum Ende des Tages Vorstandssitzung, die meisten Mitglieder ehrenamtlich. Alle hatten den Tag über schon gearbeitet. Man konnte es ihnen ansehen. Vicky hoffte, dass es heute Abend schneller ginge. Sie hatten einen zähen Kampf gegen die endlosen Berichte und die müden Auseinandersetzungen um Kleinigkeiten geführt. „Wir tagen in der Nacht von Montag auf Dienstag," hatte einer ihrer Vorgänger immer gelästert. Zuständigkeiten waren nun benannt worden, Ausschüsse eingerichtet. Wer mehr wissen wollte, konnte sich vorher oder nachher in der zentralen digitalen Ablage direkt in den Protokollen und Sachordnern informieren. Wenn nötig, wurde in der Sitzung direkt darauf zugegriffen. Das hatte die Sitzungen sehr gestrafft.

Kurz wurden die aktuellen Projekte der Gemeinde vorgestellt. Für die Erstellung einer neuen Konzeption der Trauerbegleitung wurde vorgeschlagen, doch eine **Supervision** in Anspruch zu nehmen. Es solle nicht noch mal so viel Zeit und Kraft verloren gehen wie bei der Konzeption für die Tauffamilien. Aber das habe sich doch bewährt, hielten andere dagegen. Man einigte sich, vor einer endgültigen Beschlussfassung ein entsprechendes konkretes Angebot mit Kostenangabe vorzulegen. Für das Kirchturmcafé gebe es leider noch keine neue Nachricht, meinte der Finanzverantwortliche, der noch keine Gelegenheit gehabt hatte, in die Buchhaltung zu schauen. Er war sehr erfreut, von Vicky die positive Nachricht über den ersten Spendeneingang zu hören.

Vicky zögerte. Dann berichtete sie von dem Herrn im Café. „Ach, den kenn ich" meinte jemand und wusste sogar seinen Namen. „Der hat immer was zu meckern." „Aber er hat recht" sagte Vicky und fügte den Vorschlag von Mathis hinzu. Und befürchtete, dass sie damit nachher allein da stünde. Doch einer sagte, das sei eine gute Idee. Seine Nachbarin sei bei der Zeitung. Die wolle er morgen gleich auf das Kirchturmcafé ansprechen. Die werde sich bestimmt gern darum kümmern. Ob er ihr die Informationen aus dem Vorstand zur Verfügung stellen könne? Dann sei es ja kein Problem. Er könne sich ja einloggen und das Nötige für die Zeitungsfrau kopieren.

Vicky träumte in der Nacht, dass sie mit ihrem Porträt in der Sakristei stünde und dafür vergeblich nach einem Platz neben all den Pfarrherrn suchte. Plötzlich fiel ihr ein, dass im Schrank noch das große Foto von einem Gemeindefest lag, wo alle auf einer großen Wiese zusammenstanden. Das tauschte sie gegen ihr Bild aus, legte ihr Bild in den Schrank und hängte das Gemeindebild mitten auf die freie Wand gegenüber.

Dieter Tometten

1.3 Produktivitätskiller und -potenziale der Wissensarbeit

Der tägliche Wahnsinn

Nach insgesamt mehr als 700 Stunden Beobachtungszeit lautete die erschütternde Bilanz (Die Zeit 2008): 57 % aller Arbeiten werden nicht zu Ende geführt, sondern unterbrochen, die Hälfte davon durch äußere Faktoren, wie E-Mails, klingelnde Telefone oder Kollegen, die andere Hälfte ohne erkennbaren Grund. Im Durchschnitt arbeiten die Angestellten nur elf Minuten kontinuierlich an einer Aufgabe. Wer seine Arbeit unterbricht, arbeitet an zwei anderen Themen, bevor er sie wieder aufnimmt, und nur drei Viertel der unterbrochenen Aufgaben werden am selben Tag wieder aufgenommen. „Fragmentierung der Arbeit gehört für diese Leute zum Leben" stellen Gonzales und Mark (2004) aufgrund ihrer Studie des Alltags von 24 Mitarbeitern einer Unternehmensberatung fest.

Nur elf Minuten am Stück konzentriertes Arbeiten

Allein in Deutschland werden durch die E-Mail-Kommunikation jedes Jahr über 2 Milliarden Arbeitsstunden im Wert von ca. 50 Milliarden Euro verschwendet. Im Schnitt verbringt ein Mitarbeiter jeden Tag ein bis zwei Stunden mit dem Lesen und Schreiben von E-Mails. Und über die Hälfte der Mitarbeiter fühlt sich durch E-Mails massiv gestresst. (Weick, Schur 2008). Auf 40 % der E-Mails reagierten 27 untersuchte Programmierer und Projektmanager von Microsoft innerhalb von zwei Sekunden. Im Durchschnitt brauchten sie eine viertel Stunde, um ihre Arbeit wieder aufzunehmen (Iqbal, Horvitz 2007).

In Deutschland werden 2 Milliarden Arbeitsstunden pro Jahr für Email verschwendet"

Durchschnittlich 2,1 Stunden täglich oder ca. 28 % eines Arbeitsalltages gehen durch Unterbrechungen und Ablenkungen verloren. 1000 Büroangestellte, von Führungskräften bis zum Sachbearbeiter, hatte die Consulting-Firma Basex gefragt, wie lange sie täglich durch nicht zielführende Ablenkungen von konzentrierter Arbeit abgehalten werden und wie viele Minuten sie hinterher benötigen, um wieder auf den Stand vor der Unterbrechung zu gelangen Häufige Unterbrechungen, der Druck, immer ansprechbar zu sein und innerhalb kürzester Zeit zu antworten, mehrere Dinge gleichzeitig erledigen zu wollen („Multitasking") und ständiger Zeitdruck sind Teil des Alltags vieler Wissensarbeiter. Diese operativen Produktivitätskiller erklären jedoch nur einen Bruchteil der Lücke zwischen Leistungspotenzial und realer Leistung.

1

Wissensarbeit(er) - Die Herausforderungen

Sind Sie ein SimulTant?

Ich arbeitete mehr als zwölf Stunden am Tag, regelmäßig bis in die Nacht hinein. War mein Arbeitsvolumen plötzlich so gewachsen? Eigentlich nicht. Verschiedene Dinge hatten ineinander gegriffen und mich und mein Leben verändert. Weil ich immer erreichbar war, hatte ich keine Pausen mehr, um mich zu konzentrieren und wichtige Dinge wirklich zu durchdenken. Weil ich mir keine Zeit nahm, mit anderen in Ruhe und ohne Zeitdruck zu sprechen oder zu telefonieren (und die anderen sich diese Zeit auch nicht nahmen), gelang es selten, die Dinge zu Ende zu besprechen und eine wirkliche Lösung zu finden. Weil ich permanent auf alle Kommunikationskanäle achtete und sie alle gleichzeitig bedienen wollte, ließ ich mich dauernd in meiner eigentlichen Arbeit unterbrechen. Als Simultant war ich nicht mehr bei mir und selten bei denen, die meine Aufmerksamkeit gerne für sich in Anspruch genommen hätten.

Quelle: Miriam Meckel (2007, S. 13), *Vom Glück der Unerreichbarkeit*

Potenziale nutzen und entwickeln

Welche Leistung könnten Wissensarbeiter erbringen, wenn sie unter Idealbedingungen arbeiten würden, und welchen Bruchteil davon erbringen sie in einer realen Organisation bzw. als selbstständige Wissensarbeiterin in einem realen Umfeld?

Erweiterte Definition produktiver Wissensarbeit

Wenn im Folgenden von produktiver Wissensarbeit die Rede ist, so ist damit nicht ein enger Effizienzbegriff gemeint, sondern es geht um Bedingungen und Ressourcen, die eine Nutzung und Entwicklung der Leistungspotenziale von Wissensarbeitern fördern. Qualität, Kreativität, Innovationsfähigkeit, Effizienz und Effektivität und aus individuell persönlicher Sicht Selbstverwirklichung, Befriedigung und Spaß an der Arbeit sowie Entwicklung der eigenen Kompetenzen und Erhaltung der Gesundheit sind Kennzeichen dieser erweiterten Sichtweise produktiver Wissensarbeit (vgl. hierzu auch Kapitel 3.4).

Rauben wir uns durch Effizienzstreben nur mehr Zeit?

Qualität und Kreativität braucht Zeit. Meckel (2007, S. 142) bemerkt hierzu, „Faktisch gewinnen wir als Ergebnis all unserer Flexibilität und Mobilität keine Zeit. Im Gegenteil: Die zur Verfügung stehende Zeit wird immer knapper, weil wir versuchen, sie weiter zu beschleunigen, effizienter zu werden, immer mehr Aufgaben in dieselbe Zeit hineinzupacken. Technischer und finanzieller Aufwand der zunehmenden Beschleunigung unseres Berufs- und Alltagslebens stehen in keinem rechten Verhältnis zu dem, was wir damit tatsächlich erreichen. Wir beschleunigen im Hamsterrad."

Unter welchen Bedingungen sind Wissensarbeiter bereit, ihre Leistungspotenziale zu nutzen und der Organisation zur Verfügung zu stellen?

Das Dilemma wissensintensiver Tätigkeiten beruht auf der Abhängigkeit der Organisation vom Engagement und Wissen der Mitarbeiter, die andererseits

Produktivitätskiller und -potenziale der Wissensarbeit

vielleicht nicht einmal selbst wissen, welches Leistungspotenzial in ihnen steckt. Das mögliche „beste Ergebnis", das unter Idealbedingungen erreichbar wäre, nicht bekannt.

Kim und Mauborgne (2003) argumentieren, dass es darauf ankommt, einen „fairen Prozess" zu gestalten. Dieser beruht auf konsistenten, transparenten und nachvollziehbaren Entscheidungsprozessen unter Einbeziehung der Mitarbeiter. Dazu müssen alle an Entscheidungsprozessen Beteiligten über eine gleiche Informationsbasis verfügen. Wird der Prozess der Entscheidungsfindung und Zusammenarbeit als fair empfunden, sind Mitarbeiter gewillt, auch Entscheidungen mitzutragen und an ihrer Umsetzung aktiv zu arbeiten, selbst wenn sie inhaltlich nicht einverstanden sind.

„Faire Prozesse" sind entscheidend für Motivation und Leistung von Wissensarbeitern

Auch die neue experimentelle Wirtschaftsforschung hat sich dieser Fragestellung zugewandt (Falk 2008). Gerade für Wissensarbeiter, die häufig in wenig strukturierten Arbeitskontexten arbeiten, sind Leistung und Motivation vertraglich nur eingeschränkt zu regeln.

Wie muss daher eine Organisation handeln, um Mitarbeiter zu motivieren, die sich die Ziele der Organisation zu eigen machen, selbstinitiativ und kooperativ handeln sowie Probleme erkennen und lösen?

Hierzu folgen wir den Ausführungen von Falk (2008), der das Laboratorium für experimentelle Wirtschaftsforschung der Universität Bonn leitet.

Laborexperimente, Befragungen und auch neurowissenschaftliche Untersuchungen belegen die Bedeutung psychologischer Motive, wie Fairness, Vertrauen, sozialen Ausgleich und Anerkennung. Zahlreiche Experimente zeigen, dass Arbeitnehmer eine faire Behandlung durch zusätzliche Leistung belohnen.

Zwei Laborbeispiele können dies verdeutlichen. Das erste zeigt, dass Fairness die Effizienz erhöht. In diesem Laborexperiment zahlt der Arbeitgeber einen Lohn und es obliegt dem Arbeitnehmer die aus seiner Sicht angemessene Arbeitsleistung zu erbringen. Ein rein eigennütziger Arbeitnehmer würde immer die geringst mögliche Arbeitsleistung zeigen, egal wie hoch der Lohn ist.

Fairness erhöht die Effizienz

Für das Management gibt es folglich keinen Grund, einen Lohn zu zahlen, falls sich alle Mitarbeiter wie der „homo oeconomicus" verhalten. Im Experiment zeigt sich jedoch, dass viele Arbeitnehmer faire Löhne belohnen. Je höher der Lohn, desto höher die freiwillig gewählte Arbeitsleistung. Firmen, die höhere Löhne zahlten, verdienten im Experiment mehr als solche, die nur das Minimum zu zahlen bereit waren. Es kann sich für Firmen also lohnen, ihre Mitarbeiter fair zu behandeln. Diese Fairness beinhaltet auch soziale Anerkennung einer erbrachten Leistung.

Wissensarbeit(er) - Die Herausforderungen

Misstrauen reduziert Leistungsbereitschaft

Das zweite Beispiel von Falk (2008) belegt, dass Misstrauen die Leistungsbereitschaft reduzieren kann. Im Experiment hatten Arbeitgeber die Möglichkeit, den Handlungsspielraum ihrer Mitarbeiter entweder einzuschränken oder die Mitarbeiter über eine produktive Handlung weitgehend frei entscheiden zu lassen. Beispiele für eine solche Einschränkung sind aus der Praxis enge Arbeitsvorgaben, rigide Anwesenheitsbestimmungen oder das Kontrollieren von Arbeitsabläufen. Nach der Eigennutzhypothese wäre es dabei stets besser, die Mitarbeiter zu kontrollieren und ihr Handeln einzuschränken, weil dadurch opportunistisches Verhalten am ehesten verhindert werden kann. Tatsächlich aber ist das Leistungsniveau im Experiment höher, wenn die Mitarbeiter nicht eingeschränkt werden, vor allem die Leistungsbereitschaft werde durch Kontrollen abgeschreckt. Danach befragt, gaben die Teilnehmer an, die Einschränkung als Misstrauen zu deuten und mit Leistungszurückhaltung zu reagieren.

Statt im Personalmanagement ausschließlich mit Anreizverträgen zu agieren, kann es sinnvoller sein, Freiräume zu schaffen, Verantwortung zu übertragen und damit Vertrauen in die Mitarbeiter zu signalisieren, schlussfolgert Falk aus den Experimenten. Natürlich setzt sich das Management damit einem Risiko aus, aber gerade dafür wird es auch belohnt.

Handlungsfelder produktiver Wissensarbeit

Die Produktivität von Wissensarbeit wird entscheidend von der Gestaltung der folgenden drei Handlungsfelder beeinflusst:

1. Sinn, Selbst, Anerkennung

2. Information, Kommunikation, Zusammenarbeit

3. Selbstorganisation, Kompetenz, Zeitmanagement

Schauen wir uns diese Hemmnisse und Treiber produktiver Wissensarbeit im Folgenden detaillierter an:

Produktivitätspotenzial Nr. 1: Sinn, Selbst, Anerkennung

Wissensarbeiter, die den Sinn ihrer Tätigkeit kennen, voll dahinter stehen, sich selbst einbringen und dafür Anerkennung erhalten, sowie solche, die nicht um ihren Job fürchten müssen, werden ihre Potenziale zum Nutzen der Organisation oder ihrer eigenen freien Tätigkeit einbringen. Diese Hypothese klingt plausibel und doch erleben wir es im Arbeitsalltag häufig anders.

Was halten Sie von der folgenden Fußballmannschaft (Covey 2006, S. 15)?

- Maximal vier von elf Spielern wissen, welches Tor ihr eigenes ist
- Nur zwei von elf Spielern wäre das überhaupt wichtig
- Lediglich zwei von elf Spielern würden ihre Position genau kennen und genau wissen, was sie tun sollten
- Zwei von elf Spielern würden sich während der 90 Minuten trauen, einmal einen neuen Spielzug auszuprobieren
- Bis auf zwei würden alle anderen Spieler gegen die eigenen Mannschaftskameraden antreten und nicht gegen das gegnerische Team
- Dem Trainer wäre es in drei von vier Spielen egal, ob seine Mannschaft gewinnt
- Die Mannschaft trainiert eine Stunde pro Monat gemeinsam mit dem Trainer

„Hier scheint eine surrealistische Situation beschrieben, die in der Realität so nicht vorkommt", werden Sie denken. Covey (2006) hat jedoch nur die Ergebnisse einer Befragung von 23.000 Arbeitnehmern aus den USA durch Harris Interactive auf eine Fußballmannschaft übertragen:

- Nur 37 % der Befragten gaben an genau zu verstehen, was ihr Unternehmen zu erreichen versucht und weshalb.
- Nur 20 % waren von den Zielen ihres Teams und ihres Unternehmens begeistert.
- Lediglich 20 % der Mitarbeiter sagten, ihre eigenen Aufgaben seien klar auf die Ziele ihres Teams und ihres Unternehmens ausgerichtet.
- Bloß 50 % waren am Ende der Woche mit der von ihnen geleisteten Arbeit zufrieden.
- Nur 15 % hatten das Gefühl, dass ihr Unternehmen es ihnen rückhaltlos ermöglicht, Schlüsselziele umzusetzen.
- Lediglich 15 % hatten das Gefühl, dass in ihrer Umgebung viel Vertrauen herrscht.

Wissensarbeit(er) - Die Herausforderungen

- Nur 17 % waren der Ansicht, dass ihr Unternehmen eine offene Kommunikation fördert, bei der auch abweichende Meinungen geachtet werden und die zu neuen, besseren Ideen führt.
- Lediglich 10 % waren der Meinung, dass ihr Unternehmen die Leute für ihre Ergebnisse verantwortlich macht.
- Bloß 20 % hatten uneingeschränktes Vertrauen zu der Organisation, für die sie arbeiteten.
- Nur 13 % hatten sehr kooperative, von großem Vertrauen geprägte Arbeitsbeziehungen zu anderen Gruppen oder Abteilungen.

Sechs Faktoren, um erstklassige Wissensarbeiter zu gewinnen – und produktiv zu beschäftigen!

Buckingham und Coffman (2001, S. 21) untersuchten Faktoren, die unverzichtbar sind, will das Unternehmen erstklassige Mitarbeiter gewinnen, an sich binden und produktiv beschäftigen. Die folgenden sechs Faktoren weisen eine hohe positive Korrelation mit den Parametern Produktivität, Rentabilität, Mitarbeiterbindung und Kundenzufriedenheit auf:

1. Weiß ich, was bei der Arbeit von mir erwartet wird?

2. Habe ich die Arbeitsmittel, um meine Tätigkeit richtig durchzuführen?

3. Habe ich bei der Arbeit jeden Tag die Gelegenheit, das zu tun, was ich am besten kann?

4. Habe ich in den letzen sieben Tagen für gute Arbeit Anerkennung und Lob bekommen?

5. Interessiert sich meine Vorgesetzte oder eine andere Person bei der Arbeit für mich als Mensch?

6. Gibt es bei der Arbeit jemanden, der mich in meiner Entwicklung unterstützt und fördert?

Wohlbefinden am Arbeitsplatz und Stimmung im Team

Diese Fragen sind von entscheidender Bedeutung für die Gestaltung produktiver Wissensarbeit, die im Kern oft wenig strukturiert, neuartig und auf die Einbringung der individuellen Expertise angewiesen ist. Starken Einfluss auf die Produktivität von Wissensarbeit haben außerdem das Wohlbefinden am Arbeitsplatz und die Stimmung im Team (Hube 2005). Wenn Wissensarbeiter zunehmend selbstständig oder in Arbeitsverhältnissen mit kurzer Vertragslaufzeit leben sowie ihr Risiko, arbeitslos zu werden, zunehmend höher einschätzen (Dostal et al. 2001), dann hat dies auch Auswirkungen auf die Produktivität der Arbeitstätigkeit. Denn ein Großteil der Aktivitäten wird darauf gerichtet sein, sich abzusichern, sich gegenüber Kollegen zu positionieren und zu allererst an die eigene Zukunft zu denken.

Organisationale Energie

In ihren Untersuchungen zu „organisationalen Energie" fanden Bruch, Vogel und Morhard (2006) heraus, dass in einigen Unternehmenseinheiten Mitarbeiter knapp 25 % der Arbeitszeit mit bürokratischen und administrativen Tätigkeiten verbringen sowie 16 % der Zeit in Kämpfe, Konflikte und

Produktivitätskiller und -potenziale der Wissensarbeit — 1.3

Verhandlungen investieren. Kundenbezogene Aktivitäten erreichen dort nur einen Anteil von 19 % sowie Produkt- und Serviceverbesserungen machen 13 % der Arbeitszeit aus. Dynamischen und innovativen Unternehmen gelingt es dagegen, die Energie der Mitarbeiter zu mobilisieren und produktiv nutzbar zu machen, das heißt, sie auf unternehmensförderliche Initiativen, Projekte oder Aktivitäten zu fokussieren. In solchen Unternehmen verbringen die Mitarbeiter im Durchschnitt zwar immer noch 15 % mit Bürokratie, Administration und Kämpfen, aber investieren 56 % ihrer Zeit in kundenbezogene Aktivitäten und Innovationen.

Prüfen Sie nun in der folgenden Checkliste für sich selbst, ob Sinn, Selbst, Anerkennung eher als Produktivitätskiller oder produktivitätsfördernd in Ihrer Organisation wirken.

Checkliste: Sinn, Selbst, Anerkennung — *Tabelle 1-7*

	Trifft voll zu	Trifft bedingt zu	Trifft nicht zu
1. Ich weiß, was bei der Arbeit von mir erwartet wird			
2. Ich bin von den Zielen der Organisation/des Teams begeistert			
3. Ich habe jeden Tag Gelegenheit, das zu tun, was ich am besten kann			
4. Ich habe bzw. setze Ziele, die mich herausfordern und meine Potenziale entwickeln			
5. Meine Organisation unterstützt mich rückhaltlos zur Erreichung der Ziele			
6. Meine Organisation fördert eine offene Kommunikation			
7. Meine Zusammenarbeit mit Kollegen/Chefs ist geprägt von Offenheit und Vertrauen			
8. Ich habe in den letzten sieben Tagen Anerkennung und Lob bekommen			
9. Ich habe das Gefühl, bei der Arbeit als Mensch geachtet und fair behandelt zu werden			
10. Ich werde in meiner Entwicklung unterstützt und gefördert			

Wissensarbeit(er) - Die Herausforderungen

Produktivitätspotenzial Nr. 2: Information, Kommunikation, Zusammenarbeit

Wissensarbeiter verbringen je nach Tätigkeit den größten Teil ihrer Arbeitszeit mit Aktivitäten der Information und Kommunikation.

Haben Sie während Ihres Studiums oder in Weiterbildungen gelernt, wie man effizient Informationen beschafft, verteilt, strukturiert und wie man kommuniziert und zusammenarbeitet?

Wissensarbeiter sind Amateure in der Nutzung von I&K-Technologien

Die meisten Wissensarbeiter sind hierbei Amateure, die sich Techniken der Information, Kommunikation, Zusammenarbeit während ihres Berufslebens angeeignet haben. Resultat sind dann solche Pathologien, wie wir sie am Anfang dieses Kapitels beschrieben haben. Und wie sieht es mit der Beherrschung der Informations- und Kommunikationssysteme aus? Wie viel Prozent der Funktionen Ihres Computers, Organizers, Telefons, Handys usw. beherrschen Sie und nutzen Sie regelmäßig? Mit Trial and Error haben Sie sich wahrscheinlich Grundtechniken verschafft, aber was in Ihren Informations- und Kommunikationshilfsmitteln noch alles drinsteckt und wie Sie es einfach nutzen könnten, bleibt vielen verschlossen.

Ungenutzte Produktivitätspotenziale heben

Für professionelle Wissensarbeit bedeutet dies, dass hier noch große Produktivitätspotenziale schlummern. Telekom Austria (2007) hat im Rahmen einer Kommunikationseffizienzanalyse Mitarbeiter befragt, was aus ihrer Sicht die Top-Zeitkiller sind (vgl. Abbildung 1-7).

Ganz vorne rangieren unnötige E-Mails, gefolgt von ineffektiven Besprechungen und unnötigen Telefonaten. Auch Gerüchte und Verunsicherungen werden an vorderster Stelle genannt. Schauen Sie sich einmal die Abbildung an und denken Sie darüber nach, was bei Ihnen die Top-Zeitkiller sind.

Es wird geschätzt, dass Wissensarbeiter ca. 15 bis 30 % ihrer Arbeitszeit mit der aktiven Infosuche verbringen, von der aber nur 50 % erfolgreich ist. Diese geringe Trefferquote hat eine Reihe von Ursachen. In der Fülle der Informationen lässt sich das wirklich Wichtige oft nicht finden, Dokumente werden doppelt erstellt, weil das erste Exemplar nicht auffindbar ist.

Wir ertrinken in Informationen, können den Wissensdurst jedoch nicht stillen

Außerdem behindern Unklarheiten den Informationsfluss: Oft weiß man nicht, wer für ein Dokument verantwortlich ist, wer gerade daran arbeitet und welches die aktuelle Version ist. Wir leben mit der paradoxen Situation, dass wir in Informationen ertrinken, aber den Wissensdurst nicht stillen können.

Produktivitätskiller und -potenziale der Wissensarbeit

1.3

Ursache mangelnder Produktivität von Wissensarbeitern (Kommunikationseffizienzanalyse, Telekom Austria BS 2007)

Abbildung 1-7

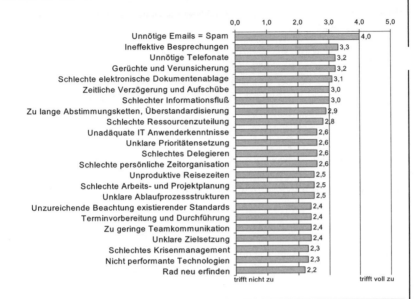

Das ständige Gefühl, etwas Wichtiges nicht mitzubekommen, führt dazu, dass Wissensarbeiter versuchen, zu viele Themengebiete zu verfolgen. Fokussierung ist hier gefragt. Die Produktivität von Wissensarbeitern wird nicht nur durch unprofessionellen Umgang mit Informationen reduziert, sondern ist auch von der Fähigkeit zur Strukturierung der Kenntnis des eigenen Wissensgebietes abhängig:

1. Weiß ich genug von einem Themengebiet, um gezielt Informationen suchen zu können?

2. Bin ich in der Lage, Informationen einzuordnen und ihre Qualität zu bewerten?

3. Suche ich nach Informationen, die meine Meinung eher unterstützen, oder bewusst nach kontroversen Informationen?

Fokussierung und Strukturierung steigen die Effizienz der Informationssuche

1 Wissensarbeit(er) - Die Herausforderungen

> **Haben Sie heute schon „gewilft"?**
>
> Ist Ihnen das auch schon passiert? Sie beginnen bei Google mit der Suche nach spezifischen Informationen und werden von Quelle zu Quelle weitergeleitet und am Ende landen Sie ganz woanders, als Sie am Anfang geplant haben, und fragen sich: „Was habe ich eigentlich gesucht?"
>
> Der Begriff „wilfing" ist aus den Anfangsbuchstaben von „(What) was I looking for?" („Wonach habe ich gesucht?") zusammengezogen. Englische Marktforscher haben 2400 Erwachsene befragt und herausgefunden, dass Männer durchschnittlich zwei Tage im Monat damit verbringen, zweckfrei im Netz herumzuklicken. Ein Viertel der Befragten gab an, ein Drittel oder mehr der gesamten Internet-Surfzeit ohne jeden benennbaren Erkenntnisgewinn zu verbringen. „Das Internet wurde entwickelt, um den Menschen den Zugang zu Informationen zu erleichtern", sagte Studienleiter Jason Lloyd. „Unsere Studie zeigt indes, dass die Leute sich mit einem bestimmten Ziel ins Netz einklinken, angesichts der vielfachen Ablenkungen aber völlig vergessen, wonach sie eigentlich suchten, und stundenlang mit wilfing beschäftigt sind."

Wahl des richtigen Kommunikationsmediums

Weitere Produktivitätspotenziale liegen in der Wahl des richtigen Kommunikationsmediums. Die E-Mail ist zum Beispiel nicht geeignet, komplexe Sachverhalte oder solche, die eine Interaktion verlangen, zu regeln. Sie kennen dieses Phänomen: Da werden zehn E-Mails hin und her geschickt, ohne zu einer befriedigenden Regelung zu kommen. Sie greifen zum Telefon und stellen fest: viele Missverständnisse, die entstanden sind und das Hin und Her hätte mit einem Telefonat vermieden werden können. Auch die räumliche Gestaltung von Büros und Sozialzonen kann Kommunikation fördern und andererseits Konzentration ermöglichen.

Gelebte Zusammenarbeit

Information und Kommunikation sind untrennbar verbunden mit der gelebten Zusammenarbeit.

Verstehe ich mich als Jurist, Ingenieur oder Arzt, als individueller Experte, der mit anderen Experten bedarfsorientiert kommuniziert, oder sehe ich mich als Mitglied eines Teams, das gemeinsam eine Leistung für einen Kunden, Mandanten oder Patienten erbringt?

Arbeiten über Berufsgruppen und Spezialisierungen hinweg

Hohe Produktivitätspotenziale schlummern in einer veränderten Wahrnehmung von individueller Expertise und gemeinsamer Leistungserbringung. Gerade aber auch das Arbeiten über Berufsgruppen und Spezialisierungen hinweg will gelernt sein. Jede Berufsgruppe entwickelt ihre eigene Sprache, ihre eigenen Methoden und Vorgehensweisen, die nicht immer kompatibel sind. Es ist sinnvoll, zunächst einmal ein Grundverständnis über die unterschiedlichen Denkweisen zu entwickeln, bevor die eigentliche Arbeit startet. So hat z. B. ein deutsch-französisches Unternehmen Workshops

Produktivitätskiller und -potenziale der Wissensarbeit

organisiert, in denen deutsche und französische Ingenieure über ihre Art und Weise zu denken, zu arbeiten und ihre Methoden gesprochen haben, bevor dann ein Projekt gestartet wurde.

Operativ äußert sich Zusammenarbeit u. a. in Besprechungen, Abstimmungen, Erreichbarkeit. Wenn Sie einmal darüber nachdenken, wie viel Zeit Sie in mehr oder weniger strukturierten Besprechungen verbringen, die besser vorbereitet, entweder überflüssig gewesen wären oder in kurzer Zeit zum Ziel hätten führen können. Der über „Outlook" offene Kalender erhöht zwar die Transparenz über freie Termine, führt aber auch zu zerrissenen und zerstückelten Tagen, die keine Konzentration mehr ermöglichen.

Operative Zusammenarbeit

Einige Organisationen sind dazu übergegangen, terminfreie Zeitzonen einzuführen, in denen Mitarbeiter ungestört arbeiten können.

Einführung terminfreier Zonen

Zusammenarbeit erfolgt oft auch über ein Netzwerk von Kollegen und Partnern, dies gilt insbesondere für freischaffende Wissensarbeiter: *„Wie gut funktionieren meine Netzwerke?" „Was bringe ich ein, und was erhalte ich?"*

Informationsbedarf und -verhalten von Ärzten: Ergebnisse einer Befragung

Die Informationsbeschaffung ist für Ärzte mit hohem Zeitaufwand verbunden. Ca. ein Drittel der befragten Ärzte benötigen sowohl für die Informationssuche als auch für die anschließende Durchsicht dieser Informationen jeweils zwischen drei und sechs Stunden in der Woche, 40 % der Ärzte gaben in der Untersuchung an, dass sie deutlich mehr als sechs Stunden mit Informationsbeschaffung verbringen.

Die häufigsten Probleme bei der Informationsrecherche sind das unübersichtliche Informationsangebot, die häufig ungenauen Suchergebnisse und ihre unsichere Qualität sowie die lange Beschaffungsdauer. Die Abbruchquote von Recherchen liegt im Durchschnitt bei 30 % der Fälle.

Auswirkungen auf die Effektivität der Arbeit

Der hohe Zeitaufwand für die Informationssuche, fehlende Informationen und der Aufwand für die papierbasierte Dokumentation führen zu einer deutlichen Unzufriedenheit der Ärzte sowie zu längeren Wartezeiten und Mehrfachuntersuchungen der Patienten.

Sowohl Krankenhausärzte als auch niedergelassene Ärzte hoffen, durch den Einsatz innovativer Technologien zur Informationssuche und -beschaffung mehr Zeit für den Patienten zu gewinnen und die Qualität der Behandlung insgesamt zu verbessern.

Quelle: Koch und Kaltenborn (2005)

1 Wissensarbeit(er) - Die Herausforderungen

Beurteilen Sie im Folgenden für sich, wo Produktivitätskiller und Potenziale bezüglich Information, Kommunikation und Zusammenarbeit liegen.

Tabelle 1-8 Checkliste: Information, Kommunikation, Zusammenarbeit

	Trifft voll zu	Trifft bedingt zu	Trifft nicht zu
1. Ich verbrauche zu viel Zeit für das Lesen, Löschen und Beantworten irrelevanter E-Mails			
2. Ich habe wirksame Strategien, die Informationsflut zu bewältigen			
3. Ich habe gelernt, effizient und effektiv Informationen zu beschaffen			
4. Ich habe adäquate Kenntnisse/Anwenderkenntnisse der Informations- und Kommunikationssysteme			
5. Die (selbst gesetzte) Anforderung, erreichbar zu sein und schnell zu antworten, lenkt mich von wichtigeren Aufgaben ab			
6. Ich versuche ständig, mehrere Dinge gleichzeitig zu tun			
7. Ich wähle bewusst die geeigneten Kommunikationsmedien in Abhängigkeit von der Aufgabe			
8. Die Zusammenarbeit im Team oder mit anderen Experten und Berufsgruppen ist produktiv			
9. Ich verbringe viel Zeit in ineffektiven Besprechungen			
10. Meine Netzwerke unterstützen mich bei der Durchführung meiner Aufgaben			

Produktivitätspotenzial Nr. 3: Organisation, Kompetenz, Zeitmanagement

Wie können Wissensarbeiter ihre Kompetenz einerseits in Wertschöpfungsprozesse strukturiert einbringen und andererseits genügend Raum für Kreativität und Eigeninitiative behalten?

Nutzung und Entwicklung des kreativen Potenzials und die täglichen operativen Aufgaben stehen oft im Widerspruch. Der Spagat zwischen Strukturierung und Freiraum, Lernen (sozusagen Auftanken) und Leistung erbringen ist die dauernde Herausforderung produktiver Wissensarbeit. Ein Produktivitätssprung wird häufig dadurch erreicht, dass individuell agierende Experten in ein Team integriert bzw. orientiert an einem Prozess ihre Leistung erbringen.

Spagat zwischen Strukturierung und Freiraum, Lernen und Leistung

Lösungen entstehen dabei in der Kommunikation und Zusammenarbeit mit anderen in Teams und Projektgruppen, Wissensgebiete werden kombiniert. Jeder Einzelne hat seine eigene hoch spezialisierte Aufgabe, die aber erst orchestriert zur Gesamtleistung führt.

Wissensarbeiter sind oft Mitglied mehrerer Ensembles, z. B. in unterschiedlichen Projekten mit unterschiedlichen Ansprechpartnern, Problemstellungen und Anforderungen. Hube (2005) konnte nachweisen, dass die „Prozessgestaltung im Bereich" einen hohen Einfluss auf die Leistung von Wissensarbeitern hat. Ein Prozess beschreibt Ziel, Kunden und macht den Beitrag jedes Einzelnen zum Gesamtprozess klar.

Prozessgestaltung beeinflusst Leistung von Wissensarbeitern

Die Organisation kann hierfür jedoch nur den Rahmen vorgeben, Selbstorganisation und Selbststeuerung und das Umgehen mit Freiräumen muss von den Wissensarbeitern geübt und gelernt werden.

Reorganisation der Reisekostenabrechnung bei Cisco

Dienstreisen werden von den Mitarbeitern ohne vorherige Genehmigung direkt über den PC vom Arbeitsplatz aus organisiert und gebucht. Die Reisekostenrechnung wird im Anschluss ebenfalls über das Internet ohne aufwändige Abrechnungsformulare und Kontrollprozesse über ein für alle Mitarbeiter vorhandenes Kreditkartensystem abgewickelt. Das Management greift nur in definierte Abweichungen ein, wenn z. B. Budgetgrenzen überschritten werden. Cisco senkte dadurch die durchschnittlichen Kosten für eine Flugbuchung um 100 Dollar. Zum anderen wird wertvolle Zeit für Mitarbeiter und Führungskräfte frei (zitiert nach Hube 2005).

1 Wissensarbeit(er) - Die Herausforderungen

Entlastung von administrativen Aufgaben

Weitere Produktivitätspotenziale liegen in der Entlastung von Wissensarbeitern von administrativen Aufgaben, d. h. Zeit wird für höherwertige Wertschöpfung frei. Leider sehen wir derzeit in der Praxis eher umgekehrte Entwicklungen. So beklagen die Ärzte, dass sie zunehmend mit einer von ihnen als unsinnig betrachteten Dokumentation des Behandlungsprozesses beschäftigt werden und damit weniger Zeit für die Patienten haben. Reisekostengenehmigungen, Abrechnungen sind weitere häufig verbreitete und von den Wissensarbeitern gehasste Tätigkeiten.

Kompetenz der Mitarbeiter

Neben den organisatorischen Rahmenbedingungen wird die Produktivität von Wissensarbeit entscheidend von der Kompetenz der Mitarbeiter beeinflusst. In einer Studie von Mertins und Döhring-Katerkamp (2004) geben 80 % der befragten Angestellten an, dass die Anforderungen an ihre Fähigkeiten und Fertigkeiten in den letzen Jahren dramatisch gestiegen sind, und 69 % sehen diese Zunahme als positive Herausforderung. Der in einzelnen Bereichen z. B. (IT-Spezialisten) bereits aufgetretene Fachkräftemangel zeigt, welchen Beitrag systematisches Kompetenzmanagement zur Sicherung produktiver Wissensarbeit leisten kann.

In einer Expertenbefragung zum betrieblichen Kompetenzmanagement (Reinhardt 2004) wurden die Produktivitätspotenziale deutlich: „Mitarbeiterrentabilität und Marktkapitalisierung sind in unserem Unternehmen fast doppelt so hoch wie bei unseren Wettbewerbern, die noch kein Kompetenzmanagement einsetzen. Durch individuelles Kompetenzmanagement konnten wir große Erfolge beim Fach- und Führungskräftenachwuchs erzielen, da diese im eigenen Unternehmen aufgebaut wurde."

Fachliche Mitarbeiter sind so viel wert, wie ihr Wissen wert ist. Es ist daher in ihrem ureigensten Interesse, ständig neues Wissen zu erwerben, ständig mit neuen Aufgaben konfrontiert zu werden und dadurch nicht an Wert in einer sich ständig verändernden Umgebung zu verlieren.

Effektives Zeitmanagement

Wissensarbeiter sind daran interessiert, ihre Zeit möglichst wertschöpfend einzusetzen. Zum Teil verrechnen sie ihre Arbeitszeit über Projekte, zum Teil erbringen sie Leistungen als Selbstständige und möchten pro Zeiteinheit möglichst viel Leistungen verrechnen können. Effektives Zeitmanagement ist daher ein Schlüssel produktiver Wissensarbeit. Ineffektive Besprechungen, unproduktive Reisezeiten, schlecht geplante Arbeitsabläufe, Unterbrechungen, Ablenkungen führen dazu, dass die vorhandene Arbeitszeit nicht optimal genutzt wird. Dabei haben psychische Belastungen am Arbeitsplatz in den letzten zehn Jahren massiv zugenommen (Dostal et al. 2001, S. 46 ff.). Beurteilen Sie im Folgenden für sich, wo Produktivitätskiller und Potenziale bezüglich Organisation, Kompetenz und Zeitmanagement liegen.

Checkliste: Organisation, Kompetenz, Zeitmanagement

	Trifft voll zu	Trifft bedingt zu	Trifft nicht zu
1. Abläufe und Prozesse sind unklar bzw. nicht definiert			
2. Ich verfüge über genügend Freiraum, meine Aktivitäten optimal zu gestalten			
3. Administrative Tätigkeiten fressen viel von meiner wertvollen Zeit			
4. Beim konzentrierten/konzeptionellen Arbeiten werde ich häufig gestört			
5. Unklare Zielsetzungen (in Projekten) über Arbeitsergebnisse hindern mich am zielgerichteten Arbeiten			
6. Ich habe die richtigen Kompetenzen zur Ausführung meiner Tätigkeit			
7. Ich nehme mir regelmäßig Zeit für die eigene Weiterbildung/Kompetenzentwicklung			
8. Ich habe ein effizientes Zeitmanagement			
9. Ich verbrauche viel Zeit für Abstimmungen			
10. Arbeitsbelastung und Stress nehmen ständig zu			

Tabelle 1-9

1 | *Wissensarbeit(er) - Die Herausforderungen*

Arzt im Jahr 2016

Er greift an das Revers seiner Jacke und bestätigt mit einem kurzen Druck des Zeigefingers seine Verfügbarkeit. Peter ist auf dem Weg zur Praxis, die er sich mit einem Kollegen teilt. Vor 6 Jahren starteten sie als niedergelassene Ärzte. Es war die Zeit, als das Gesundheitssystem große Herausforderungen zu bewältigen hatte. Die Auswirkungen der Gesundheitsreform der Jahrtausendwende waren noch nicht verdaut, als die Ärzte innerhalb kurzer Zeit vor völlig **neuen Anforderungen** an ihre **Arbeitsorganisation** standen. Peter erinnert sich sehr gut an diese Zeit.

Es war der September 2010, als sie ihre Praxis in Betrieb nahmen. Die Menschen in Deutschland lebten noch immer im Hochgefühl der gewonnenen Fußballweltmeisterschaft, wobei die Euphorie der ersten Wochen mittlerweile durch Meldungen der Behörden über außergewöhnliche Gefährdungen für die Bevölkerung gedämpft wurde. Da gab es eine hohe Anzahl von Hitzeopfern. Auch die Häufung von Grippewellen innerhalb weniger Wochen war ein Phänomen, welches in den vergangenen Jahren noch nicht beobachtet worden war. Zudem verunsicherten Nachrichten über Infekte und Krankheiten aufgrund belasteter Nahrungsmittel die Menschen.

Peter erinnert sich noch genau, welche Auswirkungen die Diskussionen über vermeintliche Bio-Nahrungsmittel und genmanipulierte Produkte auch auf seinen Arbeitsalltag hatten. Die Patienten waren verunsichert. Sie wurden mit widersprüchlichen Informationen aus TV, Radio, Zeitungen und Zeitschriften bombardiert und wendeten sich an die Ärzte, um Aufklärung zu erhalten. So gestalteten sich die ersten Arbeitswochen in der gemeinsamen Praxis. Hunderte von Telefonate, Visiten und Kontakte mit Patienten, die in erster Linie Information, nicht medizinische Versorgung suchten. Nicht nur für ihn, auch für die Kollegen entstand sehr schnell ein Problem aus dieser Situation. Wie sollte man diese Flut an Anfragen bearbeiten? Wie sollte man den Sorgen der Patienten gerecht werden, wenn keine Zeit mehr für die Behandlung blieb?

Die niedergelassenen Ärzte kämpften mit der steigenden Unzufriedenheit ihrer Patienten. Immer häufiger hörten sie, dass sich die Patienten in **Medizinportalen** im Internet erkundigten. Immer häufiger waren sie überrascht, dass die Patienten mit anderen Diagnosen, ähnlichen Fällen und eigenen Meinungen zu ihren Krankheitssymptomen vorbereitet waren. Die Reputation des Arztberufes geriet in Schieflage.

Ein kurzes Signal ertönt aus dem Lautsprecher seines mobilen Assistenzgerätes. Es zeigt Peter an, dass neue Nachrichten für ihn bereitstehen. Diese kann er nun mit Sprachbefehlen abrufen. Er ist daran gewöhnt, die Autofahrt zur Praxis dazu zu verwenden, sich einen Überblick zu den Aufgaben des Tages zu verschaffen. „Termine?" fragt er und erhält eine kurze Übersicht der Kalendereintragungen des Tages per Sprachausgabe. Da ist der erste Termin am Vormittag. Ein Patient mit chronischen Verspannungsbeschwerden im Bereich der Schulterblätter. „Patientenakte der letzten 2 Jahre?" fordert er an und das System liest ihm eine Zusammenfassung dieser Zeit vor. Im Anschluss fragt ihn das Assistenzgerät, ob er aktuelle Information zu Symptomen, Heilverfahren, Medikamente oder Einträge aus **GesundWiki** bezüglich dieses Falles erhalten möchte. Er wählt GesundWiki.

Es erstaunt ihn noch heute, welche Auswirkungen dieses System innerhalb kürzester Zeit hatte. GesundWiki etablierte sich als Informations- und Austauschportal für Patienten, Ärzte und alle Beteiligten des Gesundheitssystems. Und dies war dringend notwendig geworden. Hatte doch noch vor 6 Jahren, also im Jahr 2010, die Informationsüberflutung per Internet für größte Probleme gesorgt. Die Medien hatten damals die Entwicklungen im Gesundheitssystem als **mediCommunity** beschrieben. Über Nacht waren Informationsportale entstanden, die es den Menschen ermöglichten, ihre Krankheitsmerkmale und Symptome mit den Erfahrungen anderer Patienten zu vergleichen. Es wurden regelrechte **Selbstdiagnoseanwendungen** auf Basis neu entwickelter Internet-Technologien angeboten. Die Wirkung war verheerend. Während die Patienten im Austausch mit Leidensgenossen und vielen Hobby-Gesundheitsexperten ihre eigene Diagnose erarbeiteten, mussten die Ärzte ihre Expertise gegen die „**Intelligenz des Schwarmes**" verteidigen. Dabei gerieten die individuellen Krankheitsgeschichten der Patienten in den Hintergrund. Das Vertrauen in die inhaltliche Qualität der Gesundheitsversorgung verschwand.

Während Peter einige Eintragungen einer spezialisierten Ärztin zu chronischen Verspannungsbeschwerden im Bereich der Schulterblätter aus GesundWiki anhört, instruiert er das Assistenzgerät, ein für den Patienten individualisiertes Kurzdossier zu diesem Gebiet zu verfassen, welches er später dem Patienten übergeben wird. Diese Dossiers berücksichtigen **aktuelle Information** aus GesundWiki und verknüpfen diese mit der Krankheitsgeschichte des Patienten. Damit werden Verfahren und Medikamente auf die Person ausgerichtet und bewertet. Peter wird sich später in der Praxis das Dossier durchschauen und korrigieren, sowie mit den Erkenntnissen, die er aus seiner kurzen Recherche und aus dem Patientengespräch erhält, ergänzen. Diese Aktualisierung wird er dann per Knopfdruck an die Patientenakte und auch - in neutralisierter Form - an GesundWiki zurückspielen.

Der Gedanke an die Zustände im Jahr 2010 lässt Peter schmunzeln. In der Tat waren die Ärzte inhaltlich schlecht organisiert. Sie mussten sich den Vorwurf gefallen lassen, mit den schnellen Entwicklungen nicht Schritt halten zu können, und waren häufig in Situationen, in denen sie von Patienten über neue Methoden informiert wurden, zu denen sie - aus Unkenntnis - keinen Rat geben konnten. Erst die technischen Möglichkeiten der inhaltlichen Wissensvernetzung konnten diesen Missstand beheben. Peter hatte sich damals bei einem Freund informiert. Die Technologien auf Basis der inhaltlichen Vernetzung – der Freund sprach hierbei von Ontologien - hatten bereits eine breite Durchdringung in Industrien mit hohem Standardisierungsgrad. Sowohl Servicetechniker im Druckmaschinenbau als auch Entwickler bei Automobilherstellern konnten bereits im Jahr 2008 auf **Ratgebersysteme** zurückgreifen. Diese konnten Informationen zu Fehlerbehebungen und Diagnosen geben und dabei die Besonderheiten der betreffenden Maschinen und deren Umgebung berücksichtigen. Warum sollte dies nicht auch die „Servicetechniker der Menschen" unterstützen? Der Freund zeigte ihm damals eine aktuelle Entwicklung. Er sprach von semantischen Wikis. Die Besonderheit dieser Anwendung war die Möglichkeit der Aktualisierung, die der Anwender selbst vornehmen konnte. Er liest einen Inhalt und ergänzt diesen mit eigenem Wissen. Dabei verbindet er die Inhalte mit bereits vorhandenen Strukturen. Es entsteht eine Vernetzung von Wissenselementen, die in sehr vielfältiger Form abfragbar sind. Peter sah damals sofort die Möglichkeit, dass er sich mit anderen Ärzten untereinander und insbesondere auch mit seinen Patienten über solche Portale inhaltlich austauschen könne.

Besonders interessant war dabei die mögliche Anbindung der Inhalte an die Patienteninformationssysteme. Dadurch wären individuelle Auskunftssysteme für seine Patienten mit aktueller Information zu verknüpfen. Peter musste immer noch schmunzeln, wenn er sich an die großen Ideen dieser Zeit erinnerte und an die Schwierigkeiten, die sie anfangs hatten, die Kollegen zu überzeugen, dass die inhaltliche Zusammenarbeit eine Chance ist, gemeinsam mit den Patienten deren Informationsbedarf zu stillen und gleichzeitig das Vertrauen in die Expertise der Ärzte wieder herzustellen.

Mittlerweile in der Praxis angekommen, empfängt er von der Arzthelferin den Gesundheits-Vorschauplan für die Region. Dieser Plan informiert die Ärzte über aktuelle Krankheitsbilder, die in der Region in einem statistisch signifikanten Maß auftreten, mögliche Ursachen und individuelle Hinweise für den Arzt. Diese individuellen Hinweise beziehen sich auf die Patienteninformationen der jeweiligen Praxis. Somit ist der Arzt sofort in der Lage, gefährdete Patienten umgehend zu informieren und vorbeugend tätig zu sein. Auch dieser Vorschauplan ist eine Auswertung aus GesundWiki und resultiert aus den zurückgespielten Vortages-Informationen der Arztpraxen in der Umgebung.

Für den heutigen Tag kann er keine direkten Auswirkungen für seine Patienten entdecken. Dennoch nimmt er sich Zeit für diesen Plan. Erst vor wenigen Tagen konnte er zwei Tinnitus-Patientinnen über ein Medikament informieren, welches sehr gute Ergebnisse bei der Behandlung vergleichbarer Symptome gezeigt hatte, über die seine Patientinnen klagen. Er wird dieses Tinnitus-Phänomen beobachten und auch seine Erkenntnisse dazu an GesundWiki berichten. Vielleicht war man hier einem Lösungsansatz auf der Spur. Insbesondere die Gesundheitskassen und der Staat förderten den Informationsaustausch zwischen Praxen und den forschenden Pharmaunter-

Produktivitätskiller und -potenziale der Wissensarbeit

1.3

nehmen. Hatte es doch nie vorher diese direkte Möglichkeit der Wirkungsüberprüfung von Medikamentationen gegeben. Früher gängige Absprachen und Bindungen zwischen Herstellern und Ärzten konnten nicht mehr gegen die transparenten Auswertungen aus GesundWiki bestehen. Die Pharmaindustrie musste sich den Tatsachen und der Transparenz durch den Informationsaustausch stellen. „Hier ist die Stelle!" zeigt Peter am Hologramm des Patienten auf den Bereich der verspannten Schulter. „Es gibt nun mehrere Möglichkeiten, dies zu behandeln", führt er fort und blendet mehrere illustrierte Beschreibungen in das Hologramm ein, wobei er jedes Verfahren kurz erläutert. Der Patient gibt detailliert Auskunft über weitere Symptome und beantwortet einige Nachfragen, die über das Sprachportal sofort der Patienteninformation in Peters Assistenzsystem zugefügt werden. Aus dem Vorgang kann das System nun mehrere Diagnosen miteinander vergleichen und bewerten.

Peter beurteilt die Auswertungen des Systems und berät den Patienten über das Ergebnis. Er empfiehlt die osteopathischen Muskel-Energie-Techniken, welche von sehr vielen Patienten mit ähnlichen Symptomen, aber auch von deren Ärzten als wirksamste Methode empfohlen wurden. Er schaut in sein **Assistenzsystem** und verweist auf zwei Kollegen in der näheren Umgebung, die hierfür spezialisiert sind und die dem System freie Termine in der folgenden Woche melden.

Der Patient übernimmt die Kalenderinformation in seinen elektronischen Kalender und lässt sich die nächstmöglichen passenden übereinstimmenden Termine anzeigen. Daraufhin entscheidet er sich für den entsprechenden Osteopathen, der ihm einen frühen Termin am kommenden Dienstag anbieten kann. Per Knopfdruck übermittelt Peter sowohl dem Patienten als auch dem Osteopathen eine E-Mail mit direktem Link zum Assistenzsystem der Praxis. Über diesen Link hat der Patient jederzeit seine Patientendaten und alle bewerteten Informationen aus dem recherchierten Dossier und dem Arztbesuch zur Verfügung. Dieses angepasste Dossier unterstützt den Patienten auch bei seiner weiteren Informationssuche im Internet, da es wie ein Filter die irrelevanten Informationen ausblendet und sein Profil zur Fokussierung nutzt.

Zusätzlich kann der Patient weitere Information zur Verfügung stellen, die von Peter genutzt werden können. Der Osteopath erhält neben einem neuen Kalendereintrag auch alle zur Behandlung und Abrechnung relevanten Daten aus Peters Assistenzsystem. Peter weiß, dass die Ergebnisse der osteopathischen Anwendungen automatisch zwischen seinem und dem Assistenzsystem des Kollegen synchronisiert werden, so dass er vor dem nächsten Besuch des Patienten ein Dossier erzeugen kann, welches diese Ergebnisse bereits berücksichtigt. Wieder kommt es Peter in den Sinn, wie eindringlich sein Freund ihm damals erklärte, worin die Besonderheit dieser neuen Ratgebersysteme auf der Basis **von semantischen Technologien** liegen. Er hat sich bereits so sehr daran gewöhnt, dass jede Information im

Wissensarbeit(er) - Die Herausforderungen

richtigen Kontext und im passenden Umfang von seinem Assistenzsystem geliefert wird, dass er sich kaum noch an die alten Zeiten erinnert. Es gab damals Systeme, die lieferten auf Anfrage beliebiger Stichwörter ebenso beliebige Dokumentenberge aus dem gesamten Internet zurück. Peter erinnert sich, dass es oft Stunden dauerte, nur um die vermeintlich relevanteste Quelle von den anderen zu trennen. Eine Welt ohne Antwort- und Assistenzsysteme. Undenkbar.

„Nein, das schaffen die auf keinen Fall. Die Fitness-Werte stehen viel zu schlecht." meint Peters Sohn während des gemeinsamen Mittagessens. Wieder einmal kritisiert er die Aufstellung der Fußballnationalmannschaft für das Länderspiel am Abend, die Bundestrainer Ballack am Vormittag bekannt gegeben hat, Alle Analysesysteme sagen eine klare Unterlegenheit gegenüber dem zweifachen Europameister Österreich voraus. Ein Signal aus dem mobilen Assistenzgerät deutet auf eine dringende Nachricht hin. Peter ruft die Nachricht ab und erhält alle Daten über einen Notfall eines seiner Patienten. Eilig steigt er in seinen Wagen und folgt den Anweisungen des Navigationsgerätes, welches die Adressdaten bereits bei Eintreffen der Notfalldaten vom Assistenzgerät übermittelt bekam. Auf der Fahrt werden ihm die wichtigsten Patienteninformationen vom System vorgelesen. Das System weist darauf hin, dass bei solchen Symptomen ein Medikament empfohlen wird, welches nicht in seiner Notfallausrüstung enthalten ist. Er bestätigt die Anforderung. Er kann sich darauf verlassen, dass der Apothekendienst nur wenige Minuten später die benötigte Lieferung zur automatisch übermittelten Adresse leistet.

Die Tasse Kaffee duftet wohltuend, als er mit der Tochter des Notfall-Patienten die nächsten Schritte bespricht. Alles gut gegangen. Allerdings benötigt der Patient eine langwierige Genesungsphase. Peter übermittelt der Familie das Patienten-Dossier und verweist auf die darin enthaltenen Links in das GesundWiki. Dort gibt es insbesondere für betroffene Familienangehörige sehr viel Informations- und Erfahrungsaustausch mit anderen Betroffenen. Häufig entstehen aus diesen kleinen Erfahrungsgruppen regelrechte **Experten-Communities**, welche auch für die behandelnden Ärzte und deren Dossiers wertvolle Informationsquellen darstellen.

Darin sieht Peter eine wesentlich neue Rolle seines Berufsbildes. Er vermittelt zwischen der individuellen Situation seines Patienten und den allgemein verfügbaren Informationsquellen. Seine Erfahrung lässt ihn eine Beurteilung über die Ergebnisse der Assistenzsysteme treffen. Dieses Urteil fließt wiederum in die unterstützenden Systeme ein und verbessert deren Qualität. Der Patient erhält somit ein treffendes Informationspaket zu seiner Krankheit, klar auf seine individuelle Situation angepasst. Mit diesem Informationspaket kann der Patient dann auf die eigene Entdeckungsreise im Internet gehen. Er nutzt die Dossiers des Arztes wie eine Art **Filter**, an dem nur noch die relevante Information hängen bleibt. Die Ergänzungen des Patienten können in die Betrachtung des Arztes einbezogen werden.

Produktivitätskiller und -potenziale der Wissensarbeit

Diese Zusammenarbeit hat in den vergangenen Jahren dazu geführt, dass sich eine sehr enge neue Arzt-Patient-Beziehung gebildet hat. Das Vertrauen kehrte zurück. Insbesondere das Vertrauen, dass der Arzt gemeinsam mit dem Patienten an der Lösung des Problems arbeitet und nicht beide in unterschiedlichen Welten denken. „Ontologie!" denkt Peter. Ja genau, das war der Hintergrund dieses Wortes. Eine **Ontologie** stellt eine gemeinsame Basis von Begrifflichkeiten und deren Beziehungen untereinander dar. Diese hilft zur Kommunikation zwischen Menschen, wird aber auch bei der maschinellen Kommunikation genutzt. Gut, dass es damals diese Entwicklungen gab!

Peter betritt mit seiner Frau die eindrucksvolle Empfangshalle der Gastgeberin. Sie waren zum großen Jahresempfang deren Firma eingeladen. Er hat bereits vorhin seinem Assistenzsystem bestätigt, dass er nicht mehr verfügbar ist. Alle Nachrichten wurden nun in seine Nachrichtenbox geleitet und die Notfallinformation wurde umgehend an den verfügbaren Kollegen gesendet. Nur ganz kurz hatte er sein mobiles Assistenzsystem nochmals aktiviert. Während er die Mäntel an der Garderobe abgab, flüsterte er leise die Frage: „Wie hat die deutsche Mannschaft gespielt?"[4]

Hans-Peter Schnurr

---

[4] *SemanticMediawiki (http://halowiki.ontoprise.de) und Smartweb (http://smartweb.dfki.de)*

Wissensmanagement bei Helios

Wie nutzt es der Arzt, wozu braucht es der Verwaltungsleiter?

Kaufe ich mir den Brockhaus, oder investiere ich mein 13. Gehalt in einen Urlaub mit Familie und Kindern? Noch vor wenigen Jahren war selbst Allgemeinwissen teuer. Heute finden Sie für ein medizinisches Fachwort wie „Elektrophysiologie" 64.800 Treffer bei Google. Die Kunst ist es jetzt „nur" noch, die richtigen Seiten zu finden . . .

Als Oberarzt in der Kardiologie des Helios Kreiskrankenhauses Gotha habe ich es da einfacher als viele Kollegen. Ich sitze gerade zu Hause und melde mich in unserem „**Wissensportal**" an. Via Mausklick wähle ich aus, ob ich allgemeine Suchmaschinen wie Google und Paperball einsetze oder **fachbezogene Plattformen** wie PubMed und MedPilot nutze. Heute geht es allerdings ganz schnell. Die Helios Bibliothek hat alle Fachzeitschriften nach Fachgebieten mundgerecht vorsortiert.

Von A wie „ACC Current Journal Review" bis Z wie „Zeitschrift für Kardiologe" werden für uns Kardiologen alle denkbaren nationalen und internationalen Zeitschriften online angeboten. Die beiden Bibeln der Kardiologen, das „American Heart Journal" und „The American Journal of Cardiology", sind natürlich auch dabei. Bevor ich meinen Kindern Niklas und Felix ihre Gute-Nacht-Geschichte vorlese, überfliege ich noch ein paar Artikel. Ach ja, wenn mir die Übersetzung eines Fachbegriffes nicht einfällt, reicht ein Klick auf den Wörterbuchbutton und mir wird geholfen. Bei allem Service gebe ich allerdings zu, dass es gelegentlich doch angenehmer ist, in Papierform zu lesen. Die Kinder jedenfalls bekommen ihre Geschichte aus einem ganz normalen Buch vorgelesen ...

Der nächste Morgen startet in der Arbeit mit der Frühbesprechung. Sie ist und bleibt trotz aller neuer Medien **das wichtigste Forum** für unseren **Wissensaustausch**. Von der Helios Akademie erarbeitete „**Logbücher**" geben für die Ausbildung der Assistenten einen roten Faden vor. Vor allem aber wirkt sich die Messung der **Qualitätskriterien** aus. Helios misst fast 700 Indikatoren, die Auskunft über die Qualität der Behandlung geben. Allein wir Kardiologen messen über 60 Parameter. So werden wir z. B. darüber informiert, wie hoch die Überlebenswahrscheinlichkeit nach einem Herzinfarkt in unserem Krankenhaus ist. Natürlich können wir auch die Ergebnisse der anderen Helios Kliniken und den Durchschnitt bundesweit sehen. Gerade letztes Jahr bei der Einführung eines neuen Linksherzkatheder-Messplatzes in Gotha war der Helios interne und bundesweite Vergleich ein hoher Ansporn, um von Anfang an eine gute Versorgungsqualität zu bieten.

Deshalb wurden z. B. Ärzte mit noch schwächerem Ausbildungsstand vom Chefarzt „gedoubelt". Wann immer sie Bereitschaftsdienst hatten, stand unser Chef noch im Hintergrund parat. Erkannte Defizite wurden dann in

gezielten Schulungen ausgeräumt. Bei den Schulungen zahlt sich die Größe des Konzerns aus. Für fast jede Diagnose gibt es bei uns absolute Spezialisten. Auf meinen Wunsch hin könnte ich daher auch sehr spezielle Behandlungsmethoden erlernen. Schulungsangebote für mehrere Teilnehmer werden auf der Seite der **Helios Akademie** gesammelt. Das gilt ebenso für nicht fachliche Angebote. Dieses Jahr findet in unserer Klinik etwa ein Seminar zum Thema Konfliktmanagement speziell für die Oberärzte statt. Darin geht es um den Umgang mit Patientenbeschwerden, aber auch den Umgang mit Konflikten im Kollegenkreis. Das sind Dinge, die im Studium und im Alltag oft zu kurz kommen, weshalb ich mich darauf freue, wieder etwas dazu zu lernen ...

Lernen! Das ist das richtige Stichwort. **Als Verwaltungsleiter** ist man Generalist. Vom Bauantrag über juristische Personalfragen bis hin zur Anschaffung von medizinischen Geräten landet alles auf meinem Tisch. Jeden Tag lerne ich aus ganz unterschiedlichen Fachbereichen. Die Anschaffung des Linksherzkatheters im letzten Jahr war dafür ein hervorragendes Beispiel: „Wir brauchen dazu noch eine IABP Pumpe, einen Hämodynamikmessplatz, ein ATC Messgerät ..." Um ehrlich zu sein, konnte ich die Auflistung unserer Medizintechniker zum damaligen Zeitpunkt nicht wirklich nachvollziehen. Aber nach einem Blick in die Helios Qualitätszahlen wusste ich, welche Kliniken viele und vor allem gute Linksherzkathetereingriffe machen. Im Ergebnis sind wir dann mit einer Delegation aus Anwendern, Technik und Verwaltung nach Aue gefahren, um das dortige Linksherzkatheterlabor anzusehen. Der Kontakt zu den Auer Kollegen und der **Wissensaustausch auf dem „kleinen Dienstweg"** hat uns im Laufe des Projektes noch oft geholfen, unsere Ideen auf Praxistauglichkeit und die Ideen der Firmenvertreter auf Notwendigkeit zu kontrollieren.

Sich zu vergleichen ist ohnehin der größte Nutzen, den man aus Verwaltungsleitersicht aus dem gesammelten Konzernwissen ziehen kann. Dabei ist es egal, ob es die Höhe der ausstehenden Forderungen ist, die medizinischen Sachkosten sind oder die Dauer, bis die Hausärzte bei entlassenen Patienten über die bei uns durchgeführte Therapie informiert werden. Stets kann ich mich mit wenigen Mausklicks mit den Daten anderer Kliniken vergleichen. Und dann ist das Verfahren eigentlich immer das gleiche. Man fragt einfach nach, warum es diese Unterschiede gibt. Manchmal sind sie einfach erklärbar. Manchmal decken sie Fehler in eigenen Abläufen auf. Von einem Besseren lernen bzw. dessen Ideen zu übernehmen, das spart Zeit und Geld.

Der **Ideenaustausch** mit anderen Kliniken funktioniert oft auch ohne großes Hinterfragen. Ich lese oft, was so über die anderen Kliniken in unserem Pressearchiv steht: „Essen für ein Apfel und ein Ei" war eine Idee der Helios Klinik Müllheim, um die Qualität der eigenen Küche in der Bevölkerung bekannt zu machen. Jeder Besucher, der einen Apfel und ein Ei mitbrachte, durfte im Krankenhaus kostenlos essen. Da Gotha die wohl schönste

Krankenhauscafeteria Deutschlands hat, mussten wir diese Aktion bei uns sofort kopieren. Mit Erfolg: Wir konnten der Gothaer Tafel kistenweise Äpfel und Eier übergeben, und die Zahl der Besucher, die bei uns zum Essen kommen, ist seitdem gestiegen.

Der wohl größte Vorteil auch für uns Verwaltungsleiter ist aber die **Bündelung** unseres **medizinischen Wissens**. Nur wer gute medizinische Qualität bietet, kann heute auch wirtschaftlich überleben. Zwei wesentliche Plattformen helfen der Verwaltung, erfolgreich zu arbeiten: 1. Die fast 700 medizinischen **Qualitätskennzahlen** werden in der Konzernzentrale so aufbereitet, dass auch ein Nichtmediziner sofort erkennen kann, wenn es Handlungsbedarf gibt. 2. Fragen, wie die Festlegung auf bestimmte Operationsmethoden oder den Einkauf eines bestimmten Knie-Implantats, werden innerhalb der medizinischen Fachgruppen entschieden. Dort kommen die Chefärzte einer Fachrichtung aus allen Häusern zusammen und legen Grundsatzentscheidungen fest. So ist z. B. gesichert, dass die Entscheidung für ein bestimmtes Knie-Implantat weder von einem nur am Sparen interessierten Verwaltungsleiter noch von einem an einem veralteten Produkt klebenden Chefarzt getroffen wird. Durch dieses System setzt Helios **Innovationen** schnell um wie z. B. patientenfreundliche minimalinvasive Operationen und vermeidet falsche und teure Irrwege.

Was nutzt uns Wissensmanagement?

Egal ob aus Sicht des Arztes oder der Verwaltung. Ein modernes Wissensmanagement unterstützt die **Qualität**, steigert die **Effizienz** und die **Wirtschaftlichkeit**. Im Mittelpunkt steht aber nach wie vor das gesprochene Wort: das Arztgespräch mit dem Patienten, die Worte zwischen den Kollegen und die Fragen eines Verwaltungsleiters.

Der größte Wettbewerbsvorteil auch beim Wissensmanagement sind deshalb im Helios Kreiskrankenhaus Gotha nach wie vor **kommunikative, patientenorientierte und kollegiale Mitarbeiter**. Neue Wege der Wissensvermittlung machen es aber leichter, diese Tugenden zu zeigen bzw. weiter zu entwickeln.

Dirk Walther, Manuel Berger

2 Wissensarbeit managen und messen

*Die industrielle Organisation
wurde zum Zwecke der Optimierung von manueller Arbeit erschaffen,
die lernende Organisation
soll der Ermöglichung und Verwertung von geistiger Arbeit dienen:
Überlegene Produktivität bedingt früher wie heute überlegene Organisationen,
Hauptaufgabe der Unternehmensführung ist es, diese zu gestalten.*

Dieses Kapitel widmet sich der Managementperspektive und damit dem Kern von Peter Druckers Aussage:

„The most important contribution of management in the 21st century will be to increase knowledge worker productivity - hopefully by the same percentage. [...] The methods, however, are totally different from those that increased the productivity of manual workers" (Drucker, 1999b).

Es muss daher darum gehen, die Produktivität von Wissensarbeit und Wissensarbeitern messbar zu machen, um diese anschließend gestalten und steigern zu können. Dies kann allerdings nicht ausschliesslich in der Logik des Industriezeitalters erfolgen. Die rein quantitative Messung der Produktivität von Wissensarbeit wäre nicht hinreichend. Albert Einstein hat einmal gesagt, dass das, was wir denken, das bestimmt, was wir nachher auch messen. Wir müssen daher zuerst überlegen, was die veränderten Rahmenbedingungen der Führung von Wissensarbeit sind, bevor wir uns mit der Messung und Steigerung derselbigen beschäftigen. Erst, wenn wir erkennen, welche neuen Logiken die Wissensgesellschaft prägen, sind wir in der Lage, die richtigen Schlüsse daraus zu ziehen. Gleichzeitig müssen wir uns von lieb gewonnen mentalen (Erfolgs-)Modellen des Industriezeitalters verabschieden, um klarer erkennen zu können, was die neuen Herausforderungen des Managements der Ressource Wissen sind. Dies wollen wir im Folgenden tun.

Abschied von den Erfolgsmodellen des Industriezeitalters

2 Wissensarbeit managen und messen

2.1 Von der Kunst und Praxis, sich selbst als Wissensarbeiter zu führen

> *Control is not leadership; management is not leadership;*
> *leadership is leadership.*
> *If you seek to lead, invest at least 50 % of your time leading yourself.*
> *Invest at least 20 % leading those with authority over you*
> *and 15 % leading your peers.*
> *If you don't understand that you work for your mislabeled 'subordinates,' then you*
> *know nothing of leadership.*
> *You know only tyranny.*
>
> Dee Hock, Founder and CEO Emeritus, Visa International

Haben Sie Führungsverantwortung für Wissensarbeiter? Ist Ihr Arbeitsergebnis von anderen Wissensarbeitern abhängig?

Wenn Sie eine dieser Fragen mit Ja beantworten, dann haben Sie sich auch schon zwangsläufig mit der Frage beschäftigt, wie Wissensarbeiter am besten geführt werden können, und wenn es „nur" um die Frage der eigenen Führung gegangen ist.

Führung setzt zunächst Selbstführung voraus

Jede Führung beginnt bei der Selbstführung. Nur wer in der Lage ist, sich selbst zu führen, hat nach Ansicht von Hock (1999) die Voraussetzungen erfüllt, auch andere wirksam zu führen. Dies trifft insbesondere auf Wissensarbeiter zu, die sich nicht über Befehl und Kontrolle führen lassen. Drucker (1999b) sagt, dass Führungskompetenz grundsätzlich erlernbar ist. Gleichzeitig bedeutet dies aber auch, dass die Führung von Wissensarbeit(ern) durch eine intensive und systematische Beschäftigung und Praxiserfahrung erlernt werden muss; diese Kompetenz ist nicht angeboren, auch wenn es hier talentiertere und weniger talentierte geben mag. Führungskompetenz beginnt dort, wo es um die Beschäftigung mit der optimalen Ausführung der eigenen Tätigkeit geht (vgl. Senge 1990). Deswegen wollen wir zu Beginn dieses Kapitels noch einmal auf den Wissensarbeiter und seine Rolle im Rahmen der Organisation zurückkommen.

Von der Kunst und Praxis, sich selbst als Wissensarbeiter zu führen

2.1

Peter Drucker charakterisiert den Wissensarbeiter anhand von vier typischen Kennzeichen (vgl. Drucker 1999b):

- Wissensarbeiter müssen ihren eigenen Job definieren.
- Wissensarbeiter müssen anderen ihren Job beschreiben.
- Wissensarbeiter werden dafür bezahlt, dass sie etwas wissen, was andere nicht wissen.
- Wissensarbeiter müssen ihren eigenen Informationsbedarf definieren.

Typische Kennzeichen von Wissensarbeitern

Wissensarbeiter müssen ihren eigenen Job definieren

Niemand weiß besser als ein Wissensarbeiter, was er oder sie zu tun hat. Dafür werden sie bezahlt. Für Vorgesetzte und Führungskräfte ist dies oftmals hart zu akzeptieren. Häufig bekomme ich das Unwohlsein der Führungskräfte in diesem Punkt selbst zu spüren. Vor gar nicht allzu langer Zeit wurde ich von einer Führungskraft um Rat gefragt, wie er mit einem Mitarbeiter verfahren soll, der sich regelmäßig in seinem Büro einsperrt. „Was soll ich mit diesem Mann machen? Wie kann ich sicherstellen, dass er seine Arbeit tut?" lautete die Frage des Vorgesetzten. Ich fragte nach, ob er denn mit den Ergebnissen des Mannes zufrieden sei. „Es ist unser bester Mann", bekam ich zu hören, „so viele Innovationen und Patentanmeldungen hat sonst keiner hervorgebracht. Er hat mir selbst gesagt, dass er dafür seine Ruhe braucht." „Und warum wollen Sie daran etwas ändern?", fragte ich den Vorgesetzten. „Weil das von mir erwartet wird", war die Antwort, „schließlich bin ich für den Mann verantwortlich."

Wissensarbeiter wissen was sie tun

Die neue Rolle, die Führungskräfte bei der Führung von Wissensarbeitern einnehmen, wird von vielen noch nicht richtig verstanden. Dies führt dazu, dass viele dieser hochqualifizierten Wissensarbeiter heute frustriert und demotiviert sind. Experten schätzen, dass im Schnitt rund 80 % des Personals von Unternehmen nur noch Dienst nach Vorschrift machen (Osterloh, Frey 2000). Viele befinden sich in einem Zustand der inneren Kündigung.

Eine neue Führungsrolle

Überprüfen Sie selbst:

- *Wie attraktiv oder austauschbar ist meine Organisation, bei der ich arbeite, für mich?*
- *Macht mir meine Arbeit Freude oder freue ich mich mehr darauf, endlich Feierabend machen zu können?*

2 Wissensarbeit managen und messen

- *Finde ich in meiner Arbeit Sinn oder mache ich eher Dienst nach Vorschrift, ohne viel über meine Arbeit nachzudenken?*
- *Kann ich den Beitrag meiner Tätigkeit zum Unternehmenserfolg erkennen oder bin ich eher der Meinung, das Unternehmen sollte mich mehr am Unternehmenserfolg teilhaben lassen?*
- *Kann ich meiner Tätigkeit mit oder ohne Unternehmen besser nachgehen?*

Vielleicht kommen Sie nach diesen Fragen zum Ergebnis, dass Sie nicht nur Ihren Job, sondern auch Ihr Arbeitsumfeld aktiv neu gestalten müssen. Glauben Sie bitte nicht, dass Ihnen diese Arbeit die Personalabteilung abnehmen kann.

Wissensarbeiter müssen anderen ihren Job beschreiben

Humankapital zu generieren ist ein sozialer und nicht ein individueller Prozess. Menschliche Fähigkeiten können nur wachsen, wenn eine Generation der anderen ihr Wissen weitergibt. Aufbauend auf diesem Wissen kann die zweite Generation dieses Wissen erweitern und neue Fähigkeiten erforschen. Fortschritt benötigt somit einen systematischen sozialen Prozess für die Weitergabe von Wissen.

Kollektiver Lernprozess

Diese neue Qualität eröffnet der kollektive Lernprozess, indem er im Gegensatz zu partizipativen und auch kooperativen Lernprozessen die Möglichkeit eröffnet, dass in der Gruppe Wissen produziert wird, das kein Einzelner in der Gruppe je zuvor so angedacht hat. In diesem kollektiven Lernprozess werden die Wissensbestände der einzelnen Gruppenmitglieder zu einem neuen Wissen verbunden, das mehr als nur die Summe seiner Teile darstellen soll. Anschaulich kann man diesen Sachverhalt mit der Gleichung $1+1 = 3$ darstellen. Aber trifft dies wirklich in der Praxis zu?

Senge (1990) ist hier anderer Ansicht. Er sagt, dass die meisten Gruppen in unseren heutigen Unternehmen gerade zusammen nicht produktiver sind als die Summe ihrer Individuen. Und in der Tat, ein Zusammenschluss von Spitzenleuten ergibt nicht immer automatisch ein exzellentes Team. Wie wäre es sonst möglich, dass eine Weltauswahl der besten Fußballer gegen eine durchschnittliche Nationalmannschaft verliert? Dasselbe Phänomen konnte man bei Spitzenteams von Managern im Rahmen von Unternehmensplanspielen beobachten (vgl. Sterman 2000).

Von der Kunst und Praxis, sich selbst als Wissensarbeiter zu führen | **2.1**

Es ist dabei gerade nicht die Intelligenz, das Können und Wissen des einzelnen Gruppenmitglieds, die überdurchschnittliche Leistungen einer Gruppe ermöglicht, sondern die Interaktion, die Beziehung zwischen den einzelnen Mitgliedern – also die Kommunikation. Erst die Kommunikation macht das eigene Wissen den anderen Gruppenmitgliedern zugänglich. Schlechte Kommunikation bedeutet schlechte Interaktion. Misstrauen und Arroganz gegenüber dem anderen fördern diese mangelhafte Kommunikation. Das eigene Wissen wird nicht weitergereicht. Die Kette bricht. Die Gruppe ist in ihrer Gesamtleistung der kleinste gemeinsame Nenner ihrer Einzelteile. Was unterscheidet aber gute von schlechter Kommunikation? *Kommunikation*

Dazu müssen wir die Qualität der Kommunikation innerhalb von Gruppen betrachten – den Unterschied zwischen Diskussion und Dialog. Eine Diskussion ist nichts anderes als ein Schlagabtausch von Argumenten. Zuhören in einer Diskussion heißt in der Regel: Wann kommt mein Einsatz? Wann kann ich meine Argumente endlich einbringen? Das Ergebnis einer Diskussion ist, dass es anschließend entweder kein Ergebnis oder einen Kompromiss gibt. Es gibt aber immer Sieger und Unterlegene. *Diskussion*

Eine Diskussion ist heutzutage die am häufigsten anzutreffende Kommunikationsform innerhalb der Unternehmen. Ein Dialog unterscheidet sich in seiner qualitativen Kommunikationsebene grundsätzlich von einer Diskussion. Der Begriff der „Diskussion" kann von seinem angloamerikanischen Sprachstamm abgeleitet werden. Dort entspringt das Wort „Discussion" demselben Wortstamm wie „Percussion" (Schlag, Erschütterung) oder auch „Concussion" (Gehirnerschütterung) und kann deshalb treffender als Schlagabtausch definiert werden.

Im Gegensatz dazu hat das Wort „Dialog" seinen Ursprung in der griechischen Sprache. Dort bedeutet „dia logos" so viel wie „ein Sinn fließt hindurch" oder etwas konkreter „Wissensfluss". Bei einem Dialog fließt im wortwörtlichen Sinne Wissen durch die Reihen. Ein Wissen, das keiner Person direkt zugerechnet werden kann. Ein Wissen, das sich erst allmählich entwickelt. Ein Wissen, das zum Abschluss des Dialogs neues Wissen produziert hat. Ein neues Wissen, das in dieser Art und Weise kein Einzelner innerhalb der Gruppe je zuvor so angedacht hat. Die Gruppe hat als Gruppe neues Wissen mit Hilfe des Dialogs produziert. Sie hat als Gruppe kollektiv gelernt, und jeder in der Gruppe hat dieses neue Wissen in seinen Wissensschatz übernommen. Bei jedem Teilnehmer am Dialog wurde wiederum ein individueller Lernprozess in Gang gesetzt: *Dialog*

2 Wissensarbeit managen und messen

Abbildung 2-1   Kommunikationsarten nach Scharmer (Scharmer 2004)

	das Gemeinsame in den Vordergrund stellen	das Einzelne in den Vordergrund stellen
neues Wissen generieren	**Generativer Dialog**	**Reflektierender Dialog**
bestehendes Wissen verstärken	**Small Talk**	**Debatte/ Diskussion**

Überprüfen Sie selbst:

- Bin ich wirklich im Gespräch mit anderen bereit, mich auf neues Wissen einzulassen, oder suche ich nur nach Bestätigung meines eigenen bestehenden Wissens?

- Kommt es mir mehr darauf an, meinen Standpunkt klar darzulegen, oder suche ich nach gemeinsamen Lösungen?

- Empfinde ich Gespräche häufig als gegenseitigen Schlagabtausch, bei dem ich nachher als Gewinner oder Verlierer vom Platz gehe?

- Wann fand das letzte Gespräch statt, bei dem ich von meinem Gesprächspartner etwas gelernt habe bzw. mein Gesprächspartner etwas von mir gelernt hat?

- Wann habe ich das letzte Mal als Mitglied einer Gruppe neue Einsichten erhalten, die ich im Nachhinein keinem einzelnen Gesprächspartner aus dieser Gruppe mehr zurechnen konnte?

Vielleicht kommen Sie nach diesen Fragen zum Ergebnis, dass Sie bewusster darauf achten sollten, mit wem Sie mehr kommunizieren und zusammenarbeiten sollten, um Ihre Arbeit erfolgreicher erledigen zu können. Glauben Sie bitte nicht, dass Ihnen diese Arbeit die bestehende Organisationsstruktur abnehmen kann.

Von der Kunst und Praxis, sich selbst als Wissensarbeiter zu führen

2.1

Wissensarbeiter werden dafür bezahlt, dass sie etwas wissen, was andere nicht wissen

Was die Wissensgesellschaft kennzeichnet, ist die Bedeutung von kürzlich erworbenen Wissen und Fähigkeiten, Berufserfahrung verliert tendenziell an Wert. Im letzten Vierteljahrhundert wurde die Nachfrage nach Berufserfahrung für jedes Bildungsniveau reduziert: Altes gesammeltes Wissen und alte gesammelte Erfahrungen sind weniger wertvoll, als sie es einmal waren. In der neuen wissensbasierten Wirtschaft werden nur die hochqualifizierten Arbeitnehmer mit einem dementsprechenden Einkommensgewinn belohnt. Im Zuge dieser Entwicklung zeigen auch Studien, dass Mitarbeiter mit einem höheren IQ höhere Gehälter erhalten. Der Einkommensunterschied zwischen Mitarbeitern mit einem IQ von 120 und mehr und Mitarbeitern mit einem IQ von 80 und darunter wächst laufend (vgl. Thurow 1999). Deshalb kann es sich im 21. Jahrhundert kein Land mehr leisten, seine Bevölkerung ungebildet zu lassen.

Die Halbwertszeit von Wissen verringert sich

In der Logik der Industriegesellschaft wurde häufig die beste Fachkraft zur Führungskraft gemacht, in dem Glauben, damit zur weiteren Produktivitätssteigerung des Unternehmens beitragen zu können. Dies hat auch solange erfolgreich funktioniert, solange Vorgesetzte einen relativ guten Überblick über die Tätigkeiten in ihrem Bereich behalten konnten und das dafür notwendige Wissen hatten. Gleichzeitig musste dieses Wissen mit dem Wissen über Führungstechniken und Managementmethoden angereichert werden. Defizite in diesem Bereich wurden häufig durch eine stark hierarchische Struktur der Organisation, durch Befehl und Gehorsam, ausgeglichen. Heute ist dies nicht mehr möglich. Dies hat zur Folge, dass eine gute Fachkraft zu einer schlechten Führungskraft wird, bei einem gleichzeitig dramatischen Produktivitätsverlust innerhalb der Organisation (vgl. Kratzer 2007).

Die Resultate der Studie von Kratzer (2007) lassen sich mit dem Ergebnis zusammenfassen, dass die Teamleiter, die die Kunst der Zurückhaltung beherrschen und ein gewisses Maß an Fingerspitzengefühl besitzen, Forschungs- und Entwicklungs-Teams am besten zu kreativen Leistungen stimulieren können. Dementsprechend ist es denkbar, einen Teamleiter nicht wegen seiner fachlichen Befähigung, sondern viel stärker wegen seiner kommunikativen Fähigkeiten zu wählen. Eine falsche Wahl könnte dazu führen, dass man ein fähiges Teammitglied verliert und einen schlechten Teamleiter erhält. Dies lässt die Notwendigkeit von getrennten Fach- und Führungskarrieren anwachsen, bei der beide Karrierewege von den Beschäftigten als gleichwertig empfunden werden. Nur so kann es einer Organisation gelingen, sich ihre Attraktivität gegenüber Wissensarbeitern zu erhalten und durch diese Arbeitsteilung gleichzeitig ihre Produktivität weiter zu steigern.

Die Kunst der Zurückhaltung

2 Wissensarbeit managen und messen

Überprüfen Sie selbst:

- *Wie soll meine Tätigkeit in zehn Jahren aussehen?*
- *Möchte ich meiner heutigen Tätigkeit in zehn Jahren überhaupt noch nachgehen?*
- *Empfinde ich es als persönlichen Misserfolg, wenn ich in zehn Jahren nicht auch gleichzeitig mehr Führungsverantwortung erhalte?*
- *Wie stark spüre ich bereits heute meine Belastung durch die gleichzeitige Wahrnehmung von Fach- und Führungsaufgaben?*
- *Würde ich es als Verlust empfinden, wenn ich in zehn Jahren aufgrund vermehrter Führungsaufgaben nicht mehr so viel Zeit hätte, mich meinen fachlichen Aufgaben zu widmen, für die ich ursprünglich ausgebildet wurde?*

Vielleicht kommen Sie nach diesen Fragen zum Ergebnis, dass Sie gar nicht so sehr eine Führungsaufgabe anstreben sollten, wie das die klassischen Karrieremodelle in Ihrer Organisation eventuell suggerieren. Glauben Sie bitte nicht, dass Ihnen diese Entscheidung Ihr Vorgesetzter abnehmen kann.

Wissensarbeiter müssen ihren eigenen Informationsbedarf definieren

Wissensarbeiter müssen tendenziell mehr wissen und sich zunehmend häufiger updaten

Zum Erfolg führendes notwendiges Wissen wird sich immer schneller ändern und vermehren. Somit wird auch Erwachsenenbildung in allen Altersstufen eine Grundvoraussetzung darstellen. Da das notwendige Wissen der Mitarbeiter abhängig ist von der sich laufend verändernden Technologie, wird „training on-the-job" immer wichtiger. Weiterhin werden lebenslange Karieren in einem Unternehmen an Häufigkeit abnehmen und laufender Arbeitsplatzwechsel noch mehr in den Vordergrund rücken. In einer globalisierten Wirtschaft wird das Lohnniveau nicht mehr abhängig sein von der regionalen Beschäftigung des Mitarbeiters, sondern von seinem Ausbildungsniveau und somit von seinen individuellen Fähigkeiten.

Ein unqualifizierter Arbeiter in Amerika wird tendenziell das gleiche Gehalt verdienen wie ein unqualifizierter Arbeiter in Indien.

Unternehmen tendieren dazu, jenen Mitarbeitern Trainingsmöglichkeiten zu gewähren, die in der Hierarchie weiter oben stehen. Dies sind aber gerade jene Mitarbeiter, die sowieso schon einen höheren Ausbildungsstand aufweisen. Somit wird die Wissensverteilung zugunsten derjenigen durchgeführt, die bereits am meisten Wissen tragen, was letztendlich die Tendenz zu einer ungleichen Wissensverteilung in der Gesellschaft verstärkt.

2.1 Von der Kunst und Praxis, sich selbst als Wissensarbeiter zu führen

Überprüfen Sie selbst:

- *Habe ich heute das notwendige Wissen, meine Aufgaben erfolgreich meistern zu können?*
- *Fehlt mir häufig die Zeit, mir das für meinen Bereich relevante Wissen anzueignen?*
- *Habe ich häufig das Gefühl, falsche oder ungenügende Informationen zu erhalten?*
- *Fehlt mir der Zugang zu den für meinen Verantwortungsbereich relevanten Informationen?*
- *Was muss ich in zehn Jahren wissen, um den Job, den ich heute mache bzw. den ich in zehn Jahren anstrebe, erfolgreich meistern zu können?*

Vielleicht kommen Sie nach diesen Fragen zum Ergebnis, dass Sie das Prinzip der Bringschuld von Informationen und Wissen aktiver in das Prinzip der Holschuld umwandeln müssen. Werden Sie Ihr eigener aktiver Wissensmanager. Glauben Sie bitte nicht, dass Ihnen diese Arbeit das Berichtswissen bzw. die Personalentwicklungsabteilung abnehmen kann.

2 Wissensarbeit managen und messen

Ein Tag im Leben des Rechtsanwalts Friedrich Winter - 18. Mai 2027

Um 6.30 Uhr läutet der Wecker, wunderbar, heute muss Herr Winter nicht verreisen, sonst säße er um diese Zeit schon am Flughafen. Ein ganz normaler Tag nimmt seinen Anfang, oder doch nicht: Heute ist der Tag, an dem ihn diese Journalistin bei seinem Tageswerk begleiten möchte. Eine lästige Angelegenheit, aber für seine Publicity soll es etwas bringen. Als er die Kaffeemaschine betätigt, meldet sich seine elektronische Aktentasche und bestätigt seine Erinnerung, um 7:30 Uhr kommt Frau Fuchs, und von diesem Moment an wird er für die Leser transparent sein:

Wie üblich arbeitet er die erste Stunde von zu Hause. Vor 8.30 Uhr überlässt er die Straßen lieber den Leuten, die bis 9.00 Uhr an ihren Arbeitsstellen sein müssen. Friedrich Winter ist Anwalt und muss bei Bedarf seinen Kunden rund um die Uhr zur Verfügung stehen. Das ist schon seit längerem so üblich, denn in den Zeiten, in denen Kunden selbst arbeiten, erwarten sie auch, dass ihre Dienstleister auch zur Verfügung stehen. Die Flexibilität zu haben, sich freie Zeiten zu nehmen, wenn dies möglich ist, gehört in gleicher Weise zum Selbstverständnis seines Berufsstandes. Eine Sache, mit der nicht alle Kollegen der Branche so gut zurechtkommen. Die große Freiheit, seinen Arbeitsalltag völlig selbst zu gestalten, hat den Nachteil, dass man laufend selbst Prioritäten zwischen der Firma und seinen Kunden und dem Privatleben mit den nötigen, wenn auch kurzen, Erholungsphasen setzen muss. Er denkt sich öfters, ob es vor Jahren nicht einfacher war, als man von ihm erwartete, von 9.00 bis 19.00 Uhr im Büro anwesend zu sein und dass er bei Bedarf nach vorne oder nach hinten verlängerte, was natürlich oft der Fall war. Wenn nicht, so hatte man in der übrigen Zeit ruhigen Gewissens frei.

Er begrüßt Frau Fuchs und zeigt ihr seinen Home-Arbeitsplatz. Die Wand zieren eine Sammlung von Gesetzesblättern und einige Zeitschriftenbände. Die meisten Abos hatte er vor ca. 7 Jahren schweren Herzens abbestellt. Er liebt ja eigentlich diese Bände aus Papier, aber die elektronischen Ausgaben sind einfach verlässlicher und es wäre fahrlässig, diese nicht zu nutzen. Missen möchte er natürlich nicht mehr die vernetzte Darstellung aller relevanten Quellen zu den unterschiedlichen Rechtslagen. 2020 führte der Gesetzgeber eine große Gesetzesbereinigung durch und die konsolidierten Onlinefassungen waren ab diesem Zeitpunkt verbindlich. Dies war auch mehr als nötig, denn nur so lässt sich der aktuelle Gesetzesstand, der stark vom EU-Recht und auch von internationalen Normierungen bestimmt ist, effizient abbilden. Die meisten seiner Kollegen sind so wie er Europäischer Anwalt, d. h., sie können neben vertraglichen Gestaltungen in ganz Europa ihre Kunden auch vor Gerichten in mehreren Ländern vertreten. In der Realität hindern einem höchstens fehlende Fremdsprachenkenntnisse daran. Da unterscheidet sich Europa massiv von Amerika. Der vielfältige Sprachen-

Von der Kunst und Praxis, sich selbst als Wissensarbeiter zu führen

2.1

und Kulturreichtum prägt, zum Glück, noch immer Europa. Doch nun zurück zu seinem Arbeitsplatz. Er setzt sein Headset auf, mit dem er sich virtuell in seinen Akten, in Dokumenten und bei Behörden bewegen kann. Selbiges wird auch genutzt, um mit Mandanten virtuelle Konferenzen und Besprechungen abzuhalten.

Er erklärt Frau Fuchs, dass das sich schnelle Vernetzen mit unterschiedlichen Personen, unterschiedlichen Orten und Dokumenten essentiell sei. Anwälte sind heutzutage so hoch spezialisiert, dass man zur Bearbeitung eines kleinen Falles schon oft bis zu 10 unterschiedliche Spezialisten einbinden muss. Warum ist dies so? Das geltende Recht ist trotz einfacherer Zugänglichkeit hoch komplex und ändert sich laufend mit rasender Geschwindigkeit. Der Gesetzgeber hat viele administrative Agenden, die früher von öffentlichen Dienststellen wahrgenommen wurden, auf den Anwalt übertragen. Dieser trägt nun die Haftung für Aufgaben, die vorher von Behörden verantwortet wurden. Grundsätzlich war dies im Sinne der Anwälte, weil es zusätzliches Geschäft generierte, aber es nahm sie dadurch auch mehr in die Pflicht. Auch wenn Fehler durch Berufshaftpflichtversicherungen meist gedeckt sind, schädigt es den Ruf massiv. Verstecken kann man solche Dinge nicht, denn jedes noch so kleine Versäumnis oder jeder Formalfehler wird für die Allgemeinheit transparent. Viel stärkere Auswirkungen hatte diese Veränderung auf Steuerberater und Wirtschaftsprüfer. Steuerbehörden führen eine reine Controllingtätigkeit durch und die zuvor genannten Berufsgruppen führen alle Steuerbemessungs- und Gebührenberechnungen durch. Eine Aufgabe, die Anwälte und Notare übernommen haben, ist z. B. die Führung des Unternehmensregisters. Wir wollen an dieser Stelle nicht zu sehr in Einzelheiten eintauchen, aber diese Entwicklung hat auch wesentlich dazu beigetragen, dass der einzelne Anwalt meist nur in einem einzelnen, hoch spezialisierten Arbeitsbereich tätig ist.

Friedrich Winter öffnet mittels seines Bedienungspads am Schreibtisch einen Vertragsentwurf für einen Unternehmensanteilsverkauf. Sein Kunde ist eine Pharmafirma. Sein Entwurf wurde gestern von Steuer-, Urheber-, Immobilien-, Wettbewerbs- und Arbeitsrechtsexperten durchgesehen. Er selbst ist Unternehmensrechtsexperte für den Medizin- und Pharmabereich. Seine Kollegen haben ja hier intensiv kommentiert und er muss das Ganze nun zu einer Einheit bringen. Es ist kein einfaches Gefühl, wenn seine Entwürfe von den Kollegen so intensiv verrissen und kommentiert werden. Das ist aber allgemeine Praxis. Kaum ein Anwalt kann heute noch alleine draften. Von der guten alten Zeit, als dies noch Alltag war, träumen noch einige, aber diese ist vorbei. Dieses „Transparent-sein" mit seinen Arbeitsprodukten vor Kollegen und oft auch der Konkurrenz ist eine schlimme Sache für ihn, an die er sich noch nicht ganz gewöhnt hat. Eigentlich ist er ein top ausgebildeter, erfolgreicher und anerkannter Anwalt, der aber kaum ein Arbeitsprodukt völlig selbstständig erledigen kann. Er muss sich täglich ergänzen und korrigieren lassen und sein Erfolg hängt vom effizienten Mitwirken seiner Kollegen ab. Täglich muss er dazulernen. Das macht ihm

2 Wissensarbeit managen und messen

grundsätzlich viel Spaß, denn er ist ein an vielen Dingen interessierter und offener Mensch. Lernen ist aber auch immer mit ein wenig Schmerz verbunden. Vor allem dann, wenn man sich von anderen korrigieren lassen muss und seine eigene Begrenztheit zu spüren bekommt. Apropos Lernen, Frau Fuchs, wir müssen jetzt aufbrechen, denn um 11.00 Uhr haben wir eine Teambesprechung. Hauptthema ist der Review unserer Performance bei der Elite AG Transaktion.

Im Büro angekommen geht es gleich in den Besprechungsraum. Auch wenn das Meeting in sehr guter Qualität und mit Bild virtuell abgehalten werden könnte, das persönliche Treffen von Menschen hat immer noch eine entscheidende Qualität, gerade bei Performance-Review-Gesprächen. Eingeleitet wird alles durch ihn als Leiter der Transaktion, aber dann kommen relativ rasch die jungen Mitarbeiter, die zum Teil noch in der Ausbildung sind, zu Wort. Sie beklagen, nicht rasch genug über die Ausweitung der Wünsche des Mandanten informiert worden zu sein. Woran lag das, alles wurde ja elektronisch in der Akte abgelegt. Kollege Brenner hat dies mit dem Mandanten während eines Abendessens besprochen und sein Headset im Auto funktionierte nicht, als er die News bei der Heimfahrt zur Akte diktieren wollte. Zu Hause war die Zeit schon für die Familie gebucht und am nächsten Tag waren zuerst andere Dinge wichtiger. Eine menschliche Nachlässigkeit, trotz aller nur möglichen technischen Unterstützung. Keiner ist Herrn Brenner aber deswegen böse, obwohl es ihm sichtlich unangenehm ist. Vor allem deswegen, weil die junge Frau Manna diesen Punkt vorgetragen hat. Brenner ist immerhin seit 15 Jahren Anwalt und seit 5 Jahren Equity Partner in dieser Firma und Frau Manna hat erst vor einem halben Jahr begonnen. Wenn es um die Verbesserung der Performance für Kunden geht oder um andere Lernprozesse, sind jedoch alle Hierarchieebenen ausgeschaltet. Geht es um fachliche Prozesse, so steht derjenige an der Spitze, oder besser gesagt im Mittelpunkt, der gerade die richtige Lösung hat. Die Firma hat in den letzten Jahren hart an der Implementierung einer optimalen Kultur für persönliches und organisationales Lernen gearbeitet. Dies war einerseits nötig, um konkurrenzfähig zu bleiben, aber es fühlen sich die meisten auch recht wohl damit, weil sie merken, dass sie als Firma insgesamt dadurch viel stärker geworden sind und auf Veränderung rascher reagieren können als zuvor. Ohne eine konstruktive Lern- und Konfliktkultur wäre dieses offene Klima zwischen unterschiedlichen Teammitgliedern und die Tatsache, dass man Kritik nicht als persönlichen Angriff empfindet und sich gegenseitig nicht vorwurfsvoll ist, nicht möglich. Dieses arbeitsteilige und vernetzte Arbeiten von unterschiedlichen Akteuren setzt einen runden Ablauf an allen Schnittstellen voraus. Das geht nicht von selbst und an der Verbesserung dieser menschlichen Schnittstellen muss laufend gearbeitet werden.

Nach einigen Telefonaten geht es nun zu einer Mandantenbesprechung. Daran nimmt auch der Anwalt der Gegenseite teil. Herrn Winters Klient möchte ein Entwicklungs-Joint Venture mit seinem schärfsten Konkurrenten eingehen. Eigentlich undenkbar, denn die beiden haben sich seit jeher zähe Kämpfe geliefert. Die Margen sind in den letzten Jahren so massiv zurückgegangen, sodass sie fast gezwungen sind, zu kooperieren. Trotz der schwierigen Unternehmenssituationen sind sich die Firmenleitungen noch nicht näher gekommen. Die alten Gräben scheinen noch sehr tief zu sein und keiner ist das „Brückenbauen" gewohnt. Eigentlich sehr ungewöhnlich, die beiden hatten bisher Glück, denn kaum eine Unternehmenssparte kann sich in dieser Zeit parallele Entwicklungen leisten. Selbst als Anwalt ist es Usus, dass man mit Konkurrenten Know-how und Ausbildungskooperationen eingeht. Natürlich wird die Mandantenvertraulichkeit gewährleistet und mögliche Konflikte streng überwacht. In der Besprechung mit dem Mandanten erläutern die Anwälte die Gestaltungsmöglichkeiten eines derartigen Joint Ventures. Ein großer Anteil des Gespräches bezieht sich jedoch auf Fallbeispiele anderer Unternehmen, die in ähnlichen Situationen waren. Beide Anwälte motivieren geradezu den Mandanten, diesen Schritt zu gehen, seine Zukunft wird davon abhängen. Ihn einfach zu gehen ist aber nicht genug, er sollte auch einen Weg finden, trotz der alten Schwierigkeiten mit seinem Konkurrenten, eine neue Basis der Zusammenarbeit zu finden. Um erfolgreich zu sein, ist es essentiell, persönliche Befindlichkeiten zurückstecken, über Mauern zu springen und Wege zu finden mit schwierigen und andersartigen Menschen zusammenzuarbeiten. Die Welt ist stark vernetzt und jeder rund um den Globus trägt einen kleinen Teil zu einem Gesamterfolg der Menschheit bei. Dies ist neu und Politiker vieler Nationen haben erkannt, dass es vorteilhafter ist, mit sehr andersartigen oder andersgläubigen Nachbarn zu kooperieren, als sich gegenseitig zu verachten oder sogar zu bekriegen. Wer versucht, einem anderen seine Werte und seine Wirklichkeiten aufzudrängen oder ihm etwas wegzunehmen, verliert meist selbst so viel, dass seine Existenz rasch gefährdet sein kann. Viele Staaten haben deswegen schon in ihren Schulsystemen psychologische multikulturelle Ausbildungen integriert.

Zurück in der Firma vermerkt Herr Winter sofort die Ergebnisse in der elektronischen Akte. Er diktiert die Texte und diese werden wahlweise als Text oder Sprache abgespeichert. Zuerst eine Aktennotiz mit den groben Inhalten der Besprechung, dann seine Eindrücke zum Mandanten für das CRM. An einen seiner Mitarbeiter ergeht der Auftrag, einen Entwurf für einen Vertrag zu erstellen. Der junge Anwalt sollte noch mit dem gegnerischen Anwalt besprechen, welche internationale Vertragsvorlage als Grundlage dienen sollte. Dann noch die mit dem Mandanten vereinbarten nächsten Schritte und Zeitpläne. Dann denkt er nochmals darüber nach, ob er dem Mitarbeiter auch wirklich alle relevanten Informationen übergeben hat, nicht dass es ihm wie Herrn Brenner heute Vormittag ergeht.

Von den jüngeren Mitarbeitern wird von Anfang an sehr viel verlangt. Der Arbeitsdruck und die Anforderungen an die Qualität der Arbeitsprodukte sind enorm hoch. Der Klient würde keinen Cent zahlen, wenn er merken würde, dass die Qualität nicht stimmt oder es eine Zeitverzögerung gibt,

2 Wissensarbeit managen und messen

weil ein noch unerfahrener Anwalt an der Sache gearbeitet hat. Oft fragt er sich, wie das die Jungen denn schaffen? Viel hat sich an der Ausbildung im Vergleich zu seiner Zeit geändert. Damals wurde ihm noch eingeprägt, dass man dieses Geschäft von der Pike auf lernen muss. Er selbst hat dies schon nicht ganz so empfunden, denn er hätte ohne Vorlagen und Muster und die intensiven Nachfragen bei Kollegen nicht überlebt. Die erfahrenen Anwälte hatten ja keine Zeit, ihm das nötige Handwerkszeug beizubringen. Sie hatten nur Zeit, ihn zu kritisieren, wenn ein Arbeitsprodukt nicht so war, wie sie sich das vorgestellt hatten. Doch wehe, er hätte daran Kritik geübt. Das war damals fast undenkbar. Eine schwere Zeit war das. Heute lernt ein junger Anwalt in Seminaren und Workshops, wie er intelligent mit halbfertigen Arbeitsprodukten umgeht, das Know-how der Kollegen einbindet und sich bei seiner Arbeit eng auf die tatsächliche Anforderung des Mandanten konzentriert. Man verbringt darüber hinaus heute fast mehr Zeit mit der Abklärung, ob man alle eigenen Haftungsthemen gründlich beachtet hat und keine Konfliktsituationen herbeiführt, als mit den eigentlichen juristischen Fragen für den Mandanten.

Am Abend moderiert er einen dieser Ausbildungsworkshops. Anhand von Fallbeispielen wird die Echtsituation beim Mandanten trainiert. Die Teilnehmer kommen aus unterschiedlichen Kanzleien. Die Kosten für die Zusammenstellung und Durchführung von diesen Trainingsseminaren wären für eine einzelne Kanzlei zu hoch. Geschafft, um 21.00 Uhr geht es nach Hause. Im Auto setzt sich Herr Winter wieder ein Headset auf und nimmt seine Eindrücke der Ausbildung auf. Man könnte daran noch einiges verbessern. Seine Erkenntnisse sendet er dann den Ausbildungsleitern der fünf anderen Kanzleien, mit denen sie diese Weiterbildungsallianz eingegangen sind.

Frau Fuchs dankt für den interessanten Tag und verabschiedet sich freundlich.

Nikolaus Berger

2.2 Wissensarbeiter und Motivation

Eine der wesentlichen Dimensionen der Führung ist die Beschäftigung mit der Motivation von Mitarbeitern und die Förderung dieser durch dementsprechende Gestaltung von Anreizsystemen. Grundlegend bei der Beschäftigung mit Ansätzen der Motivation ist die Unterscheidung zwischen intrinsischer und extrinsischer Motivation (vgl. Deci 1975).

Extrinsische Motivation arbeitet mit einer indirekten Bedürfnisbefriedigung im Wesentlichen durch die Steuerungsmedien Geld oder Macht. Dabei wird die Erreichung der strategischen Ziele einer Organisation mit monetären oder karrierefördernden Anreizsystemen der Mitarbeiter verbunden. *Extrinsische Motivation*

Im Gegensatz dazu betont die **intrinsische Motivation** die Aspekte der direkten Bedürfnisbefriedigung. Intrinsische Motivation kann dabei in der Freude an der Tätigkeit selbst oder in einer empfundenen Verpflichtung begründet sein: *Intrinsische Motivation*

- Freude entsteht aus dem Fluss („Flow") der Tätigkeit an für sich, wie dies beispielsweise bei einem Spiel oder beim Lernen der Fall sein kann (vgl. Csikszentmihalyi 1975).

- Eine Verpflichtung kann entweder aus einer Selbstverpflichtung heraus entstehen, beispielsweise über selbst definierte Ziele, die man erreichen will, oder aus einer Verpflichtung gegenüber anderen Personen, Gruppen oder der Gesellschaft als Ganzes. Als Beispiele in diesem Zusammenhang werden von Frey (1997) angeführt: Steuermoral und Umweltstandards, individuelle bzw. Gruppenidentität, Fairness, Identifikation mit den Zielen der Organisation, Loyalität.

Das ideale Anreizsystem für intrinsische Motivation liegt in der Regel in der Arbeit an sich sowie im Schaffen von Freiraum und Bedingungen, die eine persönliche Identifikation mit dieser Arbeit und den existierenden Werten erlauben. Drei Herausforderungen sind in diesem Zusammenhang als zentral zu betrachten: *Anreize*

- Intrinsische Motivation und extrinsische Motivation können nicht bei jedem Menschen in gleichem Ausmaß generiert und verändert werden.

- Intrinsische und extrinsische Motivation können nicht als voneinander unabhängig betrachtet werden.

- Intrinsische Motivation muss nicht mit den Zielen der Organisation übereinstimmen und kann nur schwer verändert werden.

2 Wissensarbeit managen und messen

Typologien von Mitarbeitern

Die meisten Ansätze zu Motivationstheorien gehen implizit oder explizit von einem einheitlichen Menschenbild aus. Sie unterstellen, dass sich alle Menschen in der gleichen Art und Weise und im gleichen Ausmaß intrinsisch und extrinsisch motivieren lassen. Diese Annahme hat allerdings nur wenig mit der Realität zu tun. Untersuchungen zeigen, dass Menschen durch ganz unterschiedliche Motivationslagen ihr Handeln leiten lassen. Basierend auf der Unterscheidung zwischen extrinsisch und intrinsisch bildet Frey (2002) Typologien von Mitarbeitern (siehe Abbildung 2-2):

Extrinsisch Motivierte

Extrinsisch motiviert sind Einkommensmaximierer und Statusorientierte:

Einkommensmaximierer

Pay for performance

Dieser Typus ist ausschließlich über monetäre Anreize motivierbar, die ihm zunächst zu einer indirekten Bedürfnisbefriedigung mittels Konsum von Gütern und Dienstleistungen verhelfen. Seine Tätigkeit empfindet er grundsätzlich als unangenehm und die damit verbundenen Anstrengungen nimmt er nur deswegen auf sich, um damit Geld zu verdienen. Der Einkommensmaximierer repräsentiert das klassische Menschenbild der Wirtschaftstheorie, des „homo oeconomicus". Er erhöht oder verbessert seine Leistung, wenn er dafür mehr Bezahlung erhält, was auch in der Literatur als „pay for performance" bezeichnet wird. In der Praxis ist dieser Typus aufgrund der bestehenden Anreizstrukturen besonders häufig bei Managern anzutreffen („self-selection"). Aber auch bei hierarchisch weiter unten angesiedelten Tätigkeiten, insbesondere bei standardisierten Aufgaben, wie dem Fließband- oder Akkordarbeiter, ist diese Anreizpräferenz häufig festzustellen.

Abbildung 2-2 Typologien von Mitarbeitern nach Frey (Frey 2002)

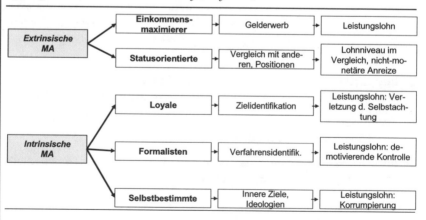

Statusorientierte

Hierbei handelt es sich ebenfalls um extrinsisch motivierte Mitarbeiter, die sich nach den Erwartungen ihres sozialen Umfelds richten. Sie haben keine Freude am Konsum an sich, sondern ziehen ihre Bedürfnisbefriedigung aus dem direkten Vergleich mit anderen Personen. Das Verhalten der Statusorientierten richtet sich nach einer vergleichbaren Bezugsgruppe, die z. B. Nachbarn, Freunde, Studien- oder Arbeitskollegen umfasst. Dieser Mensch lässt sich als kompetitiv einschätzen. Er möchte sich in jeder Hinsicht positiv von den anderen unterscheiden. Gleichzeitig läuft er Gefahr, auf die Erfolge anderer Mitarbeiter neidisch zu sein. Das Erlangen von so genannten „positionalen Gütern", wie Macht, Titel, berufliche Bezeichnungen, Firmenautos, größere Büros und weitere Statussymbole, steht im Mittelpunkt des Interesses, dafür arbeiten sie. Positionale Güter erhalten ihren Wert dadurch, dass sie einem selbst gehören, während sie anderen verwehrt bleiben. Die Exklusivität im sozialen Kontext macht diese Güter so erstrebenswert. Dieser Typus ist besonderes häufig im militärischen Bereich, aber auch im staatlichen Beamtenwesen und bei Politikern anzutreffen.

Positionale Güter

Intrinsisch motiviert sind Loyale, Formalisten und Selbstbestimmte:

Intrinsisch Motivierte

Loyale

Diese Mitarbeiter machen die Ziele der Organisation zu ihren eigenen Wünschen. Loyale finden sich in allen Berufsgruppen, insbesondere aber bei langjährigen Mitarbeitern in traditionsreichen Unternehmen.

Formalisten

Formalisten haben die Verfahrensregeln internalisiert, und sie zu befolgen betrachten sie als einen Teil ihres Wesens. Sie gewinnen dadurch persönliche Sicherheit. Soweit der korrekte Prozessvorgang nicht tangiert wird, lassen sich Formalisten nur schwer mittels äußerer Anreize beeinflussen. Zu diesem Typ zählen insbesondere Juristen und Beamte, aber auch Ärzte und Techniker.

Selbstbestimmte

Als letzte Gruppe der intrinsisch motivierten Mitarbeiter zeichnen sich Selbstbestimmte dadurch aus, dass sie sich auf eigene, nicht materielle Ziele, wie Selbstverwirklichung, konzentrieren und sich um andere Aspekte wenig kümmern. Als Beispiele seien Unternehmer, Wissenschaftler oder Künstler genannt, die nach der Realisierung ihrer eigenen Vorstellungen (Selbstbestimmung) und nach Selbstgestaltung streben. Sie wollen ihre Ziele mit den Mitteln erreichen, die sie selbst als richtig erachten, und dabei möglichst unabhängig von anderen Personen agieren. Da sie im Wesentlichen intrinsisch motiviert sind, lassen sie sich nur in geringem Ausmaß von äußeren Anreizen beeinflussen.

Die meisten Menschen werden durch eine spezifische Kombination dieser Anreize motiviert. Diese Kombination ist je nach individueller Präferenz und Bedürfnisstruktur unterschiedlich. So ist beispielsweise der klassische, monetär orientierte Typus in dieser Reinform in der Praxis nur als Minderheit anzutreffen. Es ist deshalb ganz wesentlich, zu erkennen, dass es „den Menschen" nicht gibt und wir ganz unterschiedlich auf verschiedene Anreize reagieren, die uns zu höherer Motivation und Leistung bringen wollen.

Was motiviert mich? Ein Selbsttest für Wissensarbeiter

Im Folgenden finden Sie einige Aussagen, die sich auf Ihre berufliche Tätigkeit beziehen. Bitte geben Sie jeweils an, inwieweit die jeweilige Aussage auf Sie persönlich zutrifft. Sie können dazu jeweils zwischen den fünf genannten Antwortmöglichkeiten wählen, wobei der Grad der Zustimmung zu einer Aussage von links nach rechts zunimmt. Es gibt keine richtigen oder falschen Antworten. Seien Sie also bei den Antworten möglichst ehrlich zu sich selbst:

	Die Aussage trifft auf mich persönlich zu:	1	2	3	4	5
1.	Ich gehe in erster Linie arbeiten, damit ich mir schöne Dinge leisten kann.					
2.	Ich lege großen Wert darauf, meine erreichte berufliche Position klar nach außen zu zeigen.					
3.	Ich identifiziere mich mit unserer Unternehmenskultur.					
4.	Routinen erleichtern in den allermeisten Fällen den Arbeitsablauf ganz erheblich.					
5.	Ich möchte mich durch meine Arbeit selbst verwirklichen.					
6.	Mein Credo lautet: Gute Arbeit gegen gutes Geld.					
7.	Es ist mir wichtig, ein für meine Position angemessenes Büro zu haben.					
8.	Die Ziele der Organisation sind mir bekannt und ich befürworte sie von ganzem Herzen.					

1= gar nicht, 2 = ein wenig, 3 = mittelmäßig, 4 = überwiegend, 5 = völlig

Wissensarbeiter und Motivation | **2.2**

	Die Aussage trifft auf mich persönlich zu:	1	2	3	4	5
9.	Es macht mir große Freude, betriebliche Abläufe durch meine Tätigkeit kontinuierlich zu verbessern.					
10.	Durch meine Arbeit kann ich auch ein Stück weit dazu beitragen, dass es uns allen etwas besser geht.					
11.	Wenn man gut verdient, sollte man das auch ganz klar nach außen zeigen.					
12.	Für das berufliche Weiterkommen ist es wichtig, die Ellenbogen zu benutzen.					
13.	Ich arbeite schon so lange bei meinem jetzigen Arbeitgeber, dass ich mir kaum noch vorstellen kann woanders mein Geld zu verdienen.					
14.	Einen vorgesehen Ablaufplan nicht strengstens zu beachten bringt meistens großen Ärger.					
15.	Ich engagiere mich in meiner Feizeit für gemeinnützige Organisationen.					
16.	Ich leiste gute Arbeit, daher gönne ich mir anschließend auch ein wenig mehr.					
17.	Über den beruflichen Erfolg von Kollegen ärgere ich mich manchmal heimlich.					
18.	Ich erkenne klar den Beitrag meiner wertvollen Arbeit zum Erreichen des Unternehmenserfolgs.					
19.	Wenn jemand die empfohlenen Arbeitsschritte freiwillig nicht einhalten möchte, zwinge ich ihn zur Befolgung der Abläufe – schließlich macht er sich ja sonst unnötig Mehrarbeit.					
20.	Ein Arbeitsplatz ist für mich dann attraktiv, wenn ich viele neue interessante Dinge während meiner Arbeit lernen kann.					
21.	Ich möchte so viel Geld wie möglich durch meine Arbeit verdienen.					
22.	Ich denke, jeder ist für seinen beruflichen Werdegang selbst verantwortlich.					

1= gar nicht, 2 = ein wenig, 3 = mittelmäßig, 4 = überwiegend, 5 = völlig

2 Wissensarbeit managen und messen

	Die Aussage trifft auf mich persönlich zu:	1	2	3	4	5
23.	Ich fühle mich als wichtiger Bestandteil meiner Firma.					
24.	Man muss auch schon einmal ein schlechtes Zwischenergebnis in Kauf nehmen, um den Zielerreichungsprozess langfristig zu optimieren.					
25.	Bei einem Arbeitsplatz ist mir wichtig, dass ich mir meinen Arbeitsablauf frei einteilen kann.					
26.	Ich freue mich über meine monatliche Lohnzahlung.					
27.	Ich vergleiche gerne meinen beruflichen Erfolg mit den erreichten Positionen von anderen.					
28.	Ich arbeite gerne für meinen Arbeitgeber.					
29.	Das Studium der Rechtswissenschaft ist eine hervorragende Vorbereitung für den weiteren beruflichen Werdegang, da man lernt, Probleme richtig zu strukturieren.					
30.	Wenn ich von etwas wirklich überzeugt bin, ist mir jedes Mittel recht, um mein Ziel zu erreichen.					
31.	Ich begrüße es, wenn das Gehalt direkt von der erbrachten Leistung abhängt.					
32.	Ich kaufe mir gerne Dinge, die sich andere nicht leisten können.					
33.	Ich freue mich über ein Lob für eine erbrachte Leistung.					
34.	Kollegen halten mich manchmal für etwas pedantisch.					
35.	Ich hatte aktive Mitgestaltungsmöglichkeit bei der Formulierung unserer Unternehmensziele.					
36.	Ich würde mich bei meiner Arbeit nur mehr anstrengen, wenn ich auch mehr Gehalt dafür bekäme.					
37.	Ich bemühe mich, mein fachliches Wissen immer auf dem neuesten Stand zu halten, weil ich mir davon einen deutlichen Karriereschub erhoffe.					
38.	Es ist mir wichtig, dass gute Leistungen durch die Firmenleitung auch im Kollegenkreis publik gemacht werden (beispielsweise durch die Auszeichnung zum „Mitarbeiter der Monats").					

1= gar nicht, 2 = ein wenig, 3 = mittelmäßig, 4 = überwiegend, 5 = völlig

Wissensarbeiter und Motivation

2.2

	Die Aussage trifft auf mich persönlich zu:	1	2	3	4	5
39.	Ich würde einen hervorragenden Beamten abgeben.					
40.	Ich kann nur bei einer Organisation arbeiten, bei der meine persönlichen Ziele mit denen der Organisation harmonieren.					
41.	Neue Kenntnisse eigne ich mir nur an, wenn ich mir davon einen deutlichen Einkommensschub erhoffe.					
42.	Erfolg zeigt sich für mich in einem großen Mitarbeiterstab.					
43.	Wenn man seine Arbeit mag, muss man auch weniger von Vorgesetzten kontrolliert werden, damit ein gutes Arbeitsergebnis entsteht.					
44.	Ich lasse bei meiner persönlichen Arbeit niemals Fünfe gerade sein.					
45.	Es ist mir wichtig, einer sinnvollen Tätigkeit nachzugehen.					
46.	Ich wäre bereit länger zu arbeiten, wenn ich dadurch auch mehr verdienen würde.					
47.	Wenn ich mir ein neues Karriereziel setze, dann erreiche ich es auch.					
48.	Mein Gehalt ist mir nicht so wichtig, solange das soziale Umfeld stimmt.					
49.	Ich empfinde es als angenehm, wenn ich von meinem Vorgesetzten möglichst genau gesagt bekomme, was ich zu tun habe.					
50.	Mein Gehalt ist mir nicht so wichtig, solange ich mich mit meiner Arbeit persönlich identifiziere.					

1 = gar nicht, 2 = ein wenig, 3 = mittelmäßig, 4 = überwiegend, 5 = völlig

Auswertung des Selbsttests

Um einen Eindruck von Ihrer eigenen Motivationsstruktur zu bekommen, müssen Sie zunächst ein bisschen rechnen – dafür winkt Ihnen aber als Belohnung für diese kleine Mühe ein interessanter Einblick in Ihre eigene Persönlichkeit. Für Ihre Antworten bei den einzelnen Aussagen gilt allgemein, dass Sie einen umso höheren Zahlenwert bekommen, desto mehr Sie einer Aussage zugestimmt haben. Im Detail gilt folgender Kodierungsschlüssel für die fünf Antwortkategorien:

gar nicht	ein wenig	mittelmäßig	überwiegend	völlig
1 Punkt	2 Punkte	3 Punkte	4 Punkte	5 Punkte

Wissensarbeit managen und messen

Wenn Sie also z. B. bei der ersten Aussage ein Kreuz in der Mitte der Skala gesetzt haben, bekommen Sie hierfür drei Punkte, lag die Markierung hingegen ganz links, gibt es für diese Antwort einen Punkt. Zu einer inhaltlichen Skala gehören immer mehrere Aussagen. Nachstehende Übersicht zeigt Ihnen, welche Aussagen des Fragebogens jeweils inhaltlich zusammen gehören. Tragen Sie einfach Ihren erzielten Wert bei jeder Frage ein und bilden Sie danach den Summenwert über alle diese Einzelfragen der jeweiligen Dimension. Diese Zahl tragen Sie dann in das schraffierte Feld ein. Wenn Sie diesen Summenwert dann durch die Zahl 10 dividieren, erhalten Sie Ihre Gesamtbewertung und somit einen ersten Anhaltspunkt für die Bedeutung des jeweiligen Aspekts für Sie persönlich. Die Gesamtbewertung der fünf Dimensionen liegt zwischen eins und fünf. Die Interpretation dieser Werte erfolgt analog der im Fragebogen gewählten Skalierung: Eins steht also auch hier für eine sehr geringe Merkmalsausprägung, die Mitte liegt bei Drei und die Fünf steht für eine sehr starke Ausprägung der betrachteten Dimension.

Übersicht über die Zuordnung der Items zu den Dimensionen

Sind Sie ein *Einkommensmaximierer*?

n = 10	1	6	11	16	21	26	31	36	41	46	
Ihre Werte											
Beispiele für typische Berufe (hoher Punktescore im Test): Manager, Akkordarbeiter, Investment-Banker, Immobilienmakler, Verkäufer											

Sind Sie ein **Statusorientierter**?

n = 10	2	7	12	17	22	27	32	37	42	47	
Ihre Werte											
Beispiele für typische Berufe (hoher Punktescore im Test): Politiker, Militär, Funktionär, hohe Beamte											

Sind Sie ein **Loyaler**?

n = 10	3	8	13	18	23	28	33	38	43	48	
Ihre Werte											
Beispiele für typische Berufe (hoher Punktescore im Test): langjährige Mitarbeiter, Sekretariat, Stabsstellen, persönliche Assistenzfunktionen, Therapeut, Pflegeberufe											

Sind Sie ein **Formalist**?

N = 10	4	9	14	19	24	29	34	39	44	49	
Ihre Werte											
Beispiele für typische Berufe (hoher Punktescore im Test): Jurist, Arzt, Steuerberater, Wirtschaftsprüfer, Beamter, Techniker											

Sind Sie ein **Selbstbestimmter**?

n = 10	5	10	15	20	25	30	35	40	45	50	
Ihre Werte											
Beispiele für typische Berufe (hoher Punktescore im Test): Wissenschaftler, Lehrer, Mitarbeiter bei karitativen Einrichtungen, Künstler, Journalisten, Werbetexter											

Intrinsische und extrinsische Motivation sind nicht voneinander unabhängig. Wäre dies so, so könnte man beide Aspekte beliebig kombinieren und sowohl auf die Zielsetzung des Unternehmens als auch auf die jeweilige individuelle Bedürfnisstruktur des Menschen abstimmen. Eine Reihe von Experimenten aus den Bereichen der Verhaltenspsychologie und verhaltensorientierten Ökonomie zeigen aber, dass diese Vorgangsweise nicht ganz unproblematisch ist (vgl. Barkema 1995, Frey 1997).

Dieser auch als Crowding-(Verdrängungs-)Effekt bezeichnete Zusammenhang zwischen intrinsischer und extrinsischer Motivation tritt dann auf, wenn intrinsische und extrinsische Motivationsanreize nacheinander in Erscheinung treten. Dabei unterscheidet man zwei Arten von Crowding-Effekten:

Crowding-Effekt

- Ein **Crowding-out-Effekt** tritt ein, wenn zwischen intrinsischer und extrinsischer Motivation ein negativer Zusammenhang besteht. Dabei werden externe monetäre Anreize als Kontrolle empfunden, die die Freude an der Tätigkeit bzw. die Selbstverpflichtung reduzieren.

- Ein **Crowding-in-Effekt** tritt ein, wenn zwischen intrinsischer und extrinsischer Motivation ein positiver Zusammenhang besteht. Dabei werden externe monetäre Anreize als zusätzliche Stimulanz empfunden, die die Freude an der Tätigkeit bzw. die Selbstverpflichtung weiter anwachsen lassen.

Crowding-Effekte können nur auftreten, wenn zunächst intrinsische Motivation bereits vorhanden ist. Ist dies nicht der Fall, so ist die Wirkung extrinsischer Motivationsanreize abhängig vom der Bedürfnisstruktur des jeweiligen Menschen. Inwieweit nun ein Crowding-in- oder ein Crowding-out-Effekt eintritt hängt insbesondere von der gelebten Vertrauens- bzw. Misstrauenskultur in Organisationen ab (vgl. Witt 1998).

So kann ein und dieselbe Maßnahme in einer Organisation die Motivation verstärken und in einer anderen die Motivationshöhe drastisch absenken. Es ist deshalb grundsätzlich größte Vorsicht beim Einsatz extrinsischer Motivationsinstrumente im Bereich der Wissensarbeit angebracht, wenn bereits ein gewisser Grad an intrinsischer Motivation vorhanden ist.

Mit Sinn² managen Menschen Wissen erfolgreich

Die Zusammenarbeit von Wissensarbeitern scheitert häufig zum einen an der Fähigkeit und Bereitschaft von Mitarbeitern, ihr Wissen mit anderen Mitarbeitern zu teilen, und zum anderen an der zu starken Konzentration auf die Bereiche Technik und Organisation und Vernachlässigung der damit befassten Menschen. Mit Beginn 2004 wurde daher in der pharmazeutischen Entwicklung der Sandoz GmbH, Kundl/Österreich, ein eher unübliches Wissensmanagement etabliert. Der Bereich umfasst 50 Mitarbeiter (Chemiker, Pharmazeuten, Biologen, Chemie-Ingenieure, Laboranten) und hat die Aufgabe, generische Arzneiformen bis zur Marktreife zu entwickeln. Dabei steht der damit befasste **Mensch im Mittelpunkt**, sichtbar verknüpft mit den erzielten Erfolgen.

$Sinn^2$ = Sinn (durch Mensch sein) x Sinn (durch sichtbaren Erfolg)

Die Initiative „Sinn durch Mensch sein" basiert auf den folgenden drei Elementen: **Vertrauen bilden, Räume schaffen und Zeit geben.** Um Vertrauen zu bilden, wurde ein monatliches Befindlichkeitsmeeting etabliert, bei dem die Führungskräfte offen und ehrlich über „Wie geht es mir?", „Was tut mir gut?" und „Was stört mich?" reden, wodurch die Wertschätzung des Dus enorm gesteigert werden konnte. Es wurden extrem hohe, gemeinsame Ziele gesteckt, die das Zutrauen stark gefördert haben. Erfolge wurden spontan und sichtbar gefeiert. Um Räume zu schaffen, wurde ein Aufenthaltsraum in eine Kreativküche umfunktioniert (physischer Raum), in dem sich Mitarbeiter begegnen und austauschen können. Vier **voll integrierte Entwicklungsteams** wurden aus Experten aller Fachabteilungen zusammengestellt (psychischer Raum). Jedem dieser Teams wurde eine klar definierte Anzahl an zu bearbeitenden Projekten zugewiesen. Darüber hinaus wurden drei IT-Kommunikations-Plattformen eingerichtet (virtueller Raum), die einen **raschen Informationsaustausch** (Laborergebnisse, Projektfortschritt etc.) ermöglichen. Um Zeit zu geben, wurde bei den monatlichen Teammeetings auf Overhead-Präsentationen weitgehend verzichtet, um die Ergebnisse der Teams in Form von Geschichten erzählen und diskutieren zu lassen („Story Telling"). Es galten die Mottos: „Erzähle - ich hör dir zu - ich frage nach" und „operative Hektik ersetzt nicht geistige Windstille" – beide wurden in Form eines Plakates in allen Labors und Büros aufgehängt. Durch Vertrauen bilden, Räume schaffen und Zeit geben konnte Wissen entstehen, wachsen, mitgeteilt und angewandt werden, wodurch folgende Erfolge bezogen auf die Kriterien **Speed, Innovation, Networking** erreicht wurden: Es konnte die **Entwicklungszeit** der Projekte um **25 bis 50 % reduziert** werden (Speed). Die Anzahl der Patentanmeldungen wurde mehr als verdreifacht (Innovation). Die Kooperations-Projekte mit Universitäten und anderen externen Fachinstituten konnten deutlich erweitert werden (Networking).

Krischker, Raneburger

2.3 Von der Kunst und Praxis, (andere) Wissensarbeiter zu führen

Gerade bei wissensintensiven Tätigkeiten ist intrinsische Motivation meistens in der einen oder anderen Form bereits vorhanden und muss selten erst geweckt werden. Das Problem besteht hier eher darin, dass die eigene intrinsische Motivation recht häufig nicht mit den Zielen der Organisation übereinstimmt. Dieser Meinung schließen sich laut einer Langzeitstudie von De Vulpian (2005) auch immer mehr Berufstätige an, indem sie der Aussage zustimmen, dass die Ziele von Unternehmen normalerweise entgegengesetzt und nicht in Übereinstimmung mit den eignen Zielen als Mitarbeiter laufen:

Gemeinsam oder einsam? Zielübereinstimmung von Individuen und Organisationen (De Vulpian 2005)

Abbildung 2-3

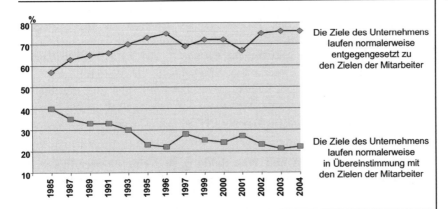

Hinzu kommt, dass intrinsische Motivation nur schwer beeinflusst und verändert werden kann. Auf der anderen Seite ist intrinsische Motivation in vielen Fällen der extrinsischen überlegen. Dies gilt insbesondere für Tätigkeiten, die ein hohes Maß an Selbstverantwortung und Kreativität verlangen. Dies ist typischerweise bei Tätigkeiten der Fall, die wissensintensiv sind, wie beispielsweise bei der Generierung und dem Transfer von impliziten Wissen, was durch extrinsische Anreizsysteme nur unzureichend unterstützt werden kann.

Intrinsche Motivation dominiert extrinsische

2

Materielle Anreize als Hygienefaktoren

Verschiedene Studien zeigen, dass die wichtigsten Anreize für Wissensarbeiter die Arbeit selbst, Autonomie, Freiraum, Anerkennung, Lob und die Möglichkeit zu lernen und sich weiterzuentwickeln umfassen (vgl. Kriegesmann 1993, 2000 und Leptien 1996). Materielle Anreize sind im Sinne von Herzberg, Mausner und Snyderman (1967) in der Regel für die Mehrheit Hygienefaktoren (Faktoren, die Unzufriedenheit vermeiden helfen), aber nur für eine kleine Minderheit auch tatsächlich Motivationsfaktoren (Faktoren, die zu mehr Zufriedenheit führen).

Intrinsische Motivation fördern

Bis auf die Gruppe der rein materiell motivierten Mitarbeiter (Einkommensmaximierer), wollen Wissensarbeiter generell zwar finanziell abgesichert sein und auch die notwendigen Arbeitsressourcen zur Verfügung gestellt bekommen, ihre langfristige Motivation beziehen sie aber insbesondere durch immaterielle Anreize wie die Arbeit selbst, Lob, Anerkennung, Partizipation und Autonomie. Gerade die intrinsische Motivation von Wissensarbeitern muss deshalb mehr beachtet und gefördert werden. Sie ist umso wichtiger, je komplexer und anspruchsvoller die Arbeitsanforderungen gestaltet sind und je weniger sie deshalb direkt messbar gemacht und in einem Anforderungskatalog festgeschrieben werden können:

Die Arbeit selbst

- Die Arbeit selbst stellt in der Regel den wichtigsten intrinsischen Anreiz für Wissensarbeiter dar. Wissensarbeiter schätzen an ihrer Tätigkeit wechselnde Aufgaben, Freiräume, Wahlmöglichkeiten in Bezug auf die inhaltliche, zeitliche und örtliche Gestaltung der Arbeit, Selbstständigkeit, Eigenkontrolle, sowie die Möglichkeit zur Weiterbildung und -entwicklung. Hingegen lehnen sie zu viel Bürokratie und Routine ab. Autonomie und Freiräume sind neben der Arbeit selbst die am häufigsten genannten Anreize für Wissensarbeiter (vgl. Davenport, Thomas und Cantrell 2002).

Lebenslanges Lernen und Weiterbildung

- Lebenslanges Lernen und Weiterbildung sind eine Notwendigkeit für Wissensarbeiter, um ihre Beschäftigungsfähigkeit zu erhalten. Es ist aber auch ein persönliches Bedürfnis von Wissensarbeitern, etwas Neues zu lernen und immer auf dem neuesten Stand zu sein. Weiterbildung hat auf die Bedürfnisse des Unternehmens und des Mitarbeiters abgestimmt zu sein. Zur Förderung der Wahlmöglichkeiten des Wissensarbeiters können selbst zu verwaltende personenbezogene Weiterbildungsbudgets vergeben werden (vgl. Feldhoff, Wiskemann 2001). Für Wissensarbeiter zählen neben technischen Kenntnissen und Fachwissen vor allem soziale Kompetenz, Kommunikations- und Teamfähigkeit. Die Weiterbildungsprogramme der Unternehmen müssen die Vermittlung und Förderung dieser Soft Skills berücksichtigen (vgl. North 1999).

Von der Kunst und Praxis, (andere) Wissensarbeiter zu führen | **2.3**

■ Ein weiterer wichtiger Anreiz ist das Setzen von Hochleistungsstandards. Wissensarbeiter können dadurch zu mehr Leistung motiviert werden. Das gezielte Fördern der Besten und das Heben ihrer Ansprüche und Leistungsstandards auf Weltklasse-Niveau können über die Vorbildwirkung auf das Verhalten der gesamten Organisation abfärben. Für Wissensarbeiter wird Karriere neu definiert, da Aufstieg für Wissensarbeiter häufig auch Abstieg in die „Niederungen" des Managements bedeutet und sie damit von der eigentlich motivierenden Aufgabe entfernt. Lösungen bieten Broad-Banding oder Doppelhierarchien. Die Wichtigkeit von Karriere belegen Kochanski und Ledford (2001), denn Karriere war in ihrer Untersuchung der wichtigste Frühindikator zur Feststellung der Fluktuationsbereitschaft von „Professionals". Aus diesem Grund sollte der Karriereplanung von Wissensarbeitern mehr Aufmerksamkeit zukommen. Explizite Karrieregespräche sowie die Erarbeitung spezieller Karriereprogramme für Wissensarbeiter können hierbei als Ansätze dienen.

Hochleistungsstandards

Karriere neu definieren

Belegt wird dieser Anforderungskatalog für Wissensarbeit auch durch die folgende Studie der Personalberatung Towers Perrin (2004):

Fünf Gründe für Arbeitsplatzentscheidungen (Towers Perrin 2004) | *Abbildung 2-4*

So begründen Deutsche ihre Arbeitsplatzentscheidung			
Rang	Kommen „Wer wegen Geld kommt, geht auch wegen Geld!"	Bleiben „Vertrauen bindet!"	Verlassen „Goldene Ketten sind dünn!"
1	Reputation des Unternehmens	Herausfordernde Arbeit	Aufstiegs- und Karrierechancen
2	Wettbewerbsfähiges Gehalt	Wettbewerbsfähiges Gehalt	Verhältnis zu Vorgesetzten
3	Herausfordernde Arbeit	Hoher Grad an Eigenständigkeit	Work-/Life-Balance
4	Aufstiegs- und Karrierechancen	Aufstiegs- und Karrierechancen	Generelles Arbeitsumfeld
5	Unternehmenskultur	Unternehmenskultur	Nicht-monetäre Anerkennung

Attraktive Organisationen zeichnet aus, dass sie Wissensarbeiter zum Kommen und Bleiben bewegen können. Wie in Abbildung 2-4 ersichtlich, spielen neben dem Gehalt mehr und mehr immaterielle Faktoren wie die Reputation eines Unternehmens bzw. eine herausfordernde Arbeit eine große Rolle, neue Mitarbeiter anzuziehen und in der Folge auch zu behalten. Auch ein hoher Grad an Eigenständigkeit fördert das Bleiben. Misstrauen und ein schlechtes Verhältnis zum Vorgesetzten fördert hingegen die Fluktuation, genauso wie mangelnde Aufstiegs- und Karrierechancen bzw. eine als unausgewogen wahrgenommene Work-Life-Balance.

Google der attraktivste Arbeitgeber für Wissensarbeiter

Haben Sie Probleme, qualifizierte Mitarbeiter zu gewinnen oder dauerhaft zu halten? Dann dürfte Sie das folgende Beispiel interessieren, das Beispiel des derzeit attraktivsten Arbeitgebers der Welt, des amerikanischen Internetunternehmens Google[5]. Google bekommt geschätzte 1.300 Bewerbungen pro Tag zugesendet, und das ohne eine konkrete Stellenausschreibung. In Zeiten eines härter werdenden Wettbewerbs um qualifizierte Arbeitskräfte, oft auch als „War for Talents" bezeichnet, ein unschätzbarer Wettbewerbsvorteil. Waren es früher namhafte Industrieunternehmen oder Unternehmensberatungen, so kann sich heute Google die besten und motiviertesten Arbeitskräfte als erstes aussuchen, die anderen Unternehmen müssen sich hinten anstellen.

Was macht Google besser als andere? Dies durfte ich kürzlich bei einem Besuch des Züricher Büros selbst erleben. Dabei sind mir drei Managementprinzipien besonders eindrücklich in Erinnerung geblieben:

1. Wissensarbeiter haben bei Google einen hohen Stellenwert, sie sind wichtiger als alles andere!

Google hat verstanden, dass Wissensarbeiter gefordert und gefördert werden wollen. Sie sind anders motiviert als der klassische Industriearbeiter unserer Vätergeneration und sie müssen auch dementsprechend anders geführt werden. Wissensarbeiter brauchen Freiraum, viel Freiraum. Sie wollen sich nicht mehr einer klassischen Unternehmenshierarchie unterordnen. Bei Google kann jeder selbst bestimmen, wann er zur Arbeit kommt und wann er wieder geht. Wissensarbeiter wissen selbst am besten, wann und wie sie produktiv arbeiten können, sei es in der Früh, am Nachmittag oder eben in der Nacht. Es gibt keine Notwendigkeit einer Anwesenheitskontrolle. Was allein zählt, ist, dass die gemeinsam vereinbarten Ziele erreicht werden. Dabei wird zwischen inhaltlichen und fachlichen Zielen unterschieden. Was für die Arbeitszeit gilt, gilt auch für den Arbeitsplatz. Bei Google können die Mitarbeiter diesen selbst gestalten. Und wenn sie glau-

---

[5] Quelle: http://www.greatplacetowork.com

ben, ein Pool-Billiard oder ein Swimming-pool trägt zur Steigerung der Arbeitsproduktivität bei, gibt es keinen Grund, diesen Wunsch abzulehnen.

2. Ablenkung ist der größte Feind der Produktivität, die Fokussierung der Aufmerksamkeit die größte Herausforderung moderner Unternehmensführung!

Wie viele Mitarbeiter wissen eigentlich heute ganz genau, was das Unternehmen, bei dem sie arbeiten, von ihnen erwartet?
„Google does search" - kürzer und präziser kann man den Zweck der eigenen Existenz wohl nicht ausdrücken. Nach Ansicht von Google ist es das Beste, sich auf eine Sache zu konzentrieren und diese wirklich, wirklich gut zu machen. Zu diesem Zweck leistet man sich seit kurzem auch einen sogenannten „Chief Internet Evangelist", und dieser ist niemand geringer als der Vater des Internets: Vint Cerf. Was es heißt, Wissensarbeiter für eine Sache zu motivieren, kann sich jeder selbst in seinen Videobotschaften im Internet ansehen.

3. Zeit ist der größte ökonomische Engpass in unserer heutigen Zeit, nicht Geld!

„Schnell ist besser als langsam": Ein weiterer Leitspruch in der Google-Welt, der ganz an den Vater der Produktivitätsbewegung Frederick W. Taylor und sein Konzept des wissenschaftlichen Managements erinnert. Allerdings geht es heute nicht mehr um die möglichst effiziente Aufteilung der Arbeit, sondern um produktive Wissensteilung und gemeinsame Wissensentwicklung, nicht um hohe Stückzahlen, sondern um die beste Lösung. Unternehmen, die heute in der Lage sind, schneller zu lernen als ihre Konkurrenz, werden die wahren Gewinner in einer globalisierten Welt sein, nicht die, die durch ihre schiere Größe glauben, sich dadurch für immer unentbehrlich gemacht zu haben. Schlag nach bei den Dinosauriern. Diesen hat ihre Größe auch herzlich wenig geholfen: Sie sind ausgestorben, weil sie sich nicht schnell genug an das sich verändernde Umfeld anpassen konnten. Bei Google heißt Zeitmanagement: Tue alles, damit sich die Mitarbeiter im Hause wohlfühlen, und nimm ihnen die zeitlichen Belastungen des Alltags soweit wie möglich ab. Und schließlich kostet es nicht die Welt, tatsächlich für einen „Free Lunch" zu sorgen, der nach Überzeugung meines Gesprächspartners nicht nur der beste, sondern auch der gesündeste in ganz Zürich ist. Es gäbe noch über viele weitere bemerkenswerte Punkte zu berichten, z. B. das stimulierende Arbeitsklima und die Tatsache, dass kaum einer den Wechsel von seinem früheren Arbeitgeber (übrigens überdurchschnittlich häufig namhafte Unternehmen und Elite-Universitäten) zu Google bereut hat. Was Google überzeugend zeigt, ist die Konsequenz, mit der man die Idee einer lernenden Organisation in der Praxis umgesetzt hat. Und so heißt der letzte Grundsatz der Google-Philosophie auch ganz einfach: „Great just isn't good enough."

Stefan Güldenberg

2.4 Wissensorientierte Führung in lernenden Organisationen

Weniger Kontrolle, mehr Lernen

Wissensorientierte Führung kann niemals eine zentrale Führung in Organisationen darstellen. Sie ist vielmehr eine auf allen Hierarchieebenen verteilte Führung (**„distributed leadership"**). So stellt Senge (1997) in seinem Beitrag richtigerweise fest, dass uns das alte Befehls- und Kontrollmodell der Führung nicht in das 21. Jahrhundert führen wird. In einer Welt der Globalisierung, zunehmender Unsicherheit und des rasanten Wandels wird es nicht länger möglich sein, das Unternehmen von oben zentral zu steuern. Heute entdecken die Führungskräfte immer häufiger, dass tiefgreifender Wandel nicht von oben angeordnet werden kann. Dieser tiefgreifende Wandel ist aber notwendig, um Organisationen erfolgreich vom Industriezeitalter in die Wissensgesellschaft zu führen. Deshalb können wir heute beobachten, dass erfolgreiche Organisationen ihren strategischen Wettbewerbsvorteil durch eine Änderung des gesamten Management- und Führungssystems erreichen. Weniger Kontrolle und mehr Lernen, d. h. mehr neues Wissen zu entwickeln und zu teilen, führen zu nachhaltigem Erfolg.

Ein neues Weltbild für Führungskräfte

Die Konsequenzen, die diese Entwicklung für die Theorie und Praxis des Managements haben wird, sollten wir nicht unterschätzen. In einer Wissensgesellschaft werden wir deshalb als Erstes unser Weltbild einer Führungskraft verändern müssen, die bis heute häufig als einsame Helden an der Spitze eines Unternehmens gesehen werden und von dort aus das gesamte Unternehmen beeinflussen und kontrollieren. Weisungen von oben nach unten, selbst wenn sie tatsächlich umgesetzt werden, verstärken ein Klima der Angst, des Misstrauens und des internen Wettbewerbs, was wiederum die Bereitschaft zur Zusammenarbeit und zum gemeinsamen Lernen reduziert. Direktiven von oben führen zur Befolgung, aber nicht zu mehr Bindung und Identifikation der Mitarbeiter mit dem Unternehmen. Nur diese echte Identifikation schafft aber die Grundlage für den Mut, die Vorstellungskraft, die Geduld und die Konsequenz, die notwendig sind, um Lernprozesse in Organisationen zu fördern.

Drei Führungsebenen

Genau aus diesen Gründen muss Führung in der Zukunft zwischen verschiedenen Mitgliedern und Gruppen in der Organisation verteilt werden, die gemeinsam die Verantwortung tragen, die Zukunft des Unternehmens zu gestalten. Senge (1997) unterscheidet in diesem Zusammenhang drei Führungsebenen:

Executive Leaders

- Executive Leaders sind Mitglieder des Top-Management-Teams einer Organisation, die die Mentorenschaft für Local Line Leaders übernehmen und zu Denk- und Sparring-Partnern für diese werden. Diese sind weiterhin dafür verantwortlich, kulturellen Wandel zu begleiten, indem

2.4 Wissensorientierte Führung in lernenden Organisationen

sie sich ihrer Vorbildwirkung bewusst sind und ihr eigenes Verhalten anpassen. Außerdem investieren sie in die Lerninfrastrukturen der Organisation und versuchen gleichzeitig Lernbarrieren abzubauen.

- Networker Leaders (Community Builders) sind Menschen, die häufig gar keine bzw. wenig formale Autorität in der Organisation besitzen, wie beispielsweise interne Berater, Experten, Controller oder Arbeiter. Diese vernetzen Mitarbeiter und Ideen und tragen so dazu bei, neue Chancen rechtzeitig zu erkennen. Sie dienen als Impulsgeber und fördern das soziale Klima und Commitment.

Network Leaders

- Local Line Leaders sind Manager mit umfassend grundlegender Verantwortung an der Basis des Unternehmens, wie beispielsweise Geschäftsfeldverantwortliche, die neue Produktideen und Innovationen umsetzen.

Local Line Leaders

Die drei Führungsebenen nach Senge (Senge 1997)

Abbildung 2-5

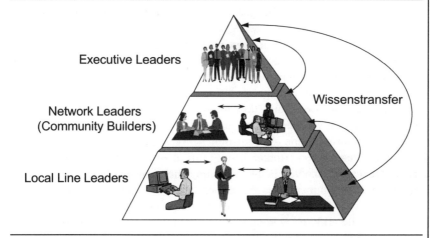

In lernenden Organisationen sind diese drei Führungsrollen essentiell und interdependent. Keiner allein ist in der Lage, ein Umfeld zu schaffen, das für Wissensarbeiter attraktiv ist. Keiner allein kann ein Umfeld schaffen, das Lernen fördert. Keiner allein kann ein Umfeld schaffen, das zur Generierung und dem Transfer neuer Ideen und neuen Wissens beiträgt. Und alle drei sollten als Führungskräfte betrachtet und anerkannt werden, auch wenn sie es zum Teil formal nicht sind. Zu dritt schaffen sie in einer lernenden Organisation als verteilte Führungskräfte kollektive Führungsfähigkeit.

Wissensarbeit managen und messen

Drei Rollen für Führungskräfte

Senge beschreibt dabei drei Rollen, die eine Führungskraft seiner Meinung nach einnehmen soll:

Leader als Designer

- Leader als Designer, der die Strukturen und damit den Strategie- und Lernkontext der Organisation aktiv gestaltet und die Bedingungen schafft, auf deren Grundlage strategischer Erfolg entstehen kann.

Leader als Lehrer

- Leader als Lehrer, der nicht alle Antworten vorgibt, sondern die richtigen Fragen stellt und insbesondere die Grenzen der existierenden Denkmodelle der Mitarbeiter und der Organisation als Ganzes bewusst macht und daran arbeitet, diese zu erweitern.

Leader als Diener

- Leader als Diener, der sich seiner Verantwortung gegenüber den Mitarbeitern und der Organisation als Ganzes bewusst ist und deshalb versucht, beiden zu dienen, den Mitabeitern und dem obersten Unternehmensziel, und beides miteinander zu verbinden.

Selbstführung

Nicht unerwähnt lassen möchten wir an dieser Stelle auch die Tatsache, dass jede wissensorientierte Führung Selbstführung (siehe Kapitel 2.1) bedingt: Jede Veränderung in einer Organisation beginnt daher beim Erkennen und Verändern eigener mentaler Modelle. Dies ist in der Tat ein Faktum, was Veränderungen in Organisationen so schwer macht (vgl. Argyris, Schön 1978; Senge 2003). Wir haben eine fatale Tendenz, immer zuerst das Verhalten der anderen verändern zu wollen, ohne zu erkennen, dass wir zuerst bei der Veränderung unserer eigenen Denkweise und unseres Verhaltens beginnen müssen. Die Vorstellung, dass man die Organisation ohne eine persönliche Entwicklung verändern kann, und im Besonderen die Vorstellung, dass diese Veränderung ohne eine persönliche Veränderung der Führungskräfte in dieser Organisation erfolgen kann, führt dazu, dass die meisten Veränderungsprozesse gleich von Beginn an zum Scheitern verurteilt sind. Beispiele dafür sind, zu glauben, dass Wandel einfach durch das Investieren in neue Technologien oder durch das Einschalten externer Berater produziert werden kann, die erklären, wie man die eigenen Mitarbeiter zu einem Wandel bewegen kann. Veränderungsprogramme, die über die Organisation „ausgerollt" werden, lassen in der Regel die entscheidende Frage unbeantwortet: Passen die heutigen Führungskräfte und ihr Führungsverhalten in das zukünftige Bild der Organisation?

Individuelle Veränderung und individuelles Lernen, insbesondere auf Seiten der Führungskräfte, ist eine notwendige Bedingung, um organisationale Veränderung und organisationales Lernen zu erreichen. Während mehr und mehr Manager dieser persönlichen Dimension Beachtung schenken, ist diese Erkenntnis noch weit davon weg, Eingang in die derzeit gängige Managementpraxis zu finden.

Die persönliche Bedrohung der eigenen Position und die kulturellen Erwartungshaltungen und Barrieren, sich der eigenen Unzulänglichkeiten bewusst zu werden, bleiben bei unseren heutigen Führungskräften beträchtlich. Insofern ist es richtig, wenn wir heute von einer Führungskrise sprechen, und wir können sie überall im schwindenden Vertrauen gegenüber Führungskräften beobachten. Auf der anderen Seite gibt es mehr und mehr Führungskräfte, die ihre persönliche Verantwortung zum Lernen erkannt haben und wahrnehmen, so wie ein Vorstandsvorsitzender, der kürzlich seinen Kollegen gestand, jeden Tag hart daran zu arbeiten, als Führungskraft menschlich zu bleiben.

Wer strategische Führung heute noch als Top-down-Planungsprozess begreift, der unterliegt einem fatalen Irrtum. In einer Wissensorganisation kann nicht mehr die inhaltliche Dimension der Strategie direkt gemanagt werden, sondern man muss sich auf den Strategieprozess und die Gestaltung der kontextuellen Rahmenbedingungen konzentrieren, um die bestmöglichen Inhalte und damit auch die bestmöglichen Ergebnisse im Sinne der strategischen Leistung erzielen zu können. Der Strategieinhalt selbst entsteht aber im Wesentlichen innerhalb der Organisation. Er ist in dieser bereits strukturell vorhanden und muss an die Oberfläche geholt und dort transparent gemacht werden, um wiederum strategische Lernprozesse zu ermöglichen.

Konzentration auf Strategieprozess und die Gestaltung von kontextuellen Rahmenbedingungen

Diese Sichtweise verstärkt aber den Eindruck, dass Strategie nicht ein Plan ist, der umgesetzt werden muss, sondern eine kultivierte Art des fokussierten Denkens, Lernens und Handelns. Kultiviert im Sinne von gemeinsam geteilter und in Strukturen niedergelegter Sprache und Intelligenz. Fokussiert in dem Sinne, dass man sich auf die Dinge konzentriert, die man besonders gut kann, und sie an die ökonomischen Gegebenheiten des Umfeldes kontinuierlich anpasst.

Strategie als kultivierte Art des fokussierten Denkens, Lernens und Handelns

Der Plan dient dafür „nur noch" als Ausgangspunkt und Anker. Nur so kann die so zentrale Selbstgestaltung der Zukunft durch die Organisation sichergestellt und einer unerwünschten Fremdgestaltung vorgebeugt werden. Zusammenfassend kann deshalb gesagt werden:

2 Wissensarbeit managen und messen

Tabelle 2-1 Führung von Industrie- und Wissensabeitern

Führung von Industriearbeitern bedeutet ...	Führung von Wissensarbeitern bedeutet ...
„Es wird nichts geschehen, solange nicht das Top-Management daran beteiligt ist."	„Es wird nichts geschehen, solange nur das Top-Management daran beteiligt ist."
„Wir erwarten vom Vorstandsvorsitzenden, dass er uns sagt, was zu tun ist. Etwas vorher zu tun ist sinnlos."	„Absichtserklärungen und Programme des Vorstandsvorsitzenden, die besagen, was zu tun ist, sind ein sicherer Weg, die Konzentration eines jeden Mitarbeiter auf wirksame Möglichkeiten des Handelns zu stören und langfristig Zynismus zu fördern."
„Tiefgreifender Wandel in Organisationen entsteht nur dann, wenn er vom Top-Management vorangetrieben wird."	„Es kann kein tiefgreifender Wandel in Organisationen entstehen, wenn er ausschließlich vom Top-Management vorangetrieben wird."
„Leistung wird durch Geld kompensiert."	„Leistung wird durch Anerkennung gefördert."
„Führungskräfte sind entscheidend für die Produktivität im Sinne von quantitativem Output."	„Führungskräfte sind entscheidend für die Produktivität im Sinne von qualitativem Output."

Die sieben Phasen einer Veränderung zur produktiven Wissensarbeit

*„Wer Erfolg haben will,
muss bereit sein, ständig dazuzulernen.
Er muss fähig sein,
Entwicklungen vorauszuahnen und Risiko einzugehen.
Er muss Problemen ins Auge sehen
und sie furchtlos anpacken.
Er darf nicht den Mut verlieren,
wenn er einmal einen Rückschlag erleidet.
Und er muss mit Leuten umgehen können."*

*(Schimon Peres. Friedensnobelpreisträger.
In: Die Presse. KarriereLounge vom 4.2.2006)*

Für die meisten Organisationen ist der stetige Veränderungsdruck eine der wenigen Konstanten in einem vom Wettbewerb geprägtem Umfeld. Diese Feststellung ist unüberhörbar, und doch zeigen Mitarbeiter nur eine geringe Veränderungsbereitschaft.

Allzu oft scheitern Veränderungsvorhaben oder erfüllen nicht die in sie gesetzten Erwartungen, auch weil ihre Führungskräfte die notwendigen Veränderungen nicht ausreichend begleiten.

Das Fallbeispiel, das ich beschreibe, zeigt, warum Veränderungen für Organisationen so schwierig sind. Doch sah ich als Führungsperson - sicherlich subjektiv gefärbt -, dass an unserem Fort- und Weiterbildungsinstitut Beschwerden, Fluktuation und Krankenstände deutlich zurückgingen, dass Innovationen Platz hatten und neue Programme wie Pilze aus dem Boden schossen. Auch die letzte Mitarbeiterbefragung zeigte deutliche Verbesserungen in der Kommunikation, im Verständnis für das gemeinsame Ziel und in der Bereitschaft, sich für Neues verantwortlich zu fühlen. Das ließ mich vermuten, dass „der Faktor Mensch" bei Wissensarbeitern eine entscheidende Rolle für das erfolgreiche Umsetzen von Veränderungsprozessen spielt.

Hatte ich diesen Faktor in der Vergangenheit am wenigsten berücksichtigt? Waren mein Fokus, das Budget und die Ressourcen mehr auf die Bereiche Prozesse und Technologie gerichtet? Hier waren Veränderungen in der Organisation vermeintlich leichter umzusetzen, da sichtbare Ergebnisse schnell zu erzielen waren. Nachhaltiger Erfolg war jedoch ohne Einbindung persönlicher Komponenten nicht erreichbar.

Ein ‚wertvoller Mitarbeiter' verlässt überraschend und ohne Vorwarnung die Organisation – ein Change-Prozess nimmt seinen Anfang.

2 Wissensarbeit managen und messen

Alles lief rund, und plötzlich der Knalleffekt. Mit dem Ausstieg eines ‚wertvollen' Mitarbeiters – so der interne Sprachcode – standen wir plötzlich vor der Tatsache, dass uns Know-how, das Wissen über Prozesse und vor allem das Wissen über das Netzwerk des Mitarbeiters K. fehlten. Herr K. war ein echter Netzwerker, hing stundenlang am Telefon und vereinbarte vieles mit Handschlagqualität. Im Dokumentieren, im Aufzeichnen, im Wissen-Teilen, so empfinden wir es heute, war Herr K. leider ganz schwach. Wo ist nun das Wissen, das nur in seinem Kopf vorhanden war? Im neuen Unternehmen? Bei uns jedenfalls nicht mehr.

Eine tödliche Schwäche bedrohte unser Weiterbildungsinstitut. In die Knie gehen, lamentieren oder diese Krise als neue Chance nutzen? Die Führung von Menschen, die mit Wissen jonglieren – nennen wir sie Wissensmitarbeiter -, wird in so einer Situation zu einer Schlüsselfrage jeder Organisation. Geht es doch darum, eine neue Haltung und, damit eng verknüpft, einen anderen, systematischen Zugang zum Speichern und Teilen von Wissen und Erfahrungen zu schaffen.

Das Ziel war schnell klar.

Die Dinge richtig und gut zu machen, ist wichtig. Darüber hinaus ist der Weg vom Einzelkämpfertum zur organisationalen Verantwortung für das gemeinsame Produkt entscheidend. Eine neue Identifikation mit dem eigenen Arbeitsfeld innerhalb der Organisation und der damit verbundenen Vernetzung und Dokumentation ist das Ziel. Das neue Verständnis der Zusammenarbeit muss dazu führen, dass ein Miteinander nicht nur die Leistung addiert, sondern vielmehr multipliziert und die Organisation damit von einer ‚tödlichen' Schwäche befreit.

Führungspersonen sind die Treiber und Multiplikatoren von Veränderungsprozessen. Für mich gewinnen Veränderungsprozesse an Gestalt, wenn Handlungen einem Grundmodell folgen. So begab ich mich auf die Suche nach einem Modell, das einerseits die Betroffenheit – besser das Schockerlebnis – erklären kann oder abfängt, andererseits auch Lösungswege anbietet, die auf klaren Entscheidungen und guter Kommunikation aufbauen. Führungspersonen erfüllen dabei eine wichtige Vorbildfunktion für die Organisation.

Meine Erfahrungen zeigen: Übernehmen Führungspersonen die Verantwortung für die Veränderung, drückt sich dies in einer für alle verständlichen Change-Vision, einer klaren Kommunikation und über eine Personifizierung der Veränderung durch Präsenz und Engagement aus.

Das folgende Modell, das die Phasen eines Veränderungsprozesses in sieben Schritten abbildet, eignet sich durch Strukturierung und Visualisierung für das Verständnis der Wirklichkeit einer notwendigen Veränderung. Führung umfasst innerhalb des Modells auch die Identifizierung konkreter, abgrenzbarer, sichtbarer und messbarer Schritte zur nachhaltigen Verankerung des Wandels.

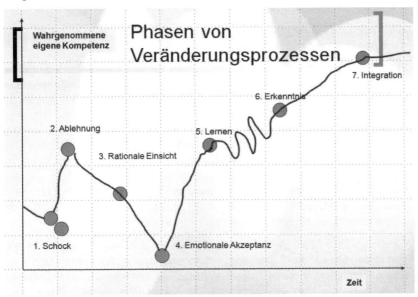

Den Schock (1) – Verlust des Mitarbeiters, Herrn K. - hatten wir hinter uns. Die Neuausrichtung erfolgte über Kritik an Herrn K., die Weigerung, jetzt die Aufgaben des „anderen" zusätzlich zu übernehmen, und die Ablehnung (2), bei sich selbst nachzusehen, wie das eigene Wissen dokumentiert und für die gesamte Organisation zur Verfügung steht.

Bei einigen meiner Mitarbeiter erkannte ich sehr bald durch Aussagen und erste Handlungsansätze, dass die Prozesse innerhalb der Organisation verändert werden müssen. Der Kopf – die rationale Einsicht (3) - sagte Ja, aber der Bauch, das Herz bzw. das Gefühl weigerten sich, eine Neuorientierung anzunehmen. Erst als die emotionale Akzeptanz (4) die rationale Einsicht überlagerte, kam Bewegung in den Veränderungsprozess. Die emotionale Akzeptanz war verantwortlich für die Mobilisierung notwendiger neuer Ressourcen. Begeisterung, ein inneres Feuer und kreatives Engagement für neue Arbeitsprozesse entstanden und wurden weiterentwickelt.

Dieser Vorgang erfolgte nicht konfliktfrei und ohne Rückschläge. Immer wieder waren persönliche Gespräche, Veränderungen der Rahmenbedingungen, Bestärkungen, auch Appelle und klare Worte notwendig, um den Wechsel von der rationalen Einsicht zu der emotionalen Annahme sicherzustellen.

Auch die Geschwindigkeit des Prozesses vom Schock zur inneren Übernahme war bei den Mitarbeitern sehr unterschiedlich ausgeprägt. Soll auf die letzte Einsicht gewartet werden? Soll mit Druck oder Empathie gearbeitet werden? Im Rückblick kann ich keine endgültige – vor allem allgemeingültige – Antwort geben, allzusehr unterscheiden sich Mitarbeiter voneinander und gehen so unterschiedlich mit Veränderungen um.

In schwierigen Führungssituationen vertraue ich immer wieder meinen persönlichen Führungsgrundsätzen.

Der erste Führungsgrundsatz lautet: „Höre deinen Mitarbeitern aufmerksam zu und antworte verständnisvoll." Der Satz ist einfach niedergeschrieben, verlangt aber eine hohe Kommunikationsfähigkeit und Wissen um aktives und passives Zuhören. Sind das auch Techniken für das Wissensmanagement? Ja, besonders im zweiten Teil des Führungsgrundsatzes liegt der Fokus auf „verständnisvoll antworten". Damit wird den Mitarbeitern signalisiert, dass Bedenken, Einwände, Angst, Ablehnung oder zu wenig Information von der Führungsperson verstanden und rückgemeldet werden. Mit dieser Haltung wird der ‚Gap' zwischen Einsicht und Akzeptanz einer Veränderung wertschätzend überwunden und gleichzeitig die Basis für den nun einsetzenden Lernprozess gelegt.

Für die nächste Stufe des Lernens (5) folge ich dem Modell der Wissenskooperation. Sie ist die Basis jedes Wissensmanagementprozesses und kann sehr differenziert in einer Organisation gelebt werden. Die Verantwortung für Austauschplattformen, Lernszenarien, Dokumente, Medien, Schulungen, zeitliche und finanzielle Ressourcen, flexible Organisationsformen liegt bei der Führungsperson.

Ein Blick auf die Abbildung zeigt eine Zickzack-Linie vom Lernen bis hin zur Erkenntnis (6). Damit wird verdeutlicht, dass der Lernprozess keine lineare Strecke ist und von vielen Unwägbarkeiten abhängt. Alles, was wir in unseren Organisationen vorfinden, ist das Produkt unseres Denkens aus der Vergangenheit. Alles, was wir heute denken, hat das Bestreben, sich in Zukunft als Realität zu etablieren. Deshalb sind alle Dinge, die wir in unserer Organisation erleben, Ergebnisse von Lernprozessen der Menschen, die in dieser Organisation tätig und verantwortlich sind.

Zwei erfolgreiche Methoden stützen neue Lernprozesse zur Überwindung des Wissensabflusses.

Ein zweiteiliges Befragungstool: Die Einführung des Mikro-Artikels

Eine klare und eindeutige Kommunikation ist verantwortlich für eine erfolgreiche Veränderung zum geplanten Veränderungsvorhaben. Nur wenn Mitarbeiter ausreichend über die Veränderung informiert sind und den Gesamtzusammenhang zur Organisationsstrategie kennen, engagieren sie sich für die Veränderung.

Erfolgreiche Kommunikation umfasst drei Ebenen: Mitarbeiter, Kollegen und Führungspersonen. Diese drei Ebenen müssen mit geeigneten Kommunikationsformen und -maßnahmen verbunden werden, um zu zeigen, wo und wie der Veränderungsprozess greifen muss. Das Fallbeispiel zeigt, dass individuelle Aktionen und die persönliche Bereitschaft deutliche Signale an die Organisation senden, dass Prozesse in der Zukunft anders handzuhaben sind. Von den Mitarbeiten wird erwartet, dass sie sich in den Prozess der Veränderung eingliedern.

Das Befragungstool

Die Befragung von Führungspersonen, Kollegen und Mitarbeitern

- Welche Fähigkeiten und Fertigkeiten assoziieren Sie mit der ausscheidenden Person?
- Durch welches Wissen hat die ausscheidende Person besonders zum Erfolg der Organisation beigetragen?
- Was haben Sie von ihr gelernt, abgeschaut oder übernommen?
- Was weiß und kann diese Person, was andere nicht wissen bzw. können? Was macht ihre Kernkompetenz mit dem Unterschied zum Wissen anderer aus?
- Was vermuten die befragten Personen könnte passieren, nachdem der ausscheidende Mitarbeiter die Organisation verlassen hat?

Der zweite Teil der Befragung richtete das Augenmerk in die Zukunft. Was sollen/wollen/müssen wir aus der Situation, dass uns ein ‚wichtiger Mitarbeiter' verlassen hat, lernen?

Erfassung des Tätigkeitsspektrums des ehemaligen Mitarbeiters:

- Wie beschreiben die Kollegen sein Wissen? Wodurch werden die Kompetenzen deutlich?
- Besonderheiten der eigenen Berufs- und Bildungsbiografie. Welche Kompetenzen liegen vor? Welche fehlen?
- Wahrnehmung der eigenen Rolle bei Aktivitäten im Tagesgeschäft, bei Projektsitzungen, in Meetings, gegenüber Kunden und Netzwerkpartnern und bei Differenzen zur Vorgehensweise anderer Mitarbeiter.
- Was wurde von diesem Wissen bereits dokumentiert?
- Was sind aus Sicht der Kollegen typische kritische Situationen, in denen bestimmte Faktoren so zusammen spielen, dass ein Prozess, eine Entwicklung aus dem Ruder zu laufen droht? Wie und mit welchen Maßnahmen kann dieser Situation begegnet werden?
- Welches Wissen wird als besonders erfolgskritisch für das Funktionieren der Prozesse betrachtet? Welches Know-how fehlt dann besonders?

Wissensarbeit managen und messen

- Welche Prioritäten sind zunächst zu setzen?
- Welche Lösungsszenarien werden zur Entwicklung von den verbleibenden Mitarbeitern angedacht, erwartet, gefunden und überlegt?
- Welche Vereinbarungen werden getroffen? Welche Wissensmanagementprozesse müssen nachjustiert oder völlig neu generiert werden?

Mit dem Befragungstool wurde einerseits der IST-Stand als auch das SOLL in dialogischer, kommunikativer Form ermittelt und durchaus auch kontrovers ausgetragen. Die gesamte Problematik lag offen zur Diskussion und wurde nicht unter den Tisch gekehrt. Lösungsansätze wurden in diesem Prozess entwickelt und auf ihre Umsetzbarkeit überprüft. Zur Schärfung der neu zu erwerbenden Kompetenz – das eigene Wissen zu dokumentieren – wurde noch eine zweite Methode als neues Kommunikationsmittel eingesetzt.

Die zweite Methode folgte dem Konzept des Mikro-Artikel

Der Mikro-Artikel bindet jene Mitarbeiter ein, die kurz und bündig ihre Punktuation abliefern, jene, die die Situation etwas ausführlicher beschreiben wollen, aber auch jene, die den grafischen Anteil wertschätzen. Für alle drei Typen gilt, dass der Mikro-Artikel bereits Lösungsansätze und Wege der Realisierung einschließt. Der Mikro-Artikel stellt durch die Dichte der Dokumentation und den entsprechenden Formalisierungsgrad die Brücke zwischen „kaum dokumentiert" und „Pedanterie, die in Erzeugung von Papier und Arbeit ausartet dar. Mitarbeiter bringen in dieser Phase ihre unterschiedliche Kompetenz, ihre persönliche Motivation und ihr soziales Kapital ein.

An der Schnittstelle zwischen Führungsperson und Mitarbeiter entwickelt sich eine neue Organisationskultur, die durch Vertrauen in die Zukunft, durch Wissenskooperationen bei täglichen Routinen und Standardaufgaben und vor allem durch soziale Anerkennung und dem damit verbundenen Nutzen der Zusammenarbeit gekennzeichnet ist. Die Wissensträger dabei handlungsfähig machen bedeutet, dass die Mitarbeiter ihr Wissen anwenden können, dürfen und wollen.

Das Ergebnis und die Messung des Veränderungserfolges

Neben einer persönlichen und konsistenten Kommunikation trägt das Messen von Veränderungsindikatoren zum Erfolg bei. Der Grad der Veränderung wird damit für alle sichtbar und erhöht die Glaubwürdigkeit des Veränderungsprojekts. Das Fallbeispiel zeigt, dass Organisationsziele und Leistungsindikatoren an den individuellen Leistungszielen und den inneren Motivationsfaktoren andocken müssen, um Mitarbeiter verbindlich in Veränderungsprojekte einzubeziehen.

Die Lernprozesse (5) wurden durch den Erkenntnisgewinn (6) zumindest temporär abgeschlossen. Nun wussten alle Beteiligten, was ein plötzlicher

Abgang eines Mitarbeiters/einer Mitarbeiterin bewirkt bzw. welche Maßnahmen im Voraus zu treffen sind. Neue Wissensdatenbanken, verbesserte Ablagen, intensiver Wissensaustausch und geteilte Verantwortung standen zur Implementierung (7) bereit. Mit dem Umsetzen der neuen Denkweise und der neuen Arbeitshaltung konnte der Prozess zunächst als abgeschlossen betrachtet werden. Dennoch warne ich davor, dass damit bereits alles für die Zukunft nach „Plan läuft". Erst ein Nachschauen und Nachbessern in Evaluierungsschleifen sicherte und pflegte neue Verhaltensweisen. Der Veränderungserfolg wurde somit messbar.

Eine abschließende Bewertung

Der wichtigste Faktor für eine erfolgreiche Veränderung sind die Mitarbeiter, welche die Veränderung voranbringen oder auch zum Scheitern bringen. Die Herausforderung für Führungspersonen ist, Veränderungsprozesse so zu steuern, dass die Mitarbeiter diese Veränderungen unterstützen (anstatt sie zu behindern). Wissensmanagement folgt einem integrativen Denkansatz und ist mehr als nur die Realisierung einer IT-Applikation.

Wir haben eine neue Organisationskultur geschaffen, die es Mitarbeitern ermöglicht, persönlich zu erleben, was es bedeutet, Wissen zu teilen und dabei dennoch persönlich zu wachsen. Die Produktivität und die Ergebnisse wurden deutlich verbessert.

Gesagt ist nicht gehört.
Gehört ist nicht verstanden.
Verstanden ist nicht einverstanden.
Einverstanden ist nicht behalten.
Behalten ist nicht angewandt.
Angewandt ist nicht beibehalten.

(Nach Konrad Lorenz)

Paul Kral

2.5 Wissensarbeit messbar machen

> *Das, was wir denken, beeinflusst das, was wir messen;*
> *das, was wir messen, beeinflusst das, was wir managen;*
> *das, was wir managen, beeinflusst das, was wir als Ergebnis bekommen.*
>
> (In Anlehnung an Albert Einstein und Peter F. Drucker)

Effektivitäts-messung

Die in letzter Zeit stark zunehmende Anzahl von Veröffentlichungen im Bereich „Messen und Bewerten" hat nicht gerade zur Begriffsklarheit beigetragen. Klassischerweise wird zwischen der Effektivitäts- und Effizienzmessung unterschieden. Die Effektivitätsmessung beschreibt den Umfang, in dem die Leistungsanforderungen erfüllt wurden, während sich hingegen die **Effizienzmessung** auf den wirtschaftlichen Grad konzentriert, in dem die Unternehmensressourcen eingesetzt wurden, um diese Leistungsanforderungen zu erreichen.

Effizienz-messung

Denken und Handeln

Das Mess- und Bewertungssystem ist damit das Kernsystem der Wahrnehmung eines jeden Unternehmens, aus dem heraus in direkter Weise die Leistungsmessung und -bewertung des Top-Managements und aller Mitarbeiter als auch in indirekter Weise die strategischen Entscheidungen beeinflusst werden. Jedes Unternehmen denkt und handelt durch sein Messsystem, auch wenn dies vielen Entscheidungsträgern in dieser Art und Weise nicht sehr bewusst sein mag. Das Messsystem kann dabei wie eine strategische Landkarte gesehen werden, die die Realität in einer bestimmten Art und Weise wiedergibt. Und wie wir wissen, können sich Karten je nach zugrunde liegender Zielsetzung fundamental unterscheiden: So gibt es Straßenkarten, Wanderkarten, Flugkarten und Klimakarten. Alle guten Karten haben eines gemeinsam:

Strategische Landkarte

Orientierung

- Sie geben Orientierung: Sie helfen uns, in einem komplexen Umfeld unsere Wahrnehmung auf das Wesentliche zu konzentrieren und unseren Weg, der in der Zukunft liegt, zu finden.

Modellierung

- Sie sind zweckrationale Modellierungen der Realität: Sie bilden niemals die Realität eins zu eins ab; erstens, weil dies gar nicht möglich wäre und zweitens weil es auch für die zugrunde liegende Zielsetzung (Orientierungsfunktion) nicht besonders hilfreich wäre, da sie aufgrund der zu hohen Komplexität die kognitiven Kapazitäten des Menschen und der Organisation sprengen würden.

Wie sehen aber unsere heutigen Orientierungskarten in Unternehmen aus? Auf welche bedeutsamen Größen konzentrieren sie unsere Wahrnehmung?

Wissensarbeit messbar machen **2.5**

Helfen uns diese Größen, den strategisch sinnvollen Weg zu finden? Und was wird als strategische Leistung eines Unternehmens definiert?

Klassische Ansätze beantworten diese Frage, indem sie zumeist verschiedene finanzielle Kennzahlen dafür verwenden. Diese beginnen beim Umsatz, Gewinn oder EBIT und reichen über traditionelle Renditekennzahlen wie den ROI oder die Umsatzrendite bis hin zu neueren Ansätzen des Shareholder Value (ROCE, EVA, DCF, CFROI …). Der Nachteil all dieser finanziellen Kennzahlen ist, dass sie nur unzureichend in der Lage sind, die Ressource Wissen und seine Bedeutung im Rahmen der neuen Spielregeln der Wissensökonomie hinreichend genau abzubilden. Sie führen damit zu Fehlsteuerungen, die sich langfristig wiederum auf den Erfolg des Unternehmens negativ auswirken.

Finanzielle Kennzahlen

Nach North (1999, S. 184 ff.) können die Nachteile der bestehenden Performance-Measurement-Systeme in mehreren Kernaussagen zusammengefasst werden:

Wir messen heute zu häufig das Falsche:

- Zunächst einmal messen wir das, was einfach zu messen ist, ohne zu hinterfragen, wofür uns die Ergebnisse dieser Messungen strategische Orientierung geben sollen. Wir werden damit zu Gefangenen unserer Bequemlichkeit und unserer begrenzten Rationalität.

- Finanzielle Indikatoren sind die Größen in unseren heutigen Unternehmen, die am leichtesten zu erheben sind. Dabei versuchen wir mit aller Energie, diese finanziellen Größen zu aussagekräftigen Kennzahlen zu aggregieren. Die mathematische Berechenbarkeit dominiert dabei meistens die Ursache-Wirkungs-Kette und nicht die zeitliche Reihenfolge der strategischen Entstehung. Dabei vergessen wir außerdem die nichtfinanzielle, die immaterielle Dimension.

- Wir neigen sehr häufig dazu, ausschließlich Inputs zu messen. Inputfaktoren besitzen in der Regel sehr wenig Aussagekraft, was den damit zu erzielenden Output angeht. Dieser entscheidet sich in aller Regel erst in der Organisation (in deren Strukturen und Prozessen).

- Wir konzentrieren uns zu sehr auf Bestandsgrößen und zu wenig auf Flussgrößen. Damit verstärken wir aber unseren statischen Blick auf die Dinge und verlieren die Wahrnehmung für die Prozesse im Zeitablauf.

- Wir versuchen zu sehr, das Unternehmen in seine Einzelbestandteile zu zerlegen, und vergessen dabei seine Synergien und Zusammenhänge, die ja gerade jede Organisation und ihre Existenzberechtigung auszeichnen.

Wissensarbeit managen und messen

Wir messen zu häufig mit falschem Maßstab:

- Wir messen häufig zu kurzfristig: Unsere zeitliche Meßlatte ist viel zu kurz. Wir messen damit statisch und nicht dynamisch. Wir sehen nur eine Aneinanderreihung von Schnappschüssen, anstatt den gesamten Film zu erkennen. Damit entgehen unserer Wahrnehmung aber für unsere strategischen Entscheidungen und das Geschäftsverständnis wesentliche dynamische Prozesse, wie zeitliche Verzögerungseffekte oder Feedbackschleifen.

- Wir messen ausschließlich quantitativ und nicht vernetzt und qualitativ. Dadurch reduziert sich (unnötig) die Qualität der uns zur Verfügung stehenden Information. Wir erkennen Ursache-Wirkungs-Zusammenhänge nicht mehr und vertrauen den vermeintlich objektiven Zahlen mehr wie unserer eigenen Erfahrung.

- Wir messen mit absoluten und nicht mit relativem Maßstab. Absolute Größen können aber per Definition immer nur kontroll- und nie lernorientiert sein, denn erst aus dem relativen Zusammenspiel mit anderen Größen kann man Erkenntnisse ziehen.

- Wir messen ausschließlich intern und setzen die Organisation und die darin tätigen Menschen zu wenig in Beziehung zu unserem Umfeld. Dies führt zu verzerrter Wahrnehmung und Betriebsblindheit. Die Konzentration auf die interne Mittelmäßigkeit verstellt die Sicht auf das mögliche Potenzial.

Wir messen Wichtiges nicht:

- Immaterielle Vermögenswerte werden in der Regel nicht oder zu wenig gemessen. Dies führt dazu, dass wir uns bei strategischen Entscheidungen im Wesentlichen von den materiellen Vermögenswerten leiten lassen.

- Wir kennen unsere organisationale Wissensbasis und ihren strategischen Wert zu wenig. Wir wissen nicht, in welchen Bereichen wir einen Wissensvorsprung gegenüber unserer Konkurrenz besitzen. Wir wissen nicht, wie verbreitet dieses Wissen am Markt ist. Damit fällt es uns schwer, nachhaltige Wissensstrategien zu formulieren.

- Wir wissen nicht, wie gut unser Wissensmanagementsystem funktioniert und welchen strategischen Beitrag es leistet. Damit fällt es uns schwer, eine Wissensmanagementstrategie zu definieren.

- Wir wissen nichts über die Qualität und Beschaffenheit unserer organisationalen Lernfähigkeit. Sind wir in der Lage, schneller zu lernen als unsere Konkurrenz?
- Wir wissen nichts über das Ausmaß und die strategische Überlegenheit unserer organisationsspezifischen Intelligenz. Auf welchen Gebieten haben wir strukturelle Vorteile? In welchen Bereichen sind wir gut? Was macht uns strategisch überlegen?

Wir messen, aber wir wissen nicht wofür:

- Wir verfügen über zahlreiche Kennzahlen, können diese Messgrößen aber nur schwer mit unserer Strategie verbinden. Deswegen versuchen wir über Kennzahlen operative Kontrolle auszuüben, anstatt durch sie strategisch zu lernen.
- Es fällt uns schwer, Abweichungen zu interpretieren. Deswegen konzentrieren wir uns darauf, diese zu korrigieren. Dabei übersehen wir strategische Chancen und Risiken.

Effektivität: Intellektuelles Vermögen und Wissensbilanzierung

Die Effektivität von Wissensarbeit messbar machen bedeutet, das Endergebnis der Wissensarbeit, das generierte intellektuelle Vermögen bzw. Wissenskapital zu bewerten. Seit Anfang der neunziger Jahre ist eine Intensivierung der Bemühungen festzustellen, die existierenden, zumeist rein finanziell orientierten Messsysteme in Unternehmen auf nichtfinanzielle bzw. immaterielle Vermögenswerte zu erweitern. Wissensbewertung in Unternehmen hat immer eine interne und eine externe Dimension. Bei der internen Dimension stehen die Frage der strategischen Steuerung und der internen Rechnungslegung im Vordergrund. Die externe Dimension betont das externe Rechnungswesen und Reporting und damit die Bedeutung der Kommunikation mit den externen Anspruchsgruppen (Stakeholdern) des Unternehmens, insbesondere seinen Kapitalgebern (Shareholdern).

Effektivität von Wissensarbeit

Grundsätzlich lassen sich neuere Modelle der wissensorientierten Messung und Bewertung nach North, Probst und Romhardt (1998) in die deduktiv-summarischen und die induktiv-analytischen Ansätze einordnen. Die erste Kategorie der deduktiv-summarischen Ansätze quantifizieren das Verhältnis von Markt- und Buchwert. Als Resultat entsteht eine monetäre Gesamtbewertung des immateriellen Vermögensbestandes eines Unternehmens. Zu den bekanntesten Ansätzen in dieser Gruppe gehört *Tobin's q* und der *Calculated Intangible Value (CIV)*.

Deduktiv-summarische Ansätze

2 Wissensarbeit managen und messen

Induktiv analytische Ansätze

Die zweite Kategorie der induktiv-analytischen Ansätze versucht hingegen, einzelne Elemente der organisationalen Wissensbasis zu identifizieren, zu beschreiben und zu bewerten. Dabei kann die Bewertung sowohl finanziell als auch nichtfinanziell bzw. quantitativ als auch qualitativ erfolgen. In dieser Gruppe finden sich als bekannte Ansätze Sveibys (1997) *Intangible Assets Monitor, Wissensbilanzen* wie der Skandia Navigator von Edvinsson und Malone (1997) und die *Balanced Scorecard* von Kaplan und Norton (1996).

Abbildung 2-6 bietet einen Überblick über die unterschiedlichen Mess- und Bewertungsansätze:

Abbildung 2-6 Ansätze zur Bewertung des intellektuellen Kapitals/Vermögens (North, Probst und Romhardt 1998)

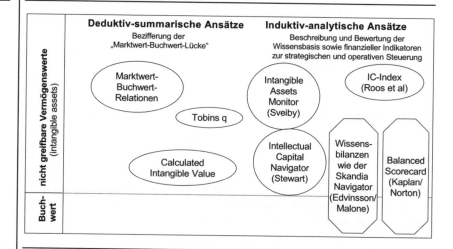

Eine etwas breitere Systematisierung nimmt Sveiby (2007) vor (vgl. Abbildung 2-7), der in seiner ersten Dimension zwischen einer monetären und einer nicht-monetären Bewertung unterscheidet. Die zweite Dimension kategorisiert die wissensorientierten Steuerungssysteme danach, ob Kennzahlen auf Organisationsebene integriert oder auf Bereichsebene zerlegt werden. Schlussendlich fügt er seiner Darstellung eine dritte (farbliche) Dimension hinzu, die vier Methoden der Leistungsmessung umfasst:

Marktwertmethoden Marktwert-Methoden berechnen das intellektuelle Kapital als Differenz aus Marktwert und Buchwert eines Unternehmens.

Kapitalrendite-Methoden Kapitalrendite-Methoden basieren auf dem Vergleich der Gesamtkapital- bzw. Vermögensrendite eines Unternehmens mit den durchschnittlichen

Kapitalrenditen einer gesamten Branche. Die daraus resultierenden Differenzen werden als Erträge aus immateriellen Vermögenswerten angesetzt. Durch Berechnung des Barwertes dieser Erträge wird schließlich das intellektuelle Kapital eines Unternehmens ermittelt.

Ansätze zur Bewertung des intellektuellen Kapitals/Vermögens in Anlehnung an Sveiby (2007)

Abbildung 2-7

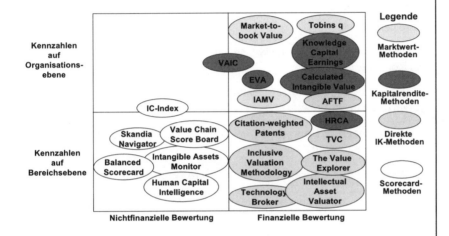

Direkte Methoden zur Bestimmung des intellektuellen Kapitals schätzen den monetären Wert des immateriellen Vermögens durch Identifizierung der einzelnen Komponenten. Die identifizierten Komponenten werden dann einzeln oder in aggregierter Form bewertet.

Direkte Methoden

Bei Scorecard-Methoden werden die verschiedenen Komponenten der Intangible Assets oder des Intellektuellen Kapitals eines Unternehmens identifiziert. Basierend auf den Unternehmensstrategien werden Indikatoren für die einzelnen Werttreiber gesucht und gemessen. Die Ergebnisse werden in einer Scorecard dargestellt. Im Unterschied zu den direkten Methoden erfolgt in den Scorecard-Methoden keine monetäre Bewertung des intellektuellen Kapitals.

Scorecard-Methoden

Wissensarbeit managen und messen

Effizienz: Produktivität von Wissensarbeit

Effizienz von Wissensarbeit

Die Effizienz von Wissensarbeit messbar machen bedeutet, den Prozess der Wissensarbeit, ihre Produktivität, zu bewerten. Setzt man sich das Ziel der Produktivitätsmessung von Wissensarbeit, sollte man sich zunächst die Frage stellen, was die Kennzahl „Produktivität" eigentlich bedeutet und woher sie kommt.

Definition Produktivität

Unter Produktivität versteht man im Allgemeinen das Verhältnis zwischen Output und Input einer Produktion (vgl. Sumanth 1994). Der Begriff wurde und wird jedoch in der Literatur vielfach und auf unterschiedlichste Art und Weise verwendet.

Ghobadian und Husband (1990) fassen die verschiedenen Definitionen in drei Konzepte zusammen:

- das **Technological Concept** als Verhältnis zwischen In- und Outputmengen einer Produktion,

- das **Engineering Concept** als das Verhältnis zwischen tatsächlichem und möglichem Output,

- das **Economist Concept**, welches eine effiziente Allokation der Ressourcen anstrebt.

Steigerung der Produktivität durch Rationalisierung des Arbeitsablaufes

Der Ingenieur *Frederic Winslow Taylor* veröffentlichte 1911 die „Grundlagen der wissenschaftlichen Betriebsführung". Die darin vorgeschlagenen Methoden zur Produktivitätssteigerung beruhen auf Zeit- und Bewegungsstudien, die über einen Zeitraum von drei Jahrzehnten durchgeführt wurden und zum Ziel hatten, den optimalen Arbeitsablauf zu eruieren. Unnütze Bewegungsabläufe und versteckte Pausen sollten eliminiert werden. *Taylor* wollte die Zeit minimieren bzw. standardisieren, die ein Arbeiter für einen bestimmten Handlungsablauf benötigte. Der so festgelegte Zeitaufwand der besten Arbeiter wurde gemessen und dann als Norm den anderen Arbeitern zugrunde gelegt. Man versprach sich davon eine gesteigerte Produktivität und, im Weiteren, höhere Löhne und verkürzte Arbeitszeiten.

Grundprinzipien des Taylorismus

Die Methoden *Taylors* werden unter dem Begriff „Taylorismus" zusammengefasst. Die fünf Grundprinzipien der wissenschaftlichen Betriebsführung werden hier aufgeführt (vgl. Taylor 1911):

1. Von den Leitern wird jeder Arbeitsschritt wissenschaftlich untersucht, normierte Handlungsabläufe, die durch die Arbeiter auszuführen sind, treten an die Stelle der alten Faustregeln.

2.5 Wissensarbeit messbar machen

2. Die geeigneten Arbeiter werden ausgewählt, durch Funktionsmeister, welche einem bestimmten Bereich vorstehen.

3. Die ausgewählten Arbeiter werden geschult und genauestens über die verlangte Vorgehensweise instruiert.

4. Durch finanzielle Anreize soll sichergestellt werden, dass die Arbeit nach den vorgegebenen wissenschaftlichen Methoden durchgeführt wird.

5. Die Verantwortung wird vom Management übernommen, dem Arbeiter obliegt lediglich die Ausführung der Anweisungen, die sich auf einen eng abgegrenzten Arbeitsbereich und einige wenige Handgriffe beschränken.

Die 14 Managementregeln Demings

Einen anderen Ansatz bietet *William Edwards Deming*, der in der Nachkriegszeit vorerst in Japan tätig war. Erst durch den Aufschwung Japans zur ernstzunehmenden Wirtschaftsmacht wurde *Demings* Theorie auch in Amerika Beachtung geschenkt. *Deming* forderte ein umfassendes Umdenken und stellte die Bedeutung der Beziehung zu Kunden, Lieferanten und Mitarbeitern sowie eines funktionierenden Qualitätsmanagements in den Vordergrund. Entgegen der vorherrschenden Meinung, dass Qualität und Produktivität nicht vereinbar sind, sah *Deming* im Streben nach hoher Qualität den Schlüssel dafür, durch verbesserte Produktivität, erfolgreich die Weltmärkte zu erobern und im Weiteren die Existenz des Unternehmens zu sichern und neue Arbeitsplätze zu schaffen. Diese Wirkungskette wird mit dem Begriff „Deming'sche Kettenreaktion" bezeichnet.

Demin'sche Kettenreaktion

In diesem Zusammenhang ist auch das Prinzip der Streuung (Variation) zu nennen, welches die Abweichung der Produkte von einem zuvor definierten Sollzustand bezeichnet. Gelingt es, den Produktionsprozess so zu gestalten, dass der Mittelwert des Prozessverlustes mit dem Zielwert übereinstimmt, entsteht ein minimaler Verlust in Bezug auf die Qualität eines Produktes.

Kernstück von *Demings* Lehre sind die 14 Managementregeln, die hier, ob ihrer Relevanz und noch heute verbreiteten Anwendung, näher erklärt werden sollen (vgl. Deming 1981):

1. Schaffung einer nachhaltigen Geschäftspolitik, die auf Innovation, Forschung und Bildung ausgerichtet ist und den Konsumenten in den Mittelpunkt stellt.

2. Verinnerlichung und Anwendung des neuen Führungsstils. Bessere Qualität zu geringeren Kosten ist durch die Verringerung der Variation

menschlicher Leistung, des Materials, der Produkte und Prozesse möglich.

3. Die Abhängigkeit von Qualitätskontrollen ist zu vermeiden. Qualität kann nicht in ein Produkt hineinkontrolliert werden, sondern muss in den Produktionsprozess eingebaut werden. Es ist folglich nicht das Produkt sondern der Prozess zu kontrollieren.

4. Aufträge sollen nicht allein nur dem billigsten Anbieter zugeteilt werden. Es sollen alle Gesamtkosten, die durch Produktion und Gebrauch entstehen, berücksichtigt werden. Optimal ist der Aufbau von langjährigen Geschäftsbeziehungen zu einem einzigen Lieferanten, welche auf Vertrauen und Loyalität beruhen. Auch hier können Verbesserungen durch geringere Streuung erzielt werden, vor allem wenn sich die Zusammenarbeit auch auf Entwicklung und Konstruktion des Produkts erstreckt.

5. Es soll immer versucht werden, das System durch ständige Innovationen weiter zu verbessern, um die Qualität der Produkte und Dienstleistungen zu erhöhen.

6. „Training on the job" soll sicherstellen, dass sowohl Manager als auch neue Mitarbeiter den Produktionsprozess verstehen. Auch die Methoden der Qualitätsüberwachung und das Prinzip der Streuung soll von den Mitarbeitern verstanden werden.

7. Die Führung sollte dazu imstande sein, die Mitarbeiter zu motivieren, bessere Arbeit zu leisten. Sie muss sich nicht nur zur Produktivität und Qualität bekennen, sondern auch Aktionen setzen, um diese zu erreichen.

8. Das Arbeitsklima soll von gegenseitigem Vertrauen geprägt sein. Furcht verhindert die Ausschöpfung des kreativen Potenzials der Mitarbeiter. Furcht kann beispielsweise entstehen durch die Angst, den Job zu verlieren, den Anforderungen nicht zu genügen oder dass mangelnde Kenntnisse offenbart werden können. Um dieser Furcht entgegen zu wirken, helfen Information, Kenntnisse und Schulung.

9. Barrieren zwischen den einzelnen Abteilungen sollen niedergerissen werden. Mitarbeiter in Forschung, Entwicklung, Konstruktion, Produktion und Verkauf müssen als Team zusammenarbeiten.

10. Schlagwörter, Ermahnungen und unwillkürliche Vorgaben müssen vermieden werden. *Deming* geht davon aus, dass 94 % der Fehler dem Management zuzuordnen sind und nur 6 % den Ausführenden, folglich sind Ermahnungen kontraproduktiv und können zu Frustration führen.

11. Quoten für die Mitarbeiter und Leistungsziele für das Management sind zu vermeiden.

12. Voraussetzungen für Erfolgserlebnisse der Mitarbeiter sind zu schaffen. Auf die jährliche Mitarbeiterbeurteilung soll verzichtet werden, weil sie zu Frustration führen kann.

13. Wirkungsvolle Programme zur Mitarbeiterförderung und zur Erhöhung des allgemeinen Ausbildungsstandes der Mitarbeiter sind zu implementieren.

14. Alle Mitarbeiter sollen am Prozess der Umgestaltung des Unternehmens teilnehmen.

Zusammenfassend betont dieser Ansatz die Bedeutung einer umfassenden Kenntnis des gesamten Produktionsprozesses, um nachhaltige Verbesserungen zu erzielen, die Notwendigkeit, gleich bleibend höchste Qualität zu erzielen, um an den Weltmärkten partizipieren zu können und Arbeitsplätze human zu gestalten, um in Zusammenarbeit mit den Mitarbeitern die anvisierten Ziele schneller zu erreichen.

Aus den vorangegangenen Erklärungen wird ersichtlich, dass eine wissenschaftliche Betrachtung der Arbeitsprozesse Potenzial für die Steigerung von Produktivität in einem Unternehmen generieren kann. Vergleicht man die Sichtweisen von *Deming* und *Taylor* miteinander, bemerkt man, dass sie, obgleich vom zugrunde liegenden Menschenbild aus unterschiedlich, Ähnlichkeiten in Bezug auf die Betrachtung der Prozesse und des Qualitätsmanagements aufweisen. Beide Autoren betonen, dass für eine qualitative Produktion Erfahrung im Umgang mit Produktionsfaktoren und technisches Fachwissen ausschlaggebend sind.

Methoden der Produktivitätsmessung

Die Methoden der Produktivitätsmessung, welche heutzutage in den Unternehmen Anwendung finden, variieren sehr stark. Die Schwierigkeiten in der Entwicklung eines einheitlichen Standards liegen zum einen in der Vereinigung der Interessen aus den drei relevanten Disziplinen: Management, Volkswirtschaft und Buchhaltung, deren jeweilige Forschungsbemühungen um eine adäquate Methode sich mehrheitlich isolieren, anstatt alle Bereiche zu integrieren. Zum anderen liegt das Problem bei den Unternehmen selbst, die ihre Performance anhand von willkürlich bereitstehenden Daten messen, ohne sich genauer mit dem Thema der Performancemessung auseinanderzusetzen. Grundsätzlich können die Methoden der Produktivitätsmessung in drei allgemeine Techniken gegliedert werden (vgl. Singh, Motwani und Kumar 2000, S. 255 ff.):

Drei Interessengebiete: Management, Volkswirtschaft, Buchhaltung

1. Indexmessung der Produktivität

Die Kreierung individueller Indizes ist die häufigste Methode zur Messung der Produktivitätssteigerung. Es gibt mehrere gängige Verhältniszahlen innerhalb dieser Technik, wobei aber die *Total Factor Productivity (TFP)* von Craig und Harris (1973) die repräsentativste darstellt. Ziel dieser Methode ist die Messung des Verhältnisses von Output und verschiedenen potentiellen Inputs, deren Zusammenstellung dem Unternehmen angepasst werden muss. Um den individuellen Absichten der Messung gerecht zu werden sind die Basisperiode bzw. der Betrachtungszeitraum (zwei Perioden oder mehrere Perioden) sowie die Art der Deflationierung von Preisveränderungen zu bestimmen.

2. Lineare Programmierung

Diese Technik konstruiert anhand von mathematischer Programmierung eine Produktionsgrenze und bewertet den Beitrag jedes Inputs zur Produktivität auf Basis vergangener Daten. Auf die Voraussetzung von Preisdaten als auch einer speziellen, funktionellen Form (nicht-parametrisch) kann bei der Linearen Programmierung verzichtet werden. Die führende Methode in dieser Messströmung ist die *Data Envelopment Analysis (DEA)*. Die Vorteile dieser Methode liegen in der Filterung weniger effizient genutzter Inputs, in der Möglichkeit der gleichzeitigen Betrachtung mehrerer Inputs und Outputkriterien sowie in der statistischen Robustheit durch Simulationen und theoretische Überlegungen. Die Notwendigkeit einer umfangreichen Serie von Daten und die Entwicklung von Test zur Untermauerung der statistischen Signifikanz stellen die Nachteile der Methode dar.

3. Ökonometrische Modelle

Voraussetzung für die Anwendung dieser Technik sind bestehendes technologisches Wissen für Spezifikationen sowie Wissen über den Technologieprozess. Denn bei dieser Technik hängt die Outputfunktion von Multi-Inputs sowie eines Technologieindexes, der ebenfalls als Input betrachtet werden kann, ab. Trotz parametrischer Form besteht die Möglichkeit durch eine umfangreiche Stichprobe zur Schätzung dieser Parameter, eine flexible, funktionale Form zu erreichen. Die Notwendigkeit von Preisdaten sowie eine erhebliche Ergebnisvarianz/-unsicherheit sind die klaren Nachteile dieser Technik.

Wir stimmen mit Singh, Motwani und Kumar (2000) überein, dass es aufgrund der unterschiedlichen Annahmen, verwendeten Daten und Wissensanforderungen nahe liegt, diese Techniken komplementär zu verwenden. Schließlich beantworten sie drei unterschiedliche Fragen:

- Wie haben wir abgeschnitten im Vergleich zu den Ergebnissen vor 3 Jahren?
  Indexmessung der Produktivität

- Welche Inputs werden in unserem produktiven Prozess ineffizient genutzt?
  Lineare Programmierung

- Bis zu welchem Grad ist Kapital substituierbar mit Arbeit, bei gegebener technologischer Spezifikation?
  Ökonometrische Modelle

Daraus wird der Schluss gezogen, dass es keine „richtige" Methode der Produktivitätsmessung für alle Firmen gibt, denn sie muss individuell der Firma, Branche, den Absichten und sonstigen Betrachtungsobjekten angepasst werden.

DIE universelle Methode existiert nicht

Messungsdimensionen der Produktivität von Wissensarbeitern

In über 60 Jahren Forschung hat sich eine Vielzahl an verschiedenen Dimensionen herausgebildet, anhand derer Wissenschaftler die Produktivität von Wissensarbeitern abzubilden versuchen. Einige der am häufigsten verwendeten Dimensionen seien hier angeführt (vgl. Ramirez und Nembhard 2004, S. 617 ff.):

1. **Quantität**: Hier werden der Output (mengenmäßige Produktionsleistung) und Ergebnisse (Quantifizierung qualitativer Variablen) in die Analyse miteinbezogen.

2. **Qualität**: Die Dimension soll zeigen, wie hochwertig die Arbeit gemessen an einem Best Practice Standard tatsächlich ist.

3. **Kosten** und/oder **Rentabilität**: Hier werden die Personalkosten bewertet und ins Verhältnis zum Output, z. B. Umsatz oder Gewinn, gesetzt.

4. **Zeitgrenzen**: Es stellt sich die Frage, wie Zeitvorgaben eingehalten werden oder wie viel zusätzliche Zeit gebraucht wird.

5. **Autonomie:** Beantwortet die Frage, wie selbständig und unabhängig der Wissensarbeiter agieren kann.

6. **Effizienz:** Die Aufgabe wird richtig gelöst, sie erfüllt die derzeitigen Standards im Hinblick auf Kosten, Zeit und Qualität.

7. **Effektivität:** Die richtigen Aufgaben werden angegangen, es wird eine strategisch sinnvolle Priorisierung der Aufgaben vorgenommen.

8. **Innovation/Kreativität:** Zählt die Anzahl der neuen Ideen, die entwickelt werden, um die Produktivität zu steigern.

9. **Projekterfolg:** Bewertet das Gesamtergebnis der Arbeit im Hinblick auf Entscheidungsfindung, Teamsynergie, Kommunikationsqualität, Vorhersagbarkeit, Krisenmanagement, Dokumentation und Transferierbarkeit des Wissens.

10. **Verantwortung/Bedeutung der Arbeit:** Betont die Wichtigkeit in kritischen Situationen wirksam zu agieren.

11. **Kundenzufriedenheit:** Berücksichtigt die Tatsache, dass die erbrachte Leistung Wert beim Kunden generieren sollte.

12. **Wahrnehmung der Produktivität durch den Wissensarbeiter selbst:** Versucht die mögliche Missinterpretation von anderen Faktoren auszugleichen.

13. **Fehlzeiten:** Hilft zu einer längerfristigen Perspektive der durchschnittlichen Produktivität zu kommen. Eine hohe Produktivität zu einem bestimmten Zeitpunkt bedeutet noch nicht, dass diese Produktivität über einen längeren Zeitraum Aufrecht erhalten werden kann.

Die Bedeutung bestimmter Dimensionen in der Literatur unterscheidet sich jedoch in vielen Fällen von der tatsächlichen Verwendung in den Modellen.

Quantität, Kosten und/oder Rentabilität und Zeitgrenzen machen insgesamt über 50 % aller wirklich verwendeten Dimensionen aus. Wenn man die Bedeutung in der Literatur betrachtet, fällt auf, dass die Dimension Quantität an erster Stelle steht, gefolgt von Kosten/Rentabilität, Qualität, Effektivität, Effizienz und Zeitgrenzen. Die größten Diskrepanzen zwischen Literatur und Anwendung ergeben sich bei den Dimensionen Qualität, Effektivität, Kosten/Rentabilität und Effizienz. Gründe für diese Diskrepanzen können einerseits Schwierigkeiten sein, die Dimension in ein Modell einzubauen, oder aber auch unterschiedliche Auffassungen über Forschungsergebnisse und die Art der Implementierung.

Zusammenfassend ist zu sagen, dass von den 13 in der Literatur genannten Dimensionen nur durchschnittlich zwei bis drei pro Modell in Betracht gezogen werden. Keine Methode berücksichtigt alle Dimensionen, die maximale Anzahl an verwendeten Dimensionen in formalen Methoden ist fünf, von denen ausgewählte im nächsten Abschnitt vorgestellt werden sollen, während andere überhaupt nur eine einzige Dimension abdecken.

Fünf ausgewählte Beispiele für eine erweiterte Messung der Wissensproduktivität

1. Function Point Analyse (FPA)

Die FPA ist eine Methode, die entwickelt wurde, um die Produktivität von Softwareentwicklern zu messen. Anwendbar ist FPA für über 250 Programmiersprachen und wurde ursprünglich dazu entwickelt, die Softwaregröße und Produktivität von IBM zu messen. Dafür wurden funktionale und logische Größen, wie Inputs und Outputs, herangezogen, die eine enge Beziehung zur Produktivität aufweisen. Die Produktivität eines Softwareprojekts wird mit der Anzahl an Function Points im Vergleich zur Programmierdauer angegeben. Die Genauigkeit der Methode hängt allerdings stark von Fähigkeit und Erfahrung des Analysten ab. Bok und Raman (2000) zeigen Problemfelder auf, die sich bei der Implementierung von FPA ergeben können:

- Die Organisation weiß, dass mittels FPA die Produktivität gemessen wird.
- Erfassung der richtigen Indikatoren für die Berechnung der Function Points.
- Die Strenge des Messprozesses.

FPA ist nicht die Methode, die eine absolute Wahrhaftigkeit bezüglich Produktivitätsmessung bei Wissensarbeitern liefert, dennoch ist sie die beste Methode, die Performance von Softwareprogrammierern in einem stabilen und kontrollierbaren Umfeld zu messen.

2. Operations-based Productivity Messung

Bei dieser Methode schlagen Ray und Sahu (1989) vor, in drei Schritten vorzugehen, um die Produktivität von Wissensarbeit zu messen:

a. Klassifizierung von Wissensarbeitsplätzen: Beim ersten Schritt werden die einzelnen Wissensarbeitsplätze in Routine und in Nicht-Routine Tätigkeiten eingeteilt.

b. Bestimmung der Beziehungen zwischen den Wissensarbeitsplätzen: Hier werden die Beziehungen zwischen den einzelnen Job-Charakteristika erarbeitet und Indizes erstellt, die für die weitere Messung herangezogen werden.

c. Entwicklung von geeigneten Modellen zur Messung und Evaluierung von Produktivität: Es werden die Ergebnisse der Punkte eins und zwei zusammengeführt, um anschließend die Produktivitätsmessung durchzuführen.

Wissensarbeit managen und messen

3. Data Envelopment Analyse (DEA)

Bei der DEA Methode wird versucht, die relative Effektivität individueller Units, wie z. B. von Wissensarbeitern oder Wissensarbeiter-Teams zu messen. Entwickelt wurde diese Methode von Paradi et al. (2002), um die Produktivität und Effektivität eines Design-Teams zu messen. Die Methode verwendet Decision Making Units (DMU) und analysiert sie als eine individuelle Einheit. DEA definiert die relative Effektivität für jede DMU indem sie den Datenin- und Datenoutput mit allen anderen DMUs im selben kulturellen Umfeld vergleicht.

4. Swift Even Flow Methode

Die Frage nach den Ursachen für Erfolg und Misserfolg von Dienstleistungsunternehmen versucht Schmenner (2004) anhand des Swift Even Flow Ansatzes zu klären. Diesem Ansatz liegt die Annahme zugrunde, dass die Durchlaufzeit von Materialien und Informationen sowie deren Gleichmäßigkeit hinsichtlich Qualität, Menge und zeitlicher Abfolge für die Produktivität von Prozessen maßgeblich sind. Ausgehend von seiner Service Matrix von 1986 (vgl. Schmenner 1986, S. 21), die einen Erklärungsansatz zur Steigerung der Produktivität in Dienstleistungsunternehmen liefert, leitet Schmenner (2004) diese in eine neuartige Servicematrix über, die Produktivität in Abhängigkeit von Prozesszeit und Prozessvielfalt darstellt:

Abbildung 2-8   *Revidierte Servicematrix nach der Swift Even Flow Methode (vgl. Schmenner 2004)*

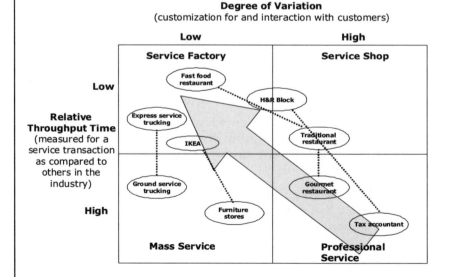

In seiner ursprünglichen Service Matrix, geht Schmenner davon aus, dass Unternehmen zu höherer Produktivität gelangen, wenn einerseits die Anpassung an Kundenwünsche verringert wird und andererseits der Personalaufwand minimiert wird.

Die abgewandelte Service Matrix nach dem Swift Even Flow Konzept leitet die beiden Dimensionen über, sodass nicht die Anpassung an Kundenwünsche, sondern die Vielfalt der zugrunde liegenden Prozesse entscheidend sind. Ebenso ist nicht der Personalbedarf der bestimmende Faktor, sondern die Durchlaufzeit für die Prozessabwicklung. Daraus ergibt sich die modifizierte Service Matrix.

Beispielhaft wird diese Entwicklung anhand von Ikea und McDonald's beschrieben. Im Fall von Ikea findet eine sehr hohe Anpassung an Kundenwünsche statt. Dabei wird allerdings durch eine starke Modularisierung erreicht, dass die dahinter liegenden Prozesse weitestgehend standardisiert werden können. Für die zweite Dimension wird die Schnellrestaurantkette McDonald's untersucht. Hier ist trotz hohen Kundenkontakts und hoher Personalintensität die Produktivität dennoch überragend. Dies wird durch die Standardisierung der Prozesse und Minimierung der Prozesszeiten erreicht.

Schmenner adaptiert seine Service Matrix mit dem Swift Even Flow Konzept und liefert damit einen interessanten theoretischen Ansatz, um die Produktivität von Unternehmen zu erklären. Dabei ist zwar anhand der Beispiele nachvollziehbar, warum Prozessgeschwindigkeit und Prozessstandardisierung relevant sind, jedoch gibt sie keinerlei Aufschluss darüber, welche weiteren Faktoren hinsichtlich einer Produktivitätssteigerung wichtig sein könnten. Die Betrachtung anhand der beiden Dimensionen ermöglicht bestenfalls eine grundlegende Eingliederung von Unternehmen hinsichtlich deren Handhabung von Prozessen und damit einen möglichen Vorteil hinsichtlich der Produktivität.

5. Die KP³ Methode

Die KP³ Methode wurde von den südkoreanischen Wissenschaftlern Jae-Hyeon Ahn und Suk-Gwon Chang (2004) entwickelt. Auch hier gilt: Wissen kann zu einem signifikanten Wettbewerbsvorteil gegenüber der Konkurrenz beitragen, ist jedoch nur schwer messbar.

Grundlage der KP³ Methode ist es, Wissen bzw. den Wert von Wissen nicht direkt zu messen, sondern den Beitrag, den Wissen zum Unternehmenserfolg liefert. Dies wird erreicht, indem man Wissen und den Unternehmenserfolg logisch über die Zwischenbereiche Produkt und Prozess miteinander verknüpft.

2 Wissensarbeit managen und messen

Die drei Komponenten der KP³ Methode sind:

Wissen

Nach Nonaka und Konno (1998) wird typischerweise zwischen explizitem und implizitem („tacit") Wissen unterschieden.

Produkt oder Service Prozess

Miller und Dess (1996) sind der Meinung, dass Wert vor allem in Gruppen von Aktivitäten in der Wertschöpfungskette, den Kernprozessen, entsteht (wird von Ahn, Chang (2004) übernommen).

Erfolg

Wie bereits erwähnt, wird bei der KP³ Methode zwischen finanziellem und organisationalem Erfolg unterschieden.

Die Verknüpfung dieser vier Komponenten sollte laut *Ahn/Chang* logisch erfolgen, was sie durch vier Matrizen zu erreichen versuchen. Einen besseren Einblick bietet Abbildung 2-9:

Abbildung 2-9 *Überblick über die KP³ Methode (Ahn, Chang 2004, S. 405)*

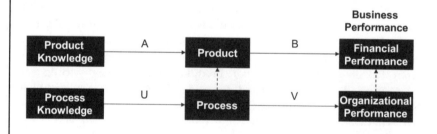

Folgende vier Matrizen werden unterschieden:

1. Knowledge – Product Matrix (A): Dieses Produktwissen ist für jedes Individuum bestimmbar und kann über alle Mitarbeiter aufsummiert werden.

2. Product – Performance Matrix (B): Finanzieller Erfolgsbeitrag, der durch die Wissensarbeit entsteht.

3. Knowledge – Process Matrix (U): Das Wissen des Mitarbeiters in Bezug auf den Kernprozess. Es kann genau wie in Matrix A gemessen und aufsummiert werden.

Wissensarbeit messbar machen

2.5

4. **Process – Performance Matrix (V):** Zeigt den Erfolgsbeitrag der Kernprozesse in Bezug auf den organisationalen Erfolg.

Um schließlich den Beitrag von Wissen (Produkt- bzw. Prozesswissen) auf den Erfolg des Unternehmens zu messen, bedarf es zweier weiterer Matrizen:

5. **Product Knowledge – Financial Performance Matrix (C):** Dieser Zusammenhang ergibt sich aus einer Multiplikation der Matrizen A und B.

6. **Process Knowledge – Organizational Performance Matrix (W):** Hier werden alle Wissensaktivitäten in Bezug auf die Prozesse über alle Mitarbeiter addiert.

Notwendige Grundlage zu Berechnung der Matrizen ist die Unterstützung durch die Data Envelopment Analysis (DEA).

Anwendungsbeispiele

Mitarbeiterevaluierung und -entlohnung

Der Wissensbeitrag des einzelnen Mitarbeiters zum finanziellen bzw. organisationalen Erfolg des Unternehmens ist messbar und die Vergütung und Bewertung kann auf dieser Basis festgelegt werden.

Personalzuteilung

Nachdem geklärt worden ist, welches Wissen die Unternehmung benötigt und wie man das Wissen der Mitarbeiter messen kann, ist es möglich, mittels eines Maximierungsproblems die erfolgsmaximale Zuteilung vorzunehmen.

Abschließende Bewertung

Grundsätzlich gilt, dass es bisher keine effektive und praktische Methode gibt, die Produktivität von Wissensarbeitern zu messen. Dennoch hat sich in einem halben Jahrhundert Forschung eine Vielzahl von Ansätzen etabliert, die darauf abzielen, die Problemstellung unter unterschiedlichen Herangehensweisen zu lösen. Trotzdem gibt es bis dato keinen ganzheitlichen Ansatz, der branchenübergreifend anwendbar ist. Ebenso fehlt es an einem Modell, das für eine spezifische Branche eine zufriedenstellende Lösung bietet. Aufgrund der immer größer werdenden Bedeutung der Produktivität von Wissensarbeit und deren Relevanz für den Unternehmenserfolg ergibt sich hier einerseits eine große Herausforderung an die Forschung und andererseits ein großes Bedürfnis einer effektiven praktischen Implementierung der Forschungsergebnisse in der Praxis.

Evas Wissensbilanz

Mein Name ist Eva. Ich bin 45 Jahre alt und arbeite als Technische Redakteurin bei der reinisch AG in Karlsruhe. Zur Gestaltung meiner produktiven Wissensarbeit sind mir besonders folgende Bereiche wichtig:

1. die persönliche Wissensarbeit bei den täglichen Aufgaben und Arbeitsabläufen

2. die Unterstützung, die ich mir dabei von der Organisation wünsche

3. die Auswirkungen auf meine „Work-Live-Balance"

Und noch ein Aspekt ist mir wichtig: Die reinisch AG erstellt seit 2004 regelmäßig Wissensbilanzen nach der Methode „Wissensbilanz – Made in Germany". Wir nennen sie **Intellectual Capital Reports (ICR).** Alle zwei Jahre wird ein Team aus Mitarbeitenden der reinisch AG zusammengestellt. Es definiert die wichtigsten **Einflussfaktoren** unseres intellektuellen Kapitals und analysiert ihren „Zustand". Wir beschreiben:

Humankapital = Die Mitarbeitenden mit ihrem Wissen, ihren Kompetenzen, Fähigkeiten und Fertigkeiten, die sie für den Geschäftserfolg des Unternehmens einsetzen

Strukturkapital = Infrastruktur, die den Mitarbeitenden das Arbeiten ermöglicht/erleichtert; auch Prozesse, Methoden, IT-Systeme und Unternehmenskultur

Beziehungskapital = Beziehungen des Unternehmens zu Kunden, Partnern, der Öffentlichkeit etc. – aber auch zwischen den Mitarbeitenden, Teams oder Standorten innerhalb des Unternehmens

Das Team bewertet das Einflussgewicht der Faktoren aufeinander und letztlich auf den Unternehmenserfolg. Auf diesen Ergebnissen basiert die Entwicklungsstrategie **für das intellektuelle Kapital.** Idealerweise sollten darauf auch das Wissensmanagement-Konzept des Unternehmens sowie die persönliche Wissensarbeit der Mitarbeitenden basieren.

Ich möchte daher meinem Beitrag „Wissensbilanz-Checks" hinzufügen, in denen ich die Aspekte meiner persönlichen Wissensarbeit auf unseren aktuellen ICR beziehe und in die Dimensionen des Intellektuellen Kapitals (Human-, Struktur- und Beziehungskapital) einordne (siehe Abbildung).

Wissensarbeit messbar machen

2.5

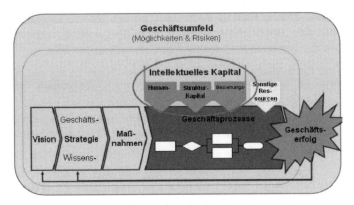

Abbildung: Wissensbilanz-Modell[6]

1. Persönliche Wissensarbeit in den täglichen Arbeitsabläufen

Woraus bestehen in meinem Job als Technische Redakteurin die Routinen? Der Prozess beginnt mit der Recherche und dem Zusammentragen der Informationen zu den Produkten des Kunden. Anschließend werden die Filter angelegt: relevante Informationen sind zu identifizieren und „zwischen zu lagern". Sie in ein folgerichtiges Medium zu „übersetzen", in eine aussagekräftige Form zu bringen und – wo sinnvoll – zu visualisieren, ist ein weiterer wichtiger Anteil der Arbeit. Dazu sind enge Abstimmungen mit dem Kunden erforderlich und selbstverständlich ebenso mit Kollegen, die meine Arbeit ergänzen – zum Beispiel Grafiker.

Persönliches Wissensmanagement: Wer persönliches Wissen erfolgreich managt, nutzt zeitgemäße Formen von Kommunikation und Zusammenarbeit innerhalb und zwischen den Teams. Idealerweise ist diese Kommunikation frei von Hierarchien und funktioniert nach „oben" sowie „unten" genauso gut wie auf der gleichen Ebene. Dies gilt analog für die Kundenseite.

Für mich selbst liegt der Fokus auf dem gemeinsamen Erarbeiten und dem gleichberechtigten Transfer von Wissen. Anstrengend wird es dann, wenn man spürt, dass Wissen vorenthalten und dadurch die Arbeit blockiert wird. Um dies zu vermeiden, muss vertrauensvolles Zusammenarbeiten selbstverständlich sein. Sowohl mit den Kollegen im eigenen Hause als auch mit den Kolleginnen und Kollegen beim Kunden.

Das ist zwar nicht immer ganz leicht, aber notwendig. Es funktioniert allerdings nur dann erfolgreich, wenn wir bei uns selbst beginnen: Ich gebe den Vertrauensvorschuss ans Team und an die Kunden und signalisiere meine Erwartung, dass Vertrauen keine Einbahnstraße ist.

---

[6] Quelle: AK Wissensbilanz, Bearbeitung: reinisch AG

Wissensbilanz-Check: Hier ist als Bestandteil des Strukturkapitals (SK) der reinisch AG die „Unternehmenskultur" besonders wichtig; außerdem der Faktor „Kundenbeziehungen" aus dem Beziehungskapital (BK).

Lernen und Fortbildung: Ein weiterer wichtiger Punkt ist aus der zu Arbeit lernen. Dies geschieht in unserer Firma mittels **Projektreviews**. Die Erfolge und Schwierigkeiten sowie gefundene Lösungen werden besprochen und ausgewertet. Daraus ergeben sich interdisziplinäre sowie teamübergreifende Lerneffekte, die wiederum auf das eigene persönliche Wissensmanagement wirken.

Wichtig ist hierbei die Regelmäßigkeit mit der dies geschieht. Singuläre Veranstaltungen mögen „nett" sein, bringen einen aber nicht weiter. Nur das stete Einüben der (team-)eigenen Reflexion wird auf Dauer zielführend sein können.

Als zeitgemäße Form der Fortbildung finde ich es heute daher selbstverständlich, dass sich Praktiker unternehmensübergreifend zusammenfinden und vorher festgelegte Themenbereiche diskutieren. Ein gutes Beispiel hierfür sind **„knowledge-jams"** (z. B. www.cogneon.de/ckj). Bei dieser Form von Treffen konsumieren die Teilnehmer nicht vorgefertigte Referenteninhalte, sondern alle Anwesenden gelten und agieren als gleich berechtigte Experten auf ihrem Gebiet. Sie diskutieren ihre Erfahrungen, ihr Know-how genauso wie ihre Wissenslücken. Dies führt die Gruppe nicht nur zu Erkenntnissen, Lösungs- und Handlungsansätzen, sondern fördert auch die in diesem Artikel mehrfach genannte „Vertrauenskultur". Dass die Ergebnisse in einem gemeinsamen Wiki präsentiert und weiter entwickelt werden können, ist bei dieser Form von fachlicher und persönlicher Fortbildung selbstverständlich.

Wissensbilanz-Check: Wie und ob KollegInnen im Team gemeinsam aus Erfahrungen und Fehlern (!) lernen, ist eine Frage der Unternehmenskultur (SK). Aus- und Weiterbildung ist eine Investition in Humankapital. Auch die „Mitarbeitermotivation" wird damit gestärkt. Wählt man die oben beschriebenen Formen von Veranstaltungen, entwickelt man gleichzeitig den Beziehungskapital-Faktor „Netzwerke".

2. Unterstützung durch die Organisation

Strukturkapital: Erfolgreiche Unternehmen beschäftigen engagierte Wissensarbeiter. Sie beschäftigen sich auch damit, wie sie ihre Wissensarbeiter noch erfolgreicher machen können. Dabei haben sie erkannt, dass beider Erfolg steigt, wenn ein leistungsfähiges Strukturkapital zur Verfügung steht. Ich bin davon überzeugt, dass „Individualspezialisten" künftig kaum mehr in der Lage sein werden, mit dem sich immer schneller erneuernden Wissen Schritt zu halten. Ohne gute interne und externe Kontakte lässt sich kaum mehr erfolgreich arbeiten. Das führt uns zu einem weiteren wichtigen Bestandteil des Strukturkapitals: der Unternehmenskultur. Wie bereits erwähnt, bedarf ein funktionierendes Netzwerk einer ausgeprägten persönlichen Vertrauenskultur. Nur wer Wissen freiwillig und freigebig teilt, wird auf Dauer von dem übergreifenden Wissenstransfer profitieren und seine Netzwerke behalten können.

Die Organisationsstruktur des Unternehmens muss demnach derart gestaltet sein, dass Zusammenarbeit nicht nur eindeutig gewollt ist, sondern auch gefördert wird. Bei der Organisation in immer mehr Profitcenter ist es insofern auch wichtig, Kosten ebenso transparent zu machen wie die Verteilung von Provisionen und Erfolgsbeteiligungen. Wenn der überwiegende Teil der Belegschaft das Gefühl hat, dass es in all diesen Belangen fair zugeht, dann werden sich notwendige Verhaltensweisen einfacher und schneller einstellen.

Dazu ist es notwendig, den **Führungsstil** im Unternehmen zu **definieren**, zu diskutieren und gegebenenfalls zu korrigieren. In den geeigneten Bereichen ist kooperative Führung ein Muss. Nur sie lässt **Selbstbestimmung** zu und fördert die **Selbstverantwortung** und **Motivation** jedes Einzelnen. Voraussetzung ist ein einheitliches und abgestimmtes Rollenverständnis.

Wissensbilanz-Check: Ein Unternehmen sollte sich bewusst sein, dass Humankapital „flüchtig" ist. Das Wissen der Mitarbeitenden ist größtenteils an die Menschen gebunden. Und diese wechseln nun mal ab und zu den Arbeitgeber – Unzufriedene gehen schneller als Zufriedene.

„Führungskompetenz" steht im Mittelpunkt vieler wichtiger Wechselbeziehungen: Die Führungskräfte haben starken Einfluss auf die Mitarbeitermotivation (HK), sie prägen Kommunikation, Kooperation und Unternehmenskultur (SK) sowie Mitarbeiterbeziehungen (BK).

Ein leistungsfähiges Strukturkapital hilft, Mitarbeiter an das Unternehmen zu binden: Die in unserem ICR dargestellten Wechselbeziehungen zwischen einzelnen Faktoren der Dimensionen SK und HK zeigen dies sehr deutlich. Zum Thema Anreize kann ich mir Folgendes vorstellen: Um den Bezug zwischen der Wissensbilanz und Arbeitsalltag enger und für alle offensichtlicher zu gestalten, sollten die im ICR genannten Indikatoren zur Bewertung des intellektuellen Kapitals an persönliche Zielvereinbarungen gekoppelt werden. Häufig besteht dieser Zusammenhang noch nicht und so fallen einige sinnvolle Zielwerte für das intellektuelle Kapital aus.

Prozesse: Die Entlastung des Wissensarbeiters durch funktionierende und reibungsarme Personal- und Unterstützungsprozesse etwa haben direkte, die Effizienz steigernde Wirkung. Denn ich möchte mich auf meine Kernaufgaben konzentrieren können und mich nicht länger als nötig mit Personal- oder Controlling-Aktivitäten wie Urlaubsanträgen oder etwa dem Berichtswesen über meine Projekte beschäftigen.

Wissensarbeit managen und messen

Wissensbilanz-Check: „Prozessleistung" ist ein Erfolgsfaktor unseres Strukturkapitals.

Informations- und Kommunikationstechnologie: Ich bin viel unterwegs: zu den diversen Niederlassungen meiner Firma und natürlich zu Kunden. Für mich ist daher wichtig, dass mein Unternehmen die mobile Arbeit unterstützt. Was dann natürlich funktionieren muss, ist der Remote-Zugriff auf Informationsressourcen und die Offline-Synchronisierung der Daten. So steht mir unterwegs alles Benötigte zur Verfügung und dank meines iPod kann ich alle Nebengeräusche ausblenden und im Zug konzentriert arbeiten. Außerdem gibt es in Zeiten der „Social Software" einiges, was uns das Leben und die oben geschilderte Wissensarbeit erleichtern kann. Spezielle Konferenzsysteme und Instant Messaging-Anwendungen etwa erlauben neue, direkte und Zeit sparende Kommunikationsformen. Die Nutzung solcher Medien erleichtert professionelle Wissensarbeit ungemein und macht sie zudem wesentlich wirtschaftlicher. In diesem Zusammenhang ist das Wiki interessant. Ist man erst einmal in der Benutzung von Wikis geübt, erstellt man immer weniger Word- oder Powerpoint-Dokumente. Denn im Wiki lässt sich gemeinsames Arbeiten an Inhalten einfacher organisieren. Allerdings wird es immer auch Dokumente geben, die eine Gruppe gemeinsam nutzen möchte. Für dieses so genannte „Media sharing" ist also ebenfalls die Unterstützung durch ein geeignetes Tool sinnvoll.

Wissensbilanz-Check: Zum Strukturkapital gehört eine effiziente IT-Infrastruktur, die Wissensarbeit der Mitarbeitenden unterstützt. Mit dem Aspekt Social Networking haben wir hier zusätzlich einen Bezug zum Beziehungskapital: Die reinisch AG hat „Netzwerke" als einen BK-Erfolgsfaktor benannt.

Wissensmanagement-Unterstützung: Bisher habe ich beschrieben, welche unterstützenden Maßnahmen wichtig und hilfreich sind. Am besten ist man jedoch dran, wenn man, wie in meinem Unternehmen, in seiner Wissensarbeit von einem **Wissensmanagement-Team** unterstützt wird. Bei der Anwendung der erläuterten Methoden und Tools sowie der Organisation von Maßnahmen wie zum Beispiel der Erstellung von **Wissenslandkarten** oder **Expert Debriefings** unterstützt zu werden, ist natürlich ideal. Und zahlt sich durch den Gewinn von Effizienz und Qualität ökonomisch aus.

Wissensbilanz-Check: Unter diesem Gesichtspunkt stärkt das Wissensmanagement-Team der reinisch AG mehrere Dimensionen des intellektuellen Kapitals: Die vorhandenen Fähigkeiten und Kompetenzen gehören zum HK-Faktor „Fachkompetenzen". Durch Einsatz genau dieses Fachwissens stärkt das Team den SK-Faktor „Kooperation und Wissenstransfer" – der übrigens auf viele Faktoren aus allen Dimensionen eine starke Wirkung ausübt.

3. Work-Live-Balance

Selbstorganisation: Erfolgreiche Wissensarbeiter arbeiten im Großen und Ganzen selbstbestimmt. Die Zeit, die neben terminlichen Notwendigkeiten zur Verfügung steht, wird selbstständig eingeteilt. Dazu braucht es das nötige Selbstvertrauen und das Vertrauen der Organisation in ihre Mitarbeiter. Wer seine Arbeitszeit frei und überwiegend individuell einteilen kann, ist motivierter und deshalb erfolgreicher in der Bewältigung seiner Aufgaben und Anforderungen.

Wissensbilanz-Check: Hier reden wir über den BK-Faktor „Mitarbeiterbeziehungen". Und es wird eine wichtige Wechselbeziehung deutlich: Die „Mitarbeiterbeziehungen" haben Einfluss auf einen bedeutenden Faktor des Humankapitals (HK): die „Mitarbeitermotivation".

Gestaltung und (Innen-)Architektur: Die Bedingungen für das physische und psychische Wohlbefinden sind von eminenter Bedeutung, wenn man an seinem Arbeitsplatz zwischen acht und elf Stunden täglich verbringt. Trotzdem wird darauf leider oft noch nicht genügend geachtet. Vieles, was dazu beiträgt, kommt von den MitarbeiterInnen selbst (Pflanzen, Bilder, Gestaltung des individuellen Arbeitsplatzes). Ganzheitlich ausgerichtete Unternehmen haben bereits erkannt, dass sich sowohl das Design als auch die Einrichtung des Unternehmens, der einzelnen Büros und Funktionsräume direkt auf die Leistungen der Beschäftigten auswirken. Transparenz, der direkte Zugang zu Kollegen, Räume für konzentrierte Arbeit sowie Inseln für Ausgleich und Ruhephasen beeinflussen Wissensarbeit positiv.

Wissensbilanz-Check: Hier kommt noch einmal eine Bestätigung eines oben bereits genannten Wirkungszusammenhangs: Aspekte des Strukturkapitals haben direkte Auswirkung auf den HK-Faktor „Mitarbeitermotivation" und damit auf Leistung(sbereitschaft) und letztlich den Geschäftserfolg.

Meine Abschlussbemerkung: Das Zeitalter der Individualarbeit ist vorbei. Im letzten Jahrzehnt hat die Ära der Zusammenarbeit begonnen: Die Kultur in den Unternehmen musste und wird sich weiter verändern. Der Schlüsselbegriff ist Zusammenarbeit, nicht nur zwischen Einzelnen, sondern zwischen Teams, Bereichen und über Standorte und Unternehmensgrenzen hinweg. Die konsequente Anwendung der Erkenntnisse aus der Wissensbilanz bietet die ideale Leitschnur für die strategische Unternehmensentwicklung. Mir ist aber auch klar geworden, dass die Wissensbilanz ganz konkret Erfolgsfaktoren benennt, die für meine tägliche professionelle Wissensarbeit wichtig sind.

Anja Flicker, Thomas M. Paul

2.6 Strategien der Performancesteigerung von Wissensarbeitern

Das Produktivitätsparadoxon der IKT

Investitionen in I&KT alleine reichen nicht aus

Die Investitionen der amerikanischen Wirtschaft in die Informations- und Kommunikationstechnologie sind in den letzten zwei Jahrzehnten dramatisch gestiegen. So sprang beispielsweise der Anteil dieser neuen Technologien im Verhältnis zu den Gesamtinvestitionen von 7 % im Jahre 1979 auf zurzeit rund 40 % (vgl. Clarke, Clegg 2000). Diese enormen Investitionen hätten volkswirtschaftlich betrachtet einen vergleichbar dramatischen Produktivitätszuwachs zur Folge haben müssen. Das Gegenteil scheint allerdings derzeit der Fall zu sein:

„In fact productivity gains slowed markedly in the established industrial economies. Growth in total facto productivity (output per unit of labor and capital combined) has slipped from an average of 3.3 per cent in 1960-73, to 0.8 per cent since then." (Clarke, Clegg 2000, S. 161)

Organisationale Strukturen verändern

Dieses bemerkenswerte Phänomen wird von Ökonomen als „Productivity Paradox" bezeichnet (vgl. dazu insbesondere Strassmann 1997). Begründet wird dieses Produktivitätsparadoxon damit, dass es offensichtlich nicht genügt, nur in neue Informations- und Kommunikationstechnologien zu investieren, ohne die sie umgebenden organisationalen Strukturen zu verändern. Ähnliche Ergebnisse erhält man auch bei vergleichbaren Studien zur Wirksamkeit von Investitionen in F&E (vgl. dazu insbesondere Caloghirou, Kastelli und Tsakanikas 2004; Plasonig 1990; Vickery, Wurzburg 1999).

Aus- und Weiterbildung anpassen

Es genügt damit nicht, nur in technische Kapazität zu investieren und die organisationale wie auch personale Verarbeitungskapazität gleichzeitig zu ignorieren oder anders ausgedrückt: Mitarbeiter müssen bereit und fähig sein, neue Technologien wirksam einsetzen zu können. Dies verlangt nach investitionsbegleitender Aus- und Weiterbildung. Gleichzeitig müssen die Organisationsstrukturen einen wirksamen Einsatz der neuen Technologien auch erlauben. Dies verlangt aber ein Neu(durch)denken der Organisation an sich.

Die Rolle der Arbeitsplatzgestaltung

Fünf Schlüsselfaktoren für das Scheitern von Produktivitätsverbesserungen

Davenport, Thomas und Cantrell (2002) haben anhand einer Studie, bei der sie innerhalb eines Zeitraumes von einem Jahr über 100 Akademiker, Experten und Manager zum Thema Arbeitsplatzdesign befragten, fünf Schlüsselfaktoren gefunden, an deren Umsetzung viele Unternehmen beim Versuch die Produktivität von Wissensarbeitern zu steigern, scheitern. Diese werden im Folgenden näher erläutert und deren Relevanz soll unter Bezugnahme auf andere Ansätze und Beiträge bestätigt werden. Im Weiteren werden die verschiedenen Ausprägungsformen von Mitspracherechten und Autonomiegewährung dargestellt. Die als Resultat der durchgeführten Studie gewonnenen fünf Schlüsselfaktoren stellen sich wie folgt dar:

1. Integration
Obwohl die Bestimmungsfaktoren für die Arbeit von Wissensarbeitern weitestgehend bekannt sind, werden diese nur in unzureichendem Maße in die Unternehmenskultur integriert. Die drei wichtigsten Einflussfaktoren stellen Management und Unternehmensorganisation (d. h. der Managementstil und die organisatorischen Strukturen), Informationstechnologie und Arbeitsplatzdesign in Form von Arbeitsplatzgestaltung dar. Wie die Studienergebnisse zeigen, konzentrieren sich Unternehmen grundsätzlich auf nur einen der drei Faktoren unter Vernachlässigung der weiteren, wobei vor allem der Bereich Informationstechnologie eines der bevorzugten Gestaltungsfelder darstellt. Durch diese Vorgehensweise wird allerdings eine Integration der drei Bereiche versäumt, wodurch es kaum zu einer effizienten Lösung kommen kann. In diesem Zusammenhang schreiben auch Kaplan und Aronoff (1996) in ihrem Artikel über die Arbeitsplatzgestaltung von Wissensarbeitern, dass es nur unter der Berücksichtigung einer Integration von IT, Arbeitsprozessen und Anpassung an persönliche Bedürfnisse zu einer effektiven Funktion der Verbesserung von Produktivität kommen kann.

2. Segregation
Im Zusammenhang mit den unterschiedlichen Aufgaben und Tätigkeiten, die sowohl von Wissensarbeitern als auch von Arbeitern in der Produktion ausgeübt werden, kamen Davenport, Thomas und Cantrell (2002) zu der Erkenntnis, dass Managern zwar die Unterschiede zwischen diesen beiden Arbeitergruppen bewusst sind, der Differenzierung innerhalb der Gruppe der Wissensarbeiter aber kaum Beachtung beigemessen wird. Gründe für dieses Verhalten sind zum einen die Befürchtung einer Schichtenbildung, da ein solches Vorgehen durch die Zuspreche von mehr Autonomie zu einer Klassenbildung innerhalb des Unternehmens führen könnte, zum anderen Autoritätsängste seitens des Managements.

3. Zuständigkeit
Einen weiteren Konflikt bei der Produktivitätssteigerung von Wissensarbeitern stellt die Zuständigkeit bzw. Nicht-Zuständigkeit seitens der Unternehmensabteilungen dar. Zwar sehen viele einen wichtigen Beitrag ihrer Funktion zur Erreichung des Ziels der Produktivitätssteigerung, geht es allerdings um die Frage der Verantwortlichkeit, so bleibt diese unbeantwortet. Davenport, Thomas und Cantrell (2002) erklären dies damit, dass zum einen Linienmanager nicht die Zeit zur Optimierung von Arbeitsprozessen, Arbeitsplatzgestaltung und Technologien finden, da sie mit aktuellen Geschehnissen im Unternehmen beschäftigt sind und zum anderen Stabstellen

nicht die nötige Autorität besitzen, diese Aufgaben in ihren Verantwortlichkeitsbereich zu übernehmen.

4. Arbeitsplatzgestaltung
Im Bezug auf den Arbeitsplatz selbst bemühen sich viele Unternehmen zwar um eine moderne, angenehme und angemessene Gestaltung desselbigen, jedoch werden Entscheidungen anhand von aktuellen Trends, Modeerscheinungen und abhängig von der Finanzierbarkeit gefällt. In diesem Zusammenhang kommt die Studie von Davenport, Thomas und Cantrell (2002) zu dem Ergebnis, dass beispielsweise Großraumbüros zwar einerseits die Kommunikation und den Informationsfluss fördern, aber andererseits Wissensarbeiter sich durch den steigenden Geräuschpegel in ihrer Arbeit gestört fühlen und deren Produktivität somit darunter leidet. Kaplan und Aronoff (1996) kommen in ihrem Artikel über Arbeitsplatzgestaltung zu ähnlichen Ergebnissen. Auch sie betonen die Wichtigkeit der Anpassung von Arbeitsplätzen an die gegebenen Umstände und unterschiedlichen Bedürfnisse, um somit Konzentration und Effektivität zu fördern. Zusätzlich führen sie die Notwendigkeit einer differenzierten Betrachtungsweise bei Einzel- bzw. Teamarbeit an, da auch bei unterschiedlichen Arbeitsformen unterschiedliche Gestaltungsmaßnahmen zu setzen sind. Im Bereich der Informationstechnologie ist es zudem notwendig, dass Wissensarbeiter den Umgang mit den verschiedenen Technologien lernen, um somit eine tatsächliche Effizienzsteigerung zu gewährleisten und Arbeitsprozesse nicht zu verkomplizieren.

5. Anpassungskonflikt
Änderungen innerhalb eines Unternehmens und Änderungen, die äußere Einflussfaktoren betreffen, müssen auch auf die Arbeit von Wissensarbeitern ausgedehnt werden, d.h. dass deren Arbeit nicht resistent gegen Veränderungen ist, sondern ebenso angepasst werden muss, wie Management- und Organisationsstrukturen selbst.

Die bereits erwähnte Notwendigkeit einer Differenzierung innerhalb der Gruppe der Wissensarbeiter, sowie die Gewährung unterschiedlicher Ausprägungen von Mitspracherechten und Autonomie führt zu unterschiedlichen Möglichkeiten der Arbeitsgestaltung, die in Abbildung 2-10 veranschaulicht werden:

Strategien der Performancesteigerung von Wissensarbeitern

2.6

Differenzierungsstrategien (vgl. Davenport, Thomas und Cantrell 2002, S. 29) *Abbildung 2-10*

- Ausmaß der Segmentierung
  Ein geringes Ausmaß an Segmentierung innerhalb eines Unternehmens bedeutet, dass allen Mitarbeitern mehr oder weniger dieselbe Standardausstattung zur Verfügung gestellt wird, wobei dies in einem sehr umfassenden Sinne zu verstehen ist und von Größe und Ausstattung der Büros bis hin zu technischem Equipment und Software alles inkludiert. Geringe Segmentierung bietet sich vor allem für Firmen an, deren Angestellte weitgehend homogene Arbeiten verrichten. Dies kann den allgemeinen Aufwand und den Organisationsgrad erheblich reduzieren und damit Kosten verringern helfen. Gerade für Wissensarbeit kann das aber auch negative Auswirkungen nach sich ziehen. So fördern etwa Großraumbüros die Kommunikation, die Konzentrationsfähigkeit kann aber durchaus darunter leiden. Auch auf die individuellen Bedürfnisse des Einzelnen kann nur wenig Rücksicht genommen werden. Bei einem mittleren Ausmaß an Segmentierung werden die Mitarbeiter bestimmten Kategorien zugeordnet, nach denen sich die Ausstattung richtet. In der Praxis ist das mit Sicherheit die gängigste Form.
  Hohe Segmentierung ist eher selten anzutreffen, sie ist sehr kostspielig und die Implementierung zeitaufwändig. Deshalb wird oft nur in Teilen der Organisation eine hohe Differenzierung umgesetzt.

- Ausmaß an Mitspracherecht
  Das Ausmaß an Wahlfreiheit und Mitspracherecht bezüglich der Arbeitsausstattung beeinflusst vor allem die Zufriedenheit der Mitarbeiter und verleiht ein Gefühl der Autonomie.

2 Wissensarbeit managen und messen

Manche Firmen bieten ihren Angestellten keine Wahlmöglichkeiten, die Arbeitsplätze sind – unabhängig vom Ausmaß der Segmentierung – festgelegt und unveränderlich. Ein Arbeitsumfeld ohne Wahlmöglichkeiten ist ähnlich der niedrigen Segmentierung leicht zu managen, spart aber nicht unbedingt Geld.

In den meisten Fällen haben Angestellte ein gewisses Mitspracherecht. Im Rahmen eines festgelegten Budgets können Sie die Ausstattung ihres Arbeitsplatzes mitbestimmen. Oft gibt es Optionen bei der Wahl von Hard- und Software, manchmal haben Angestellte auch die Freiheit, von zu Hause aus zu arbeiten. Bis zu einem gewissen Grad wird also versucht, das Umfeld nach der Arbeit und den Bedürfnissen der Angestellten auszurichten.

Ein hohes Maß an Selbstbestimmung kann vor allem bei kreativen Berufen wichtig für Zufriedenheit und Arbeitsleistung sein. Das Ausmaß reicht hier von speziell erstellten Computerprogrammen bis zur Mitnahme eigener Möbel.

Das Ausmaß an Segmentierung und Mitspracherecht muss für jedes Unternehmen individuell festgelegt werden. Dabei ist die zentrale Frage, welche Aufgaben die Angestellten wirklich ausführen und was sie für deren erfolgreiche Umsetzung benötigen. Das Ausmaß der Homogenität des Unternehmens bezogen auf die verrichteten Arbeiten spielt dabei eine ebenso wichtige Rolle wie die Suche nach den tatsächlichen Erfolgstreibern. Je höher die Autonomie der Arbeiter, desto höher wird in der Regel der erforderliche Grad an Segmentierung und Wahlfreiheit sein. Größen, wie der finanzielle Aufwand oder die generelle Unternehmensstrategie, müssen dabei auch in die Überlegungen einfließen.

Ein entscheidender Faktor für jede Art der Ausstattung ist die sorgfältige Implementierung. Das modernste Computerprogramm hat keinen Wert, wenn es die Benutzer nicht ordnungsgemäß bedienen können. Ein Unternehmen kann dabei durchaus verschiedene Ausprägungen der Arbeitsplatzgestaltung in verschiedenen Bereichen umsetzen. Entscheidend ist, dass für die jeweilige Art der Arbeit (in Einklang mit der Firmenstrategie) die bestmögliche Unterstützung sichergestellt wird.

Strategien der Performancesteigerung von Wissensarbeitern

2.6

Die 6 Regeln zur Steigerung der Produktivität von Wissensarbeitern nach Drucker

Sechs entscheidende Faktoren tragen nach Peter Drucker dazu bei, die Produktivität von Wissensarbeitern zu steigern (vgl. Drucker 1999a, S. 201 f.):

1. Der Produktivitätssteigerung der Wissensarbeiter liegt folgende Fragestellung zugrunde: „Welcher Aufgabe müssen wir uns stellen?"

Die erste grundlegende Frage bei der Betrachtung der Produktivität von Wissensarbeitern ist: Was ist die zu erfüllende Aufgabe (Task)? Bei manueller Arbeit hingegen steht nur die Frage im Mittelpunkt, wie die Arbeit erledigt werden sollte. Die Aufgabe an sich ist bei manueller Arbeit stets klar definiert und gegeben. Im Gegensatz dazu müssen sich Wissensarbeiter nicht an klare Vorgaben halten. Die erste Voraussetzung, um Wissensarbeit greifbar zu machen, ist das Erkennen der jeweiligen Aufgabe und die Fokussierung der Wissensarbeiter auf diese Aufgabe. Dies setzt voraus, dass die Wissensarbeiter selbst definieren, was die Aufgabe ist oder sein sollte. Einzig und allein die Wissensarbeiter selbst können dies bewerkstelligen. Die Arbeit an der Produktivität von Wissensarbeitern erfordert es, dass man Wissensarbeiter folgende Fragen stellt:

Wissensarbeiter definieren ihre Aufgaben selbst

- Was ist deine Aufgabe?
- Was sollte deine Aufgabe sein?
- Was solltest du beitragen?
- Was hindert dich daran, deine Aufgabe erfolgreich zu erfüllen und muss deswegen verändert werden?

Wissensarbeiter kennen meistens die Antwort auf diese Fragen. Jedoch braucht es regelmäßig Zeit und harte Arbeit, um die Arbeitsaufgaben so zu restrukturieren, dass sie den Beitrag zum Unternehmenserfolg leisten können, für den sie eigentlich bezahlt werden. Wenn man diese Fragen jedoch stellt und Maßnahmen entsprechend der Antworten setzt, kann dies zu enormen Produktivitätssteigerungen führen.

2. Die Produktivität zu steigern erfordert, dass wir die Wissensarbeiter auffordern, selbst die Verantwortung für Ihre Produktivität zu übernehmen. Sie müssen sich selbst managen. Sie müssen autonom agieren können.

Wir leben in einer Welt, in der unser Leben zunehmend von großen Organisationen geprägt wird. Gleichzeitig wird gerne die zunehmende Bedeutung

2 Wissensarbeit managen und messen

der menschlichen Ressource in dieser „organisierten Welt" hervorgehoben. Der Mensch wird dabei alternativ als Mittelpunkt, als kritischer Erfolgsfaktor oder als strategische Ressource gesehen. Es wird betont, dass neben dem Wissensmanagement der Organisation das persönliche Wissensmanagement zunehmend bedeutsamer wird und es wird gerne gefordert, dass der Mensch sich zuallererst selbst besser kennen lernen müsste, sein kognitives Potenzial weiter ausbauen und das Prinzip des lebenslangen Lernens verinnerlichen sollte. Im Kern wird dabei das bekannte ökonomische Prinzip des Mehr, Besser und Schneller von der Organisation auf den Menschen übertragen und zunehmend auch die Verantwortung für das erfolgreiche Gelingen. Diese Logik macht vielen Menschen Angst und führt häufig zu einer reservierten Haltung gegenüber personalisierten Ansätzen des Informations- und Wissensmanagements. Was verbirgt sich aber im Kern hinter diesen Ansätzen?

Persönliches Wissensmanagement

Persönliches Wissensmanagement bietet dort Chancen, wo es die Unterschiedlichkeit der Menschen anerkennt und zunächst einmal zu einer kritischen Selbstanalyse aufruft. Damit steht nicht mehr das mehr Wissen, schneller Lernen und besser Arbeiten im Vordergrund, sondern das Erkennen des eigenen Profils, der eigenen Unterschiedlichkeit. Folgende Fragen können bei dieser Selbstanalyse helfen (vgl. Drucker 1999b):

- *Bin ich ein guter Zuhörer oder ein guter Leser?*
- *Bin ich ein guter Kommunikator oder ein guter Schreiber?*
- *Lerne ich besser unter Druck oder benötige ich dazu Freiraum?*
- *Erziele ich bessere Ergebnisse als Einzelperson oder im Team?*
- *Führe ich lieber selbst oder lasse ich mich gerne führen?*
- *Bin ich eher extrinsisch oder eher intrinsisch motiviert?*
- *Bevorzuge ich eher Sicherheit und Routine oder Abenteuer und Veränderung?*

In der Folge kann man beginnen, Vielfalt und damit auch Unsicherheit durch bewusste Auswahl zu reduzieren: Ich muss nicht mehr den Anspruch an mich selbst stellen (lassen), alles zu wissen, zu können und zu lernen, um ja nichts zu verpassen. Vielmehr kommt es darauf an, zu erkennen, wer ich bin, was zu mir passt und was für mich Sinn macht. Insofern sollte persönliches Wissensmanagement nicht als neue Religion der Wissensgesellschaft missverstanden werden, sondern kann als Wiederentdeckung des Menschen, seiner Individualität, Intelligenz, Kreativität und Vielfalt, in einer vom Markt und Organisationen dominierten und häufig normierten Welt verstanden werden. Hierin liegt aus meiner Sicht die größte Chance, persönliches Wissensmanagement auch für sich selbst zu entdecken.

3. Ununterbrochene Innovationsleistungen müssen Bestandteil der Arbeit, der Aufgabenstellung und des Verantwortungsbereiches der Wissensarbeiter sein.

Innovation in industriellen Organisationen ist eher die Ausnahme als die Regel. Das archetypische Merkmal dieses Denkens stellt das betriebliche Vorschlagswesen dar. Das betriebliche Vorschlagswesen verfolgt das Ziel, die Unternehmensmitglieder zu Verbesserungsvorschlägen anzuspornen. Beim klassischen Vorschlagswesen wird zu diesem Zweck eine zentrale Stelle eingerichtet, die die eingereichten Vorschläge auf ihre Praktikabilität hin beurteilt und die Einreicher mit Geld- bzw. Sachprämien belohnt. Somit werden bisher nicht genutzte individuelle und kollektive Wissensbestände der organisationalen Wissensbasis zugänglich gemacht. Der Nachteil des klassischen Vorschlagswesens liegt zum einen in der anonymen Art des Ablaufs; der Mitarbeiter erfährt lange nicht, was mit seinem Vorschlag passiert, und im schlimmsten Falle auch nicht, warum sein Vorschlag abgelehnt wurde. Dadurch können Lernblockaden durch negative Erfahrungen entstehen. Zum anderen behindert ein monetäres Prämierungssystem den zur Verbesserung von Ideen so wichtigen kollektiven Lernprozess durch eine egozentrische Misstrauenskultur. Damit bleibt die Qualität der Ideen aber innerhalb der Strukturdeterminiertheit der einzelnen Person limitiert.

Lernende Organisationen schaffen Räume für Innovationen. Wissen benötigt einen Kontext, einen Raum, in dem es entstehen kann. Dieser Raum wird von Nonaka, Toyama und Konno (2000) als Ba bezeichnet: *Raum für Innovation schaffen*

„Based on a concept that was originally proposed by the Japanese philosopher Kitaro Nishida and was further developed by Shimizu, ba is here defined as a shared context in which knowledge is shared, created and utilized." (Nonaka, Toyama und Konno 2000, S. 14.)

Dabei betonen *Nonaka, Toyama* und *Konno* (2000), dass unter Ba nicht ausschließlich ein physischer Raum, wie beispielsweise ein Büro oder eine Bibliothek, zu verstehen ist, sondern dass Ba vielmehr auch einen virtuellen oder mentalen Raum umfassen kann oder eine Kombination dieser drei Möglichkeiten. Der wichtigste Bestandteil von Ba ist Interaktion, mit anderen Menschen, der Organisation oder ihrem Umfeld. Neues Wissen wird im Zuge dieser Interaktion entwickelt. *Ba-Konzept*

Zentral ist die situationsspezifische Gestaltung des Lernkontextes abhängig von der Art des jeweils zu generierenden oder transferierenden Wissens:

Abbildung 2-11 Das Ba-Konzept nach Nonaka, Konno und Toyama (2000)

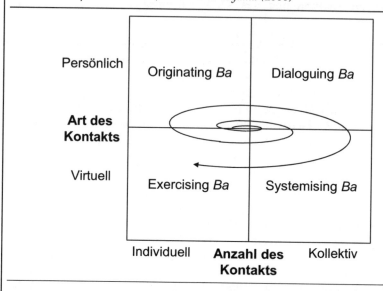

Nonaka, Toyama und Konno (2000) unterscheiden in diesem Zusammenhang vier Arten von Ba und bringen diese in direktem Zusammenhang mit der Spirale des Wissens. Originating Ba ist der Ort, an dem Menschen gemeinsam ihre Erfahrungen, Emotionen und Gefühle teilen. Es ist das Ba, an dem implizites Wissen geteilt wird und an dem der Wissensgenerierungsprozess beginnt. Dialoguing Ba trägt dazu bei, dass die mentalen Modelle und Fähigkeiten des Einzelnen in explizites Wissen transformiert werden. Dies kann durch individuelle Reflexion und gemeinsamen Dialog geschehen. Systemising Ba ist eher virtuell als real zu sehen. In diesem Ba werden explizite Wissensbestände miteinander kombiniert und dadurch wird neues explizites Wissen erzeugt. Exercising Ba ist der Ort, an dem die Umwandlung von explizitem Wissen in implizites Wissen geschieht. Im Unterschied zum Dialoguing Ba wird hier Wissen durch ein „Learning by Doing" internalisiert.

4. Wissensarbeit verlangt vom Wissensarbeiter die Bereitschaft, kontinuierlich zu lernen, auf Seiten der Arbeitgeber jedoch gleichermaßen die kontinuierliche Bereitschaft, in die Ausbildung der Wissensarbeiter zu investieren.

Die Art des Vertrages zwischen lernender Organisation und Wissensarbeiter ist ein anderer als es zu Zeiten der industriellen Organisation der Fall war. Die industrielle Organisation kaufte grundsätzlich Fähigkeiten gegen Geld ein. Wurde eine Fähigkeit benötigt so wurde nach dieser Fähigkeit am Arbeitmarkt gesucht, das Vorhandensein der Fähigkeit vor Einstellung getestet und der dafür marktübliche Preis bezahlt. Änderte sich das Fähigkeitsprofil der Organisation begann dieser Prozess von neuem, nicht mehr benötigte Fähigkeiten und die Mitarbeiter, die damit verbunden waren, wurden abgebaut.

Heute kommt es nicht mehr darauf an, bestimmte Fähigkeiten zu testen, sondern die kontinuierliche Lern- und Veränderungsbereitschaft der Mitarbeiter. Die Kompatibilität der Werte und nicht der Fähigkeiten ist der entscheidende Einstellungstest. Bezahlt wird in der Regel für Lern- und Veränderungsfähigkeit, nicht für konkretes Wissen. Betrachtet man die Lehrsituation bzw. das Lernumfeld genauer, so kann grundsätzlich zwischen Weiterbildung und damit Wissenstransfer „on the job" und Wissenstransfer „off the job" unterschieden werden. Bei der Weiterbildung „on the job", wie beispielsweise im Rahmen der Arbeitsplatzeinschulung neuer Mitarbeiter oder bei Arbeitsunterweisungen, liegt der Schwerpunkt auf dem Transfer von Handlungs- und Rezeptwissen. Bei der Weiterbildung „off the job", wie beispielsweise im Rahmen von Schulungen oder Workshops, steht in der Regel der Transfer von Faktenwissen und zum Teil auch Grundsatzwissen im Vordergrund.

Kompatibilität der Werte als entscheidender Einstellungstest

5. Die Produktivität der Wissensarbeiter ist in erster Linie nicht eine Frage der quantitativen Leistung. Die Qualität ist zumindest ebenso wichtig.

Manuelle Arbeit setzt zwar ein gewisses Maß an Qualität voraus, meistens aber nur ein Mindestmaß an Qualität. Dort wo Wissensarbeit praktiziert wird, bedarf es nicht eines Mindestmaßes an Qualität, sondern Qualität ist eine grundlegende Voraussetzung für Wissensarbeit. Als Beispiel führt *Drucker* (1999a) einen Lehrer an: Bei der Beurteilung der „Qualität" eines Lehrers stellt sich nicht die Frage, wie viele Schüler er in seiner Klasse unterrichten kann, vielmehr ist es entscheidend, wie viele Schüler etwas in der Stunde lernen können. Dies ist maßgeblich eine Frage der Qualität. Als zweites Beispiel wird ein medizinisches Labor angeführt: Die Frage, wie gut ein Labor arbeitet, richtet sich nicht danach, wie viele Tests in einer gewissen Zeitspanne durchlaufen werden, sondern vielmehr, wie viele der durchgeführten Tests zuverlässig und richtig sind.

Die Produktivität von Wissensarbeitern muss also zuerst daran ausgerichtet werden, Qualität zu erreichen. Nicht eine durchschnittliche oder minimale Qualität wird verlangt, sondern ein Höchstmaß an Qualität. Erst wenn die maximale Qualität erreicht worden ist, kann die Frage nach der Quantität gestellt werden. Eine wichtige Voraussetzung, um Wissensarbeiter vom

Qualitätsmaximierung ist primäres Ziel

2   *Wissensarbeit managen und messen*

Standpunkt der Qualität produktiver machen zu können, ist die Fähigkeit, Qualität zu definieren.

6. Schließlich ist ein Wissensarbeiter nur dann erfolgreich, wenn er als Vermögenswert und nicht als Kostenfaktor angesehen und behandelt wird.

Vermögenswert „Wissensarbeiter" wertstiftend einsetzen und bewahren

Aus klassischer Sicht stellt manuelle Arbeit einen Kostenfaktor dar. Manuelle Arbeitskräfte werden vielerorts als leicht austauschbares Gut gesehen: Die manuelle Arbeit ist durch Kapital substituierbar. Es wird für die manuelle Arbeitskraft der marktübliche Preis bezahlt, bis zu dem Punkt an dem es günstiger ist, die Arbeit von einer Maschine verrichten zu lassen. Manuelle Arbeitskräfte verfügen im Gegensatz zu Wissensarbeitern nicht über die Produktionsmittel und das Wissen, wie etwas hergestellt wird. Sie besitzen zwar viel Erfahrung, aber diese Erfahrung nützt ihnen nur an ihrer bisherigen Arbeitsstelle etwas. Dadurch stehen manuelle Arbeiter in einem hohen Abhängigkeitsverhältnis zu ihren Arbeitgebern. Wissensarbeiter müssen im Gegensatz dazu als Vermögenswert betrachtet werden, um für das Unternehmen produktiv tätig sein zu können. Im Gegensatz zu Kosten, die gesenkt und kontrolliert werden müssen, sollen Vermögenswerte aufgebaut werden und wachsen. Wissensarbeiter besitzen die Produktionsmittel und das Know-how des Produktions- und Wertschöpfungsprozesses. Dadurch sind Wissensarbeiter sehr mobil. Arbeitgeber sind häufig mehr von ihren Wissensarbeitern abhängig als diese umgekehrt von ihnen. Deswegen muss es die Aufgabe des Managements sein, mit dem Vermögenswert Wissensarbeiter sorgfältig umzugehen und ihn für das Unternehmen zu bewahren.

Strategien der Performancesteigerung von Wissensarbeitern   **2.6**

Zwischen den Welten: Forscher in einer außeruniversitären Forschungsinstitution

Montag: Der Wissenschafter Jürgen M. sitzt im Zug und bereitet seine Präsentation vor. Wie so häufig ist er dann besonders produktiv, wenn der Druck am größten ist, jetzt ganz kurz vor einem wichtigen **Kundentermin**. Es bleibt ihm nur noch kurze Zeit bis zum Ziel, Innsbruck Hauptbahnhof. Doch plötzlich, ausgerechnet jetzt, geht der Batterie der Saft aus. Wieder mal einen Zug erwischt, der noch keinen Stromanschluss hat. Aus. Er sichert, schließt noch schnell den Computer. Dann müssen die Schlussfolgerungen bei der Projektpräsentation eben improvisiert werden.

Improvisation hat, wenngleich dies eine Eigenschaft ist, der man im Wissenschaftsbetrieb, noch dazu in den Wirtschaftswissenschaften, der Bereich, in dem er tätig ist, wenig Bedeutung zumisst, offenbar auch für den Wissensarbeiter des 21. Jahrhunderts eine spezifische Bedeutung. Und hängt Improvisation nicht irgendwie mit Kreativität zusammen: Jazz oder Orchester? Entsteht nicht gerade in Spannungsfeldern häufig Innovatives, Neues? Das, was besonders für den Wissenschaftsbetrieb von Bedeutung ist? Vermutlich. Gerade im Wissenschaftsbetrieb kann und soll nicht alles standardisiert werden, alle Prozesse lassen sich nicht im Detail strukturieren und vorgeben. Auch wenn in den letzten Jahren vieles in diese Richtung unternommen wurde, in vielen Institutionen des Wissenschaftssystems, häufig unter dem Deckmantel der Produktivitätssteigerung. Vor allem aber braucht es die Freiheit in dem, wie Problemstellungen gelöst werden, eine strikte Vorgabe des Lösungswegs ist kontraproduktiv.

Jürgen kennt dies aus eigener Erfahrung, er braucht immer wieder Phasen, in denen er sich vollständig und ausschließlich einer Fragestellung widmen kann, in ein Thema ganz versinken kann. Dann versucht er, alle anderen Verpflichtungen und Termine zu verschieben, so gut er dazu imstande ist. Auch wenn er weiß, dass ihm das später neue Probleme bringt. Aber er nimmt es in Kauf, denn in diesen Zeiten gewinnt er große Freude an seiner Arbeit, die dann mehr als nur Arbeit ist. Jürgen ist Mitarbeiter einer außeruniversitären Forschungseinrichtung. Dort wird **anwendungsorientierte Forschung** betrieben, es werden Problemstellungen für private und öffentliche Auftraggeber gelöst, nach wissenschaftlichen Prinzipien. Dies erfordert **permanente Innovation**, die Auseinandersetzung mit stets neuen Fragestellungen. Er ist in der Wissenschaft zu Hause, ebenso wie in der Beratung.

Aber kann man das eigentlich? Jürgen versucht es. Und in diesen Zeiten der **Entschleunigung,** meist nur ein oder zwei Wochen, wo er sich ganz einem Thema widmet, sitzt er üblicherweise an einer wissenschaftlichen Publikation, er versucht sich dann auf eine Fragestellung zu konzentrieren, viel zu lesen und das alles in kurzer Zeit aufzuholen, wozu er aufgrund des Kundengeschäfts nicht gekommen ist. Er reflektiert dann die Erfahrungen aus Beratungsprojekten vor dem Hintergrund einer wissenschaftlichen Theorie. Jürgen schreibt besonders gerne **Fallstudien**.

Da er auch häufig auf Konferenzen fährt, nach wie vor eine anregende Abwechslung, und dadurch auch viele europäische Städte kennen gelernt hat, konnte er sich über die Jahre ein gutes Netzwerk aufbauen. Damit steigt auch die Wahrscheinlichkeit, bei Herausgebern und potentiellen Gutachtern von Zeitschriften bekannt zu werden. Er hat hier mühevoll gelernt, dass hier andere Prinzipien gelten, als im Beratungsgeschäft. Nicht der Kundennutzen steht im Mittelpunkt, sondern das **Finden einer Forschungslücke,** einer Fragestellung, die neuartig ist oder die Anwendung einer neuartigen Methode. Nur so hat man überhaupt eine Chance, zu publizieren und Wissen zu schaffen, das den Ansprüchen der akademischen Forschung gehorcht. Und wenn er sich mit seinen Kollegen an den Universitäten vergleicht, weiß er, dass diese einen Vorteil darin haben, stärker spezialisiert zu sein, was auch mit steigender Produktivität einhergeht, sein Vorteil ist jedoch der Anwendungsbezug, das frühe Erkennen von Fragestellungen, die in der Praxis relevant sind.

Doch diese Phasen, in denen er häufig an einem Absatz einen halben Tag schreibt, an Thesen sogar mehrere Tage feilt, enden häufig ganz abrupt. Auch wenn er es sich zur Angewohnheit gemacht hat, in diesen Zeiten die Mails nur nach dem Mittagessen abzurufen, oder den Outlook Doppelklick am Desktop überhaupt zu ignorieren, irgendwann ist sie da, die Mail. Dann heißt es, innerhalb von einem halben Tag fünf Seiten zu schreiben und innerhalb einiger Tage einen kompletten Forschungsantrag oder ein Angebot zu stellen. In diesen Zeiten hat Jürgen das Gefühl, die Zeit beschleunigt sich, er ist ebenso vertieft in die Arbeit, aber sie gehorcht nun einem anderen Rhythmus, alles muss schnell gehen, kaum Zeit zur Reflexion, der Antrag muss nur raus. Die Routine hilft dabei, manchmal auch Copy & Paste wie auch Google Desktop, denn irgend welche Informationen und Referenzen muss man immer suchen, und obwohl er bemüht ist, alles möglichst strukturiert abzulegen, findet man es dann, wenn man es am dringendsten benötigt, am aller wenigsten. Manchmal wünscht er sich hier noch viel effizientere Suchmaschinen, die ihn bei seiner Arbeit viel intelligenter unterstützen, vielleicht von sich aus Vorschläge machen. Und sein Wirtschaftsinformatikstudium ist schon viel zu lange her, um hier etwa selbst die Software an die eigenen Bedürfnisse anzupassen, auch wenn heutzutage überall von Open Source und User Innovation die Rede ist. Er hofft, dass die Softwarehersteller bald reagieren und seine Bedürfnisse erahnen.

Jürgen hat es geschafft, das Proposal ist draußen, und vor allem auch die lästige begleitende administrative Arbeit, die darin besteht, irgendwelche Formulare auszufüllen und abzeichnen zu lassen. Dies mag er am allerwenigsten. Aber da muss er durch, und wenn er ehrlich nachrechnet, wie lange dies im Verhältnis zu anderen Tätigkeiten in Anspruch nimmt, beruhigt

Strategien der Performancesteigerung von Wissensarbeitern

ihn das wieder, zumal er auch darin zunehmend Routine gewinnt. Aber dies ist wohl auch ein Zeichen einer immer komplexeren Wissensgesellschaft. Das Projekt könnte aber ganz interessant sein, eine Aufgabe besteht darin, einige Workshops zu moderieren. Hoffentlich findet es Anklang beim potentiellen Auftraggeber. Obschon er sich hier wieder vor Augen führen muss, dass er seinen wissenschaftlichen Anspruch wieder ein Stück ablegen muss.

Jürgen muss nun versuchen, ganz auf die **Kundenwünsche einzugehen**. Was will der Kunde, wie kann er ihn unterstützen? Sein eigenes wissenschaftliches Interesse muss er dabei etwas zurücknehmen, wenngleich er versucht, die neuesten Konzepte dem Kunden näher zu bringen, aber es darf dann eben auch nicht zu theoretisch sein, er muss einen anderen Kommunikationsstil finden. Seine Angebote werden nun auch bewusst etwas blumiger geschrieben, Fragen etwas mutiger formuliert und weniger vorsichtig, wie bei einer Publikation. Diese Vielfalt, das Wandeln zwischen den Welten zeichnet seinen Job aus, die Arbeit als Wissenschafter in einer außeruniversitären Forschungseinrichtung. Genau dies ist der Anreiz für Jürgen, die Kombination von Wissenschaft und Anwendung, von Theorie und Praxis, die Arbeiten in der Scientific Community, wie auch die Durchführung eines Beratungsprojektes für ein Unternehmen oder eine öffentliche Organisation.

Der Soziologe Niklas Luhmann bezeichnet diese unterschiedlichen Welten als Systeme, die verschiedenen **Rationalitäten** gehorchen. So ist die Rationalität der Wissenschaft die Hervorbringung von Wahrheit und Erkenntnis, die Rationalität von Unternehmen die Erhöhung des Gewinns, und die Rationalität der Politik der Erhalt der Macht. Das Tätigsein in mehreren Rationalitäten ist anregend, spannend, manchmal auch spannungsgeladen oder sogar frustrierend. Es erfordert Mobilität und Flexibilität. Dies verlangt viel von ihm ab und bedeutet räumliche, methodische, zeitliche und intellektuelle Agilität. Und zweifelsohne sehnt sich Jürgen hier häufig nach etwas mehr Routine, nach weniger vielfältigen Zielansprüchen, die er sich selbst und sein Arbeitgeber an ihn stellt. Und er wünscht hier auch häufig etwas mehr Transparenz und klarere Zielvorgaben, nach welchen Kriterien Leistungen bewertet werden.

Gerade dies ist eine Herausforderung für viele Organisationen, die mehrdimensionale Zielsetzungen haben und deren Outputs nicht einfach gemessen werden können. Mehrfach hat er in diesem Zusammenhang nun schon von der „**ambidextrous organization**" gelesen. Zugegeben, er musste beim ersten Mal nachschlagen, was diese eigentlich ist. Wenngleich, nachgeschlagen, wohl der falsche Ausdruck ist, er hat es eingetippt, und LEO hat die Antwort auf Knopfdruck geliefert. Ambidextrous Organization, die beidhändige Organisation, also eine, die im übertragenen Sinn sowohl links- wie auch rechtshändig gleichgut agiert. Von Michael Tushman und Charles O'Reilly beschrieben, die damit hinweisen, dass Organisationen sowohl **Routine** als auch und **Innovation gleichermaßen gut beherrschen** müssen. Und was liegt wohl näher, als diese auf eine außeruniversitäre Forschungseinrichtung zu übertragen, wo Mitarbeiter und Teams in jeweils unterschiedlichen Konstellationen zusammen arbeiten und zwei Systeme kombinieren und dafür die institutionellen Rahmenbedingungen schaffen.

Ja, auf beiden Seiten möglichst gleich professionell und effektiv zu arbeiten, in der Wissenschaft wie auch in Bezug auf die konkrete Lösung von Kundenproblemen für Wirtschaft und Gesellschaft. Und gerade in dieser Kombination kann dann etwas Neues entstehen, Innovationen, die weder die Wissenschaft alleine noch die Wirtschaft oder die Politik hervorbringen können. Gewiss, ein hoher Anspruch für Organisationen, wie für deren Mitarbeiter und Mitarbeiterinnen.

Und wenn er so nachdenkt, LEO ist für Jürgen überhaupt ein wichtiges Tool geworden, denn eine Vielzahl seiner Publikationen, Berichte und Präsentation schreibt er in Englisch. Dies merkt er vor allem dann, wenn er keinen Internet-Zugang hat. Aber auch skypen und vor allem skype Konferenzen sind Alltag geworden, denn häufig ist er in internationale Projektteams eingebunden. Er hofft, in Zukunft auf weitere ähnliche Innovationen, die ihm die Arbeit erleichtern und weiß, dass hier noch viele Technologien helfen werden, einfacher und effizienter zu werden, aber zugleich auch Inhalt und Abläufe zu verändern, denn, wie es Bruno Latour so treffend geschrieben hat: „to adopt is to adapt".

Jürgen setzt sich wieder in den Zug, dieses Mal geht es nach Hause, es ist Freitag. Er ist ein Wochenpendler, schließlich sind nicht nur Wissenschaft und Wirtschaft, sondern auch Beruf und Familie unter einen Hut zu bringen. Montags ist er immer Telearbeiter, ganz offiziell, denn eigentlich ist er dies ja auch im Zug und vielen anderen Orten. Heute hat er einen Zug mit Stromanschluss an jedem Sitzplatz ergattert. Heute unterstützt ihn die Infrastruktur. Der Tag ist gerettet, nein, sogar die Woche ist gerettet, in der er zu viele Dinge gleichzeitig erledigen musste. Nun geben die einzelnen Zwischenstopps den Takt an, nach denen er die neuen Überschriften in seiner neuen Studie setzt. Und dann erinnert er sich auch noch an einen Zeitungsartikel, den er unlängst gelesen hat: Brennstoffzellen könnten bald als Stromquelle für den Laptop fungieren.

Karl-Heinz Leitner

3 Gestaltungsfelder produktiver und humaner Wissensarbeit

Der Schwerpunkt dieses Kapitels liegt auf der Vermittlung konkreter Strategien, Methoden und Werkzeugen, die anhand von Selbsteinschätzungen und Fallbespielen vertieft werden.

3.1 Gesund denken

Mitarbeiterinnen und Mitarbeiter in Softwareentwicklungs- und Beratungsprojekten leiden bis zu viermal häufiger unter psychosomatischen Beschwerden wie chronischer Müdigkeit, Nervosität, Schlafstörungen und Magenbeschwerden als der Durchschnitt der Beschäftigten in Deutschland. Dies stellten Latniak und Gerlmeier (2006) fest. Stressphasen von mehr als acht Wochen führten zu einer Zunahme chronischer Erschöpfung, einem Frühindikator für Burn-out. Zeitdruck, Arbeitsunterbrechungen, zusätzlicher Aufwand bei gleichzeitiger Einbindung in mehrere Projekte, Behinderung durch unzureichende Arbeitsmittel, fehlende Entscheidungen aus dem Management oder mangelnde Kundenkooperation waren Ursachen der Belastung. Psychische Belastungen entstehen insbesondere, wenn Arbeitende mit Widersprüchen zwischen Handlungsanforderungen, Regeln und verfügbaren Ressourcen konfrontiert werden, die sie am Erreichen des Arbeitszieles hindern und, die für sie mit unmittelbaren negativen Auswirkungen verbunden sind. Arbeitsüberlastung und Arbeitsdruck, widersprüchliche Arbeitsanforderungen, mangelnde Kontrolle über die Arbeit und unzureichende Partizipationsmöglichkeiten, geringe soziale Unterstützung, Probleme in der Führung und Rollendefinition, zwischenmenschliche Konflikte sowie Konflikte zwischen Arbeit und Privatleben sind Ursachen psychischer Störungen (Moldaschel 1991, 2005; Latniak, Gerlmeier 2006, Herbig, Glaser und Gunkel 2008).

Wissensarbeiter sind tendenziell Burn-out gefährdet

Denken Sie einmal darüber nach, ob auch bei Ihnen die folgenden fünf Typen von Widersprüchen Belastungen verursachen:

Fünf Typen von Widersprüchen

1. Widersprüchliche Arbeitsziele: Zusatzwünsche und -aufgaben müssen erfüllt werden, aber gleichzeitig auch die ursprünglich vereinbarten Arbeitsaufgaben termingerecht und ohne Verursachung zusätzlichen Aufwandes erledigt werden.

3 Gestaltungsfelder produktiver und humaner Wissensarbeit

2. Widersprüche zwischen Aufgaben und Ausführungsbedingungen: Versprochene Kollegen stehen nicht zur Verfügung oder sind anderweitig eingesetzt. Versprochene Ressourcen, Arbeitsmittel stehen nicht zur Verfügung.

3. Widersprüche zwischen Aufgaben und Aneignungsbedingungen, also Lernrestriktionen: Notwendiges Wissen oder konkrete Erfahrungen können mangels ausreichender Handlungsmöglichkeiten nicht erworben werden, z. B. Lösungen sind zu entwickeln, ohne dass Mitarbeiter die genauen Anforderungen der Kunden kennen.

4. Widersprüche zwischen individuellen und arbeitsbezogenen Zielen und Erwartungen: Aufgrund mangelnder technischer und organisatorischer Voraussetzungen können die Wissensarbeiter ihren Professionalitätsansprüchen nicht gerecht werden. Sie sind gezwungen unter Bedingungen zu arbeiten, die sie eigentlich nicht verantworten können.

5. Widersprüche zwischen Arbeit und Privatleben: Belastungen entstehen aus der schwierigen Vereinbarkeit von familiären Rollen und z. B. langen Arbeitszeiten, Wochenendarbeit und Ähnlichem.

Macht Selbstverwirklichung krank?

Aber auch Wissensarbeiter, die frei ihre Tätigkeit gestalten können, sind nicht vor gesundheitsschädlichen Belastungen geschützt. Macht Selbstverwirklichung krank? Untersuchungen zeigen, dass gerade Menschen, die in ihrem „Traumberuf" arbeiten und hoch motiviert sind, sich selbst ausbeuten bis zum „Burn-out".

Definition Burn-out

Burn-out ist ein Energieverschleiß, eine Erschöpfung aufgrund von Überforderungen, die von innen oder von außen – durch Familie, Arbeit, Freunde, Wertesysteme oder die Gesellschaft – kommen kann und einer Person Energie, Bewältigungsmechanismen und innere Kraft raubt. Burn-out ist ein Gefühlszustand, der begleitet ist von übermäßigem Stress und der schließlich persönliche Motivationen, Einstellungen und Verhalten beeinträchtigt (Freudenberger 1994, S. 27). Das Gefährliche am Burn-out ist der langsam schleichende Prozess, der Mitarbeitern oft erst bewusst wird, wenn es schon zu spät ist. Körperlichen Symptomen wie Kopf- und Rückenschmerzen, Blutdruckinstabilität, Schlaf- und Sexualstörungen und vermehrte Anfälligkeit für Infekte wird oft nicht genügend Beachtung geschenkt. Kollegen bemerken Unlust, Angst vor Konflikten in der Arbeit, eine „Ist-mir-egal"-Haltung gegenüber anderen und Zynismus als Zeichen eines Burn-out.

Gesund denken

3.1

Schätzen Sie im folgenden von Possnigg[7] entwickelten Fragebogen für sich ein, wie bournout-gefährdet Sie sind:

Fragebogen zum Burn-out-Zustand

Tabelle 3-1

Bitte beantworten Sie nach ihrem ersten Impuls, bleiben Sie bei ihrem Gefühl - seien Sie ehrlich mit sich selbst! Markieren Sie die Punkteanzahl je Spalte und addieren Sie zuletzt!

	Trifft fast nie zu	Trifft selten zu	Trifft manchmal zu	Trifft häufig zu	Trifft die ganze Zeit zu
1. Ich habe allgemein zu viel Stress in meinem Leben.	1	2	3	4	5
2. Durch meine Arbeit muss ich auf private Kontakte und Freizeitaktivitäten verzichten.	1	2	3	4	5
3. Auf meinen Schultern lastet zu viel.	1	2	3	4	5
4. Ich leide an chronischer Müdigkeit.	1	2	3	4	5
5. Ich habe das Interesse an meiner Arbeit verloren.	1	2	3	4	5
6. Ich handle manchmal so, als wäre ich eine Maschine. Ich bin mir selbst fremd.	1	2	3	4	5
7. Früher habe ich mich um meine Mitarbeiter und Kunden gekümmert - heute interessieren sie mich nicht.	1	2	3	4	5
8. Ich mache zynische Bemerkungen über Kunden und Mitarbeiter.	1	2	3	4	5
9. Wenn ich morgens aufstehe und an meine Arbeit denke, bin ich gleich wieder müde.	1	2	3	4	5
10. Ich fühle mich machtlos, meine Arbeitssituation zu verändern.	1	2	3	4	5
11. Ich bekomme zu wenig Anerkennung für das, was ich leiste.	1	2	3	4	5

---

[7] Siehe auch: www.burnoutnet.at

Gestaltungsfelder produktiver und humaner Wissensarbeit

	Trifft fast nie zu	Trifft selten zu	Trifft manchmal zu	Trifft häufig zu	Trifft die ganze Zeit zu
12. Auf meine Kollegen und Mitarbeiter kann ich mich nicht verlassen, ich arbeite über weite Bereiche für mich allein.	1	2	3	4	5
13. Durch meine Arbeit bin ich emotional ausgehöhlt.	1	2	3	4	5
14. Ich bin oft krank, anfällig für körperliche Krankheiten bzw. Schmerzen.	1	2	3	4	5
15. Ich schlafe schlecht, besonders vor Beginn einer neuen Arbeitsperiode.	1	2	3	4	5
16. Ich fühle mich frustriert in meiner Arbeit.	1	2	3	4	5
17. Eine oder mehrere der folgenden Eigenschaften trifft auf mich zu: nervös, ängstlich, reizbar, ruhelos.	1	2	3	4	5
18. Meine eigenen körperlichen Bedürfnisse (Essen, Trinken, WC) muss ich hinter die Arbeit reihen.	1	2	3	4	5
19 Ich habe das Gefühl, ich werde im Regen stehen gelassen.	1	2	3	4	5
20. Meine Kollegen sagen mir nicht die Wahrheit.	1	2	3	4	5
21. Der Wert meiner Arbeit wird nicht wahrgenommen.	1	2	3	4	5
Summe					

(Quelle: http://members.aon.at/possnigg/pages/burnout/pages/fragebogen.pdf)

Auswertung

- Bis 30 Punkte und/oder max. zwei Fragen mit 5 beantwortet: geringes Burn-out Risko.

- 31-60 Punkte und/oder drei bis fünf Fragen mit 5: beginnende Burn-out Situation.

- Über 60 Punkte und/oder mehr als fünf Fragen mit fünf: es ist dringend Zeit was zu tun!

3.1 Gesund denken

Um übermäßigen Stress und in der Folge Burn-out-Syndrome zu vermeiden, können wir sowohl individuell handeln, als auch auf der Ebene der Organisation Maßnahmen einleiten.

Auf der individuellen Ebene schlagen wir folgende Maßnahmen vor:

1. Achten Sie auf Ihren Arbeitsablauf. Erkunden Sie ihren Arbeitsrhythmus und gehen Sie überlegt und ökonomisch mit Ihren Kräften um.
2. Bauen Sie jede Stunde kurze Pausen ein (5 Minuten genügen). Wenn möglich, bewegen Sie sich in dieser Zeit in der frischen Luft oder am offenen Fenster. Gönnen Sie sich einmal im Verlauf des Arbeitstages mindestens eine 20-minütige Pause, in der Sie den Arbeitsplatz verlassen. Wichtig ist, dass in dieser Zeit keinerlei neue berufliche Inhalte in Ihren Wahrnehmungskreis gebracht werden.
3. Vermeiden Sie Übermüdung. Gewöhnen Sie sich an, nach anstrengenden Tagen auch einmal freizunehmen bzw. vom Flughafen nicht gleich ins Büro zu fahren.
4. Alkohol, Beruhigungs- und andere Suchtmittel sind keinesfalls geeignet, Stress abzubauen. Vermeiden Sie auch all jene Situationen, in denen der Gebrauch zum sozialen Routine wird.
5. Sichern Sie sich einen Privatbereich, in dem berufliche Belange tabu sind. Stehen Sie zu Ihrem Privat- und Intimbereich. Auch Familie, Freunde und Hobbys haben ihren Platz.
6. Sprechen Sie über Ihre Probleme mit den Kollegen und Kolleginnen. Es kann sehr erleichtern, wenn man merkt, dass andere dieselben Sorgen haben.
7. Suchen Sie sich einen beruflichen Wirkbereich, in dem Sie die Kontrolle behalten. Dies kann zum Beispiel die Gestaltung des eigenen Arbeitsbereiches sein.
8. Bestehen Sie auf adäquater Entlohnung, Wertschätzung durch Vorgesetzte und menschlichen Umgang miteinander. Es gibt auch eine „Gesprächskultur".

Individuelle Maßnahmen zur Burn-out-Vermeidung

Im Blick auf die Organisation gilt es, die oben genannten fünf Widersprüche zwischen Individuum und Organisation abzubauen. Hierzu ist es sinnvoll, Handlungs- und Entscheidungsspielräume zu erweitern. Diese tragen jedoch alleine nicht zur Verhinderung psychischer Belastungen bei, wenn keine angemessene Bewältigungsmöglichkeiten und Ressourcen gegeben sind. Wenn dem Kunden gegenüber zu viel in kurzer Zeit in einem Entwicklungsprojekt versprochen wird, wenn Ärzte zu viele Patienten zu behandeln

Organisationale Maßnahmen zur Burn-out-Vermeidung

haben, dann hilft auch kein Handlungs- und Entscheidungsspielraum, sondern es geht darum, Fallzahlen und Arbeitsmenge in realistischer Art und Weise von Vornherein festzulegen und zu begrenzen. Hier liegt insbesondere die Problematik wissensintensiver Dienstleistungen.

Wohlbefinden wirkt sich auf die Kreativität aus

Wohlbefinden am Arbeitsplatz wirkt sich positiv auf Kreativität aus (Wright und Walton 2003). Die Schaffung eines vertrauensvollen und offenen Betriebsklimas hilft weiterhin psychische Belastungen abzubauen. Fort- und Weiterbildungsmöglichkeiten sowie eine begleitende Supervision kann helfen, frühzeitig Ursachen gesundheitsschädlichen Verhaltens zu erkennen. Die Supervision bietet einen geschützten Raum des vertraulichen Gespräches, um Arbeitssituationen zu reflektieren, ein vertieftes Verständnis zu gewinnen und Handlungsalternativen zu entwickeln.

Achtsamer Umgang mit der Gesundheit

Ein achtsamer Umgang mit der eigenen Gesundheit und der von Kollegen ist Voraussetzung für eine nachhaltig produktive Wissensarbeit. Kreativität und Gesundheit korrelieren positiv miteinander. Durch die bewusste Gestaltung von Autonomie, Anforderungsvielfalt, kreative Selbstwirksamkeit, Führungsverhalten und Teamklima kann sowohl Kreativität, als auch Gesundheit gefördert werden (Herbig, Glaser und Gunkel 2008). Kreative Selbstwirksamkeit wird dadurch aufgebaut, dass Menschen Dinge ausprobieren können und Rückmeldung über ihr Handeln erhalten. Die Gestaltung von Kommunikation und Kooperation sollte sich auch in den Räumen wieder finden.

Kommunikationsfördernde Arbeitsumgebung

Das Bürokonzept soll ein kommunikationsförderndes Umfeld bieten und sowohl Team- wie auch konzentrierte Einzelarbeit ermöglichen (BAUA 2007). So wurden bei der Swiss Re für jedes Team eine Reihe unterschiedlicher Räume zur Verfügung gestellt, wie z. B. „Konzentrationszellen", Teamräume, Projekträume und sogenannte „Technikinseln". Die architektonischen Strukturen sind so gebaut, dass sie innerhalb von 24 Stunden komplett reorganisiert werden können. Sich nicht konzentrieren können, kann genauso krank machen wie nicht kommunizieren zu können. Hier gilt es, die entsprechende Arbeitsumgebung zu schaffen.

Gesund denken

3.1

Ein Blick in die kreative Zukunft

Caroline ist in der Werbebranche als Texterin tätig. Seit einigen Jahren arbeitet sie in Graz in der Kreativabteilung einer Full-Service-Werbeagentur mit mehreren Niederlassungen. Organisatorisch ist sie dem Creative Director Wolfgang unterstellt. Meistens arbeitet Caroline zusammen mit ihrem Kollegen Michael, dem Art Director.

Es ist 17 Uhr. Gerade hatte Caroline eine kurze Besprechung mit Wolfgang und Michael wegen eines dringenden Kundenauftrags. Da Wolfgang derzeit in der Niederlassung in Wien ist und Michael heute von zu Hause aus arbeitet, fand die Besprechung über **Skype** statt: Ein langjähriger Kunde der Agentur aus der Automobilbranche, Herr Welzenberg, braucht eigentlich bis gestern einige Design- und Slogan-Vorschläge für eine kurzfristig geplante Plakatkampagne. Da das Meeting mit dem Kunden schon übermorgen am frühen Nachmittag stattfinden soll, bleibt Caroline und Michael nicht viel Zeit. Wolfgang verabschiedet sich mit den Worten: „Es ist mir egal, wann und wie ihr euch die Zeit bis zur Präsentation beim Kunden einteilt, wichtig ist das Ergebnis.". ... denn Wolfgang weiß um die Wichtigkeit des **„Freiraums"** – insbesondere, wenn es darum geht, **kreativ arbeiten** zu können. Im Allgemeinen hat Wolfgang noch nie genaue Vorschriften hinsichtlich Arbeitszeiten gemacht.

Da die Zeit drängt, kontaktiert Caroline Herrn Walzenberg und erkundigt sich, ob er Zeit für eine Skype-Konferenz zur Abklärung der Anforderungen hätte. Sie vereinbaren die Konferenz für 18.30 Uhr. Mittels einer Instant Message informiert Caroline ihren Kollegen Michael über den Termin und schlägt vor, sein „Interactive Drawing Board"[8] zu aktivieren, um während der Konferenz gleich ein paar Skizzen machen zu können. In der Zwischenzeit bleibt Caroline noch ein wenig Zeit, um an einem ihrer anderen Aufträge weiterzuarbeiten. Diesen Auftrag bearbeitet sie alleine und genießt die einkehrende Ruhe im Büro. Kurz vor 18.30 Uhr ruft sie Michael an und sieht auf ihrem Bildschirm ein Fenster, das das Drawing Board von Michael zeigt. Da auch sie ein solches Board vor sich hat, aktiviert sie es, sodass sie gemeinsam an den Skizzen arbeiten können. Herr Welzenberg wird angerufen und auch bei ihm erscheint das Fenster mit dem Drawing Board. Während des Gesprächs gilt es durch aufmerksames Zuhören herauszufinden, was die Kundenwünsche sind, auch wenn der Kunde das oft noch nicht klar ausdrücken kann. Umso wichtiger ist es daher, gezielte Fragen zu stellen und wenn nötig auch das Drawing Board für das Skizzieren erster Vorschlä-

---

[8] Das Interactive Drawing Board ist ein reales Zeichenbrett, das so ähnlich wie ein Touchscreen jede Aktivität auf den PC überträgt. Auch mehrere (räumlich verteilte) Personen können mit mehreren Zeichenbrettern gemeinsam an einer Zeichnung arbeiten.

ge einzusetzen, um einen Rahmen abzustecken, in dem man sich in der anschließenden Kreativphase bewegen kann.

Nach dem Gespräch mit Herrn Welzenberg – es ist 20 Uhr – beginnt die Kreativphase. Caroline und Michael vereinbaren, dass sie die nächsten zwei Stunden nicht gemeinsam an der Aufgabenstellung arbeiten. Für beide ist es wichtig, sich „zerstreuen" zu können, wie sie es nennen und so Denkblockaden zu durchbrechen.

Caroline beschließt, ihr Büro zu verlassen und sich auf den Nach-Hause-Weg zu machen. Ein gutes Mittel für sie ist, „mit offenen Augen durch die Welt zu gehen" und alle Dinge um sich herum bewusst auf sich wirken zu lassen. Caroline setzt sich in die Straßenbahn und beobachtet die Leute beim Ein- und Aussteigen, sieht aus dem Fenster und notiert alles, was für sie derzeit relevant ist, in ihrem Ideenbuch – ganz egal, ob sie zum jetzigen Zeitpunkt eine Verbindung zu ihrer Aufgabenstellung sieht. Heute nimmt sie bewusst einen Umweg, um noch am Kunsthaus und der Murinsel vorbeizukommen – ein für Caroline inspirierender Ort – vor allem am Abend, wenn alles beleuchtet ist.

Zu Hause angekommen setzt sie sich an Ihren Computer und verwendet eine **Ideenplattform im Internet**, um mit ihren Notizen weiterarbeiten zu können. Diese Plattform nennt sich Neurovation und stellt kleine Tools zur Verfügung, die auf neurowissenschaftlichen Erkenntnissen basierend entwickelt wurden und den Benutzer dabei unterstützen, Ideen weiterzuentwickeln und zu konkretisieren. Auf dieser Plattform hat sie ihr bereits Profil angelegt und in ihrer individuellen virtuellen Kreativitätsumgebung findet sie alle ihre bisher bearbeiteten Aufgabenstellungen und Projekte, die sie teilweise öffnet, um weitere Inputs zu sammeln. Sie gibt danach die vorhin am Nach-Hause-Weg notierten Ideen und Stichworte in ein Tool ein, um zu neuen Assoziationen zu kommen. Einige dieser Tools verwenden auch Inhalte anderer Websites, um zu neuen – bewusst weit entfernten – Begriffen zu kommen, die weit entfernte Assoziationen anregen sollen. Andere Tools wiederum arbeiten mit Humor sowie geistiger und körperlicher Bewegung. Caroline klickt sich bzw. die von ihr generierten Inhalte durch die Tools und erweitert so ihre Ideen, die mit jedem Schritt konkreter werden und schließlich in Vorschlägen für Slogans münden.

Es ist bald Zeit, sich mit Michael in Verbindung zu setzen. Auch das möchte Caroline über Neurovation machen. Dazu transferiert sie all ihre Ergebnisse auf die so genannte Neurocard, die ein gemeinsames Arbeiten und Weiterentwickeln von Ideen ermöglicht. Sie schickt Michael den Link zu ihrer Neurocard, damit auch er Zugriff darauf hat und verwendet Skype direkt von der Plattform aus, um sich bei Michael zu melden. Auch Michael war inzwischen fleißig und hat einige Scribbles erstellt. Er lädt seine bisherigen Skizzen auf die Neurocard, sodass sie alle bis dato generierten Inhalte gemeinsam diskutieren können. Um den Kreativprozess weiter voranzutreiben, blendet Michael das Fenster, das sein Drawing Board zeigt, direkt in der Neurocard ein. So arbeiten Caroline und Michael über das Web an der Verbindung von Text und Design. Bis spät in die Nach geht das so weiter – es macht ihnen Spaß, so zu arbeiten, und dabei vergessen

sie ganz, wie die Zeit vergeht … um ein Uhr morgens beschließen sie dann, es fürs Erste mal gut sein zu lassen, speichern die Ergebnisse, sodass jeder von seiner **individuellen Kreativitätsumgebung** wieder darauf zugreifen kann, und verabreden sich für 9 Uhr morgens im Büro. Bevor sich Caroline schlafen legt, platziert sie noch ihr Ideenbuch auf ihrem Nachtkästchen, denn es ist schon oft vorgekommen, dass sie in der Nacht wach wird und eine Idee oder einen Gedanken notieren muss, der sich später als genial herausstellte. Tatsächlich wacht sie um 5 Uhr morgens auf und schreibt ein paar Stichworte in ihr Ideenbuch. Danach kann sie mit „klarem Kopf" weiterschlafen.

9.00 Uhr: Caroline kommt gerade zur Tür herein und sieht Michael durch eine Glaswand schon im **offenen Kommunikationsbereich** des Büros vor der **Videowall** an der Wand stehen. Sie gesellt sich gleich dazu und macht unterstützt ihn bei seiner Arbeit. Die beiden benutzen eine Videowall mit Touchscreen, um ihre Ideen und Vorschläge nochmals durchzugehen und weiter zu konkretisieren. Diese Wall ermöglicht es, Elemente zu verschieben, zu löschen, zu editieren, anders anzuordnen, zu drehen und in der Größe zu ändern. Michael hat bereits seine gestern abgespeicherten Ergebnisse wieder aufgerufen. Über die am Touchscreen verschiebbare, virtuelle Tastatur können sie hier auch weitere Texte einfügen bzw. diese editieren. Michael und Caroline arbeiten jetzt parallel an fünf unterschiedlichen Vorschlägen für den Kunden. Die einzelnen Vorschläge lassen sich durch die gleichzeitige Darstellung auf der Videowall sehr gut vergleichen und anpassen. Im Zuge der Diskussion eines Vorschlags bemerken Sie, dass sie noch eine Fachauskunft benötigen, um die Slogans noch prägnanter formulieren zu können. Über ein Webtool, in dem alle Mitarbeiter aller Niederlassungen der Werbeagentur mit ihren Tätigkeitsbereichen, bisherigen Projekten, Interessen und optional auch Hobbies gespeichert sind, finden Caroline und Michael einen Mitarbeiter in der Salzburger Niederlassung, der sich privat für alte VW-Campingbusse interessiert und auf zahlreiche Postings in einschlägigen Internet-Foren verweisen kann. Da der Kollege derzeit nicht erreichbar ist, schreiben sie ihm über sein **Profil im Webtool** eine Nachricht, die auf sein Handy weitergeleitet wird.

Inzwischen meldet sich Carolines virtueller Ernährungsberater, der zu einer kurzen Pause und einer kleinen Mahlzeit rät. Caroline und Michael nehmen sich die Zeit, um danach die Arbeit an ihren Vorschlägen fortzusetzen, doch leider kommen sie nun überhaupt nicht voran. Ihren Entwürfen fehlt noch „das gewisse Etwas" und die Zeit bis zum Kundentermin um 14.00 Uhr wird knapp. Da sie die Zeit für eine „Zerstreuungsphase" wie gestern Abend nicht haben, müssen sie sich eine Alternative überlegen. Dann klingelt auch noch Carolines Handy – eine alte Schulfreundin, Petra, die anscheinend viel Zeit zum Plaudern hat. Kurzerhand entscheidet Caroline, sie als völlig themenfremde und unbedarfte Person in den Lösungsprozess einzubeziehen, denn oft haben gerade unbeteiligte Personen eine ganz andere Sichtweise auf ein Problem. Dazu schickt Caroline Petra den Link zum Ansichtsmodus der generierten Vorschläge. Nun meldet sich der Kollege aus Salzburg Da er online ist, kann Michael bei ihm die gewünschten Infos abholen und ihn gleichzeitig mit den Designvorschlägen konfrontieren. Michael schlägt vor, ein kurzes gemeinsames Brainstorming mittels Skype abzuhalten, da ja alle Beteiligten online sind.

Die Ergebnisse des Brainstormings überraschen selbst Caroline und Michael – es ist toll, was durch dieses „idea sharing" alles zustande kommen kann! Während des Brainstormings meldet sich auch noch Wolfgang, der Creative Director, um nach dem aktuellen Stand der Entwürfe zu fragen. Auch er bekommt Zugang zu den Entwürfen und bringt noch ein paar Vorschläge ein. Nun ist es 13.30 Uhr und Caroline, Michael und Wolfgang treffen die letzten Vorbereitungen für den Kundentermin um 14 Uhr im so genannten „Virtuality Room" des Büros, denn sie treffen den Kunden nicht real, da er sein Büro in Düsseldorf hat. Kommuniziert wird über die beiden **Virtuality Rooms** – auch der Kunde verfügt über einen solchen Raum. Konkret bedeutet dies, dass Caroline, Michael und Wolfgang sowie deren digitale Präsentationsunterlagen in den Virtuality Room des Kunden projiziert werden und umgekehrt Herr Welzenberg virtuell am Besprechungstisch der Werbeagentur sitzt. Wolfgang eröffnet das Meeting und Caroline und Michael präsentieren ihre Entwürfe. Der Kunde ist grundsätzlich zufrieden, hat aber noch einige Anmerkungen, die gleich während des Meetings wieder über eine Videowall mit Touchscreen eingearbeitet werden. Nach dem Ende des Meetings beschließt Caroline für eine Stunde lang am Ufer der Mur entlang zu joggen. Im Untergeschoss des Bürogebäudes befindet sich ein Duschraum mit Umkleide für die Mitarbeiter – so kann sie gleich vom Büro aus starten.

Nach einem entspannenden Lauf kommt sie mit neuer Energie und auch einigen Ideen für einen neuen Auftrag, die ihr während des Laufens eingefallen sind, zurück ins Büro ...

Anna Maria Köck

3.2 Lernen und Kompetenzentwicklung

Wissensarbeiter sind so viel wert, wie ihr Wissen wert ist. Es ist daher in ihrem ureigensten Interesse, ständig neues Wissen zu erwerben, mit neuen Aufgaben konfrontiert zu werden, um dadurch nicht an Wert in einer sich verändernden Umgebung zu verlieren.

Sveiby (1997) hat diese Problematik als Lebenszyklen des fachlichen Mitarbeiters dargestellt. Mit dem Alter bzw. den Berufsjahren steigt im Allgemeinen die fachliche Kompetenz des Mitarbeiters an, im positiven Falle aus Sicht des Unternehmens stärker als die Mitarbeiterkosten. Zu Beginn der Karriere sind durch Ausbildung bzw. begrenzten Einsatz die Mitarbeiterkosten höher als der Gewinn. In Folge steigt der Marktwert schneller als die Mitarbeiterkosten, der Mitarbeiter *„rentiert sich", „spielt mehr als seine Kosten ein"*.

Der Marktwert von Wissensarbeitern unterliegt Lebenszyklen

Lebenszyklusmodell des Marktwertes fachlicher Kompetenz (nach Sveiby 1997) — *Abbildung 3-1*

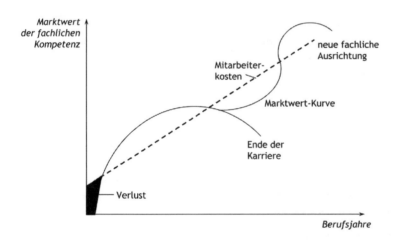

Irgendwann wird ein Plateau erreicht, auf welchem der Steigerung des Gehaltsniveaus keine entsprechende Steigerung des Wertes der Mitarbeiterkompetenz gegenübersteht. Spätestens vor dem Erreichen dieses Plateaus sollten sich Organisation und Mitarbeiter Gedanken machen, wie durch die Übernahme neuer Aufgaben bzw. eine neue Qualifizierung die Erfahrungen des Mitarbeiters im Unternehmen weiterhin gewinnbringend genutzt werden können. Ist dies nicht der Fall, wird das Unternehmen geneigt sein, sich

3 Gestaltungsfelder produktiver und humaner Wissensarbeit

über kurz oder lang von diesem Mitarbeiter zu trennen. In der Realität entwickeln sich Kompetenz und Kostenentwicklung eines Mitarbeiters eher diskontinuierlich.

Kommerzieller Wert von Kompetenz ist maßgebend

Unternehmen werden zunehmend den kommerziellen Wert der Kompetenz ihrer Mitarbeiter beurteilen, wie dies z. B. in Unternehmensberatungen durch die erlösten Tagessätze eines Beraters einfach möglich ist. Lernen ist daher die „Lebensversicherung" der Wissensarbeiter, um ihre Kompetenzen stetig weiter zu entwickeln.

Ein neues Lernverständnis

Wissensarbeiter lernen selbstorganisiert und zielorientiert

Wissensarbeiter lernen zunehmend im Prozess der Arbeit und selbstorganisiert. Während dieses situative und soziale Lernen an Bedeutung gewinnt wird die formelle und individuelle Aus- und Weiterbildung zurückgedrängt. So plant ein Großunternehmen sogar, offene Stellen in der Personalentwicklung nicht mehr zu besetzen, weil Mitarbeiter ihre Informationen und Lernangebote selbständig über das Internet finden. Die zeitlich hoch belasteten Wissensarbeiter lernen immer weniger auf Vorrat, sondern bezogen auf einen aktuellen Anlass und dann sehr zielorientiert.

Situatives, soziales Lernen

Der Ansatz des situativen bzw. sozialen Lernens wird im Kontrast zu einer traditionellen Sicht des Lernens bzw. der Aus- und Weiterbildung in Unternehmen deutlich (in Anlehnung an Wenger 1998): „Unsere Aus- und Weiterbildung beruht weitgehend auf der Annahme, dass Lernen ein individueller Prozess ist, der Anfang und Ende hat und der am besten vom Rest unserer anderen Aktivitäten getrennt wird und dass Lehren die Quelle des Lernens ist.

Lernen als Gruppenprozess

So lehren wir in Seminarräumen, gestalten computer-unterstützte Trainingprogramme mit individualisierten Sessions, wir prüfen Lernerfolg mit individuellen Tests. Ergebnis ist, dass ein großer Teil unserer institutionalisierten Aus- und Weiterbildung als langweilig und irrelevant für die praktische Anwendung angesehen wird."

Die Grundannahmen des sozialen bzw. situativen Lernens sehen Lernen dagegen als einen Gruppenprozess, der zeitlich unbegrenzt ist, zum Teil unbewusst abläuft. Lernen findet im Kontext des Handelns statt. Das bedeutet, Situationen, z. B. Kundengespräche, gemeinsam zu erleben und darüber zu diskutieren, wie man diese verbessern kann oder Erfahrungen auszutauschen, anstatt Ausbildung und Weiterbildung primär an abstrakten Prozessbeschreibungen zu orientieren.

Das situative bzw. soziale Lernen beruht weiterhin auf einer Vielfalt von Lehr- und Lernformen möglichst nah an der Erfahrungswelt der Lernenden und Lehrenden. Eine Veilefalt von Netzwerken, Wissensgemeinschaften, „Communities" unterstützt diese Art von Wissensaustausch und Lernen (siehe Kapitel 3.4 zu Wissensgemeinschaften).

Kompetenzen entwickeln

Ziel des Lernens ist die Entwicklung von Kompetenz. Wissen, Erfahrungen, Intuition treffen auf konkrete Situationen, die ein Handeln erfordern. Kompetenz besteht daher in der Fähigkeit, situationsadäquat zu handeln. Dies beinhaltet die Fähigkeit zur Selbstorganisation. Kompetenz wird wirksam im Zusammenspiel von einzelnen Menschen, Gruppen und Organisationen (vgl. Erpenbeck, v. Rosenstil 2007).

Kompetenzen konkretisieren sich im Moment der Wissensanwendung und werden am erzielten Ergebnis der Handlungen messbar. Diese Handlungen sind mehr oder weniger durch eine Handlungsanweisung oder einen Handlungsrahmen vorbestimmt. Situationsadäquat zu handeln setzt daher immer die Disposition zur Selbstorganisation voraus. Daher werden Kompetenzen auch als Dispositionen zur Selbstorganisation definiert (Erpenbeck, Heyse 1999).

Handlungsbezug der Kompetenz

Der Begriff der **Kompetenz** einer Person oder Gruppe beschreibt grundsätzlich eine Relation zwischen den an diese Person oder Gruppe herangetragenen oder selbst gestalteten Anforderungen und ihren Fähigkeiten bzw. Potenzialen, diesen Anforderungen gerecht zu werden.

Die *Kompetenz* einer Person wird als eine individuelle, nicht imitierbare Eigenschaft verstanden. *Kompetenz* ist von der ausgeübten Tätigkeit, den gesammelten Erfahrungen und dem entsprechenden Umfeld abhängig.

Eigenschaften von Kompetenz

Kompetenzen sind:

1. *Kontextspezifisch:* Sie sind auf die auf die verrichtete Tätigkeit bezogen und konkretisieren sich im Moment der Problemlösung und Anwendung.

2. *Personengebunden:* Sie sind in der *„Erfahrungsbiographie"* und Persönlichkeit einer Person angelegt und bestimmen das Verhalten in Bezug auf die Aufgaben/Situation (z. B. soziales Engagement).

3. *Lernbar:* Kompetenzen sind grundsätzlich lernbar. Allerdings finden viele Lernprozesse unbewusst statt. Einzelne Kompetenzen sind nicht unabhängig voneinander.

4. *Evaluierbar:* Sie lassen sich durch operationalisierte Verfahren diagnostizieren oder messen. Während sich Fachwissen und methodische Fähigkeiten vergleichsweise einfach messen lassen, sind soziale Merkmale (Motivstrukturen, Werte) nur eingeschränkt messbar.

3 Gestaltungsfelder produktiver und humaner Wissensarbeit

Abbildung 3-2   Kompetenzrad eines Versicherungsunternehmens

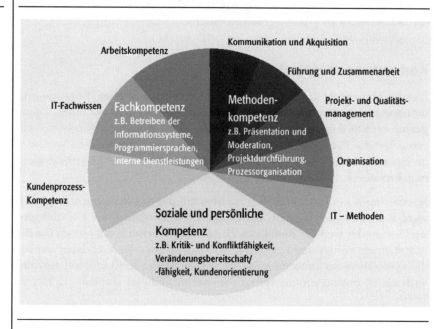

Um Kompetenz einer Person oder Gruppe zu beschreiben, wird häufig (vereinfachend) eine Klassifizierung in Fach-, Methoden und Sozialkompetenz vorgenommen.

Fachkompetenz

Die Fachkompetenz umfasst alle zur Erfüllung einer konkreten beruflichen Aufgabe notwendigen fachspezifischen Fähigkeiten, Fertigkeiten und Kenntnisse. Sie beinhaltet z. B. Berufswissen, Sprach- und betriebswirtschaftliche Kenntnisse. Unter Methodenkompetenz wird die Fertigkeit verstanden, erworbenes Wissen in komplexen Arbeitsprozessen zielorientiert einzusetzen.

Methodenkompetenz

Durch Anwendung des Fachwissens, z. B. in Projekten, wird individuelle Methodenkompetenz entwickelt. Sie enthält die Fähigkeit, Informationen zu beschaffen, zu selektieren, zu verarbeiten und zu nutzen.

Beispiele der Methodenkompetenz sind komplexes Denkvermögen, Kreativität, Innovations-, Abstraktions-, Problemlösungs-, Entscheidungsfähigkeit.

Sozialkompetenz

Sozialkompetenz erwerben Menschen insbesondere durch ihre Sozialisation. Sozialkompetenz ist eng mit Persönlichkeit und Erfahrung verbunden. Die Fähigkeit, mit Mitmenschen (Mitarbeitern, Kollegen, Kunden) zusammenzuarbeiten, ein gutes Organisationsklima zu erreichen und zu erhalten sowie eigenverantwortlich zu handeln, zeichnet Sozialkompetenz u. a. aus. Sie be-

Lernen und Kompetenzentwicklung

3.2

zieht sich auf die Beherrschung der sozialen Beziehungen und Prozesse formeller und informeller Art in einer Gruppe oder Organisation. Motivations-, Kommunikations- und Kooperationsfähigkeit sowie Leistungsbereitschaft bilden wesentliche Bestandteile der Sozialkompetenz.

In Abbildung 3-2 ist ein Kompetenzprofil dargestellt. Es wird von einem Versicherungsunternehmen genutzt, die für die Ausfüllung einer Rolle (z. B. Projektmanager, Kundenbetreuer) als notwendig erachteten Kompetenzen zu beschreiben. Nach der Beschreibung einzelner Kompetenzen ist für jede Kompetenz der Ausprägungsgrad zu beurteilen. In der Literatur werden verschiedene Expertisemodelle vorgeschlagen (vgl. u. a. Faix et al. 1991), wobei sich in der Praxis dreistufige Beurteilungen fachlicher und methodischer Kompetenzen - „Kenner, Könner, Experte" - durchgesetzt haben.

Kenner verfügen über theoretisches Wissen mit geringer Anwendungserfahrung und sind in der Lage, vorstrukturierte Problemlösungen aus der Theorie auf praktische Fragestellungen anzuwenden (z. B. Projektmanagement-Kurs wurde erfolgreich abgeschlossen sowie erste Erfahrungen im Durchführen von Projekten gesammelt).   *Kenner*

Könner haben vielfache Anwendungserfahrung und können auch auf neue, unvorhergesehene Situationen adäquat reagieren (z. B. mehrere Projekte unterschiedlicher Komplexität wurden eigenverantwortlich durchgeführt).   *Könner*

Experten sind in der Lage weitgehend selbstorganisiert und intuitiv Probleme zu antizipieren, neue Lösungswege zu finden. Sie zeichnen sich durch eine profunde Kenntnis von Themengebieten aus (z. B. Management komplexer und neuartiger Projekte, Beiträge zur Weiterentwicklung der Projektmanagement-Methodik).   *Experten*

Weitere Abstufungen sind je nach gewünschtem Differenzierungsgrad möglich. Für soziale Kompetenzen biete sich eine Skalierung mit den Stufen *„gering ausgeprägt", „ausgeprägt", „stark ausgeprägt"* an.

Im folgenden Beispiel finden Sie eine Beschreibung wie ein Kompetenzrad eingesetzt werden kann, um die Dienstleistungen und Kompetenzen der Mitarbeiter in Bezug zu setzen.

Karriere in der CSC-Welt: Wertvoller werden

In dem Dienstleistungsmodell einer Organisationseinheit wird das angebotene Dienstleistungs-Know-how durch Kreissegmente dargestellt. Dieses „Speichenrad" dient gleichzeitig zur Beschreibung des Know-hows einer Mitarbeiterin bzw. eines Mitarbeiters und ihrer/seiner mittelfristigen Know-how-Karriere (an Fläche gewinnen, mehr vermögen). Das Dienstleistungsmodell enthält als Kreissegmente das für die jeweilige Organisationseinheit relevante Dienstleistungsspektrum mit den Branchen-

3 Gestaltungsfelder produktiver und humaner Wissensarbeit

bzw. Technologieschwerpunkten. Damit sind die Grundzüge der Tätigkeitsfelder dokumentiert, die von den Mitarbeiterinnen und Mitarbeitern wahrgenommen werden können. Gleichzeitig wird gezeigt, welche Themen abgedeckt werden sollen. Ein solches Blatt ist Bestandteil aller Unterlagen für das Beratungs- und Förderungsgespräch und wir benutzt, um die mittelfristige Karriereplanung zu besprechen. Dazu wird dokumentiert, in welchen Segmenten der Mitarbeiter sich zur Zeit befindet und welche Segmente in den nächsten drei bis zehn Jahren durchlaufen werden sollen. Mit diesem Personal Entwicklungskonzept soll nicht nur die Mehrfachqualifikation sondern auch Kreativität, Initiative, Lernfähigkeit und der Mut zu Neuem gefördert werden.

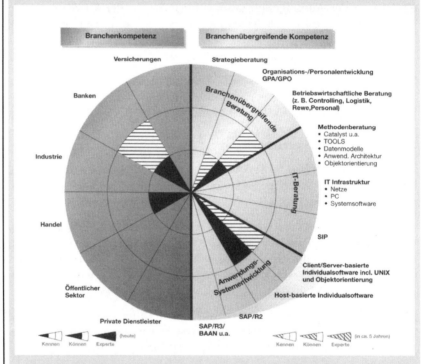

Quelle: Leitfaden für Juniorberater und Juniorberaterinnen Broschüre
CSC Ploenzke AG

Wir laden Sie ein: Zeichnen Sie Ihr eigenes Kompetenzrad!

Möchten Sie mehr zum Kompetenzmanagement lesen, so verweisen wir auf das Buch „Kompetenzmanagement in der Praxis" von North und Reinhardt (2005).

Lernen und Kompetenzentwicklung

3.2

Vielfältige Methoden der Kompetenzentwicklung

Wissensarbeiter nutzen vielfältige Methoden der Kompetenzentwicklung. In Abbildung 3-3 haben wir Elemente der Tätigkeit von Wissensarbeitern zusammengestellt, aus der nach Prioritäten und Zeitbudget ein Soll-Profil erstellt und mit einem persönlichen Ist-Profil verglichen werden kann. Beurteilen sie wie Sie Ihre Tätigkeit zur Kompetenzentwicklung nutzen. Sie ersehen aus dem Tätigkeits- oder Rollenprofil, dass es neben der geplanten individuellen eigenen Weiterbildung, eine Vielzahl von Anlässen und Möglichkeiten des Lernens gibt.

Anlässe und Möglichkeiten des Lernens

Kompetenz entwickeln und vermarkten

Abbildung 3-3

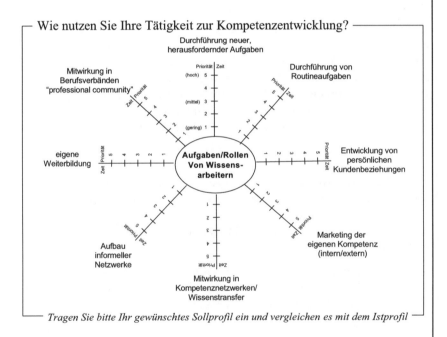

Tragen Sie bitte Ihr gewünschtes Sollprofil ein und vergleichen es mit dem Istprofil

Insbesondere die Durchführung neuer und herausfordernder Aufgaben ist Motivation und Anlass fürs Lernen. Die Herausforderung für hoch differenzierte Wissensarbeit ist, Lernen und Arbeiten besser zu integrieren. Die Möglichkeiten des *E-Learning* unterstützen dies. Das zeitlich aufwändige Beobachten von Themenfeldern über das Abonnement von Newslettern, Inhalten von Fachportalen oder das Auswerten von Fachzeitschriften lässt sich effizienter gestalten, indem Kollegen untereinander Zuständigkeiten für

E-Learning

Themen absprechen und periodisch den Wissensstand austauschen, z. B. als fester Bestandteil regelmäßiger Treffen. Initiativen wie *„Kollegen lernen von Kollegen"* unterstützen das Lernen voneinander.

Coaching und Supervision

Hierdurch kann auch das Lernen über Grenzen von Berufsgruppen hinweg gefördert werden. Coaching und Supervision unterstützen Wissensarbeiter bei der Reflexion ihrer Lernprozesse und spiegeln Selbst- und Fremdbeurteilung. In den individualistisch geprägten Kulturen vieler Berufsgruppen bestehen Hemmschwellen, sich gegenüber Kollegen oder Vorgesetzen zu öffnen. Coaching und Supervision können sowohl persönliche Unterstützung bieten als auch individuelles Lernen in Gruppenlernen zu überführen.

Projekte

Eine hervorragende Form des gemeinsamen Lernens bieten Projekte, in denen oft interdisziplinär neue Fragestellungen bewältigt und experimentiert wird. In jedem Projekt werden durch die Teammitglieder Erfahrungen gemacht, welche für die Teammitglieder selbst und für zukünftige Teams mit ähnlichen Fragestellungen von großem Interesse sein könnten. In einem Prozess der Selbstreflexion sollte sich jedes Team nach Abschluss des Projektes die Frage stellen, welche kritischen Erfahrungen gemacht wurden und worauf zukünftige Teams bei ähnlichen Problemstellungen achten sollten. Häufig werden unterschiedliche Einschätzungen erst durch solche Reflexionsrunden sichtbar und können damit auch für die Beteiligten eine wertvolle Quelle zur Beurteilung der eigenen Arbeit darstellen.

Lessons Learned

Unter dem Stichwort Lessons learned versuchen mehr und mehr Organisationen, die Aufarbeitung von Erfahrungen voranzutreiben und sowohl aus Erfolgen als auch aus Fehlern konsequent zu lernen. Lessons learned repräsentieren die Essenz der Erfahrungen, welche in ein einem Projekt oder einer Position gemacht wurden. Um aus Lessons learned den entsprechenden Nutzen zu ziehen, muss vor allem ein geeigneter Kontext zu ihrer Sicherung vorhanden sein.

Mangelnde Zeit, abweichende Prioritäten und mangelnde Bereitschaft seitens der Beteiligten verhindern zu oft eine systematische Aufarbeitung organisationaler Aktivitäten. Ohne diese Sicherung von Erfahrungen ist eine spätere Nutzung jedoch nicht möglich.

Kompetenzentwicklung honorieren

Anerkennung des Könnens auf einem Gebiet ist ein wichtiger Anreiz für die eigene Kompetenzentwicklung. Mit dieser Anerkennung ist zugleich die Zugehörigkeit zu einer sozialen Gruppe verbunden. Das verbreitete Engagement in Vereinen, Berufsverbänden und unentgeltlichen Ehrenämtern zeigt wie stark Anerkennung motivierend wirkt.

Anerkennung

Ein Beratungsunternehmen (CSC Ploenzke o. J.), in dem erfahrungsgemäß nur geringe Aufstiegsmöglichkeiten in der Hierarchie bestehen, hat diese Art der Anerkennung wie folgt formuliert:

Bei uns haben Sie Karriere gemacht,

- wenn man Sie fragt,
- wenn man Ihren Rat holt,
- wenn man Ihnen Informationen gibt,
- wenn man Ihnen traut und viel zutraut,
- wenn man Ihnen viel Spielraum (Raum zum Spielen) lässt,
- wenn man Ihnen Verantwortung überträgt!
- Kurz, wenn Sie gefragt sind, bei Kunden und Kollegen

Zeit ist für Wissensarbeiter ein immer knapper werdendes Gut. Wissensteilung und Wissensentwicklung kann daher mit der *Schenkung von Zeit* und der Schaffung von Freiräumen honoriert werden: Die Möglichkeit, für ein halbes Jahr Urlaub zu nehmen, ein MBA-Programm zu besuchen oder 10 % der Arbeitszeit zur freien Verfügung können stärkere Anreize zum Lernen und zur Kompetenzentwicklung sein als Bezahlung und hierarchischer Aufstieg. Die Möglichkeit, mit führenden Experten in einem Projektteam zu arbeiten, komplexe Probleme zu lösen, Fortschritte in ihrem Berufsfeld mitzugestalten, Freiheit in der Suche nach neuen Lösungen, gut ausgestattete Arbeitsplätze/Laboratorien und Anerkennung für ihre Leistungen motivieren Wissensarbeiter.

Schenkung von Zeit

Kompetenzentwicklung sollte auch Eingang in *Zielvereinbarungen* und Beurteilungssysteme finden. Ziele können sich sowohl auf die Erweiterung der persönlichen Kompetenz richten als auch auf die Weitergabe von Wissen (z. B. Einarbeiten eines Nachfolgers). Sie orientieren sich im Allgemeinen sowohl an den Erfordernissen der Organisation als auch an den Interessen der Mitarbeiter. Die Kompetenzziele werden periodisch gemessen und angepasst. Der Mitarbeiter selbst ist gefordert, sich aktiv an der Zielbildung zu beteiligen.

Zielvereinbarungen

3 Gestaltungsfelder produktiver und humaner Wissensarbeit

Für einige Berufsgruppen wie z. B. Ärzte und Lehrer wurde ein Zahl von „Weiterbildungspunkten" festgelegt, die jährlich durch den Besuch von Weiterbildungsveranstaltungen, E-Learning etc erreicht werden müssen.

Meine Kompetenz-ziele	Priorität	Zeithorizont	Maßnahmen zur Zielerreichung

Ein Unternehmen hat zu den Zielvereinbarungen Anreize in Form von Prämien integriert. Dazu wurde in sogenannten „skill-blocks" das für bestimmte Tätigkeiten benötigte Wissen definiert. Ein erfolgreicher Abschluss eines „skill-blocks" führt zu einer Gehaltserhöhung. Dabei muss sich der Mitarbeiter einer Prüfung unterziehen, die Vorgesetzte und Kollegen, die diesen skill-block bereits beherrschen, bewerten. Eine andere Variante der Zielvereinbarungen ist die Integration von Wissenszielen in den Arbeitsprozess, an dem dann die Entlohnung anknüpft. Bei einem Beratungsunternehmen, wird die Leistung der Berater nach fünf Kriterien bewertet werden, unter denen eines lautet: „Beitrag zum Wissensbestand der Firma sowie dessen Nutzung". Bei einem anderen Unternehmen wird ein Teil der Entlohnung des einzelnen Mitarbeiters von seinen Aktivitäten zur Wissensweitergabe (z. B. Lessons learned) bestimmt. Die Wissensunterstützung geht in die jährliche Partnerbeurteilung mit ein. Konnte ein Partner mit seinem Wissen einen Kollegen unterstützen, kann das bis zu einem Viertel seiner Jahresvergütung ausmachen.

Mitarbeiter-beurteilungen

Auch in der Mitarbeiterbeurteilung bzw. im periodisch stattfindenden Mitarbeitergespräch sollten Kriterien des Wissensaufbaus und Wissenstransfers ihren Platz finden. So werden Mitarbeiter gefragt:

1. Was haben Sie im vergangenen Jahr getan, um ihre eigene Kompetenz zu steigern?

2. Wie haben Sie zur Weiterentwicklung der Wissensbasis des Unternehmens beigetragen (z. B. durch Mitarbeit in Netzwerken, durch Einstellung von Präsentationen im Informationssystem, durch Bereitstellung von Projektberichten, Projektprofilen usw.)?

Führungskräfte werden zusätzlich gefragt:

3. Wie haben Sie den Kompetenzaufbau ihrer Mitarbeiter gefördert?

Lernen und Kompetenzentwicklung | **3.2**

Die Integration von kompetenzbezogenen Fragen in die Mitarbeiterbeurteilung stellt sicher, dass die Mitarbeiter langfristig angehalten sind, Kompetenz aufzubauen und Wissen zu teilen, um sich im Unternehmen zu entwickeln. Dies bedeutet jedoch auch eine Neudefinition von Karriere, die auf der Anerkennung der fachlichen und sozialen Kompetenz beruht.

Zur Sensibilisierung und Motivation für Wissensweitergabe und das Lernen von- und miteinander sind spielerische Anreize nützlich, die formale Anreizsysteme ergänzen. Eine solche spielerische Variante zur Motivation für Wissensteilung und Zusammenarbeit ist an die Bonussysteme der Fluglinien angelehnt und funktioniert unter dem Titel „Wissen teilen gewinnt Meilen" folgendermaßen:

Wissen teilen gewinnt Meilen:

„Wir wollen dazu motivieren, Wissen zu teilen, den Kollegen Hilfe anzubieten, erfolgreiche Konzepte aus der Projektarbeit offensiv zur Verfügung stellen. Hierzu wollen wir die Mitarbeiter belohnen, die Wissen aktiv an andere weitergeben."

Die Spielregeln:

Jeder Mitarbeiter erhält pro Quartal 50 Punkte, die er an Kollegen und Kolleginnen verteilen kann (aber nicht muss), die ihn besonders unterstützt haben.

Jeder Mitarbeiter stellt sich folgende Fragen:

- Wer hat mich bei der Lösung eines Problems aktiv unterstützt,
- Wer hat mich an seinen Erfahrungen teilhaben lassen,
- wer fördert Wissensaufbau und -transfer in unserem Unternehmen besonders?

Sie schicken per E-mail zum Quartalsende ihre Punkteverteilung ans Meilensekretariat.

Die mit Punkten bedachten Kollegen und Kolleginnen sammeln diese Punkte auf ihrem Meilenkonto und können sich nach der Meilenzahl gestaffelt ein Geschenk aus dem Geschenkrepertoire aussuchen (z. B. hochkarätige Seminare nach eigener Wahl, incl. Seminargebühr und Reisespesen, Literatur, Notebook etc).

Wie gestalten Sie Ihre Weiterbildung?

Was nehmen Sie sich für das kommende Jahr vor?

Gestaltungsfelder produktiver und humaner Wissensarbeit

Wissensarbeit in der Produktion mit dem Produktionslernsystem (PLS) bei Daimler

„Je besser wir qualifizieren und je schneller wir lernen, desto wettbewerbsfähiger sind wir."

In der Produktion kann diese Zielvorgabe über traditionelle Formen der **betrieblichen Weiterbildung** nicht erreicht werden. Ein ganzheitliches, arbeitsplatznahes Lernsystem zur Vermittlung beruflicher Handlungskompetenz ist erforderlich. Lerninhalte und Arbeitsanweisungen müssen in enger Zusammenarbeit mit den Produktionsbereichen erarbeitet werden und dann zeitnah allen Mitarbeitern zur Verfügung stehen. Dies lässt sich nur über eine **IT-basiertes Lernsystem** umsetzen.

Gemäß den Standards des Truck Operation System „TOS", das die Grundordnung der Produktionsorganisation für alle Daimler-Nutzfahrzeugwerke vorgibt, werden die Qualifizierungsinhalte und das Erfahrungswissen zu Arbeitsprozessen in den jeweiligen Bereichen abgelegt. Dabei wird nicht nur das **Wissen entlang der gesamten Wertschöpfungskette** integriert, sondern auch das der Zulieferer und Maschinenhersteller.

Das ProduktionsLernSystem ist ein Lernsystem für die industrielle Fertigung mit dem Ziel, **lebensbegleitendes Lernen** und Wissensmanagement in der Produktion zu etablieren. Das Wissen kann dabei über graphische Darstellungen (z. B. eine virtuelle Monatagestrasse) navigiert werden. Eine **arbeitsprozessorientierte Strukturierung** des Wissens mit entsprechenden Konzepten zur Repräsentation wird durch das Lernsystem unterstützt. Das System funktioniert über das **Intranet** und ist den Mitarbeitern direkt am Arbeitsplatz über eigens dafür aufgestellte Terminals zugänglich. Dort kann sich der Mitarbeiter von der gesamten Produktionslinie über einzelne Arbeitsplätze bis hin zu Tätigkeiten und einzelnen Arbeitsschritten informieren. Zu jedem Arbeitsplatz erhält er die Übersicht über die dort zu verrichtenden Tätigkeiten.

Das zugrundeliegende Modell, der produktionsgeeigneten Wissensdarstellung wurde in Zusammenarbeit zwischen Produktion, Planung und Betrieblicher Bildung in Mannheim entwickelt. Als zentrales Mittel zur Visualisierung dient das **Netzbild**. Netzbilder haben zwei Arten von Knoten: Substantive und Verben, die über Pfeile miteinander verbunden sind. Das Netzbild hat sich als eine sehr gut geeignete Form der Visualisierung in den Produktionsbereichen erwiesen, da die auszuführenden Arbeitsschritte beschreibt. Detailinformationen können in den Netzbildern schlagwortartig als kurzer Text oder als Bild in den Netzbildknoten hinterlegt werden.

In Schule und Studium oder der beruflichen Erstausbildung kann lediglich ein Basiswissen vermittelt werden. Der Großteil des **Know-hows**, das für den Berufsalltag erforderlich ist, wird auf informellem Weg in Form von

Lernen und Kompetenzentwicklung

3.2

Erfahrung erworben. Dieses **Erfahrungswissen** ist entscheidend für den Erfolg eines Unternehmens. Leider ist es oft schwer zugänglich und schlecht dokumentiert, da es sich in der Regel um **Prozesswissen** handelt. Das Wissen über Fertigkeiten wird nur bei der Durchführung einer Tätigkeit bewusst abgerufen. Damit Wissen für die Durchführung einer Tätigkeit auch abgerufen werden kann, benötigt der Mitarbeiter eine geeignete Form der Wissens-Abrufung und der Wissens-Eingabe.

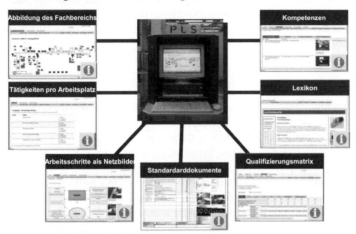

Erfahrungen zeigen, dass nicht mehr der Ingenieur den Werkern die einzelnen Arbeitsschritte zeigt. Die Mitarbeiter verstehen sich zunehmend selbst als die Quelle des Wissens. Die arbeitsprozessorientierte Dokumentation des Wissens erlaubt es, das Wissen einfach, mit wenig Text darzustellen. Maßnahmen zur kontinuierlichen Prozessverbesserung werden damit unterstützt.

Für Robert D. ein **Produktionsmitarbeiter in einem Zerspanungsbereich** ist das PLS ein sehr nützliches Arbeitsmittel. Früher hat er Schulungsinhalte und Informationen von Maschinenhersteller in Papierform gepflegt. Heute sagt er: zum Glück ist die Zeit der Zettelwirtschaft und Sucherei vorbei, mit dem PLS verfüge ich über ein Werkzeug direkt an meinem Arbeitsplatz, mit dem ich sehr schnell das geforderte Wissen auffinden und produktiv einsetzen kann. Bei meiner Arbeit habe ich zwar viele **wiederkehrende Tätigkeiten**, die aber nicht täglich zu erledigen sind. Das sind für mich und meine Kollegen oftmals schwierige Herausforderungen. Beispielsweise kann es in der täglichen Praxis vorkommen, dass ein Kollege aus seiner Routine gerät, weil er vielleicht nicht mehr genau weiß, wie der Arbeitsschritt 2 bei dem gerade notwendigen Werkzeugwechsel durchgeführt wird. Mit dem PLS kann ich per Mausklick meinem Kollegen sofort weiterhelfen, indem ich den Werkzeugwechsel aufrufe und die Arbeitsschritte per Netzbild angezeigt werden. Durch das **schnelle Auffinden** und die **direkte Nähe** des PLS am Arbeitsplatz wird die festgelegte Zykluszeit beim Werkzeugwechsel ein-

3 Gestaltungsfelder produktiver und humaner Wissensarbeit

gehalten. Besonders bei seltenen und aufwändigen Rüstvorgängen haben wir in unserer Arbeitsgruppe einen deutlichen Nutzen, sagt Robert D.

Durch die **standardisierte Dokumentation** kann ich jederzeit Optimierungsvorgänge dokumentieren. Das Wissen ist nicht mehr nur an mich gebunden, sondern steht jederzeit auch meinen Kollegen zur Verfügung. Insbesondere ist das PLS auch bei kleineren nicht alltäglichen Maschinenstörungen, eine gute Hilfe. Bei uns werden auch die kleineren Maschinenstörungen im PLS dokumentiert, per Mausklick finde ich oft genau die Hilfe und Problemlösung. die ich in dieser Situation benötige. Die Stillstandszeiten unserer Maschinen und Anlagen werden dadurch reduziert.

Auch die Auszubildenden lernen mit dem PLS

In der Mannheimer Berufsausbildung bearbeiten die Auszubildenden verschiedene Projekte, so zum Beispiel das Projekt „Druckluftmotor". Die 26 Bauteile des Mini-Motors werden dabei selbst hergestellt und montiert. Durch die Projektarbeit sollen Schüsselqualifikationen, wie beispielsweise Selbständigkeit, Verantwortung und Arbeitsmethodik gefördert werden. Das PLS dient dabei als Informationsquelle: Alle zur Bearbeitung der Teile notwendigen Informationen sind in der Datenbank gespeichert. Der Ausbilder übernimmt dabei die Rolle des Coachs und steht bei Problemen zur Seite. Auszubildende erfahren dadurch einen aktiven **selbstgesteuerten Lernprozess**. Weiterhin entnehmen die Auszubildenden alle notwendigen Informationen aus dem PLS, ein Terminal steht jeweils vier Auszubildende zur Verfügung. Sie erlernen hierbei neben der Anwendung des PLS auch die Eingabe und Pflege des Lernsystems.

Entwickeln die Auszubildenden eine neue Vorgehensweise, wie z. B. die verbesserte Herstellung eines Bauteils, so besprechen sie ihre neu gewonnene Erkenntnis zunächst in der eigenen Kleingruppe und danach mit dem Ausbilder. Anschließend stellen sie als Präsentationsübung die neue Vorgehensweise der gesamten Ausbildungsgruppe vor. Wird dem Vorschlag zugestimmt, **dokumentieren** sie diesen im PLS als **neuen Standard**. Diese Vorgehensweise hat sich als ein wichtiger Meilenstein in der Vermittlung einer **standardisierten Qualifizierungsmethode** erwiesen. Die Auszubildenden arbeiten und lernen mit ihren Ausbildungsverantwortlichen über das PLS an den realen, standardisierten Tätigkeiten in den jeweiligen Fertigungsprozessen. Die notwendige Grundlage und das Wissen über Sinn und Zweck der Standardisierung erlernen sie bereits vom ersten Tag ihrer Berufsausbildung. Diese Vorgehensweise trägt wesentlich zum nachhaltigen Ausbildungserfolg bei und fördert die Erkenntnis, wie die Dokumentation von Wissen funktioniert und wie Wissen produktiv verwertbar wird.

Volker Engert

3.3 Die Informationsflut bewältigen

Wissensarbeiter leben von der Produktion und „Verdauung" von Informationen. Indem sie Informationen produzieren sind sie Täter und Opfer zugleich. „Wer E-Mails, sät wird E-Mails ernten" formulieren dies Weick und Schnur (2008). Die Bewältigung der Informationsflut verlangt daher nach Strategien sowohl der eigenen Informationsproduktion, der aktiven Suche nach Informationen als auch der Reaktion auf Informationen anderer.

Die Grundfrage *„Worüber muss ich informiert sein, worüber muss ich wen wann und wie informieren?"* stellt sich täglich neu.

Die eigene Informationsstrategie entwickeln

Analysieren wir wie das subjektive Gefühl entsteht, die Vielfalt der Informationen nicht bewältigen zu können, so finden wir eine Reihe von Gründen im eigenen Informationsverhalten als auch in der gelebten Informationskultur einer Organisation. Diese Gründe können ins Positive gewendet Grundlage für eine eigene Informationsstrategie sein, zu der wir im Folgenden einige Bausteine beitragen wollen.

Mut zur Lücke: Das subjektive Gefühl der Informationsüberlastung entsteht häufig dadurch, dass wir über zu viele Dinge informiert sein wollen, Angst haben, etwas zu versäumen oder in ein wichtiges Thema nicht rechtzeitig einzusteigen. Wir sammeln Informationen auf Vorrat, kopieren Zeitschriftenaufsätze oder legen sie in Form von pdfs auf unserem persönlichen PC ab. Da diese Angst auch bei anderen Kollegen umgeht, wird mehrfach dokumentiert, gesucht, abgelegt und die veraltete Information dann doch nicht genutzt. Hier ist Mut zur Lücke gefragt. Das Sammeln von Informationen, die aktuell nicht benötigt werden, belastet. Es zeigt sich, dass dann wenn Informationen aktuell benötigt werden, sie auch im Allgemeinen schnell recherchiert werden können.

Mut zur Lücke

Es ist daher vielfach wichtig, zu wissen, wer was weiß und wo ich Informationen gegebenenfalls finden kann. Über „Gelbe Seiten" können in vielen Organisationen Experten auf spezifischen Themengebieten rasch identifiziert werden. So ermöglicht das Pharmaunternehmen sanofi-aventis weltweit, Experten in der Forschung und Entwicklung in Kontakt zu treten über die Intranetsoftware KnowledgeMail, die durch das Analysieren von E-Mails Expertenprofile generiert.

Jeder Experte hat jedoch volle Kontrolle darüber, ob und in welchem Umfang das Profil für andere einsehbar ist, kann sein eigenes Profil ergänzen und pflegen sowie entsprechend mit weiteren Dokumenten versehen.

Spezialisierung und Absprache von Themengebieten

3 Gestaltungsfelder produktiver und humaner Wissensarbeit

Spezialisierung und Absprache von Themengebieten verteilen die Last der Informationsbeobachtung auf mehrere Schultern. So können z. B. Lehrer, Anwälte und Forscher im Kollegenkreis festlegen, wer für welches Themengebiet verantwortlich ist und neue Entwicklungen verfolgt, aufbereitet und für die Anderen zugänglich macht.

Abbildung 3-4 Wie kann ich besser mit der Informationsflut umgehen?

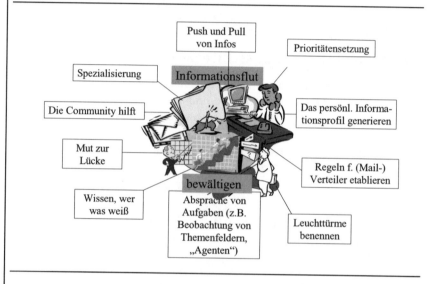

Professionelle Communities

In ähnlicher Weise kann die professionelle Community weiterhelfen. Wissensarbeiter sind vielfach Mitglieder in einer Reihe von Arbeitskreisen, professionellen Verbänden, z. B. dem Verein der Ingenieure, die auch entsprechende Themengebiete aufbereiten.

Auch die Unterstützung durch professionelle Recherchedienstleister, wie dies insbesondere in der Unternehmensberatung üblich ist, kann Wissensarbeiter weiter entlasten.

Moderne Intranet- oder Portallösungen ermöglichen den Mitarbeitern, ihr persönliches Informationsprofil zu generieren und damit selektiv Informationen zu abonnieren. Über die „Favoriten" lassen sich weiterhin bei Internetsuchen themenbezogen diejenigen Internetseiten einstellen, die den höchsten Informationsgehalt für ein spezifisches Thema haben.

Die Informationsflut bewältigen

3.3

Wichtig ist eine Grundeinstellung, in der Sie Ihre Informationsprioritäten ständig überprüfen. Dazu können folgende Prinzipien beitragen (Reinmann-Rothmeier, Mandl 2000; Rothmeier, Eppler 2008):

Prinzipien des persönlichen Info-Managements

- *Sichten und wegwerfen:* Fragen Sie sich, welche Informationen Sie brauchen und wie häufig. Trennen Sie beherzt die Spreu vom Weizen.
- *Systematisch reduzieren:* Reduzieren Sie die Anzahl regelmäßig auf Sie eintreffender Informationen systematisch. Verteiler, Mailing-Listen, Zeitschriften etc. sind für Sie wirklich relevant?
- *Filtern statt sammeln:* Sammeln Sie nicht wahllos und auf Vorrat Informationen, sondern dokumentieren Sie, wo Sie etwas bei Bedarf finden können.
- *Grenzen setzen:* Sagen Sie auch einmal klar und deutlich nein, wenn Sie unter Informationsüberlastung leiden.
- *Gelassenheit üben:* Entwickeln Sie eine Einstellung nach dem Motto „Keiner weiß alles, aber jeder weiß etwas". Eine persönliche solide Wissensbasis ist Erfolg versprechender, als ein möglichst vollständiger Informationspool.

Auf der Ebene von Arbeitsgruppen, Projekten, Gesamtorganisation ist ein Gleichgewicht zwischen Push- und Pull-Strategien der Informations- und Wissensverteilung wichtig. Hier geht es um die Frage: Wie können Informationen und Wissen nutzerspezifisch verfügbar gemacht werden? Während nach dem Push-Prinzip Informationen im Unternehmen in Form von Protokollen, Rundlauflisten, Newslettern verteilt werden, ermöglicht dass Pull-Prinzip, Informationen dann abzurufen, wenn sie benötigt werden. Was bedeutet das konkret? So werden z. B. in vielen Projekten Besprechungsprotokolle an alle Beteiligten per Mail nach dem Push-Prinzip versandt. Effizienter ist es hier die Protokolle auf einer Projektplattform einzustellen und den Beteiligten eine Zugangsberechtigung zu geben.

Push- und Pull-Strategien

Aus diesen hier beschriebenen Bausteinen lassen sich individuelle Informationsstrategien entwickeln, die die Informationsflut reduzieren und dem Wissensarbeiter das Gefühl geben, aktiv bestimmen zu können, welchen Informationen er ausgesetzt ist bzw. wie er seine eigenen Informationen verteilt.

Haben Sie eine eigene Informationsstrategie?

Das richtige Kommunikationsmittel wählen

Das Gefühl, einer Informationsflut ausgesetzt zu sein, entsteht durch die Wahl der Kommunikationsmedien. Wissensarbeiter sollten bewusst ihre Kommunikationsmittel bezogen auf die Aufgabe wählen, sagt die Theorie. Aber wie sieht es in der Praxis aus?

Nach welchen Kriterien wählen Sie Ihren Kommunikations-Mix aus?

Haben Sie nachgedacht, ob Sie durch Änderung Ihres Kommunikationsverhaltens Stress abbauen und Ihre Produktivität steigern können?

Media Richness Theorie

Kommunikationsmittel verfügen über unterschiedliche Kapazitäten oder Reichhaltigkeit zur Übertragung von Informationen/Botschaften. Die Media Richness Theorie von Daft und Lengel (1984) unterscheidet reiche Medien wie zum Beispiel das persönliche Gespräch mit hoher Symbolvarietät (Gestik, Mimik, Sprache, Tonfall), das große Bandbreite an Ausdrucksmöglichkeiten zur Verfügung stellt. E-Mail ist dagegen ein „armes" Kommunikationsmittel ohne direktes Feed-back.

Reiche Medien

„Reiche Medien" eignen sich nach der Media Richness Theorie zur Vermittlung von komplexen Sachverhalten/Zusammenhängen oder für mehrdeutige Aufgaben, die unterschiedlich interpretiert werden können, und für Informationen/Botschaften, die durch große Unsicherheit geprägt sind. Routine Informationen können hingegen über weniger „reiche" Kommunikationsmittel vermittelt werden.

Mediensynchronizität

An einer Kommunikation sind häufig mehrere Partner zu verschiedenen Zeiten beteiligt. Die Theorie der Mediensynchronizität (Dennis und Valacich 1999) geht darauf ein und formuliert Faktoren für die Unterstützung von Kooperationsprozessen (Nohr 2002):

1. Unmittelbarkeit der Rückkopplung: Wie schnell kann ein Kommunikationspartner auf Nachrichten antworten? Kann die Antwort innerhalb von Sekunden erfolgen, wie zum Beispiel im persönlichen Gespräch am Telefon oder Face-to-Face, oder kann sie Stunden oder sogar Tage auf sich warten lassen, wie es bei E-Mails oder Briefen der Fall ist?

2. Symbolvarietät: Auf wie viele Arten können Information/Botschaften übermittelt werden?

3. Parallelität: Auf wie vielen Kanälen können wie viele Personen gleichzeitig in unterschiedlichen Kommunikationsvorgängen kooperieren oder kommunizieren?

4. Überarbeitbarkeit: Wie häufig und wie tiefgreifend kann der Sender seine Nachricht überarbeiten, bevor er sie verschickt. Eine E-Mail hat eine hohe, die Face-to-Face-Kommunikation eine geringe Überarbeitbarkeit.

Die Informationsflut bewältigen

3.3

5. Wiederverwendbarkeit: Wie kann die Nachricht eines anderen wieder verwendet werden. Dabei ist Information in geschriebener Form generell besser wieder verwendbar als solche in gesprochener Form.

Reisinger, Ovadias und Ostah (2006) ergänzen diese Kriterien durch:

6. Vertraulichkeit:. Im Gegensatz zur Face-to-Face-Kommunikation, die die höchste Vertraulichkeit bietet, können E-Mails schnell an große Personenkreise weiterleitet werden.

7. Komplexität: Die Komplexität beschreibt die Möglichkeit des Kommunikationsmittels, komplexe Probleme zu lösen und schwierige Sachzusammenhänge zu übermitteln. Bei hoher Komplexität sind laut der Media Richness Theorie Kommunikationsmittel mit hoher Symbolvarietät (wie z. B. Face-to-Face-Kommunikation) erforderlich. In Abbildung 3-5 sind häufig genutzte Kommunikationsmittel nach diesen Kriterien eingeordnet.

Eignung von Kommunikationsmitteln (Reisinger, Ovadias und Ostah (2006) — *Abbildung 3-5*

Bewertungskriterien	Kommunikationsmittel			
	E-Mail	Face-to-Face	Telefon	Telefon Konferenz
Feedback	*	***	***	**
Symbolvarietät	*	***	**	*
Vertraulichkeit	*	***	**	*
Komplexität	*	***	**	**
Überarbeitbarkeit	***	*	*	*
Wiederverwertbarkeit	***	*	*	*

* = geringe Eignung, ** = mittlere Eignung, *** = gute Eignung

3 Gestaltungsfelder produktiver und humaner Wissensarbeit

Was bedeutet dies für konkrete Arbeitsaufgaben von Wissensarbeitern?

Für Terminabstimmungen, Übermittlung von Zahlen und Fakten, einfache Nachrichten ist die E-Mail gut geeignet. In der Praxis nutzen wir E-Mails jedoch vielfach auch dann, wenn ein Gespräch mit direkter Rückkopplung sinnvoller wäre.

Bleibt die Frage: Muss denn wirklich nahezu jede Botschaft per E-Mail kommuniziert werden oder führt in vielen Fällen der Griff zum Telefonhörer bzw. der Gang ins Zimmer nebenan nicht einfacher und schneller zum Ziel?

In vielen Fällen wahrscheinlich schon, jedoch gibt es gute Gründe für viele Wissensarbeiter, den elektronischen Postverkehr zu bevorzugen. Aber warum?

Blame Culture

- Blame Culture: Sogenannte „Cover my back" E-Mails mit möglichst großen Verteilerlisten sind in vielen Unternehmen an der Tagesordnung. Derlei Kommunikationsverhalten ist Ergebnis einer bestimmten Unternehmenskultur, der sogenannten „Blame Culture", bei der es vor allem darum geht, einen oder mehrere Schuldige für Misserfolge zu finden. Wer vorher an ein möglichst großes Publikum bereits seine Bedenken oder Vorschläge geäußert hat, ist als Sündenbock passé.

Schreiben ist bequem

- Schreiben ist bequemer: Asynchrone Kommunikation hat in den letzten Jahren im Vergleich zur persönlichen Kommunikation stark zugenommen. Gründe hierfür liegen u. a. in soziokulturellen Veränderungen nicht zuletzt bedingt durch das Internet. Durch Emails werden unangenehme Rückfragen verzögert bzw. oftmals gar nicht gestellt – was häufig in unzureichenden Ergebnissen mündet.

Arbeit abwälzen

- E-Mail verteilen = Arbeit abwälzen: Wer kennt das nicht? Ein unklarer Auftrag formuliert in einer E-Mail mit einem meterlangen Verteiler - irgendjemand wird den Ball schon fangen. Meistens sind es diejenigen, deren Arbeitslisten ohnehin schon überquellen. Eine bewährte Arbeitsverteiltechnik von Projektleitern, aber auch in der Linie beobachtbar.

Ist dieses Problem überhaupt lösbar?

Die Antwort lautet Ja, und die Lösungsansätze lassen sich im Zusammenwirken von Mensch/Verhalten, Organisation, Prozesse und Technik finden.

Die Informationsflut bewältigen | **3.3**

Individuelles E-Mail-Management

In nahezu jedem Zeitmanagement-Seminar wird es gebetsmühlenartig gepredigt: Arbeiten Sie am Morgen die erste Stunde, ohne in die Mailbox zu schauen; Öffnen Sie nur dreimal am Tag Ihr E-Mail-Programm: morgens für 30 Minuten, nach der Mittagspause für 30 Minuten und vor Feierabend für 45 bis 60 Minuten. Sortieren und priorisieren Sie Ihre E-Mails und beantworten Sie nur dringende bzw. fristige Anliegen morgens und mittags sofort. Der „Rest" kann bis abends warten und dann abgearbeitet und abgelegt werden. Das Gleiche gilt für die Ausgangspost. Die eingangs genannten ständigen Störungen inhaltlicher (Wissens-)Arbeit durch „Sie haben Post"-Signale können hierdurch reduziert werden und die Produktivität der so agierenden Wissensarbeiter dürfte merklich steigen (siehe auch Weick und Schnur 2008).

Welcher E-Mail-Typ sind Sie?

Mail-Muffel: Er lässt seine Mails prinzipiell ausdrucken und bearbeitet sie anschließend manuell. Hier finden wir das klassische Problem des Medienbruches, der den Workflow hemmt. Die Ergebnisse müssen nämlich danach wieder in den elektronischen Ablauf eingetippt werden. Neben der reinen Arbeitsbeschaffungsmaßnahme ist dies auch noch fehleranfällig.

Ungewollter Spammer: Er leitet seine Mails grundsätzlich an alle weiter, die evtl. vom Inhalt betroffen sein könnten. Um auch niemanden zu vergessen, arbeitet er vorzugsweise mit Verteilerlisten. Die Problematik, damit auch eine Vervielfältigung der oftmals speicherintensiven Anhänge zu generieren, nimmt er bewusst in Kauf.

„Jäger und Sammler": Er behält alle seine Eingangspost grundsätzlich bei sich im Mailfile, um jederzeit seine Informationen heraussuchen zu können und auskunftsbereit zu sein. Damit ist er auf jeden Fall revisionssicher und glaubt seinen Arbeitsplatz sicher. Im Höchstfall benutzt er ein Archiv. Hier könnte Workflow die Archivierungsregeln unterstützen und die evtl. ebenfalls an den Dokumenten Interessierten informieren.

Mail Manager: Er unterscheidet grundsätzlich zwischen persönlicher und unternehmensrelevanter Mail. Letztere legt er zu den Vorgängen, Projekten etc. ab, zu denen sie gehören. Damit werden sie Teil der jeweiligen Geschäftsprozesse und können mit Workflow-Management-Systemen gezielt abgearbeitet werden. Eine ggf. notwendige Mehrfachablage wird durch Verlinkung erledigt. Damit generiert er Unternehmenswissen und schafft einen Mehrwert für alle Beteiligten in effizienter Weise.

Quelle: Zirke, 11/2003, Competence-site.com

3 Gestaltungsfelder produktiver und humaner Wissensarbeit

Kommunikationskultur der Organisation

Change Prozess

Das Verändern z. B. einer Blame Culture hin zur Kooperation kann z. B. durch einen konsequenten Change-Management-Prozess möglich gemacht werden. Oftmals werden in diesem Zusammenhang unternehmensweite Veränderungsprogramme aufgesetzt, die das Top Management, Führungskräfte und Key Player seitens der Mitarbeiterschaft involvieren.

Kommunikationsleitfäden und -trainings, welche das individuelle Kommunikationsverhalten ansprechen, sind geeignete Maßnahmen zur Eindämmung des E-Mail-Verkehrs.

Software hilft?

Intelligente Systeme

Vielleicht gibt auch die Weiterentwicklung der Software neue Hoffnung (Kulke 2003): Microsoft arbeitet an Systemen, die erkennen, ob ein Nutzer gerade aufnahmebereit ist für E-Mails oder auch für Anrufe. Je nachdem, wie der Computer gerade genutzt wird, beim hektischen Abfassen von Texten, beim Chatten, beim Steigern auf der Seite von Ebay, beim Recherchieren von Wirtschaftsdaten oder beim E-Mail-Verkehr privat oder geschäftlich, ein ausgefuchstes Programm könnte erkennen, ob der Mensch am Bildschirm gerade eine Unterbrechung seiner Gedanken vertragen könnte oder nicht. Im letzteren Fall behält der Mailserver erst mal alle Mails zurück und stellt sie erst dann zu, wenn der Computer beim Nutzer die Bereitschaft dazu erkennt - der sie dann allerdings alle am Stück zu verdauen hat. Vielleicht müsse er auch, so meint Eric Horwitz, der Leiter dieses Microsoft-Projekts, seinem Computer erst mal ein paar Wochen lang beibringen, bei welchen Tätigkeiten er persönlich sich über E-Mails freut und bei welchen er wegen Überlastung „abzustürzen" droht.

Die Informationsflut bewältigen

Journalismus: Volontär Florian Wunderlich im Wissenswunderland

Das Erste, was ihm bei seinem Besuch im Institut am Rande von Leipzigs Innenstadt auffiel, war Professor Webers Fahrrad. Das stand nämlich mitten in seinem Büro. Fürwahr hier geht es durchaus unkonventionell und humorvoll zu ...

Florian Wunderlich hatte sich als Volontär beworben. Er studiert Journalistik und braucht noch einen Praktikumsschein. Damit und einer schriftlichen Diplomarbeit hätte er sein Päckli geschnürt und dürfte sich nach bestandener Prüfung Diplom-Journalist nennen. Aber daran denkt er gerade überhaupt nicht. Denn er geht voll in seinem neuen Job auf, selbst wenn er weiss, dass in drei Monaten alles wieder vorbei ist.

Drei Monate minus eine Woche – denn seit einer Woche ist Florian Wunderlich in Leipzig. Professor Weber hat ihm eine Wohnung vermittelt in einer klassizistischen Stadtvilla mit Stuckdecken. Vier Meter sind es bis zum Plafond.

„Hier fällt mir bestimmt die Decke nicht auf den Kopf", rief er laut aus, als er zum ersten Mal über die Türschwelle trat. Er war froh über diese wahrhaft noble Bleibe, denn „kreativ kann ich in geschlossenen Räumen nur sein nur wenn ich eine schöne Aussicht habe oder zumindest das Gefühl, frei atmen zu können", gab er schon mal des öfteren während seiner Studentenzeit zu verstehen. Allerdings hat die Altbauwohnung noch keinen ADSL-Anschluss. Ein kleiner Nachteil, denn Wunderlich ist kein Kind von Langsamkeit, wenn es darum geht, mit dem Internet zu arbeiten. Er schafft es an einem Artikel zu arbeiten, während im Hintergrund in einem anderen Browserfenster eine Rechercheabfrage läuft und in einem weiteren Browserfenster sucht das Programm auf dem Stadtplan nach Auerbachs Keller.

Aber derartige Bildschirmakrobatik verschiebt er besser auf sein Tagwerk im Institut. Zu Hause ist er nur wireless lokal im Netz, und das ist etwas zu langsam. Auerbachs Keller findet er trotzdem auch ohne Google Earth oder Navigationsgerät. Jeder Passant kann ihm den Weg weisen. Professor Weber hat seinen Schützling in die dunklen Kellergewölbe eingeladen, um ihn an historischer Stätte ein paar nützliche Tipps für sein Praktikum zu geben. Dem Professor ist sehr viel an einem lockeren und entspannten Verhältnis gelegen und auch an Networking. Denn ganz Leipzig trifft sich in Auerbachs Keller.

Kaum sitzen die beiden an ihrem halbwegs ruhigen Ecktisch, da kommt schon Besuch. Es ist der Pressesprecher des Wirtschaftsministeriums. Er ist eigentlich rein zufällig hier, hat ein privates Rendez-vous, setzt sich aber zu den beiden. Für die Zeit eines Aperitifs tauschen der Volontär und der

Pressesprecher ihre Kontaktdaten aus. Wunderlich tippt Sie gleich in seinen elektronischen Assistenten, den er einmal pro Woche mit seinem Laptop synchronisiert. Wunderlich hat sich so bereits eine eigene Kontaktdatenbank von rund 500 Personen aufgebaut. Er wird sie auch nach Abschluss seines Volontariats brauchen können.

Am nächsten Morgen weiht Prof. Weber seinen Volontär in sein Lieblingsprojekt ein, der Verknüpfung von harten **Jahresabschlussdaten** mit **weichen Marktforschungsergebnissen**: „Comeema" heißt das Spiel. Unter dem schönen Akronym versteckt sich ein Programm: „Controlling Meets Marketing". Die beiden so gegensätzlichen betriebswirtschaftlichen Betätigungsfelder sollen zum Heil der **langfristigen Unternehmensentwicklung** verknüpft werden. „Dazu müssen erst einmal die Unternehmensbarrieren niedergerissen werden", wie er es plakativ preist. Das heisst die Versicherer müssen gewillt sein, ihre Informationen offen zu legen.

Hier tritt nun der „Industrial Liaison Officer" auf den Plan. Praktikant Florian Wunderlich überredet ein ums andere Mal Versicherungsunternehmen, dass sowohl das Institut als auch der jeweilige Versicherer nur gewinnen können, wenn sie sich gegenseitig Daten austauschen.

Versicherungsmarktforschung ist aber nur eines von vielen Standbeinen des Leipziger Instituts und seiner Spin-offs, mittlerweile unabhängigen Unternehmen mit denen es zusammen das sogenannte „Leipziger Kleeblatt" bildet. Eines dieser Blätter ist die Leipziger Gesellschaft für versicherungswissenschaftliche Forschung. Sie verbindet Grundlagenwissenschaft und anwendungsorientierten Research. In sogenannten „Werkstätten für Forschung und Entwicklung" werden über einen **moderierten Erfahrungsaustausch** Projekte vorangetrieben. Der Moderator, erneut Florian Wunderlich im externen Austauschverhältnis, ist als neutraler Gesprächsleiter nötig, damit Kommunikationshemmnisse abgebaut werden. Zur Vorbereitung hat Professor Weber seinen Volontär in ein Moderatorentraining geschickt, um ihm die psychologischen Feinheiten beibringen zu lassen.

Sind die F&E-Werkstätten prozessorientiert, so bietet der Spin-Off bitubi.de, wie der Name erraten lässt, konkrete **E-Business- und IT-Strategien** rund ums Internet an. Hier kann Florian Wunderlich sein Flair für technische Beratung voll ausleben. Professor Weber überträgt im gleich zu Beginn zwei Projekte. Durch die Strategieberatung vertieft Wunderlich seine bereits reichlich vorhandenen Fähigkeiten im vernetzten Denken. Es gelingt ihm innerhalb kurzer Zeit zwei Start-ups aus der Studentenszene zu Ihrem ersten E-shop zu verhelfen.

Ein weiteres Blatt des Kleeblatts respektive eine Speiche im Rad am Institut stellt die Ausbildungsplattform e@cademy dar, die nicht nur webbasierte Ausbildungskomponenten berücksichtigt, sondern auch mit Präsenzseminaren und Anleitung zum Eigenstudium den Studierenden Versicherungsthemen und die Grundlagen der New Economy näher bringt. Da Florian

Wunderlich frisch von der Uni kommt, hat er kein Problem damit, die Lehrunterlagen so aufzuarbeiten, dass sie für alle spannend sind. Aus Interessengruppen formt er dadurch **Lerngruppen**, die sich gegenseitig weiterentwickeln und wohl früher oder später wie er selbst die Schwerpunkte des Instituts weiterentwickeln helfen.

Seine **Netzwerker-Fähigkeiten** nutzt Florian im Forum Versicherungswissenschaft, das den Dialog zwischen Wissenschaft und Praxis voranbringen will, indem es laufend über neueste Forschungsergebnisse informiert, die Praxis über aktuelle Lehrinhalte aus der Universitätsausbildung auf dem Laufenden hält, diskutiert und einen fachlichen Austausch innerhalb der Branche herstellt. Das wird eine der wichtigsten Aufgaben von Florian Wunderlich in den verbleibenden knapp drei Monaten sein. Der Titel „Industrial Liaison Officer" auf seiner neuen Visitenkarte schafft Vertrauen. Hinzu kommt aber vor allem, dass Wunderlich eine offene und ehrliche Persönlichkeit ist, die keine Maske trägt. Dadurch bekommt er rascher Auskunft als manch einer seiner Berufskollegen. Da er gleichzeitig auch bereit ist, sein Wissen mit anderen zu teilen, konnte er sich sehr schnell ein Netzwerk von Informanten und Abnehmern schaffen. Seinen Kontakten verschafft er immer wieder wertvolle Hintergrundinformationen zu den Fortschritten in den einzelnen Geschäftsbereichen des Instituts. Information, Kommunikation, Weiterbildung und Recherche laufen hauptsächlich über den Bildschirm, manchmal aber auch konkret vor Ort. Meinungsumfragen werden eingeholt und Links zu anderen, auch konkurrierenden Institutionen hergestellt. Wunderlich empfängt und sendet dabei seine Informationen wie ein Satellit. Seine geostationäre Umlaufbahn liegt über Leipzig. Mit der Zeit wird Florian Wunderlich ein Flow-Feeling bekommen. Er fühlt sich bei seiner Arbeit, als surfe er auf einer Welle des Wissens.

PS: Ein Jahr später und nach erfolgreichem Abschluss seines Journalistikstudiums mit summa cum laude ist Florian Wunderlich zurück in Leipzig. Er hat einen Sommerkurs am Leipziger Literaturinstitut gebucht und schreibt an seinem ersten Buch, ein einfacher linearer Roman, der nichts mit der komplexen Verknüpfung von Daten zu tun hat.

Florian Jakob

3.4 Zusammenarbeit gestalten

Wert durch Wissensarbeit wird in den meisten Fällen durch Zusammenarbeit mit Kollegen gleicher oder anderer Fachdisziplinen und Berufsgruppen generiert. Aus der Fallstudie des Anwalts im Jahr 2027 wurde deutlich, dass selbst ein einfacher Vertrag die Zusammenarbeit mehrerer spezialisierter Juristen erfordert. Die Behandlung eines Patienten beruht auf der koordinierten Zusammenarbeit zwischen verschiedenen Fachärzten, Pflegenden und anderen paramedizinischen Berufsgruppen.

Sprechen alle Beteiligten die gleiche Sprache und haben sie die gleichen Ziele?

„Deformation professionelle"

Einzelne Disziplinen haben ihre Fachsprache, Methoden und Denkweisen, die leicht zur „Deformation professionelle" führen, der Neigung, die eigene fachbezogene Perspektive unbewusst über ihren Geltungsbereich hinaus auf andere Themen und Situationen anzuwenden, was zu Fehlurteilen, eingeengter Sichtweise oder sozial unangemessenem Verhalten führen kann. Die Zusammenarbeit mit unterschiedlichen Berufsgruppen und -kulturen stellt daher eine besondere Herausforderung dar.

Übergreifendes Ziel operationalisieren

Eine wichtige Grundlage für produktive Zusammenarbeit ist es, deren übergreifendes Ziel zu operationalisieren. Oft scheint bei der täglichen Arbeit das gemeinsame Ziel unklar. Um dieses übergreifende Ziel der Zusammenarbeit zu formulieren, sollte man folgende Fragen stellen,

- *Welches Ziel hat diese Zusammenarbeit?*
- *Wo bestehen Zielkonflikte zwischen den Zusammenarbeitenden? Kann man die Ziele der einzelnen Zusammenarbeitspartner transparenter gestalten?*
- *Ist Ursache die inhaltliche Abstimmung/Zielsetzung der Zusammenarbeit oder sind es kommunikative / sozioemotionale Probleme?*
- *Welche Vereinbarungen können zur Überwindung dieser Zielkonflikte getroffen werden?*
- *Wie kann diese Zusammenarbeit effektiver gestaltet werden?*

Konstruktion einer gemeinsamen Wirklichkeit

Zusammenarbeit bedingt die Konstruktion einer gemeinsamen Wirklichkeit der Akteure. Dies bedeutet, dass eine Fragestellung, ein Problem gemeinsam wahrgenommen werden sollte, um darauf aufbauend neue Ideen und Lösungen zu finden.

Prozessbeschreibung

Diese gemeinsame Wirklichkeit kann sich z. B. in einer Prozessbeschreibung wieder finden. In eigenen Projekten konnten die Autoren zeigen, dass z. B. die Beschreibung eines Patientenprozesses die Zusammenarbeit zwischen Ärzten untereinander, Pflegenden und anderen Therapeuten verbessert.

3.4 Zusammenarbeit gestalten

Für ein Leasing-Unternehmen schuf die Erarbeitung eines Leasing-Prozesses die Grundlage für die strukturierte Zusammenarbeit von einzelnen Spezialisten bei der Betreuung von Leasingobjekten und steigerte die Produktivität erheblich. In einer Kanzlei erkannten Anwälte, die bisher unabhängig voneinander für ihre Mandanten gearbeitet hatten und nur Sekretariat, Räume und Infrastruktur geteilt hatten, dass eine themenspezifische Spezialisierung und Betreuung der Mandanten im Team zu einer höheren Leistung für diese führt.

Probleme nicht verwalten, sondern lösen

Die Qualität der Zusammenarbeit beweist sich darin, wie gut Probleme disziplinenübergreifend gelöst werden können. In vielen Organisation werden jedoch Probleme eher verwaltet statt effizient gelöst. Üblicherweise installiert man eine Arbeitsgruppe oder ein Projekt, das über einige Monate hinweg Ursachen analysiert, Vorschläge erarbeitet, die dann von einem Entscheidungsgremium geprüft und nach einer gewissen Zeit (mit viel Glück) dann eingeführt werden.

Um schneller und effizienter unter Nutzung allen verfügbaren Wissens im Unternehmen derartige Probleme zu lösen, hat General Electric einen neuen Ansatz unter dem Begriff „Work-out" kreiert, den wir uns im Folgenden ansehen wollen:

General Electric Work-out

Work-out basiert auf der einfachen Erkenntnis, dass Leute nah am täglichen Geschäft besser als jeder andere wissen, wie man Produkte oder Prozesse verbessern könnte. Mit dem Work-out wollte General Electric dieses enorme Reservoir von Wissen nutzen. Work-out-Sitzungen haben unterschiedliche Strukturen und Dauern.

Sie können eine Stunde dauern, sie können acht Stunden dauern, sie können drei Tage dauern. Sie können ein spezifisches lokales Problem lösen, sie können aber auch übergreifende Probleme lösen. General Electric hat in sein Work-out-Programm erfolgreich Kunden, Lieferanten und auch die externe Administration (z. B. Finanzadministration) mit einbezogen. Eine Work-out-Sitzung besteht im Allgemeinen aus drei Teilen bzw. aus drei getrennten Veranstaltungen.

Zunächst wird die Themenstellung eingegrenzt, und die betroffenen Teilnehmer und Wissensträger werden identifiziert. Am Kernstück des Work-out, dem „Town Meeting", nehmen dann ca. 40 bis 100 Personen aus unterschiedlichen hierarchischen Ebenen, Funktions- und Geschäftsbereichen teil. Sie sollen das gesamte relevante Wissen von General Electric für dieses Problem verkörpern. Es werden in Kleingruppen Lösungsvorschläge erarbeitet, die dann im Plenum diskutiert und verabschiedet werden.

Das Management hat sofort über die Lösungsvorschläge zu entscheiden. Nur in Ausnahmefällen, wenn z. B. Daten fehlen bzw. zusätzliche Wissensträger identifiziert

> werden müssen, kann eine Entscheidung verschoben werden. Ziel ist jedenfalls, das Workout-Meeting mit einer Lösung und einem Implementierungsplan zu verlassen. Es folgt dann ein Abschlussmeeting, in dem der Implementierungsstand und die erzielten Resultate diskutiert und überprüft werden.
>
> Quelle: General Electric Annual Report 1995, S. 5; Probst et al 1997, S. 202 ff.

Zusammenwirken von Berufsgruppen

Produktivität und Arbeitsbelastung können oft nur im Zusammenwirken der Berufsgruppen beeinflusst werden. Im Rahmen eines Projektes (www.3p-Alice.de) treffen sich Ärzte und Pflegende regelmäßig all 2 Wochen für eine halbe Stunde, um nach einem strukturierten Vorgehen Lösungen für Belastungssituationen zu erarbeiten und in gemeinsamer Verantwortung umzusetzen. Wichtig ist insbesondere die gemeinsame Beschreibung von Problemen und Belastungssituation, die von den Beteiligten oft unterschiedlich wahrgenommen werden. Für die Umsetzung ist ein „Verantwortungsteam" zuständig, das aus einer Pflegeperson und einem Arzt besteht. Die vereinbarten Lösungen sollen in einem wachsenden Organisationshandbuch dokumentiert werden. Dies ermöglicht, dass die Lösungen thematisch auffindbar sind und dadurch eine Verbindlichkeit für alle hergestellt wird. Alle 2 Monate sollte eine Zwischenevaluation des Prozesses stattfinden.

- *Wie bringen Sie Ihr Wissen fokussiert in Problemlösungsgruppen ein?*
- *Lassen sich in Ihrem Unternehmen die traditionellen Projekt- und Arbeitsgruppen durch Workout-Meetings zum Teil ersetzen bzw. ergänzen?*

Netzwerke nutzen und entwickeln

Was wäre der Wissensarbeiter ohne sein Netzwerk?

Networking

In einem beruflichen Umfeld, in dem Wissensarbeiter zunehmend selbständig oder in einem Partnernetzwerk Leistungen erbringen sowie Verweilzeiten in einer Tätigkeit und einem Unternehmen kürzer werden, kommt der Verankerung in einem Netzwerk und der Beziehungspflege steigende Bedeutung zu. „Networking" verhilft zu Kontakten, dient zur Anbahnung von Geschäften und zum Erfahrungsaustausch an. Populär unter „Professionals" ist networking übers Netz. Die Kontaktplattform www.Xing.com wurde 2003 unter dem Namen *OpenBC* (Open Business Club) gegründet und zählt inzwischen mehr als 2,65 Millionen Benutzer. Angemeldete Benutzer tragen ihre Daten in ein Profil ein in dem neben den beruflichen und freiwilligen privaten Kontaktdaten auch Informationen zu Tätigkeitsfeldern, Ausbildung, gegenwärtigen und vorherigen Arbeitgebern hinterlegt werden können. Ergänzend zu vielfältigen Online-Angeboten gibt es Regionalgrup-

Kontaktplattformen

Zusammenarbeit gestalten

3.4

pen, die lokale Treffen veranstalten, an denen persönliche Kontakte geknüpft werden können.

Wie gut ist Ihr Netzwerk?

Beeinflusst von der US-amerikanischen Denkweise, Beziehungspflege zielorientiert für die eigene Entwicklung einzusetzen unter dem Motto „Sie sind soviel Wert wie Ihre Beziehungen", schlagen Pulcrano, Shaner und Fischer (2007) die Erstellung einer Networking-Bilanz vor deren Grundzüge in Abbildung 3-6 dargestellt sind. Auch wenn wir uns emotional gegen den Gedanken sperren Menschen wie ehemalige Studienkollegen, Familie, aktuelle Kollegen, frühere Chefs, Kunden, Freunde, Experten zu klassifizieren (zumindest den Autoren geht es so), so kann dies zur Identifizierung von Partnern für neue Initiativen, das Erschließen neuer Wissensgebiete, die Zusammenstellung einer multidisziplinären Arbeitsgruppe und zur Reflexion der eigenen Fähigkeiten zur Beziehungspflege durchaus nützlich sein. Der Tendenz von Wissensarbeitern, sich selbst genug zu sein, kann durch einen Anstoß zur Öffnung gegenüber anderen Sichtweisen begegnet werden.

Networking-Bilanz

Die Networking Bilanz

Abbildung 3-6

Vermögen	Verbindlichkeiten & Eigenkapital
Umlaufvermögen • Personen, zu denen ich keine enge Beziehung habe, die ich aber jederzeit anrufen kann. • Weitläufige, seltene Kontakte (Personen, die mich mögen, die aber weniger wichtig sind oder zu denen ich selten Kontakt habe). • Meine eigene Networking-Fähigkeit. **Anlagevermögen** • Personen, zu denen ich eine enge Beziehung habe und die ich jederzeit anrufen kann. • Enge, aber nur seltene Kontakte (Personen, die mich mögen und die wichtig sind, zu denen ich aber nur selten Kontakt habe). • Meine Position (physisch, geographisch, beruflich, Titel, Unternehmen). • Meine Einstellung gegenüber Networking und meine Networking-Fähigkeiten.	**Kurzfristige Verbindlichkeiten** • Gefälligkeiten, die ich weniger wichtigen Personen schulde. • Personen, die mich nicht mögen und nicht besonders wichtig sind. **Langfristige Verbindlichkeiten** • Gefälligkeiten, die ich wichtigen Personen schulde. • Personen, die mich nicht mögen, aber wichtig sind. • Meine Einstellung gegenüber Networking und meine Networking-Fähigkeit. **Eigenkapital** • Gefälligkeiten, die ich anderen Personen erwiesen habe, ohne bisher etwas dafür zurückerhalten zu haben. • Mein Image bzw. meine Reputation. • Mein Track Record (erzielte Leistungen, Anerkennung).

Die Networking Bilanz deckt Stärken und Schwächen des Beziehungsnetzes auf.

Wissensgemeinschaften

Communities

In Zeiten, in denen Projekte, kurzfristige Teams und Zuordnungen zu Geschäftseinheiten immer schneller wechseln, suchen Wissensarbeiter eine längerfristige fachliche Identität und Heimat, ein Experimentier-, Lernfeld für Ideen und Erfahrungen. Daher gewinnen selbstorganisierte Gemeinschaften (Communities) an Bedeutung, die meist ohne spezifischen Auftrag Initiativen ergreifen, gemeinsam lernen, Erfahrungen austauschen oder neue Produkte und Dienstleistungen entwickeln und so die Grenzen von Hierarchie und Organisationseinheiten überwinden. Das Wertschöpfungspotenzial von Innovationszirkeln, Arbeitsgruppen, Expertenkreisen, Erfa-Gruppen oder Gruppen wie der Linux-Community, wird zunehmend erkannt.

Communities of Practice

Die vielfältigen Formen des Lernens und Wissensaustauschs werden unter den Begriffen „Communities of Practice" (Wenger 1998) bzw. „Wissensgemeinschaften" (North et al. 2002) diskutiert.

Unsere Definition von Wissensgemeinschaften

Wir definieren Wissensgemeinschaften als über einen längeren Zeitraum bestehende Personengruppen, die Interesse an einem gemeinsamen Thema haben und Wissen gemeinsam aufbauen und austauschen wollen. Die Teilnahme ist freiwillig und persönlich. Wissensgemeinschaften sind um spezifische Inhalte gruppiert.

Dies können sein: Technologien, Prozesse, Produkte oder auch Kunden.

Wissensgemeinschaften haben eine Reihe von Funktionen zur Schaffung, Akkumulation und Verteilung von Wissen in Organisation und über Organisationsgrenzen hinweg (Wenger 2002).

Organisationsübergreifende Funktionen

Sie sind Knoten für den Austausch und die Interpretation von Informationen. Da die Mitglieder von Wissensgemeinschaften ein gemeinsames Verständnis haben von einem Thema, wissen sie, was relevant ist zum Weitergeben und Bekanntmachen und wie die Informationen in nützlicher Art und Weise präsentiert werden können. In dieser Sicht sind Wissensgemeinschaften ideal, um auch Informationen über Organisationsgrenzen zu verbreiten.

Wissensgemeinschaften können Wissen am Leben erhalten, im Gegensatz zu Datenbänken oder Manuals. Die impliziten Elemente von Wissen werden erhalten und weitergegeben bzw. den lokalen Nutzungsbedingungen angepasst. Von daher sind Wissensgemeinschaften auch ideal, neue Mitarbeiter einzuführen, anzulernen und Erfahrungen weiterzugeben.

Wissensgemeinschaften entwickeln Kompetenzen weiter, tragen neueste Entwicklungen in die Organisation herein. Wissensgemeinschaften sind oft schneller und weniger schwerfällig als Geschäftseinheiten. Dieses Gefühl, ganz vorne an der Front neuester Entwicklungen mitzumischen, gibt Mitgliedern von Wissensgemeinschaften eine Identität.

3.4 Zusammenarbeit gestalten

Die Fachverbunde der GTZ (Gesellschaft für Technische Zusammenarbeit)

Fachverbunde (FV) als strukturierte Arbeitsform sind Netzwerke, die in der dezentralisierten und weltweit agierenden GTZ zunächst als Eigeninitiative einzelner Projektleiter entstanden sind und nun von der Organisation gefördert werden.

Ein Hauptziel von Fachverbunden ist, den Informations- und Erfahrungsaustausch zu forcieren sowie das gemeinsame Lernen zu verbessern. FV sind in erster Linie ein regionales Fachforum, auf dem die vielfältigen praktischen Erfahrungen aus Projekten und Programmen ausgetauscht, systematisch ausgewertet und rückgekoppelt werden. Die Fachverbundspolicy beschreibt Fachverbundsgrundsätze, auf die im weiteren Verlauf noch genauer eingegangen wird. Sie schreibt den Fachverbunden fünf Kernfunktionen zu:

Diskussion und Verbreitung einer einheitlichen sektorspezifischen Unternehmenspolicy sowie von Querschnittsthemen;

Systematische, themenspezifische Erfassung und Auswertung von spezifischen Projekterfahrungen und konzeptionellen Ansätzen;

Regionaler Erfahrungsaustausch zwischen den Auslandsmitarbeitern mit gleichen, ähnlichen oder komplementären Beratungsbereichen und den entsprechenden Einheiten der Zentrale in Eschborn;

Beobachtung der Veränderungen in der regionsspezifischen Nachfrage nach fachlichen Dienstleistungen und Identifizierung eines entsprechenden Wissensbedarfs;

Diskussion und Diffusion internationaler Erfahrungen und Kenntnisse.

Quelle: North et al. 2004

Ein Leitbild für Wissensgemeinschaften

Wenn wir Wissensgemeinschaften fördern wollen, brauchen wir ein Leitbild. North et al. 2004 haben aus persönlicher Erfahrung mit einer Vielzahl von Wissensgemeinschaften die Eigenschaften einer idealtypischen Wissensgemeinschaft herausgearbeitet.

In der Idealvorstellung ist eine Wissensgemeinschaft eine Gemeinschaft von Menschen,

- die ein Thema durchdringen wollen,
- die sich alle als Lehrer und Schüler verstehen,
- die sich einem Thema ganz öffnen,
- die Überzeugungen und Erfahrungen äußern lassen,

Die Idealvorstellung

3 Gestaltungsfelder produktiver und humaner Wissensarbeit

- die offen über Fehler und Misserfolge reden,
- die genügend Raum und Zeit für das Teilen dieser Erfahrung zur Verfügung haben,
- die sich gegenseitig schützen,
- die nicht an bestehenden Konzepten festhalten, sondern bereit sind, alles neu zu überdenken,
- die einander zuhören und versuchen, ein gegenseitiges Verständnis zu erreichen,
- die nicht mit ihrem Wissen in wirtschaftlichen Wettbewerb treten wollen.

Die Kontexte für lebendige Wissensgemeinschaften können bewusst geschaffen werden. Hierzu sollten Sie über die folgenden vier Dimensionen nachdenken (siehe Abbildung 3-7):

Gestaltungsdimensionen

1. Wer soll Mitglied der Wissensgemeinschaft sind?
2. Wie wollen wir zusammenarbeiten (Interaktion)?
3. Welches Ergebnis erwarten wir?
4. Welche organisatorische Unterstützung wird benötigt?

Abbildung 3-7 Gestaltungsdimensionen von Wissensgemeinschaften (North et al. 2004)

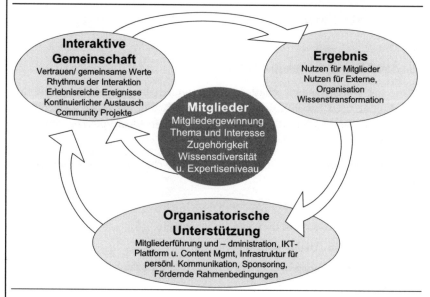

Einige der Gestaltungsdimensionen sind direkt lenkbar wie beispielsweise die Zugehörigkeitskriterien oder die Auswahl von Personen für Wissensgemeinschaften. Andere sind nur mittelbar über die Schaffung günstiger Rahmenbedingungen zu beeinflussen wie z. B. die Motivation der Mitglieder der Wissensgemeinschaft.

Was braucht man unbedingt, damit eine Wissensgemeinschaft oder allgemein eine Community funktioniert?

Eine solche Gemeinschaft braucht ...

Bausteine lebendiger Wissensgemeinschaften

1. **einen Kümmerer:** eine oder mehrere Personen, die mit Engagement und Charisma die Gruppe zusammenhält bzw. halten, neue Mitglieder gewinnt und für Vertrauensbildung sorgt,
2. **ein Thema:** ein klar beschreibbares und auch abgrenzbares Thema, das für alle Miglieder attraktiv ist und Interesse auch längerfristig aufrecht erhalten kann,
3. **eine Mailing Liste:** Zur Kommunikation der Mitglieder untereinander und unkompliziertem Infoaustausch,
4. **regelmäßige Veranstaltungen:** möglichst gut merkbare und konstant eingehaltene Termine (z. B. dritter Donnerstag im Monat), Round Tables, Vorträge.

Sie können die Grundelemente weiterentwickeln durch:

5. **Website, Publikationen, Newsletter:** eine Möglichkeit, Ergebnisse, Fragen, Anregungen zu dokumentieren und als Community auch nach aussen zu wirken,
6. **jährliche Großveranstaltung:** Ermöglicht alle Mitglieder zusammen zu bringen und zu zeigen, „wir sind wer".

Wie nutzen und entwickeln Sie Ihre Netzwerke?

Armutsbekämpfung, aber bitte professionell
Internationaler Consultant

Frankfurt am Main, 27.04.2012

Gerade noch die Kurve gekriegt. Mal wieder viel zu spät vom Büro losgefahren. Es war doch mehr Verkehr als erwartet. Manche Dinge ändern sich eben nie. Aber nun sitze ich endlich im Flieger. Das Notebook, das endlich seinen Namen verdient, auf dem Klapptisch, und mache noch die Briefing-Dokumente für die Gutachter fertig, die in etwa einer Stunde von Amsterdam aus starten. Das können sie dann während des Fluges lesen, während ich mich endlich einmal ein paar Stunden entspannen kann.

Gemeinsames Ziel: Manila. Wir werden dort die **Durchführbarkeit eines Neuprojekts** prüfen. Die Frage ist, wie aussichtsreich es für die Philippinen ist, ihren Provinzverwaltungen mehr Mitsprache bei der Vergabe von Energie- und Netzwerklizenzen einzuräumen. Die Entwicklungszusammenarbeit hat sich in den letzten 50 Jahren mehrfach drastisch verändert.

Während wir in den 60er Jahren noch Brunnen in Afrika gebohrt haben, geht es seit etwa 20 Jahren vor allem darum, Regierungen bei ihren Reformvorhaben zu beraten und zu unterstützen. Manche bezahlen uns direkt, andere erhalten das als deutschen Beitrag zu ihren Entwicklungsprozessen. Schon ein spannendes Geschäft. Vor allem wenn man bedenkt, dass es darum geht, diese Länder dabei zu unterstützen, die Lebensbedingungen ihrer Bevölkerung dauerhaft zu verbessern und nicht eine Einmalhilfe zu geben. Da ist es schon wichtig, unser bestes Wissen und die besten Leute zu mobilisieren, um hier einen guten und wirksamen Beitrag zu leisten. Wie gut, dass man jetzt auch im Flugzeug online ist. Geschäftiges Murmeln. Die meisten Passagiere arbeiten still an ihren Notebooks oder murmeln in das versteckte Mikrofon. Voice-input für das Schreiben von ganzen Texten oder um dem Rechner zu erklären, was er wie verändern oder verschicken soll, ist schon eine klasse Sache. Es hat mich zwar viel Schweiß gekostet, dem Ding beizubringen, was ich meine – und wenn man ihn anbrüllt, fängt es auch noch an sich zu entschuldigen – aber jetzt klappt das erstaunlich gut. Wir sind beinahe ein Team geworden. Die Tastatur ist zwar noch da – gut unter dem Deckel versteckt -, aber die nutze ich kaum noch, seit die Oberfläche diese netten, verschiebbaren Elemente hat, fast wie im Raumschiff Enterprise. Aber warum die IT den Rechnern jetzt auch noch Namen gibt, bleibt mir ein Rätsel. „Marvin" heißt meiner. Hoffentlich kriegt der in 10 Jahren nicht auf einmal auch noch Depressionen.

So. Jetzt nur noch ein paar Zahlen zusammensuchen. Wie viele Mitarbeiter haben die einzelnen Provinzverwaltungen der Philippinen eigentlich in ihren Kommunikationseinheiten? Zum Glück geht das Suchen blitzschnell. Die Rechner in unserer Zentrale sind inzwischen recht gut vernetzt: nicht mehr nur untereinander – das haben IT und Wissensmanagement schon vor drei

Jahren nach unverständlich langen Mühen hingekriegt. Wenn ich zurückdenke: vor fünf Jahren hatten die noch dutzende unterschiedlicher Systeme und Servertypen da herumstehen. Dank des „Google-Wunders", das uns die einmalige Sucheingabe bescherte und dann alle Antworten als Liste ausgab, können wir jetzt endlich auch vertrauliche Informationen streng nach Zugriffsrechten gestaffelt nutzen. Und das nicht nur intern, sondern aus allem, was uns auch außerhalb des Unternehmens verfügbar ist.

Bedenklich sind die Macht, die derlei Konzerne mit diesen **Weltwissen-Datenbanken** erwerben und die Verwundbarkeit, die unsere Welt durch kriegerische und terroristische Angriffe auf diese Systeme, bekommen hat. Ich habe jedenfalls immer noch – wie ein Atavismus – Papier, Bleistift, Handtelefon, Notfallnummern und -adressen dabei, wenn ich auf Reisen gehe. Man weiß ja nie. Nun ja. Technikwunder oder -fluch. Sei's drum. Das eigenständige Denken nimmt mir zum Glück niemand ab. Und letztlich muss man ja doch selbst persönlich vor Ort sein. Der **Mensch-zu-Mensch-Kontakt** ist seit der Steinzeit ungebrochen unverzichtbar.

Ah! Da klopfen schon die Gutachter an. Das kleine Notebook-Fenster geht immer oben rechts auf, blinkt entsetzlich grell und jetzt grinst mich der Typ auch schon wieder mit seinem Vertreterlächeln an. „Hallo!" ... „Ja, die Briefings sind raus. Müssten eigentlich bei Ihnen schon im Eingang liegen. Beachten Sie bitte vor allem den Voice-stream, den ich Ihnen angehängt habe. Da habe ich noch mal genau erläutert, worauf wir da politisch achten müssen. Der ist vertraulich und nur für Sie abhörbar." ... „Gut. Ja. Schicken Sie mir Ihre Zahlen rüber. Das passt gut. Ich sitze gerade an Daten zum Verwaltungspersonal." ... „Bis nachher."

Manila, 29.04.2012

Die haben wirklich gut vorgearbeitet. Aber Technik und Fachwissen genügen einfach nicht. Wie immer macht der Ton die Musik. Man kann die beiden Gutachter – so gut sie fachlich sein mögen – nicht unreflektiert auf die politische Bühne lassen. Unser Büroleiter hat am Abend nach unserer Ankunft ein sehr gutes Gespräch mit dem deutschen Botschafter und den Vertretern der philippinischen Verwaltungsspitze arrangiert. Und da werden die wesentlichen Weichen gestellt, nicht in den Online-Konsultationen, wo die halbe Welt mithört. Im kleinen, vertraulichen Rahmen bleiben endlich auch mal die ganzen nervigen, Ohrtelefone, die als neuester Schrei gerade weltweit als „Öhrlis" die „Händis" ablösen – aus, um mal im wahrsten Sinne des Wortes „ganz Ohr zu sein". Soviel ungeteilte Aufmerksamkeit ist man gar nicht mehr gewohnt. Viele, gerade aus der jungen Generation, kommen damit schlecht zurecht. Mich hat es anfangs auch etwas Mühe gekostet, zu diesen beinahe archaischen Formen des Gesprächs zurück zu kehren. Aber es lohnt sich. Ein Wort unter Gentlemen (oder Gentlewomen) gilt eben immer noch was (oder wieder?).

Der persönliche Kontakt macht für mich auch den großen **Wert unserer Netzwerke** im Unternehmen aus. Die sind zwar alle auch **virtuell organisiert**, aber die Jahrestreffen der Governance-Kollegen in Südamerika sind wirklich schon legendär. Manche mögen lästern, das seien drei Tage Spiel, Spaß und Spannung auf Firmenkosten. Ich habe aber selten etwas inhaltlich und persönlich so reichhaltiges erlebt. Diese Fachverbünde sind der Dauerrenner! Sie laufen seit rund 20 Jahren und haben sich von kleinen **Communties of Practice zu** beachtlichen **Fachinstanzen** mit Weltruf gemausert. An deren geballtem Knowhow kommt heute praktisch niemand vorbei.

Die kooperieren so eng mit Wissenschaft, anderen Organisationen, Regierungen uvm., dass da fast täglich ein massiver Geistesblitz einschlägt. Bei dem Gewitter ist es eigentlich schade, wie wenig man davon wirklich in der Praxis direkt aufgreifen kann. Schließlich haben wir auch nur begrenzte Ressourcen und Kapazitäten. Aber seit die Kollegen dort ihren **Erfahrungsworkshop** zur „Verwaltungsdezentralisierung" gemacht haben – eindrucksvolle Projektwirkungen, aussagestarke Bilder, exzellente Zahlen und Begegnungen mit tollen Persönlichkeiten – habe ich meine Herangehensweise an Verwaltungsprojekte komplett umgekrempelt.

Manila, 30.04.2012

Das war ein Tag. Nonstop in Konferenzräumen. Aber die haben hier ihre Organisation gut im Griff. Wissen ist Macht. Das galt schon immer. Immer stärker setzt allerdings auch hier die Denke durch, dass damit nicht persönliche Macht gemeint ist, sondern die Fähigkeit Dinge zu verändern. Die Teilnehmer waren exzellent vorbereitet und hoch motiviert. In den Gesprächen haben die nicht nur begierig unsere Erfahrungen aufgesogen, sondern auch streng darauf geachtet, uns ein passables Bild ihrer Situation im Energie- und Kommunikationswesen zu vermitteln. Unsere Rückfragen waren meist noch während der Sitzung beantwortet. Das ist schon beeindruckend, wenn bedenkt, wie schwer sich die meisten Organisationen noch immer damit tun, ihre **Erfahrungen** zu **systematisieren**, das Wichtige herauszufiltern und in brauchbarer Form weiterzugeben. Das gilt umso mehr, je stärker wir auf die Weltwissen-Datenbanken zugreifen können, die uns trotz aller Beteuerungen der Relevanzfilterung, Mustererkennung und **„Thinking Technologies"** nach wie vor mit einem Informationswust überschütten.

Zum Glück hat auch unsere Zentrale damit aufgehört, uns mit diesem bürokratischen Lessons-learned-Schwachsinn zu nerven. Ständig diese Berichte, für die man sich nach starrem Format das Hirn auswringen soll, letztlich doch nur Mäuse gebiert und die keiner lesen will. Klasse war hingegen die Idee, einfach seine Reflexionen seinem Notebook zu erzählen. Nach jedem Meeting, jedem Meilenstein, jedem Meinungsaustausch berichte ich „Marvin" einfach kurz, was ich denke und wer das wissen sollte. Ein paar Sätze reichen da ja meist. Den Rest macht die Technik. Und wenn ich selbst was aus den Einschätzungen der Kollegen wissen will, frage ich Marvin. Der scannt dann deren Computer-Logbücher durch und spielt mir die wichtigsten Einträge ab oder ruft mir die Kollegen zu einem kurzen, virtuellen Echtzeit-Gespräch zusammen. Immer weniger lustig ist allerdings die widerwärtige Art einiger Kollegen, die absichtlich nach Widersprüchen in den archivierten Aussagen von Kollegen schnüffeln. Von manchen Unternehmen habe ich gehört, dass die nicht nur – wie bei einigen Industrieunternehmen schon seit den 90er Jahren üblich – ausspionieren, welche Internetseiten ihre Mitarbeiter aufrufen, sondern inzwischen auch schon Gedankenpolizei spielen. Wer heute eine Meinung hat und morgen anders denkt, gilt da schon als wankelmütig. Das ist der erste Schritt in die Entlassung. Gruselig. Wenn das um sich greift, ist es mit dem freien Denken aus. Da muss rechtzeitig gegengesteuert werden. Auf einmal wachsen **Wissens- und Integritätsmanagement** zusammen. Da ist vor allem auch die Führung gefragt, solchem Ansinnen von vorne herein eine klare Abfuhr zu erteilen. So weit musste es bei uns, zum Glück, noch nicht kommen. Aber: Holzauge sei wachsam!

Bangkok, 04.04.2012

Hart ist das schon. Täglich muss man sich neue Erkenntnisse in den Kopf prügeln. Das Schritthalten fällt manchmal schwer. Selbst die beste Auswertung von Erfahrungen, guter Technikzugang und eine Führungskraft, die mich voll unterstützt, reichen manchmal nicht aus, um mit dem Wissensfortschritt Schritt zu halten. Dabei habe ich manchmal den Eindruck, nur die Formen ändern sich, die wesentlichen Erkenntnisse sind aber oft erstaunlich konstant. Die Dienstreise ist jedenfalls insgesamt sehr gut gelaufen. Wir haben das Projekt unter Dach und Fach, und jetzt bin bester Stimmung.

Da mache ich auf dem Rückweg noch einen Zwischenstopp in Thailand und sehe nach einem anderen Projekt, das da seit ein paar Monaten nicht von der Stelle kommt. Habe mir gerade **das E-Briefing** für **die Jahresstrategie 2013** reingezogen. Hübsch gemacht mit dem integrierten, **interaktiven Frage-und-Antwort-Dialog** mit der Geschäftsführung. Wie viel Aufwand da wohl reingeht, all die Fragen, die die Mitarbeiter haben könnten zu antizipieren und das Ganze dann auch noch in einem Pseudo-Dialog zu filmen ... Wem's gefällt. Ein echtes Gespräch mit der Geschäftführung wäre mir da jedenfalls wesentlich lieber. E-Briefing, E-Learning, E-Managing ... Als hätte das Alphabet nur noch einen Buchstaben! Da findet zurzeit ohnehin eine Wiederentdeckung der Ruhe statt. Im ganzen Unternehmen erleben technikfreie Kreativräume, Denkstunden, Echtzeit- und Präsenz-Meetings genauso wie traditionelle Workshops eine Renaissance.

Das war auch nötig nach der Online-Welle, bei der alle mit allen nonstop via Skype, Messenger, Video-, Online-Conferencing und ähnlichem Online-Verwirrsinn quasseln und ständig mindestens fünf Kommunikationskanäle gleichzeitig offenhalten. Kein Wunder, dass da manche durchknallen. Der Mensch braucht noch immer ein behagliches Umfeld, um seine Arbeit effektiv zu leisten. Da zählen vor allem das innovative Denken, gemeinsames Lernen durch Erleben sowie Konzentration und Fokussierung. Seit wir alle ständig nonstop online, miteinander vernetzt und füreinander verfügbar sind, spielen Reflektieren, Abschalten und Konzentrieren für unsere **Personal-Coaches** eine immer wichtigere Rolle. Meiner sitzt mir auch schon wieder im Nacken. Ich muss nicht nur mein Führungs-Feedback aussprechen, sondern auch noch meine Einkehrzeiten besser einhalten. Die haben sogar die Zeiterfassung wieder eingeführt. Anstelle der „Arbeitszeit"-Erfassung, wie sie in der industriellen Revolution betrieben wurde, haben wir heute die „Abschaltzeit"-Erfassung. Will heißen: Kommunikation aus, eigenes Denken an. Man kann das auch zusammen mit ein bis zwei Teamkollegen machen. Schon fast so was wie Meditation. Deshalb gehe ich jetzt auch off und treffe meine Kollegen zum Abendessen.

Jan Schwab

Projektkoordination in der Zentrale

Selin steht schon wieder unter Strom. Am liebsten würde sie mit einem Schlag die Armut aus der Welt schaffen, aber sie weiß, dass dies nur mit kleinen Schritten vorangehen kann und dass sie sich in Geduld üben muss. Die Organisation, für die sie tätig ist, hat die Aufgabe, sich weltweit für Armutsbekämpfung in Entwicklungs- und Transformationsländern einzusetzen. Die Mission besteht darin, die politische, wirtschaftliche, ökologische und soziale Entwicklung durch Beratung anderer Regierungen, internationalen Organisationen und Unternehmen weltweit voranzubringen und damit eine nachhaltige Verbesserung der Lebensbedingungen der Menschen zu erreichen. Selin hat im letzten Jahresbericht gelesen, dass ihre Organisation **weltweit in 2500 Projekten** aktiv sei. Die Projekte und somit auch die Mitarbeiter sind über die ganze Welt verteilt. Wen wundern da die vielen E-Mails ...

„Wenn ich nur unter 30 ungelesene Mails in meinem Posteingang käme ...", denkt sich Selin und öffnet die erste Mail. Bei der ersten Email besteht schon mal kein Handlungsbedarf! Es handelt sich um eine Dokumentation zu Armutsbekämpfungsstrategien, die als Information an alle Mitarbeiter des Fachbereiches geschickt wurde. „Das lese ich mir später durch", denkt sie sich. Zu Beginn ihrer Tätigkeit hat sie in der allgemeinen Einführungsveranstaltung des Unternehmens gelernt, dass Armutsbekämpfung nur dann funktioniert, wenn viele Faktoren eines Landes gleichzeitig verbessert und berücksichtigt werden. Die Menschen müssen befähigt werden, sich selbst zu helfen, denn nur dann kann die Hilfe nachhaltig sein.

Von den 10.000 Mitarbeitern des Unternehmens sind die meisten über den ganzen Globus verstreut und setzen sich für diese Ziele ein. Selin arbeitet

Zusammenarbeit gestalten 3.4

gemeinsam mit 900 anderen Mitarbeitern in der Zentrale, von wo aus unter anderem die **Projekte koordiniert und verwaltet** werden. Das Wissensmanagement spielt für die Organisation eine sehr große Rolle. Die Abteilung, für die sie arbeitet, ist auf einen Bereich spezialisiert, der sich wiederum in viele Unterthemen aufsplittert. Ihre Kolleginnen und Kollegen sind oft auf Dienstreise im Ausland um z. B. laufende Projekte auf ihre **Nachhaltigkeit** und **Wirkungen** zu **überprüfen** oder um in internationalen Konferenzen für ihr Fachthema zu sensibilisieren. Das Telefon klingelt. Ein Kollege fragt Selin nach einer abteilungsspezifischen Präsentation, die die organisatorische Struktur, die Projekte, die fachlichen Netzwerke und die Leistungsangebote der Abteilung darstellt.

Sie teilt ihm mit, dass diese Präsentation derzeit als Entwurf dem Managementteam vorliegt und in Kürze abgenommen wird. Mit dem Managementteam ihrer Abteilung hat sie schon eine Gliederung für diese abteilungsspezifische Präsentation festgelegt. Diese soll sechs Module beinhalten, die je nach Bedarf von den Kolleginnen und Kollegen selbst zusammengestellt werden können. Dadurch will Selin den Kolleginnen und Kollegen Zeit- und Arbeitsaufwand ersparen und gleichzeitig sicherstellen, dass die Inhalte korrekt und aktuell sind. Der Kollege beschwert sich am Telefon, warum es im Intranet keine generellen Präsentationsvorlagen zur Organisation gibt. Selin weist ihn darauf hin, dass es diese gibt. Sie bestehen sogar aus 12 Modulen und sind in vier Sprachen verfügbar sind. Der Kollege bedankt sich und legt auf. Selin wendet sich wieder ihrem Computer zu – schon wieder vier neue Mails - und nimmt sich vor, den Link zu dieser Foliensammlung noch mal an alle Kolleginnen und Kollegen zu verschicken. Den Link zur abteilungsspezifischen Präsentation kann sie erst nach der Abnahme an alle Mitarbeiter der Abteilung abschicken. Anschließend muß sie ja noch ins Englische übersetzt werden.

Während sie ihren Kaffee trinkt, schaut Selin ihren Posteingang in Outlook durch. Die freiberufliche Journalistin hat ihr endlich ein Angebot zugeschickt. Selin will sie beauftragen, sechs Auslandsprojekte in Kurzform darzustellen. Selin schüttelt den Kopf, als sie an den Trubel um die Kurzdarstellungen denkt. Im vorherigen Jahr waren die Auslandsmitarbeiter mehrfach aus der Zentrale um eine Kurzdarstellung ihres Projektes gebeten worden. Da die Kolleginnen und Kollegen aus der Zentrale sich nicht untereinander abgestimmt hatten und jeder von ihnen eine andere Gliederung der Kurzdarstellung vorgegeben hatte, löste dies natürlich Unzufriedenheit bei den Auslandsmitarbeitern aus.

Selin hat daraufhin den Publikationsbeauftragten ihrer Organisation angesprochen und durch ihn eine **Standardisierung der Projektkurzdarstellungen** initiiert. Die Standardisierung soll eine einheitliche Gliederung für Print und Internet beinhalten und ebenso ein einheitliches Design im Print. Mit der Journalistin hat Selin bereits besprochen, dass die neuen Kurzdarstellungen sowohl für Print als auch für die Internetdarstellung verwendet werden sollen. Damit die Journalistin mit der Arbeit beginnen kann, sammelt Selin bereits vorhandene Informationen zu den einzelnen Projekten. Sie klickt sich also durch den **Wissensspeicher**, der die vielen vorhandenen Datenbanken anzapft und sucht sich die Projektberichte und weitere Dokumentationen raus. Anschließend erstellt Selin für die Journalistin eine Liste, die die Basisdaten der Projekte, die Ansprechpersonen, die Auflistung der Dokumente beinhaltet und schickt sie gemeinsam mit den Dokumenten an die Journalistin.

Selin ist gerade damit beschäftigt ihre Emails zu beantworten, als die Tür aufgeht und eine Kollegin mit einem jüngeren Mann vor ihrer Tür steht. Wahrscheinlich schon wieder ein neuer Mitarbeiter, denkt sich Selin und es bestätigt sich. Nach einer kurzen Vorstellung teilt sie ihm mit, dass sie ihn zur nächsten internen Einführungsveranstaltung einladen wird. Die hohe Fluktuation in diesem Unternehmen ist wirklich eine große Herausforderung für einen Wissensmanager, denkt sich Selin.

Neben den festen Mitarbeitern sind zusätzlich noch jeden Monat einige Praktikanten beschäftigt, die auch alle eingearbeitet werden müssen. „Der Rekord lag bei 20 Praktikanten ...", denkt sich Selin, „das ist erst der zwölfte in unserer Abteilung." Praktikanten werden meist für einen Zeitraum von 3 bis 6 Monaten beschäftigt. Auch bei den fest eingestellten Mitarbeitern gibt es eine große Fluktuation. Es wird wieder Zeit, eine interne Einführungsveranstaltung zu machen, denkt sich Selin. Sie gibt das Ziffernkürzel ihrer Abteilung im Intranet-Adressbuch ein und kann anhand der Namensliste erkennen, wer neu hinzugekommen ist. Anfangs hatte sie eine **Einführungsmappe** für die neuen Mitarbeiter erstellt. Diese Mappe enthielt Telefonlisten, Projektlisten, abteilungsspezifische Dokumente und viele Informationen als Starthilfe. Die Pflege dieser Mappen war aufwendig und außerdem keine Garantie dafür, dass sie gelesen und verstanden wurden. Als schon nach einem Jahr die zwei existierenden Mappen verschollen waren, hat Selin entschieden, eine andere Form der Einführung zu konzeptionieren.

Sie hat eine Präsentation erstellt, die alle wichtigen Themen beinhaltet. Auf jeder Seite hat sie ein Thema, die jeweilige Ansprechperson und die relevanten Links zu weiterführenden Informationen eingebaut. Regelmäßig lädt Selin seither die neuen Mitarbeiter zu diesen monatlich stattfindenden dreistündigen internen Einführungsveranstaltung ein. Das Unternehmen bietet zwar ebenfalls monatlich eine Einführungsveranstaltung an, aber diese ist eher allgemein gefasst. Innerhalb eines Jahres hat Selin 25 neue fest angestellte Kolleginnen und Kollegen und doppelt so viele Praktikanten eingeführt.

Jetzt lässt sie den Blick über die Notizzettel auf ihrem Schreibtisch schweifen. Das nächste Fachgespräch muss wieder mal organisiert werden. Täglich versenden verschiedene Fach- oder Regionalabteilungen Einladungen zu Veranstaltungen, die an das ganze Haus gehen. Mal geht es um Themen

Zusammenarbeit gestalten

3.4

wie Genitalverstümmlungen bei Frauen, um Naturschutzparks, um Demokratisierung, HIV-AIDS usw. Jeder der interessiert ist, kann an diesen Fachgesprächen teilnehmen zu denen manchmal auch Externe eingeladen werden. Dort erfährt man Hintergründe, Ansätze, Aktivitäten und Erfahrungsberichte. Es finden Diskussionen statt und die Mitarbeiter erfahren etwas darüber, woran ihre Kollegen arbeiten. Selins Abteilung organisiert jeden Monat ein **Fachgespräch** zu dem alle Mitarbeiter und Mitarbeiterinnen der Abteilung und andere Fachkollegen eingeladen werden. Meistens dauern die Fachgespräche ein bis zwei Stunden und sie bieten ein Möglichkeit, sich fachlich auszutauschen und zu vernetzen. Oft zeigen sich dabei Parallelen zwischen den Arbeitsbereichen und so profitieren viele von den gemachten Erfahrungen. Letztes Mal ging es zum Beispiel um das Thema „Nachhaltigkeit bei Produktion und Handel mit Biomasse und Agrarkraftstoffen". Selin muss sich noch überlegen, wie die Dokumentationen aus diesen Fachgesprächen einheitlich und vollständig im DMS abgelegt werden können. Schließlich sollen die Kollegen die Möglichkeit haben, wieder auf die Ergebnisse der fruchtbaren Diskussionen zugreifen zu können. Letzten Mai nahm Selin gemeinsam mit zwei Kollegen an einer Konferenz zum Thema „Web 2.0 for Development" teil. Insgesamt 300 Teilnehmer aus aller Welt und aus verschiedensten Organisationen haben dort ihre Erfahrungen und Nutzungsmöglichkeiten von Web 2.0 Tools in Entwicklungsgebieten präsentiert.

Was ihr unklar blieb war das Problem des unzureichenden Zugangs der ländlichen - meist sehr armen - Bevölkerung zum Internet, geschweige denn zur Technik und damit auch zu den **Web 2.0 Tools.** Selin fand damals, dass auch mehr über die Nutzung der Web 2.0 Tools für **Informations- und Erfahrungsaustausch zwischen Entwicklungsorganisationen** hätte gesprochen werden sollen. Trotzdem war die Konferenz schon mal ein Schritt in die richtige Richtung, in die Welt des Informationsaustausches. Seit der Konferenz kennt Selin zwar einige wichtige Tools, hat aber keine Zeit gefunden, sich näher damit zu beschäftigen. Das Interesse der Kolleginnen und Kollegen an den Tools ist sehr groß, aber die meisten unter ihnen sind mit ihren täglichen Pflichten zu sehr beschäftigt, um an den angebotenen Web 2.0-Schulungen teilzunehmen.

Selin öffnet die Projektordner im DMS. Sie ist auf der Suche nach Informationen über ein abgeschlossenes überregionales Projekt. Doch das gestaltet sich schwieriger als gedacht. Neben den Auslandsprojekten gibt es in den Fachabteilungen überregionale Projekte mit einem thematischen Schwerpunkt. Alleine in ihrer Abteilung werden zehn überregionale Projekte gemanagt. Diese Projekte laufen meist 5 Jahre. Da kommt einiges an Wissen zusammen!

Sobald ein Projekt startet, wird ein Projektordner im **DMS** angelegt. Das DMS bietet den Mitarbeitern die Möglichkeit, gemeinsam an den Inhalten zu arbeiten. Selin muß grinsen, als sie an die Zeiten denkt, in denen man

3 Gestaltungsfelder produktiver und humaner Wissensarbeit

nach ein paar Mal hin- und her mailen nicht mehr wusste, wer nun eigentlich im Besitz der Endversion eines Dokumentes war. Alle Projektordner sind auf der ersten Ebene einheitlich strukturiert. Die fachlichen Dateien, die sich im Laufe der Jahre ansammeln unterliegen aber leider keiner einheitlichen Struktur. Da jedes Projekt seine eigene Logik aufbaut, ist es sehr zeitaufwendig, nach dem richtigen Dokument zu suchen. Das DMS wurde vor 3 Jahren in dem Unternehmen eingeführt, doch die Macht der Gewohnheit (Ablage auf dem Desktop) und die Arbeitsüberlastung der Mitarbeiter führen zu Lücken oder Redundanzen im DMS. Aber wer hat schon Zeit, die 17.000 Dateien, die im Durchschnitt auf den Desktops der Mitarbeiter liegen, nach wissensrelevanten Dokumenten zu durchsuchen und sie in den richtigen DMS-Ordnern unterzubringen. Selin jedenfalls nicht, sie ist mit ihrem Vorgesetzten zum Mittagessen verabredet. Beim Essen bietet sich die Gelegenheit zu Absprachen und gegenseitigem Briefing.

Zurück in ihrem Büro - Der Abteilungsleiter hat Selin beim Essen zu dem Stand der Lessons learned aus den Evaluierungsberichten angesprochen. Sie weiss, dass es für ihn ein sehr wichtiges Jahresziel ist. Letztes Jahr gab es das gleiche Jahresziel, aber es wurde nicht zentral koordiniert und daher auch nur zu 10 % umgesetzt. Dieses Jahr muss sich das auf jeden Fall ändern, denkt sich Selin. Aber wo fängt man an? Es gibt jährlich Hunderte von Evaluierungsberichten und insgesamt acht verschiedene Evaluierungsinstrumente, deren Ergebnisse - wenn überhaupt - in unterschiedlichsten Tools abgelegt werden. Selin war vor einem Jahr in einem bereichsübergreifenden Arbeitskreis für die organisatorische Koordinierung zuständig. Ziel war es, einen Vorschlag zu erarbeiten, wie das **Lernen aus Evaluierungen** institutionalisiert werden kann. Ergebnisorientiert wie Selin ist, war sie wohl zu optimistisch, dass dieses Thema in einem halben Jahr abgehandelt und zügig umgesetzt werden könne. Eine Email vom Managementteam ..."Mal schauen, was sie wollen?" Selin soll sicherstellen, dass alle Kolleginnen und Kollegen in der Abteilung nach jeder Dienstreise einen Dienstreisebericht erstellen, indem alle wesentlichen Ergebnisse erfasst sind.

Erst mal schauen, ob es vielleicht schon eine Vorlage im Unternehmen gibt. Leider nicht! Selin ruft den **Wissensmanager** des Unternehmens an. „Gute Idee, brauchen wir", sagt er und schickt ihr eine Vorlage die in einer anderen Fachabteilung eingeführt wurde. Selin findet sie viel zu lang - Fragen über zwei Seiten die sich teilweise inhaltlich überschneiden. „Das wird keiner verwenden", denkt sich Selin und macht auf der Basis der Vorlage Änderungsvorschläge und schickt sie dem Wissensmanager zurück. Nach einer Stunde bekommt sie schon eine Rückmeldung per Email. Selin freut sich, als sie sieht, dass er ihre Änderungsvorschläge größtenteils übernommen hat und dass er auch schon veranlasst hat, die Endversion im Intranet unter ‚A-Z' aufzunehmen. Selin legt gleich einen zentralen Ordner im DMS an, überlegt sich eine einheitliche Dateibezeichnung und schickt den Stand der Dinge an den Abteilungsleiter. Sobald der Link im Intranet aktiv ist,

3.4 Zusammenarbeit gestalten

wird sie die Kolleginnen und Kollegen in der Abteilung per Email informieren. Und noch etwas fällt ihr ein: In den **Veranstaltungskalender**, den Selin vor zwei Jahren in ihrer Abteilung eingeführt hat, könnte sie eine weitere Spalte ‚Link zum Dienstreisebericht' einfügen.

Dadurch wäre auch eine Möglichkeit gegeben, die Erstellung der Dienstreiseberichte nachzuhalten. Dieser Veranstaltungskalender enthält alle Basisdaten von externen Veranstaltungen, die von Kolleginnen und Kollegen aus der Abteilung selbst oder mit anderen Organisationen und Ministerien organisiert werden. In ihrer internen Einführungsveranstaltung macht Selin die neuen Kollegen zwar jedes Mal auf diesen Veranstaltungskalender aufmerksam, aber leider wird oft vergessen, sich dort einzutragen. Selin runzelt die Stirn, als sie daran denkt, wie hoch die Kosten für solche Veranstaltungen sind. Für die Nachbereitung wird meist wenig Energie aufgebracht. Deshalb fehlen die Dokumentationen im DMS. Sie schaut in die Ordner, für das Jahr 2007 sind im DMS nur 3 Dokumentationen abgelegt und das, obwohl laut Veranstaltungskalender mindesten 50 Veranstaltungen stattgefunden haben!

„Welch eine Ehre", denkt sich Selin, als sie in den Intranet-News liest, dass das Unternehmen **für** sein **Wissensmanagement ausgezeichnet** worden ist. Auch wenn sie selbst nicht an den Vorbereitungen beteiligt war, ist es schon ein motivierendes Ergebnis. Das Unternehmen wurde für die Idee ausgezeichnet, all das Wissen, dass in den unterschiedlichen Projekten im In- und Ausland vorhanden ist, in einer strukturierten Form allen Mitarbeitern verfügbar zu machen. Das Unternehmen identifizierte erst die hundert wichtigsten Themen. Für jedes Thema wurde eine einheitliche Ordnerstruktur im DMS eingerichtet. Dort sollten alle inhaltlichen Dokumente zu dem Thema abgelegt werden. Die relevanten Informationen daraus sollten in einem Themenweb im Intranet angeboten werden, welches ebenso einheitlich strukturiert war. Für jedes Thema wurde ein Mitarbeiter benannt, der die Aufgabe hat, das DMS und den Intranetauftritt zu füllen und zu pflegen.

Ziel war es, die Wiederverwendung von Wissen und das Lernen aus Erfahrungen zu fördern und zu vermeiden, immer wieder „das Rad neu zu erfinden". Mit Hilfe der Themenwebs konnten alle Mitarbeiter auf vorhandenes Wissen besser zugreifen und ihre Arbeit erleichtern, also Geld und Zeit sparen. Selins Abteilung war für 17 dieser Themen zuständig. Erst seit Anfang des Jahres ist Selin auch für die Gesamtkoordinierung dieser Themen zuständig. Sie weiß aber auch, dass es ohne die Unterstützung des Managementteam kaum möglich sein wird, die Kolleginnen und Kollegen zur Mitarbeit zu gewinnen. „Wir haben keine Zeit auch noch Wissensmanagement zu machen" heißt es oft. Das Ergebnis ist, dass einige Themendarstellungen längere Zeit nicht gepflegt werden. Das löste wiederum Kritik an den Themenwebs aus. Ein Kreislauf, den es zu durchbrechen gilt - wenigstens für die eigene Abteilung! Durch die hohe Fluktuation in der Abteilung müssen ständig neue **Themenverantwortliche** gesucht werden. Die Titel der Themen ändern sich, ohne dass sie zentralen Stellen gemeldet werden. Aufgrund von Unklarheiten in der Zuständigkeit gibt es plötzlich das eine oder andere Thema nicht mehr und keiner weiß so recht, wie diese Entscheidung getroffen wurde. „Eine grosse Wissensbaustelle" ...denkt sich Selin. „Es ist 17.00 Uhr! nur noch ein Termin" ... freut sich Selin.

Ein Treffen mit dem Managementteam steht an. Selin soll ihre Vorschläge für die Jahresziele der Abteilung hinsichtlich des Wissensmanagements vorstellen. Selin schlägt mehrere Themen vor. Außer einem werden alle Vorschläge übernommen und in den Jahreszielen verankert. Selin wird sehr zufrieden sein, denn sie weiß, dass aus den Jahreszielen Zielvereinbarungen für Mitarbeiter getroffen werden und dass dadurch die Mitarbeit der Kolleginnen und Kollegen gefördert wird. Selin geht zu ihrem Büro, räumt ihren Schreibtisch auf. „Das war ein langer, aber erfolgreicher Arbeitstag", denkt Selin als sie den PC runterfährt um sich auf den Heimweg zu machen. Sie ist jetzt schon gespannt, was der nächste Tag bringen wird.

Denizak Modica

3.5 Standardisierung und Verlagerung von Wissensarbeit

Industrialisierung von Dienstleistungen

Eine Zeitenwende ist angebrochen. Schlagworte wie Fabrik, Workflow-Management, Zuliefernetzwerk, etc. sind schon lange nicht mehr dem Vokabular von Autobauern & Co. vorbehalten. Neuerdings hört man diese Sprache auch in den heiligen Hallen von z. B. Banken und Versicherungen. „Industrialisierung von Dienstleistungen" lautet die Zauberformel, die derzeit eine ganze Branche beschäftigt. Dahinter verbirgt sich eine konsequente Standardisierungsmaschinerie, die Kosten senken, Qualität steigern und Kernkompetenzen von Unterstützungsmechanismen trennen soll. Gerade die standardisierbaren - wenn auch immer noch wissensintensiven - Unterstützungsprozesse bieten durch Zerlegen und Verlagern in Organisationen und/oder Regionen mit geringeren Faktorkosten hohe Kostenreduktionspotenziale.

In der Versicherungswelt beispielsweise ist die Standardisierungs- und Outsourcing-Welle in vollem Gange, wie eine Studie von Accenture (2006) belegt:

- 92 % der europäischen Versicherer räumen der Industrialisierung ihres Geschäfts höchste Priorität ein, um auf diese Weise vor allem um Kostensenkungen (50 %), eine höhere Servicequalität (25 %) und ein besseres Risikomanagement (20 %) zu realisieren.
- Nach Ansicht der befragten Manager wird sich die Anzahl der Versicherungen, die Kernprozesse - wie etwa die Policenverwaltung oder das Prämieninkasso – im Rahmen von Co-Sourcing- oder Business Process Outsouring-Modellen abwickeln, in den nächsten drei Jahren von derzeit 11 auf 33 % verdreifachen.
- Die heute in punkto Industrialisierung am weitesten fortgeschrittenen Versicherungen lagern z. B. Schadenregulierungsprozesse dreimal häufiger aus oder wickeln sie durch Kooperationen ab als eine durchschnittlich industrialisierte Versicherung (22 % gegenüber 8 %).
- Etwas Ähnliches gilt auch für das Prämieninkasso (25 % gegenüber 8 %). Nachdem in den vergangenen Jahren der Automatisierungsgrad im Back-Office-Bereich signifikant gestiegen ist, sind nun die zentralen Front-Office-Funktionen im Fokus.
- Laut Accenture erreichen die Vorreiter in diesem Bereich einen höheren Grad an Standardisierung ihrer Geschäftsprozesse und Produkte und zeichnen sich zudem durch die Nutzung alternativer Sourcing-Strategien, wie etwa Co- oder Outsourcing aus.

Zur Studie: Es wurden Top-Manager in 30 der 100 führenden europäischen Versicherungen befragt. Die Interviewten sind ausschließlich auf Vorstands- und Geschäftsleitungsebene tätig. Die Interviews fanden zwischen Mai und Juli 2006 statt.

Gestaltungsfelder produktiver und humaner Wissensarbeit

Um die Einsparungspotenziale zu verstehen bleiben wir in der Versicherungswelt und betrachten die Schadenbearbeitungsabteilung etwas genauer:

Traditionell wird hier beispielsweise bei KFZ Schäden im „End-to-End"-Modus gearbeitet, d.h. Sachbearbeiter erhalten Schadenmeldungen (schriftlich oder telefonisch) und arbeiten diese bis zur Schließung des Falles ab. Sie verrichten alle notwendigen Tätigkeiten für die Erbringung des Endprodukts, nämlich der Entscheidung über die Schadenzahlung. Dies gilt für nahezu alle Arten von Schäden, vom einfachen Auffahrunfall bis hin zu komplexen Personenschäden. Die wohl zeitaufwendigste Tätigkeit in diesem Prozess ist die Lieferung und Beschaffung von Informationen. Aber auch Telefonauskünfte zum Schadenstatus, Systemeingaben und die Koordination von Dienstleistern wie Sachverständigen und Werkstätten gehören dazu. Die eigentliche Bewertung des Schadens, also die Entscheidung ob und wie viel gezahlt wird, ist die eigentliche Kernaufgabe im Regulierungsprozess.

Aus Standardisierungssicht sind hier Kernaufgaben und Unterstützungsmechanismen vermischt.

Standardisierbarkeit

Die Frage nach der Standardisierbarkeit hängt im Wesentlichen von der Komplexität der Aufgabe ab, die wiederum von zwei Faktoren beeinflusst wird: erstens vom Prozess-Input (in unserem Beispiel von der Art des Schadens) und zweitens vom Prozess-Schritt, also der Tätigkeit, selbst.

1. Segmentierung des Inputs

Mit der Zielsetzung komplexe von nicht-komplexen Aufgaben zu trennen sellen sich in unserem Versicherungsfall folgende Fragen: Welche Schäden lassen sich nach nahezu 100 % festen Regeln bearbeiten, welche bedürfen einer gewissen manuellen Entscheidungsfindung und welche bedürfen einer maßgeschneiderten Lösung um ideal (kostengünstig und kundenorientiert!) bearbeitet zu werden? Ergebnis ist eine Liste mit einfachen, mittelschweren und schweren Schadenarten.

2. Prozess-Schritte auswählen

Welcher Teilprozess sich in der Prozesslandschaft eines wissensintensiven Unternehmens für Standardisierungsüberlegungen eignet, kann beispielsweise anhand folgender Kriterien überprüft werden:

Der Prozess

- ist wiederkehrend
- ist nicht entscheidungsintensiv (d.h. sie unterliegt klar definierten immer anwendbaren Regeln)
- ist ressourcenintensiv
- wird derzeit von Wissensarbeitern ausgeführt

3.5 Standardisierung und Verlagerung von Wissensarbeit

In unserem Versicherungsfall kann hier beispielsweise die telefonische oder schriftliche Schadenmeldung genannt werden: Diese tritt häufig auf, kann schematisch abgearbeitet werden und wird traditionell von Schadensachbearbeitern durchgeführt. Soll dieser Prozess nun auf Wissensintensität geprüft werden folgt zunächst die Frage: Was ist eine Best-Practice-Schadenmeldung und welches sind die Schlüsselkomponenten?

Es mag trivial klingen, aber die Schadenmeldung beeinflusst den gesamten Verlauf eines Schadenfalles. Sind dort alle notwendigen Informationen korrekt verfügbar, kann die Akte in die richtigen Kanäle (Teams!) gelenkt und in den meisten Fällen sehr schnell abgeschlossen werden – das spart Zeit und Geld. Natürlich liegt der Erfolg hier nur bedingt in den Händen der Versicherer. Geschädigte, die partout keine Angaben machen, bleiben im besten Prozess ein Problem. Ein wesentliches Element ist also die vollständige Aufnahme relevanter Informationen. Dies kann durch workflowgestützte Eingabesysteme erfolgen, welche Regeln enthalten, die sowohl für die Gesprächsführung als auch für die weitere Verfahrensweise mit dem Fall die nötige Unterstützung bieten. Sowohl der Fragekatalog zur Schadenmeldung als auch das Regelwerk sollte in regelmäßigen Abständen von Expertenteams auf Best Practice überprüft werden. zu vermeiden. Schadenaktenuntersuchungen sind geeignete Instrumente, um Best Practices auf den Prüfstand zu stellen.

Der Routineprozess der Schadenmeldung wurde so in wissensintensive und nicht wissensintensive Elemente geteilt, die wissensintensiven Elemente, wie Regelwerk und Fragekatalog sind nach wie vor von Wissensarbeitern allerdings auf Metaebene in geringerer Frequenz zu steuern, die zeitintensive tägliche Arbeit der Schadenmeldung kann auf servicegeschulte Ressourcen z. B. in einem Call-Center übergehen, die sich auf den Kundenkontakt und die Aufnahme aller notwendigen Daten konzentrieren. Und ob diese Einheit nun im Konzern oder außerhalb, ob in Deutschland oder in einem anderen Landlokalisiert ist, spielt dann eine untergeordnete Rolle.

Outsourcing bei der Hypovereinsbank

Wie die Hypo-Vereinsbank (HVB) bestätigte, sollen zwischen 2009 und 2010 insgesamt 250 Arbeitsplätze aus dem Bereich Abwicklung nach Polen verlagert werden. Außerdem plant die Bank die Auslagerung eines Teils ihrer Logistik- und Gebäudemanagement-Tätigkeiten an einen externen Dienstleister. Die HVB werde durch diese Maßnahmen bis zu 25 Millionen Euro im Jahr einsparen. Ziel sei es, sämtliche sogenannte „Back-Office"-Tätigkeiten, also Banktätigkeiten ohne Kundenkontakt, in eine „Back-Office-Fabrik" zu verlagern.

Quelle: Süddeutsche Zeitung, 02.05.2008

3 Gestaltungsfelder produktiver und humaner Wissensarbeit

Knowledge Intensive Business Services

Verlagerung ins Ausland: Offshoring

Outsourcing im engeren Sinne bedeutet Auslagerung bestimmter Aufgabenbereiche innerhalb einer Unternehmens- bzw. Konzernstruktur oder die Vergabe der Aufgaben an externe Anbieter (Greiner 2004). Viele Unternehmen, vor allem die so gennanten KIBS (Knowledge Intensive Business Services, siehe Kasten) gehen einen Schritt weiter und richten ihr Augenmerk über die eigenen nationalen Arbeitsmarktgrenzen hinaus in Regionen mit einem guten Angebot an Wissensarbeitern bei gleichzeitig geringeren Faktorkosten, wie beispielsweise Indien, China oder Osteuropa.

Was sind KIBS?

KIBS subsumiert Dienstleistungen, die vor allem (aber nicht ausschließlich) in B2B Beziehungen erbracht werden. Hierzu gehören Services im Bereich IT, Consulting, R&D, Accounting, Finanzdienstleistungen (hier z. B. Call-Centers, Sachbearbeitung), etc.

Die Argumente für Offshoring sind in harten Euros zu beziffern, wie Tabelle 3-2 verdeutlicht. Ein Kostenvergleich britischer KIBS-Unternehmen und Offshore Organisationen zeigt einen klaren Kostenvorteil des typischen Offshore Unternehmens, welches eine vergleichbare Leistung mit weniger als der Hälfte der Kosten erbringt.

Tabelle 3-2 *Vergleich Faktorkosten UK- und Offshore-Unternehmen (Watson 2006)*

Kostenart	UK-Unternehmen	Typisches Offshore-Unternehmen
■ Lohnkosten pro Person und Tag	158 €	111 €
■ Arbeitsplatzkosten pro Tag	32 €	inklusive
■ Computer/IT/Kommunikation pro Tag	9 €	inklusive
■ Weitere Mitarbeitervergütungen	13 €	inklusive
■ Management-Kosten	20 €	inklusive
■ **Gesamt**	**231 €**	**111 €**

Offshoring-Barrieren der Vergangenheit, wie beispielsweise Kommunikationsprobleme sind laut einer Trendstudie des European Monitoring Center on Change (EMCC 2007) durch neue Technologien überwindbar geworden

Standardisierung und Verlagerung von Wissensarbeit

3.5

und rücken Länder wie Indien oder China auch im Servicebereich quasi in direkte Nachbarschaft.

Abbildung 3-8 illustriert die in der Studie identifizierten Treiber und mögliche Entwicklungsszenarien europäischer KIBS-Unternehmen.

Entwicklungsoptionen europäischer KIBS Unternehmen (EMCC 2007) *Abbildung 3-8*

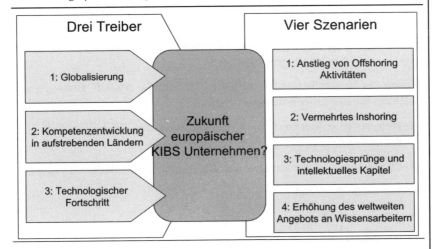

Im Folgenden möchten wir auf die Szenarien detaillierter eingehen:

Szenario 1: Anstieg von Offshoring Aktivitäten
Die Meta Gruppe bewertet das Volumen des globalen Offshoring Markts in 2008 mit rund 8,2 Mrd. Euro. Das entspricht einem Wachstum um 20 % im Vergleich zu 2006. Wachsende Offshoring Bereiche sind für KIBS vor allem Call-Centers, Zeichnen, Testing (IT) und sogar R&D-Aktivitäten.

Aus Sicht aufstrebender Länder sind mit Offshoring viele Chancen verbunden, beispielsweise ein höheres Bildungsniveau, wirtschaftliches Wachstum und infolgedessen ein höherer allgemeiner Lebensstandard. Nachteile liegen in der Abhängigkeit von KIBS-Ländern und in der Festlegung als Niedriglohnanbieter. Für die KIBS-Länder liegen die Vorteile in der Kostenreduktion. Mittelfristig werden sich laut EMCC-Studie jedoch auch Vorteile im Hinblick auf die Verfügbarkeit von Wissensarbeitern einstellen, da das Bildungsniveau in den aufstrebenden Ländern deutlich ansteigen wird.

Die Anzahl der exportierten Jobs wird in den nächsten Jahren drastisch steigen. Während bis 2002 lediglich 33.000 Jobs aus Großbritannien verlagert wurden, rechnen Wirtschaftsforscher mit knapp 200.000 Arbeitsplätzen im

Jahr 2010. Was sich aus Unternehmenssicht positiv darstellt, ist für die Volkswirtschaften der KIBS-Länder, quasi der „alten Welt" eine ernstzunehmende Bedrohung, vor allem im Hinblick auf gesellschaftspolitische Effekte ungleicher Einkommensverteilung.

Szenario 2: Insourcing

Das Incourcing Scenario ist eine langfristige Entwicklungsoption basierend auf der Hypothese, dass (Arbeits-)Kostenvorteile langfristig schmelzen werden. Die verstärkte Nachfrage führt zu entsprechenden Gehaltssteigerungen in den Niedriglohnländern. So hat sich die Jahresgage von indischen Projektmanagern zwischen 2002 und 2004 nahezu verdoppelt, während sie in Westeuropa nazu gleich geblieben ist.

Neben der Kostenthematik sind laut EMCC-Studie noch folgende Punkte Auslöser möglicher Insourcing Aktivitäten:

- Steigerung versteckte Kosten (Management der Offshoring Einheiten, Reisekosten etc.)
- Engpässe für Wissensarbeiter am Offshoring-Arbeitsmarkt
- Kulturelle Barrieren
- Arbeitsqualität
- Steigender globaler Bedarf an Wissensarbeitern

Auch die Deutsche Bank hält eine Insourcing-Welle für denkbar: „Im Rahmen der zunehmenden globalen Vernetzung von Wirtschaft und Politik wird die weltweite optimale Aufspaltung von Wertschöpfungsprozessen weiter zunehmen. Dabei verlagern nicht nur deutsche Unternehmen arbeitskostenintensive Prozesse ins Ausland, sondern auch ausländische Unternehmen verlagern Teile ihrer Wertschöpfungskette nach Deutschland, um von den hiesigen Standortvorteilen zu profitieren.

Aus deutscher Sicht kann das Offshoring von Wertschöpfungsprozessen nach Deutschland als „Inshoring" bezeichnet werden. Da es sich dabei in erster Linie um wissens- und kapitalintensive sowie hochtechnologische Wertschöpfungsprozesse handelt, kann auch von „High-End Inshoring" gesprochen werden" (Deutsche Bank Research 2006).

Szenario 3: Wettbewerbsvorsprung durch Technologieführerschaft, Intellektuelles Kapital und Netzwerkkapital

Hypothese: immaterielle Vermögenswerte entscheiden über die Wettbewerbsstärke von Wissensgesesellschaften und -unternehmen. Demnach machen die folgenden drei „Intangible Assets" den Unterschied:

1. Technologieführerschaft im Bereich Informations- und Kommunkationssyteme, insbesondere in der Kundenkommunikation und -interaktion.
2. Intellektuelles Kapital in form von Branding, Reputation und Goodwill, Geschäftsprozessen, Know-How.
3. Netzwerkkapital, welches vor allem dadurch entsteht Know-how gemeinsam mit Partnern zu entwickeln, zu beschaffen, auszutauschen und zu transferieren.

Asset Nummer 1, Technologieführerschaft im Bereich IKT, gewinnt umso mehr in Branchen an Bedeutung, in welchen Kunden von persönlicher Interaktion auf „kalte Kommunikation", z. B. über das Internet, umsteigen.

Szenario 4: Weltweite Verringerung von Skill Gaps

In dieser Zukunftsvision wird die Bedeutung und Wichtigkeit von Bildung und Weiterbildung für Wissensgesellschaften und -unternehmen näher beleuchtet. Die Grundhypothese lautet hier, dass die Expansion von KIBS zu einer Verringerung der weltweiten Wissens(träger)lücken führt.

Der Erfolg für Wissensgesellschaften und -unternehmen hängt von der Qualität und Verfügbarkeit von Wissen ab. Während Wissensträger in der Vergangenheit in Richtung Nachfrage, d. h. in Länder und Unternehmen mit Wissensbedarf wanderten, ist es heute für viele Wissensunternehmen eine relevante Überlegung, sich näher an das Wissensangebot zu platzieren. Solche Migrationsprozesse führen üblicherweise zu einem Marktausgleich, bzw. sie reduzieren existierende Angebotslücken.

Darüber hinaus wird verstärkt an der Quantität und Qualität des weltweiten Wissensangebots gearbeitet. In entwickelten Ländern, also in den „klassischen" Wissensgesellschaften wird bildungstechnisch aufgerüstet, z. B. ruft die Kanzlerin die „Bildungsrepublik Deutschland" aus. In Offshoring Ländern steigt das Bildungsniveau durch höheren Wohlstand und das Engagement u. a. von KIBS deutlich an. Als Beispiel sei hier der Bereich Software-Entwicklung in Indien zu nennen.

Gestaltungsfelder produktiver und humaner Wissensarbeit

Vorsicht: Verdummungsgefahr!

Das Zerlegen und Verlagern von wissensintensiven Prozessen nach den oben beschriebnen Kriterien gilt nicht nur für „KIBS", sondern jetzt sich z. B. auch im Gesundheitswesen fort. So schicken Röntgenärzte aus den U.S.A. Standardschirmbilder elektronisch nach Indien, wo sie von preiswerten indischen Ärzten ausgewertet werden. Nur bei Auffälligkeiten übernimmt der teure U.S.-Doktor die weitere Analyse.

Die Standardisierung von Wissensprozessen ist eine Herausforderung für das gesamte Unternehmen und bedarf eines strukturierten Veränderungsprozesses, der auf das Selbstverständnis der Wissensarbeiter eingeht. Von der Werkstatt in die Fabrik – darauf konnten sich Menschen in der klassischen Industrialisierung mehrere Jahrzehnte lang einstellen. Von vielen Mitarbeitern in der heutigen Welt wird ein Umdenken von heute auf morgen erwartet, und nicht selten wandern gerade in solchen Zeiten wertvolle Wissensarbeiter ab, weil sie sich unverstanden und ausgenutzt fühlen. Das Ergebnis sind ausgetüftelte Prozesse, jede Menge „Fabrikarbeiter" – aber leider keine Experten und Praktiker mehr, die das Gesamtgefüge kennen und steuern können. Diese Gefahr besteht allerdings auf lange Sicht auch durch natürliche Fluktuation, sollte es an Wissensweitergabe-Prozessen mangeln. Die Gefahr ist die „Verdummung" einer ganzen Industrie.

Diesem Auswuchs der Arbeitsteilung kann mit durchdachten Entwicklungs- und Wissenstransferprogrammen entgegengewirkt werden.

Wissen in Aktion in der Produktion

Herr K., der hauptverantwortliche Betriebsingenieur einer großen Anlage in einem Produktionsbetrieb, macht sich wie immer für seinen Arbeitstag bereit. Zunächst lässt er sich von seinem PDA (Personal Digital Assistent) die wichtigsten Ereignisse während seiner Abwesenheit vorlesen. Da er keinen Zeitraum vorgegeben hat, verwendet der PDA den Zeitraum zwischen dem Zeitpunkt seiner letzten Systemaktivität bis jetzt. Der PDA zeigt ihm die aktuellen Produktions- sowie relevanten Anlagenkennzahlen grafisch an und interpretiert sie für ihn: „keine besonderen Vorkommnisse, alles im grünen Bereich". Als nächstes werden ihm die aktuellen Produktionspläne für seine Anlagen sowie für die vor- und nachgelagerten Produktionsstufen eingespielt. Damit ist sein Überblick über die aktuelle und die zukünftige Situation seines Verantwortungsbereiches vollständig.

Seine Erfahrung sagt ihm, dass ein anstehendes Versuchsprogramm für ein neues Produkt idealerweise in den nächsten drei Stunden in Angriff genommen werden kann. Über das Videointerface seines PDA nimmt er daher Kontakt mit dem Zuständigen vor Ort auf und bespricht mit ihm Details über den weiteren Produktionsablauf. Da es sich um eine Änderung der Produktionsfahrweise handelt, lässt Herr K. diesen Teil des Gesprächs aufzeichnen und in der QS-Datenbank protokollieren inkl. der aktuellen Produktions- und Anlagenkennzahlen. Er weiß, dass er und alle Betroffenen bei Abweichungen über den Status des Versuchsprogramms sofort informiert werden.

Damit kann sich Herr K. beruhigt seinen Vorbereitungen für die in zwei Tagen stattfindende Projektteamsitzung zuwenden. Eine neue Anlage soll errichtet werden und Herrn K. wurde letzte Woche die Projektleitung dafür übertragen. Er setzt zunächst eine Anfrage an die **Skills-Datenbank mit automatischer Verknüpfung zur Ressourcen-Datenbank** ab. Das Ergebnis gibt ihm wenig später Auskunft darüber, welche Personen im Unternehmen über entsprechende Kompetenzen verfügen und im fraglichen Zeitraum verfügbar wären. Er lässt sich von der Skills-Datenbank einen **Teamvorschlag** machen.

Da er viele Angebote des Unternehmens zur sozialen Vernetzung in der Vergangenheit genutzt und schon zwei Projekte ähnlicher Natur geleitet hat, kennt er die meisten der vorgeschlagenen Teammitglieder persönlich. Aufgrund seiner Erfahrung ist er mit dem Vorschlag nicht ganz zufrieden und tauscht zwei Teammitglieder von den insgesamt zehn aus. Er lässt seinen PDA allen zehn zukünftigen Projektteammitgliedern eine Projekt-Nominierungsmeldung senden. Danach richtet er einen Projekt-Teamraum auf dem Firmenportal ein, wobei er die nominierten Teammitglieder einfach aus dem Abfrageergebnis der Skills-Datenbank in den Teamraum zieht. Die Teammitglieder erhalten gleichzeitig eine Meldung mit dem Zugangslink zum Teamraum auf ihrem PDA. Da es sich um einen Projekt-Teamraum

3 Gestaltungsfelder produktiver und humaner Wissensarbeit

handelt, richtet das System selbsttätig die für Projekte notwendigen Strukturen ein und fügt Standard-Dokumentvorlagen hinzu. Es schlägt auch einige semantisch passende Einträge aus der Erfahrungsdatenbank vor. Herr K. liest die Kurzbeschreibung der Einträge und lässt die ihm geeignet erscheinenden zum Teamraum hinzufügen. Dieser gesamte Vorgang hat Herrn K. nicht mehr als eine Stunde seiner Arbeitszeit gekostet.

Zufrieden mit dem Ergebnis seiner Projektvorbereitungen begibt sich Herr K. zum Kaffeeautomaten, um sich einen guten Espresso zu gönnen. Plötzlich gibt sein PDA ein akustisches Signal von sich, das ernsten **Störungen im Produktionsbetrieb** vorbehalten ist. Herr K. lässt sich sofort die Anlagenkennlinien anzeigen. Er zieht aus deren Verlauf den Schluss, dass der kritischste Teil der Anlage ausgefallen sein muss. Bevor er noch auf die Anlagenüberwachungskameras umschalten kann, meldet sich wie zur Bestätigung seiner Befürchtungen im selben Augenblick der Zuständige vor Ort über das Videointerface. Dieser berichtet aufgeregt über den Ausbruch eines lokalen Feuers im Herzstück der Anlage. Personen sind nicht gefährdet, alles wird nach Notfallplan erledigt. Die Feuerwehr ist schon an Ort und Stelle, um den Brand zu bekämpfen. Wie es scheint, wird das Feuer in kürzester Zeit gelöscht sein, weil die neuen, sehr flexibel einsetzbaren Löschroboter gerade zum Einsatz kommen. Herr K. freut sich einerseits, dass seine Löschroboter-Idee den erwarteten Nutzen bringt, andererseits weiß er, dass er nun möglichst schnell dafür sorgen muss, dass der Schaden rasch behoben wird. Jede Minute zählt, um den Produktionsausfall möglichst gering zu halten. Er befiehlt seinem PDA über die Spracheingabe nach **ähnlichen Störfällen samt Lösungen** zu suchen und auch die Personen ausfindig zu machen, die zur Problemlösung etwas beitragen könnten. Gleichzeitig begibt er sich im Laufschritt zu seinem Fahrzeug. Während das Fahrzeug selbsttätig seinen Weg durch das Werksgelände findet, meldet der PDA die ersten Ergebnisse seiner Suche. Mit einer Person, die er nennt, ist Herr K. befreundet. Er weiß, dass diese Person die absolute Kapazität für seinen speziellen Fall ist, aber seines Wissens sehr weit entfernt ihre Arbeitstelle hat. Auf gut Glück ruft er sie an und stellt überrascht fest, dass sie zufällig in der Nähe ist. Während er über die Spracheingabe ein Notfallteam zusammenstellen und die erforderliche Infrastruktur ähnlich wie für sein Projektteam einrichten lässt, schaltet er sein Fahrzeug auf Handbetrieb um, um sich auf den Weg zu seiner Verabredung zu machen. Leider übersieht er dabei, dass der Verkehr vor ihm zum Stehen gekommen ist, fährt ungebremst auf die stehende Kolonne auf und stirbt. Sein PDA kann gerade noch ein Notsignal abgeben, bevor er zerstört wird.

Dieses Notsignal wird sofort an seine Stellvertreterin und designierte Nachfolgerin laut aufliegendem Nachfolgeplan weitergeleitet. Frau S. bringt sehr rasch in Erfahrung, dass Herr K. bei dem Verkehrsunfall ums Leben gekommen ist. Sie erhält sofort alle Systemberechtigungen von Herrn K. übertragen und kümmert sich auf der Stelle um die Lösung des dringenden Produktionsanlagenproblems. Mit Hilfe des von Herrn K. zusammengestellten Notfallteams begibt sie sich augenblicklich an die Arbeit. Die Expertin, zu der Herr K. auf dem Weg war, erklärt sich zum Glück sofort bereit, an einer Videokonferenz teilzunehmen, um aus ihrer Erfahrung heraus den optimalen Lösungsweg gemeinsam mit dem Notfallteam zu suchen. Durch diese gute Unterstützung gelingt es dem Team, das Problem innerhalb eines Tages zu lösen. Erst jetzt ist Zeit und Raum Herrn K. die letzte Referenz durch eine gemeinsame Schweigeminute zu erweisen. Viele Kolleginnen und Kollegen, die ihn gekannt haben, folgen dieser virtuell übermittelten Einladung an ihrem Arbeitsplatz. Frau S. lädt das Notfallteam und die externe Expertin für den übernächsten Tag zu einer Manöverkritik-Sitzung ein. Ein professioneller Wissens-Moderator begleitet das Team durch die Sitzung und sorgt dafür, dass alle zu Wort kommen und die Ergebnisse in der für die Erfahrungsdatenbank passenden Struktur erarbeitet wird. Danach kann sich Frau S. gemeinsam mit ihrem Mentor um ihr Kompetenzprofil kümmern. Sie stellt fest, dass sie einige Schulungen machen muss, um sich dem Sollprofil der neuen Funktion noch mehr anzunähern. Gemäß der mit ihrem Mentor festgelegten Prioritätenreihung wird ihr auf der Lernplattform die entsprechenden **E-Learning-Einheiten** zugeordnet. Sie kann diese jederzeit über ihren PDA aufrufen. Die Präsenzphasen zu den E-Learning-Einheiten werden automatisch in ihrem Terminkalender eingeplant. Sie legt sich ein Lerntagebuch an und überträgt von Zeit zu Zeit Passagen daraus in die Erfahrungsdatenbank, von denen sie glaubt, dass sie auch für andere interessant sein könnten. Sie merkt an der steigenden Anzahl der Nutzenpunkte, dass ihre Einschätzung für zwei ihrer Einträge richtig war und freut sich, dass andere ihre Beiträge wert schätzen. Frau S. erfährt auch durch ihren Mentor, dass sie das Projektteam zur Errichtung der neuen Anlagen nicht leiten wird, weil sie sich auf die Einarbeitung in die neue Funktion konzentrieren soll.

Innerhalb eines halben Jahres ist Frau S. so gut eingearbeitet, dass sie Herrn K. als Funktionsträger, aber natürlich nicht als Mensch, vollwertig ersetzen kann. Wissensmanagement hilft ihr, ihre Ressourcen für die richtigen Dinge einzusetzen und damit ihre Zeit sinnvoll zu nutzen zu ihrem Vorteil und ihrer soziale Umgebung.

Angelika Mittelmann

4 Wie I&K-Technologie Wissensarbeit unterstützen kann

4.1 Maßanzüge für Wissensarbeiter - Worauf kommt es an?

In welchem Ausmaß unterstützt die Informations- und Kommunikationstechnologie (IKT) Wissensarbeiter bei der produktiven Erledigung ihrer Arbeit?

Ein „kreativer" Wissensarbeiter (Telekom Austria 2007) in einer Werbeagentur benötigt in seiner Arbeitssituation für ihn ganz spezielle kreative Phasen. Dazu müssen auch die Systeme mitspielen und eine abgeschirmte Arbeitsplatzsituation zulassen (Selektivität mit Kommunikationssteuerung).

Kreative Wissensarbeiter

Der Wissensarbeiter, der vermehrt „extern beratend" tätig ist, steuert sein Arbeitsergebnis wesentlich über die Interaktionsmöglichkeit in einer mobilen Arbeitssituation beim Kunden mit größtmöglicher Erreichbarkeit. Spezielle Bedürfnisse an seinen Arbeitsplatzradius, Erreichbarkeitssteuerung, unkomplizierte Terminkoordination und gute Überbrückung räumlicher Distanz zu den Kollegen unterstützen ihn optimal für seinen Arbeitserfolg.

Extern Beratende

Systemunterstützung beim „intern beratenden" Manager sollten vermehrt auf die Verfügbarkeit hochqualitativer Informationen als Entscheidungsgrundlage ausgerichtet sein (Informationssysteme, Business Intelligence). Was die Informationsintensität anlangt, gewinnt eine Abschirmung vor unnötigen Informationsinhalten vermehrt an Bedeutung.

Intern Beratende

Mitarbeiter, deren Arbeit sehr stark von der Verarbeitung und Weitergabe strukturierter Informationen geprägt ist („Info-Cruncher"), benötigen auf der einen Seite eine größtmögliche systemische Prozessunterstützung auf der anderen Seite eine hohe Verfügbarkeit und Zugänglichkeit von Informationen in Wissenssystemen.

Info-Cruncher

Noch ausgeprägter benötigt ein Wissensarbeiter für „analytische" Tätigkeiten einen optimalen Zugang zur „Wissens- und Informationsbasis" im Unternehmen. Das Rad darf für effiziente Arbeitsergebnisse nicht neu erfunden werden, und die gute Zusammenarbeit im Expertennetzwerk ist einer seiner

Analytiker

Erfolgsfaktoren. Systeme müssen hier den Know-how Pool und die Expertenvernetzung fördern.

Die genannten Anwendungsfälle für Wissensarbeiter sind modellhaft zu sehen; im Arbeitsalltag kommen immer Mischformen einzelner Tätigkeitstypen vor. Allen gemeinsam ist jedoch, dass sie die Kommunikation und Zusammenarbeit im Unternehmen miteinander gestalten. Spezielle Herausforderungen bieten Meetingsituationen, gemeinsame Datenablage und -weitergabe, projektorientierte Zusammenarbeit, sowie Mail- und Telefonkommunikation entlang und über Schnittstellen unterschiedlicher Geschäftsprozesse. Anwender, Geschäftsprozesse und IKT-Ausstattung bilden ein geschlossenes System: Für produktives und effizientes Arbeiten sind alle drei Einflussbereiche notwendig. Massive Schwächen beim Anwender, in der Ablauforganisation oder in der Systemausstattung lassen sich kaum durch die jeweils anderen beiden ausgleichen.

Anforderungen an IKT-Systeme aus Sicht des Wissensarbeiters und der Organisation

Die Kunst der Gestaltung von IKT-Systemen besteht darin, individuelle Anwenderbedürfnisse und Forderungen nach einer kohärenten und robusten Systemlandschaft aus Sicht der Organisation auszubalancieren. Hierbei sind folgende Kriterien zu beachten:

Individualisierung und Bedürfnisorientierung

Individualisierung und Bedürfnisorientierung: Wie stark ist das System auf die Bedürfnisse der Wissensarbeiter zur Erledigung der Arbeitsaufgabe ausgelegt?

Informations- und Kommunikationsprozesse der Wissensarbeiter werden in vielen Unternehmen auf die Technologie ausgerichtet (Anwenderbedürfnis folgt System). Eine Prämisse für erfolgreiche produktive Wissensarbeit verlangt jedoch dass sich IKT-Systeme voll nach den Bedürfnissen der Wissensarbeiter richten (System folgt dem Anwenderbedürfnis)

Die Gefahr einer ausgeprägten Bedürfnisorientierung ist jedoch, dass eine Vielzahl individueller Softwareinseln und Lösungsansätze aus dem Boden wachsen. Die Heterogenität der System- und Applikationslandschaften verursachen Produktivitätsverluste an den Schnittstellen. Anwender benötigen ein hohes Maß an Individualisierung. Das Unternehmen schreckt jedoch häufig vor einem notwendigen Ressourceneinsatz für eine Individualisierung zurück. Es möchte seine Systemlandschaft in der Regel standardisiert und so vermeintlich kostengünstig und effizient halten. Als Beispiel für Individualisierung kann die Informationsbereitstellung für den Wissensarbeiter genannt werden. Nicht nur eine optimale Verfügbarkeit von Information in den Systemen, sondern auch die Filterung von nicht relevanter Information steigert die Produktivität. Für das Unternehmen bedeutet die systematische Identifizierung und Bewertung von Wissen und seine Abbildung in den Systemen allerdings einen erhöhten Ressourcenaufwand für Personalisierung.

Integration: Wie integrativ ist das IKT-System anzuwenden?

Verursacht das IKT-System von sich aus Wartezeiten und Produktivitätsverluste an den Schnittstellen zu anderen Systemen oder Tätigkeiten?

Mitarbeiter, die für ihre Arbeitsaufgabe unterschiedlichste Systeme bedienen müssen, kämpfen teilweise mit mehrfachen Logins, heterogenen Strukturen, und ggf. mit Systembrüchen an den Schnittstellen. Ganz von selbst werden nicht so häufig genutzte Systeme vernachlässigt. Die Erfahrung zeigt, dass einem Mitarbeiter nur maximal zwei bis drei Kernsysteme zugemutet werden sollten. Eine Antwort darauf gibt das Produktivitätskonzept High Performance Workplace der Analysten und Research Gruppe Gartner (Austin 2005).

Austin (2008) beschreibt in diesem Zusammenhang die vier wichtigsten Dimensionen eines High Performance Workplace: Technologie, Prozesse, Anwendungs-Know-How und Management.

Was den Integrationsgrad einer IKT Arbeitsumgebung anlangt, wünscht sich der Anwender maximale Bequemlichkeit mit wenigen Schnittstellen; für das Unternehmen liegt erheblicher Aufwand für die Integration und Überbrückung von Schnittstellen dahinter. Wird der integrative Charakter der Systeme nicht ausreichend berücksichtigt wirken sich weiche Produktivitätsfaktoren des Users wie Akzeptanz, Anwender- Know-how oder Motivation, welche rein durch den User selbst gesteuert werden, stärker aus. Im direkten Zusammenspiel mit der Usability der gesamten Systemlandschaft beeinflusst der Faktor Mensch entscheidend die Gesamtproduktivität.

Akzeptanz und Anwendbarkeit: Wie einfach ist das IKT-System anzuwenden?

Akzeptanz und Anwendbarkeit

Wo liegen die Anwendungsbarrieren? Mit welchen Umsetzungsbarrieren ist im Veränderungsprozess oder bei der Neuinstallation von IKT-Systemen zu rechnen?

Jeder von uns hat schon von IT-Projekten gehört oder war hautnah dabei, in denen Personenjahre in die Entwicklung von Individual-Software geflossen sind, und am Ende wurden sie an den Bedürfnissen und wichtigen Akzeptanzfaktoren für den Nutzer vorbeientwickelt. Wissensarbeiter sind in der Entwicklung und Umsetzung in allen Phasen aktiv einzubinden. Eine objektiv gemessene Leistungsfähigkeit des Systems mag ein klarer Leistungsindikator sein, entscheidend ist jedoch bloß die gesamte Leistungsfähigkeit unter Berücksichtigung der Leistungsmöglichkeiten des Anwenders in Relation zu seiner Arbeitsaufgabe. Diese Gesamt-Anwendungseffizienz kann erst über ein definitives Arbeitsergebnis beurteilt werden kann. Unterstützend wirken die frühzeitige Berücksichtigung von Akzeptanzfaktoren und die Implementierung von Anreizsystemen. Schulung und Coaching wird nicht nur von Unternehmensseite vernachlässigt, auch der Mitarbeiter fordert Qualifizierung zu wenig ein. Eine Fehler-Kultur, Schwächen zu erkennen und diese einzugestehen ist nicht besonders verbreitet.

Performanz

Performanz: Wie performant ist das IKT-System? Wo liegt die Grenze zwischen subjektiven Beeinträchtigungen und objektiven Produktivitätsverlusten?

Nicht performante IKT-Systeme (Netze, Anwendungen, Infrastrukturen) wurden in einer kontinuierlichen Interview Serie (Telekom Austria 2007) bei einer Bewertung von Top Zeitkillern im Schnitt bloß an 10. Stelle genannt. Die befragten Mitarbeiter zählen zu den Top 3 Zeitkillern „Lange Abstimmungs- und Entscheidungsketten", „ineffiziente Meetings" sowie „Abteilungsübergreifende Zusammenarbeit" (siehe Abbildung 1-7). Erwartet hätte man sich „nicht Leistungsfähige Technologien" ganz vorne im Ranking - im Durchschnitt ergibt dies Platz 10 von ca. 20 Auswahlwerten. Bei einzelnen Unternehmen (2 von 12) schnellt die Wertigkeit allerdings aus gegebenem Anlass direkt unter die Top 3 IKT-Systeme werden von den Nutzern als „Hygienefaktor" empfunden. Solange alles gut funktioniert wird die Performance und Produktivitätsunterstützung nicht wahrgenommen, kritisch wird es immer erst im Störfall.

Dieser Herausforderung haben sich viele IT-Leiter zu stellen; vielfach fehlen klare Zielsetzungen und auch messbare Erfolgskennzahlen für eine gute Zielerreichung der gesamten IT-Abteilung. Als Konsequenz daraus ist in der „normalen" Arbeitssituation kaum das Bewusstsein ausgeprägt, die Informations- und Kommunikationssysteme proaktiv als Produktivitätsfaktoren für den Wissensarbeiter anzusehen. Schlussendlich besteht ein zu optimierender latenter Interessenkonflikt zwischen Bedürfnis des Wissensarbeiters und dem Ressourceneinsatz für IKT-Systeme.

Wissensarbeitsplatz der Zukunft: „High Performance Workplace"

Wie kann ein Gesamtsystem zur Unterstützung von Wissensarbeitern ausgestaltet werden, dass die oben formulierten Kriterien erfüllt?

Hierzu wurde der Begriff High Performance Workplace (HPW) von Tom Austin (2005), Analyst der Gartner Inc., geprägt. Er beschreibt ein Produktivitätskonzept für Wissensarbeiter, das stark den integrativen aber auch wissensorientierten Charakter in einer optimierten Arbeitsumgebung umreißt: „Ein High-performance workplace ermöglicht für qualifizierte Mitarbeiter bei Tätigkeiten wie Informationsbeschaffung, Entwicklung innovativer Prozesse und Produkte, sowie bei der Abwicklung des Angebotswesen mit Lieferanten einen besseren Ressourceneinsatz. Die Mitarbeiter werden derart unterstützt, dass sie die richtigen Ansprechpartner finden, auf die richtigen Inhalte zuzugreifen und über die richtigen Kanäle kommunizieren. In einigen Fällen wird durch die Kombination von Automatisierung und Schaffung von zusätzlichem Potenzial der größte Effekt generiert - zum Beispiel wenn eine Call-Center-Applikation mit einem Experten Finder kombiniert wird."

Austin (2008) ergänzt dies durch eine Übersicht über Bestandteile des High Performance Workplace zur Unterstützung von „non routine work" der nicht standardisierbaren Arbeit, einem Hauptkriterium für Wissensarbeit (siehe Tabelle 4-1).

Solche Produktivumgebungen für den Wissensarbeiter sind individuell auf die Anforderungen im Unternehmen und auf die Anforderungen der Anwender ausgelegt. Sie können daher auch nicht 100 % standardisiert beschrieben werden. Für den Wissensarbeiter ergänzen sie den persönlichen Arbeitsplatz mit personalisierten Informationen, Wissenskomponenten und Kommunikationswerkzeugen. Die Systemumgebung unterstützt jedoch nicht nur den Wissenstransfer und das Teilen gemeinsamer Dokumente und Informationen, sondern insbesondere auch flexibles Zusammenarbeiten über die Distanz durch Erreichbarkeitssteuerung mit spontaner Webkonferenzlösung durch Integration aller zur Verfügung stehender Kommunikationsmittel. Das heißt, Wissensaustausch und gegenseitiges Lernen wird durch eine gemeinsame Arbeitsplattform für synchrone Zusammenarbeit ergänzt.

Tabelle 4-1 Bestandteile des High Performance Workplace zur Unterstützung von nicht standardisierter Arbeit (Austin 2008, aus dem Englischen übersetzt)

Kategorien für nicht standardisierte Arbeit	Beispiele	Aufgabe der Technologie: Ressourcen schaffen nicht automatisieren
Entdecken	Chancen und Risken, Mustererkennung, Konkurrenz- und Wettbewerbsforschung, -analyse und -beobachtung	Kommunikation, Suche, Voraussagende Analyse, Business Intelligence, Planung und Steuerung, Modellierungswerkzeuge (Excel), 3-D-Visualisierung, Zukunftsmärkte
Innovation	Neue Prozesse, Produkte, Services, Geschäftsbereiche entwickeln	Automatische textsensitive Suche, Innovations-Agents, Professional Communities, Offene Innovations-Web-Seiten
Teamarbeit	Finden der richtigen Ansprechpartner; Im Team Ideen entwickeln; Regelwerke, Richtlinien vereinbaren; gemeinsame Vorhaben Umsetzen	Expertenfinder, Unterstützung und Analyse Sozialer Netzwerke, Brainstorming, Ideenspeicher und Nachverfolgung, Informelles Projektmanagement, Kommunikation und Zusammenarbeit
Führung	Veränderungsprojekte umsetzen, unstrukturierte Arbeitsabläufe managen, Anerkennung von gewünschtem Verhalten, Mitarbeitermotivation	Web-Conferencing, gemeinsames Multiprojektmanagement, Unternehmensweites Performance Management unter Einbeziehung qualitativer Ziele
Lernen	aus Erfahrung Lernen	E-Learning-Anwendungen, Experten Communities (in Verbindung mit Video, Audio und anderen Web Technologien)
Beziehung	Etablierung funktionierender Beziehungsnetzwerke zu anderen Personen	Interessen kundtun, persönlicher Hintergrund, gemeinsame Aktivitäten zur raschen Vernetzung, Konsens- und Vertrauensbildung

Durch das operative Arbeitsinstrument eines „High Performance Workplace" kann die Struktur und das Funktionieren von virtuellen überregionalen Projekt- Kompetenz- und Innovationsteams oder Einheiten in Themennetzwerken und virtuellen Projekträumen ermöglicht werden.

Zielsetzungen und Ergebnisse der Einführung solch einer Arbeitsumgebung sind:

- Optimierung Produktivität durch verbesserte Information, Kommunikation und Zusammenarbeit
- Erhöhung der Leistungsfähigkeit der Mitarbeiter
- Erhöhung der Kommunikationseffizienz
- Erweiterung des Arbeitsplatzradius durch erweiterte mobile Arbeitsfähigkeit
- Reduktion und Substitution von Reisetätigkeit für interne Abstimmungen
- Dynamisierung der Geschäftsprozesse (z. B. Vertrieb)
- Erhöhung der Produktivzeit der Mitarbeiter
- Best Practice Vorbildwirkung und Lerneffekt
- Effizientere Wissensweitergabe und Wissenszugang durch eine teilnehmende Kultur der Zusammenarbeit

Forschungsalltag bei einem globalen Geschäftssoftwarehersteller

Sven Kalberg ist Projektmanager des Forschungsprojekts NextGenKM in der Forschungsabteilung des global aufgestellten Geschäftssoftware Herstellers BusinessSoftware AG am Standort Dresden. Seine Promotion hat er im Fach Mathematik absolviert und ist über eine Position in der Entwicklung von BusinessSoftware AG vor fünf Jahren zur Forschungsabteilung von BusinessSoftware AG gekommen.

Die BusinessSoftware AG ist ein internationaler Konzern mit großen Standorten in Deutschland, Vereinigten Staaten von Amerika und in Indien. Die Firma wächst deutlich stärker in den Asiatischen und Amerikanischen Märkten als im Europäischen Raum. Entsprechend werden Kapazitäten für Entwicklung und Verkauf in diesen Regionen auf- und ausgebaut.

Die Forschungsabteilung hat die Funktion eines **Ideen-Scouts** und führt angewandte Forschung im Rahmen ihres Software Entwicklungsprozesses durch. Hier werden neue Ideen generiert und auf Tauglichkeit überprüft, die in einem Zeithorizont von ca. 3-5 Jahren in ein Produkt für die BusinessSoftware AG münden können. Da der Transfer der Forschungsergebnisse in Produkte der BusinessSoftware AG eine hohe Priorität hat, arbeitet Sven eng mit den Produkt Entwicklungs-Gruppen zusammen. Die Forschungsabteilung besteht aus 10 Standorten weltweit, die überwiegend in der Nähe von Universitäten in Deutschland und West-Europa angesiedelt sind Drei der Standorte sind an Entwicklungsstandorten in Nord-Amerika, China und Kanada platziert. Jeder Standort, auch Lab genannt, hat einen Forschungs-Schwerpunkt, dem entsprechend verschiedene Forschungsprojekte zugeordnet sind. Allerdings können Mitarbeiter eines Forschungsprojektes durchaus auch von verschiedenen Standorten an dem Projekt arbeiten.

Sven arbeitet in Dresden zusammen mit Oliver, einem Doktoranden an dem Projekt. Zwei weitere Kollegen, der Doktorand Ian und der Senior Researcher Brian arbeiten im Lab in Dublin, Irland für NextGenKM. Für Sven die **Zusammenarbeit über Grenzen und Zeitzonen hinweg** Alltag. Kooperationspartner befinden sich in anderen Zeitzonen und stammen teilweise auch aus anderen Arbeitskulturen. Svens Aufgaben als Projekt Manager von NextGenKM umfassen die Koordination und das Managen des Forschungsprojekts NextGenKM auf Seiten der BusinessSoftware AG.

Das Projekt will eine neue Generation von wissensbasierten Systemen bauen die den Wissensarbeiter in der Arbeit mit der täglichen Flut von Aufgaben besser unterstützt. Dabei koordiniert Sven die vier BusinessSoftware AG Mitarbeiter auf dem NextGenKM Projekt inhaltlich und führt das Team. Er ist verantwortlich für das Reporting über das NextGenKM Projekt an auf der einen Seite die Europäische Union als Projekt-Finanzier und auf der anderen Seite an das Management von BusinessSoftware AG Research. Im Bereich der Teamführung übernimmt Sven die fachliche Betreuung der beiden Doktoranden auf dem Forschungsprojekt. Ein weiterer Bereich seiner Aufgaben betrifft den Transfer der Ergebnisse des Forschungsprojektes in die Produktentwicklungsgruppen der BusinessSoftware AG. Hier obliegt es Sven, den Kontakt mit interessierten Produktgruppen herzustellen und Transfers zu initiieren und durchzuführen. Sven hat gerade ein Transferprojekt erfolgreich abgeschlossen. Der neue Prototyp, der **Wissensarbeiter in ihrem Aufgabenmanagement unterstützt**, wird nun von der Produkt-Gruppe weiterentwickelt und zur Marktreife gebracht. Dafür muss Sven noch einen Abschlussbericht schreiben. Im Folgenden wird gezeigt, wie Sven es schafft, den Abschlussbericht NextGenKM mit seinen Kollegen in Dublin zu erstellen. Um die Zusammenarbeit effektiv zu koordinieren hat Sven einige Werkzeuge zur Unterstützung zur Verfügung.

Shared Calendar

Zur ersten Besprechung des Abschlussberichts möchte Sven gerne eine Besprechung mit seinen Kollegen Brian und Ian aufsetzen. Sven nutzt gerne den gemeinsamen Kalender um gemeinsame Besprechungen über Standorte und Zeitzonen hinweg zu organisieren. Er hat seinen Kalender für seine Kollegen freigegeben, so dass diese sehen können, wann er für eine Besprechung verfügbar ist. Wenn Sven selbst eine Besprechung aufsetzen will, dann kann er beim Organisieren dieser Besprechung ebenfalls sehen, zu welchen Zeiten seine Kollegen verfügbar sind und beim Absenden der Besprechungsanfrage automatisch einen Kalendereintrag für den gewählten Termin mitsenden.

Telephon-Konferenz & Kommunikationsinfrastruktur

Schon um seine reguläre Projektarbeit zu erledigen, muss Sven viel kommunizieren. Regelmäßige Telefonate sind unerlässlich, insbesondere um mit seinen Kollegen in Dublin synchronisiert zu bleiben. Sven hat dafür feste Zeit-Schlitze in den Kalendern seiner Kollegen gebucht. Die BusinessSoftware AG stellt einige technische Möglichkeiten mit ihrer Kommunikationsinfrastruktur bereit. Zum einen hat Sven die Möglichkeit einen Telefonkonferenz-Service zu reservieren. Ein Telefonkonferenz-Service stellt eine zentrale Einwahlnummer für alle Konferenz-Teilnehmer zur Verfügung und schaltet alle eingewählten Teilnehmer zu einer Konferenz zusammen. Weiter beherrscht die neue Telefonanlage in Dresden das Zusammenschalten von mehreren Gesprächsteilnehmern zu einer Konferenz. Das funktioniert gut bis zu einer Menge von ungefähr vier Teilnehmern, aber wenn Sven mehr Teilnehmer einzeln einwählen muss, dann gibt's es immer einen der z. B. durch eine Verbindungsabbruch seines Handys rausfällt aus der Konferenz und Sven muss dann die Konferenz unterbrechen und den Teilnehmer wieder einwählen. Daher bevorzugt Sven meistens das Aufsetzen einer Telefonkonferenz, da hier die potentiellen Verbindungsprobleme minimiert werden. Trotz der guten Kommunikations-Infrastruktur kommt es immer wieder zu verzögerten Beginns von Meetings, da verschiedene Teilnehmer Schwierigkeiten bei der Einwahl in die Telefonkonferenz haben, zum Beispiel ist unklar, welcher Zugangscode funktioniert. Dazu kommt, dass Svens Mitarbeiter Ernst einen neuen Voice-over-IP Anschluss (telefonieren übers Internet) anstelle eines traditionellen Telefons hat. Allerdings steht dem Vorteil des Telefonierens mit dem Laptop sobald eine Netzverbindung hergestellt ist der Nachteil entgegen, dass die Verbindungsqualität oftmals noch deutlich schlechter ist und Verzögerungen in den Gesprächen auftauchen.

„Application sharing"

Ein weiterer wichtiger Aspekt ist bei der Zusammenarbeit für den Abschlussbericht ist für Sven, dass er nicht nur die Stimme des Gegenübers hört, sondern dass er auch die Präsentation oder das Objekt sieht, über das diskutiert wird. Z. B. gibt es von dem transferierten Prototypen einige Screenshots. Dafür hat Sven mehrere sogenannte Application Sharing Services zu Auswahl. Damit kann er seine Anwendung auf dem Desktop mit den Teilnehmern einer Konferenz teilen. So kann er zum Beispiel die Präsentation für das wissenschaftliche Paper zeigen und zur Diskussionen der neuen User Interfaces diese zeigen. In der Summe findet Sven, dass es trotz des großen Aufwands für Forschung im Bereich Kollaboratives Arbeiten bisher noch nicht gelungen ist, die Zusammenarbeit mit mehren Teilnehmern reibungslos zu unterstützen. Es kostet ihn immer noch viel Zeit, z. B. die Telefonkonferenzen, das Application Sharing und die gemeinsame Dokumentenbearbeitung zu planen und zu organisieren. Dazu kommt dann noch, dass die Technik oftmals nicht so funktioniert wie versprochen und dass verschiedene Teilnehmer an der Komplexität der Bedienung zu scheitern drohen.

Kollaborationsräume

Zum Austauschen von Dokumenten, Bookmarks und Meinungen zu einem bestimmten Thema steht Svens Team auch ein sogenannter Kollaborationsraum zur Verfügung. Damit wird eingeladenen ermöglicht Teilnehmern, Dateien auszutauschen und Foren zu nutzen. Der Zugriff auf den Kollaborationsraum ist direkt in das Portal jedes Teilnehmers integriert. Zwar kann Sven komfortabel Dateien mit dem Kollaborationsraum austauschen über seinen WebDAV Browser, einem Werkzeug, das die Dateien des Kollaborationsraums im Datei Manager seines Desktops verfügbar macht. Im Allgemeinen aber findet er das Hochladen von Dateien in ein solches geschlossenes System über eine Webschnittstelle relativ umständlich.

Gemeinsames Erstellen von Dokumenten

Zum Erstellen des Abschlussberichts will Sven eng mit seinem Kollegen Brian in Dublin zusammenarbeiten. Er hat die Gliederung aus der Kenntnis eines alten Reports bereits erstellt und für einige Kapitel vorgeschlagen, die

Brian beitragen kann. Zum gemeinsamen Erstellen des Reports haben Sven und Brian verschiedene Möglichkeiten. Eine Methode, die beide schon oft praktiziert haben, ist die kapitelweise Erstellung des Dokuments in einem Dokumentenformat wie z. B. Microsoft Word oder LaTex und das Verteilen der Kapitel-Dokumente über ein Fileshare oder sogar ein Versions-Kontroll-System. Bei letzterem können die beiden verteilt an Kapiteln arbeiten und haben für diese gleichzeitig eine Dokumenten-Format-unabhängige Versionierung. Sven hat auch schon das kollaborative Dokumenten Erstellung mit einem Web 2.0 Ansatz wie z. B. Google Docs ausprobiert. Hier können mehrere Teilnehmer auch innerhalb von einem Absatz gemeinsam an einem Dokument arbeiten und die Software sorgt für eine Synchronisierung der einzelnen Abschnitte. Für Sven hat sich diese Methode, die eine ständige online Verfügbarkeit erfordert, aber nicht immer bewährt, da er den Transfer-Report zu großen Teilen offline auf seiner Reise nach Brüssel schreiben will.

Wikis

Als weitere, praktizierte Alternative kann Sven eines zahlreichen Wikis nutzen, die ihm sowohl innerhalb der BusinessSoftware AG als auch in dem Forschungsprojekt NextGenKM zur Verfügung stehen. Insbesondere in den letzten ca. 1,5 Jahren haben Wikis eine hohe Verbreitung erlangt. Daher gibt es mehrere Wikis in Svens Arbeitsumfeld, die für ihn relevant sind. Er besucht täglich mindestens eines dieser Wikis, meist sogar mehrere, um sich über verschiedene Aspekte zu informieren. Allein innerhalb des Forschungsprojekts gibt es zwei Wikis. Das eine enthält Informationen zu den entwickelten Komponenten des Projektes und öffentlich zugänglich. Das andere Wiki ist nicht-öffentlich und dient der Koordination und dem Wissensaustausch der Forschungsprojekt-Mitglieder. Zum Beispiel werden die wöchentlichen Telefonkonferenzen hier dokumentiert oder Untersuchungen von Komponenten erörtert. Im Moment tauchen beinahe im Wochentakt neue Wikis auf. Einige Forschungsstandorte haben ein eigenes Wiki und weitere Entwicklungsgruppen betreiben ihre jeweils eigenen Wikis. Es gab bereits mehrere Versuche, diesen Wildwuchs zumindest innerhalb der BusinessSoftware AG durch die Vorgabe der Wiki-Technologie einzudämmen, allerdings sind alle diese Ansätze offensichtlich noch nicht durchgedrungen. Es ist einfach zu einfach ein Wiki aufzusetzen, zum Beispiel wenn Sven ein neues Transfer-Projekt hat, bei dem nur er, seine Kollegen und die entsprechende Transfergruppe zugreifen soll. Um den Abschlussbericht NextGenKM zu erstellen, arbeiten Sven, Brian und Ian mit Wiki Seiten und kapitelweise verteilten Dokumenten. Zunächst haben Sven und Brian die Inhaltsgliederung gemeinsam auf einer Wiki Seite erstellt und diskutiert. Nach einer Woche haben sie eine stabile Inhaltsgliederung und können mit dem Erstellen des eigentlichen Inhalts für den Bericht zu bekommen. Den eigentlichen Inhalt des Abschlussberichts erstellen Sie nun kapitelweise verteilt als Microsoft Word Dokument und legen es in einen Ordner in das Projekt Versions-Kontroll-System. Sven beginnt mit der Einführung und dem

Übersichtskapitel, dass er aus den verschiedenen Projektdokumenten aus dem Kollaborationsraum zusammenstellt. Der Doktorand Ian steuert ein Kapitel mit Berichten über die Prototyp Evaluation hinzu. Diese Informationen erstellt er aus den verschiedenen Wiki Seiten, auf denen die Ergebnisse der einzelnen Evaluation festgehalten sind. Inzwischen hat auch Brian seine Berichtsteile über die technische Systemarchitektur eingepflegt. Sven und Brian lesen und ergänzen nun gegenseitig die jeiligen Berichtsteile. Am Ende führt Sven die einzelnen, korrigierten Kapitel in ein Dokument zusammen erstellt die Abgabe Version des Abschlussberichts NextGenKM.

Die Arbeitssituation in der Forschungsabteilung der BusinessSoftware AG ist zum einen durch auf der einen Seite durch einen konstant vorhandenen Zeitdruck gekennzeichnet. Demgegenüber stehen der hohe Freiheitsgrad und die inhaltliche Neuartigkeit der Arbeit, was die beteiligten Forscher überaus motiviert. Z. B. für den Abschlussbericht hatte Sven und sein Team in der Summe nur drei Wochen Zeit, wohlgemerkt als eine Aufgabe neben verschiedenen anderen. Das Koordinieren und durchführen der Forschung sowie das Dokumentieren und Veröffentlichen der entsprechenden Ergebnisse ist immer an einen vorgegebenen Zeitrahmen gebunden, z. B. durch Abgabetermine in den Forschungsprojekten oder wie hier im Beispiel gezeigt, durch Abgaben für BusinessSoftware AG-interne Transfer-Aktivitäten. Auf der anderen Seite ist die Arbeitssituation in der Forschungsabteilung der BusinessSoftware AG durch einen hohen Freiheitsgrad bei der Arbeitsgestaltung gekennzeichnet. Aufgrund des Forschungscharakters der Projekte lassen sich Projektergebnisse vielfach nicht genau planen und inhaltlich voraussagen, sondern ergeben sich aufgrund kreativer Arbeit. Sven und seine Mitarbeiter analysieren komplexe Zusammenhänge, zeigen kreative Lösungsmöglichkeiten auf und gestalten und realisieren dann aktiv eine Lösung.

Eine erfolgreiche Zusammenarbeit in diesem spannenden Arbeitsfeld hängt für die beteiligten Forscher wesentlich von der bereitgestellten Unterstützung ab. Die Fallstudie hat anhand eines Szenarios der BusinessSoftware AG aufgezeigt, welche Unterstützungsmöglichkeiten für Wissensarbeit im Forschungsprojekt NextGenKM existieren. Auch wurden verschiedene Probleme bei der Unterstützung, vielfach technisch oder organisational motiviert, erklärt.

Olaf Grebner

4.2 IKT-Systeme für den Wissensarbeiter - ein Überblick

Kategorien und Funktionsbereiche

Im Folgenden wird in einer Übersicht auf die einzelnen Unterstützungsmöglichkeiten für den Wissensarbeiter Bezug genommen. Eine klare Abgrenzung untereinander ist nicht immer möglich oder auch sinnvoll, weil IKT-Hersteller sukzessive versuchen, Funktionalitäten zu erweitern und Gesamtunternehmenssysteme zu positionieren. Dabei kommt es zu einem Bereinigungsprozess, in dem Spezialsoftware zumeist aus Betriebsgründen integriert wird – als gegenläufige Bewegung sind aus eben diesem Grund auch neue Chancen für Individualsoftware-Hersteller vorhanden, die Unternehmen in ihrer Produktivität zu unterstützen.

Die Systeme für Wissensarbeiter werden unter folgenden Gesichtspunkten produktiver Wissensarbeit betrachtet: Individuelle Effizienz, Zusammenarbeit, Informationsversorgung, aktive Info Suche, kooperative Wissensnutzung und Planung und Steuerung (vgl. Tabelle 4-2).

A. Individuelle Effizienz

Die Individuelle Effizienz eines Mitarbeiters kann insbesondere durch die Erweiterung seines Arbeitsplatzradius in der Arbeits-, Kommunikations- und Zusammenarbeitssituation gesteigert werden. „Blackberry" oder „Smart Phones mit Windows mobil" und Push-Funktion für E-Mail und Termine ermöglichen eine unabhängigere asynchrone Kommunikation. Gleichzeitig wird die Randarbeitszeit erweitert und administrative Tätigkeiten wie Terminabstimmungen erleichtert. *Mobile Endgeräte*

Die Arbeitsstrukturen für den Wissensarbeiter verschieben sich derart, dass eine ortsunabhängige vollwertige Arbeitsumgebung immer erfolgskritischer wird (insbesondere für Vertrieb, Beratende, Management oder andere Fachmitarbeiter mit hoher Flexibiliät außerhalb des Unternehmensstandortes). Hier ist ein möglichst kompletter Zugriff auf die Kernunternehmenssysteme entscheidend ggf. über eine gesicherte Leitung ins Unternehmensnetz (virtuelles privates Netzwerk, VPN) und mobilen Internetzugang. Als Endgerät steht der Laptop im Vordergrund – für ausgewählte Gruppen im Außendienst sind allerdings auch mobile Anwendungen für den PDA ein geeignetes Produktivitätswerkzeug. *Erweiterung des Arbeitsplatzradius*

Persönliche Arbeitstechniken

Wie unterstützen wir Wissensarbeiter bei konzeptionellen Tätigkeiten? Dazu gibt es einige Individual-Softwarelösungen, die helfen, Gedanken strukturiert zu Papier oder ins Notebook zu bekommen (z. B. Mindmanager). Immer entscheidender für die persönliche Arbeitsorganisation und persönliche Arbeitstechniken (PAT) ist auch das Zeitmanagement, um „Dringendes" von „Wichtigem" zu unterscheiden. PAT-Systeme unterstützen bei der individuellen Arbeit als auch dabei, Aufgaben im Team gemeinsam abzustimmen, zu erledigen und die Durchführung zu.

Adaptive Kommunikationslösungen

Eine weitere Effizienzsteigerung kann dadurch erreicht werden, dass nicht Wissensarbeiter nach ihren Kommunikationswerkzeugen richten, sondern dass sich die Kommunikationsumgebung „adaptiv" auf individuelle veränderte Arbeitssituationen ausrichtet. So ist es im Zeitalter der IP-Telefonie mit voller Integrationsmöglichkeit von mobilen Telefonen leichter geworden, automatisch z. B. den Terminstatus im Kalender als Basis Information für die Veränderung von definierten Erreichbarkeitsprofilen (Weiterleitung, Stellvertretung, lautlos Schalten oder Priorisierung eines Anrufes aus einem festgelegten Personenkreises, …) einzustellen. Beliebig viele Zustände werden vordefiniert und das Verhalten der Kommunikationsumgebung auf Situationen wie Meeting im Haus, Termin unterwegs, Fahrzeit, Abwesenheit, Urlaub, Krankenstand, Besetzt, nicht gestört, … und viele mehr ausgerichtet. Vieles ist möglich - in Anbetracht der individuellen Bedürfnissituation der betroffenen Wissensarbeitsgruppe gilt es zu entscheiden, was sinnvoll und notwendig eingesetzt werden kann.

Unified Messaging Services

Ein weitere Herausforderung ist die Integration verschiedener Medien des Nachrichtenempfangs (Wikipedia 2008): „Unified Messaging" bezeichnet ein Verfahren, in jeglicher Form eingehende und zu sendende Nachrichten (z. B. Voice-Mail, E-Mail, Fax, SMS, MMS) in eine einheitliche Form zu bringen und dem Nutzer über verschiedenste Access-Clients Zugang auf diese zu gewähren (Festnetz- oder Mobiltelefon, E-Mail-Client).

Übersicht der Systemkategorien *Tabelle 4-2*

Kategorie	Stellhebel	Lösung	
A. Individuelle Effizienz	Schlechte Erreichbarkeit, Doppelarbeit, Blindleistungen und ungenützte Arbeitszeit, Verluste durch Mobilität	A1.	Mobile Endgeräte zur Steigerung der Kommunikationsfähigkeit
		A2.	Mobile Lösungen zur Erweiterung des Arbeitsplatzradius
		A3.	PAT Systeme (Persönliche Arbeitstechniken)
		A4.	Adaptive Kommunikationslösungen
		A5.	Unified Messaging Services
B. Zusammenarbeit	Unzureichende Zusammenarbeit zu lange Planungszeiten zu lange Abstimmungszeiten, Medienbrüche, Fehleranfälligkeit	B1.	Shared Work Spaces
		B2.	Konferenz Lösungen
		B3.	Groupware Funktionalitäten
		B4.	Teleworker
		B5.	Präsenzinformation/Instant Messaging
		B6.	Workflow Unterstützung (ECM, Ticketing, ...)
C. Informationsversorgung	Keine Info über Anrufer, mangelnde Verfügbarkeit von Infos, Info mit Wettbewerbsvorteilen, Qualitätssicherung	C1.	Kundeninformationssystem
		C2.	Enterprise Ressource Planning
		C3.	Portale (Intranet, Extranet)
		C4.	Kontextinformationen zum Kommunikationspartner (Xing)
D. Aktive Info-Suche	Das Rad wird immer wieder neu erfunden. Erfahrungswissen und Experten Know-how wird nicht effizient genutzt	D1.	Corporate Directory
		D2.	Expertenverzeichnis
		D3.	Desktop und Enterprise Search
		D4.	Archivierung
E. Kooperative Wissensnutzung	Wissen von Mitarbeitern als größtes Kapital des Unternehmens liegt nicht explizit vor und kann nicht gemeinsam angereichert werden	E1.	E-Learning
		E2.	Unternehmens Infochannel (TV, MA Zeitung, Newsletter)
		E3.	Business Community (WIKI, Forum, ...)
		E4.	Unternehmens-BLOG
		E5.	Community Wissensspiele
F. Planung und Steuerung	Unzureichende Planung und Steuerung (inkl. Wissens-Controlling)	F1.	Management-Informationssystem (MIS)
		F2.	Business Intelligence (Data-Warehouse)
		F3.	System Wissenscontrolling

B. Zusammenarbeit

Die Unterstützung der Kommunikation und Zusammenarbeit ist ein Thema das von namhaften Software- und Systemhäusern unter dem Schlagwort „Collaboration" weiterentwickelt wurde. Eine Definition laut Gartner (2005) für diese Form der Zusammenarbeit beschreibt die Autorin Betsy Burton: „Collaboration is defined as people working together on nonroutine cognitive work." Das heißt Collaboration wird als Zusammenarbeit in einer nicht standardisierbaren kognitiven Arbeit verstanden. Konvergenz wird für Collaboration-Plattformen groß geschrieben. Im Grunde genommen handelt es sich um die schrittweise Weiterentwicklung und Konvergenz von traditionellen Kommunikationswerkzeugen wie Telefon, Email, Fax ...

Groupware-Lösungen

Groupware-Lösungen mit gemeinsamer Mail-, Termin- und Aufgabenverwaltung werden sukzessive um Plattformen oder Portale der Zusammenarbeit erweitert. Beispielhaft können hier „Share Point Portal Services von Microsoft", „Quicktime von IBM" oder die „Oracle Collaboration Suite" genannt werden.

Ein wichtiger Ansatzpunkt ist Art und Form einer Ablagestruktur. In der Praxis reicht sie vom „beherrschten Chaos" bis zur gemeinsamen Ablagestruktur (ggf. mit Archivierung) in der Wissen in Dokumenten und E-Mails gleichzeitig auch systematisch bewertet wird.

Shared Workplace

Benutzt ein Team einen gemeinsamen Arbeitsbereich im Intranet oder Internet, geht dies ein Stück weit über eine gemeinsame Datenablage und Datenorganisation hinaus und ermöglicht dem Wissensarbeiter auch eine gemeinsame Bearbeitung der Dokumente. Kriterien hierfür sind Versionskontrolle bei asynchroner Bearbeitung und der synchrone Zugriff auf ein und dieselbe Applikation oder ein Dokument. Dabei wird ein zweiter Bearbeiter, der durchaus auch an anderem Ort sitzen kann, eingeladen, die Bildschirm Ansicht mit dem Dokumenten-Besitzer zu teilen und zeitgleich zu diskutieren.

Konferenz-lösgunen

Im Sinne einer konvergenten und integrativen Entwicklung sind zumeist Web-Konferenzlösungen kompatibel mit dem Shared Workspace und der Groupware-Lösung kombinierbar. Microsoft vermarktet seine Konferenz-Lösung unter dem Namen „Office Communication Services", IBM unter „Sametime". Es gibt allerdings hier eine Vielzahl an Spezialanbietern von Webconferencing bis zum virtuellen Meetingraum, in dem Kamera, Mikrophon und Bildschirm voll in das Besprechungskonzept integriert sind. Die Entwicklungen und das Angebot von Collaboration-Werkzeugen wird mittlerweile auch maßgeblich von Voice over IP Internet-Diensten für den Privatkunden geprägt, welche sukzessive auch in den Business-Markt hineinwachsen. So bietet „Skype" ausgehend von der Video-Internet-Telefonie eine Präsenz-Übersicht und zeitgleiches Bearbeiten von Dokumenten für seine

User an. Google entwickelt sich von der Suchmaschine zur Plattform für Kommunikation und Zusammenarbeit.

Aus vielen praktischen Gesprächen bemerken wir, dass das Thema Erreichbarkeit im selben Maß an Bedeutung gewinnt wie sich der Arbeitsplatzradius der Wissensarbeiter verändert. Präsenzinformationen im Unternehmen zu pflegen ist ein möglicher Weg diese Informationslücke zu schließen und rasch Aufschluss darüber zu geben, wann mein Gesprächspartner für mich wieder erreichbar ist. So vermeidet man unnötige vergeblich Anruf- und Rückrufversuche. Ein wichtiger Punkt beim Einsatz von Präsenzinformationen ist sich für ein führendes System im gesamten Unternehmen zu entscheiden. Ein Erfolgsfaktor liegt hier auch auf der Verhaltensebene, weil es möglich sein muss, jede halbautomatisch vorgeschlagene Erreichbarkeitsinformation händisch zu justieren. Der Wissensarbeiter entscheidet selbst, wann er ungestört arbeiten möchte, auch wenn ihm das System etwas anderes vorschlägt.

Präsenzinformation

Instant Messaging

Betrachtet man die Kommunikation und Zusammenarbeit prozessorientiert, kann in jedem Geschäftsprozess der Informationsfluss, der Systemeinsatz von diversen Kommunikationssystemen aber auch der Dokumentenfluss definiert werden. Systeme die eine strukturierte Weitergabe und Automatisierung von Geschäftsprozessen ermöglichen, bilden Workflows für Bearbeitung und Entscheidungen im Unternehmen ab. Wir beobachten, dass bei höherer Wissensintensität in einem Prozess die standardisierte Umsetzung eines Workflows umso schwieriger wird. Dennoch ist eine Strukturierung in Form eines Workflow Systems ein guter Rahmen für Wissensarbeitsprozesse, und trägt maßgeblich zur Ablaufsicherheit und Qualität sowie zur Verkürzung und Messbarkeit der Durchlaufzeiten bei.

Workflow-Unterstützung

C. Informationsversorgung

Was beeinflusst den Arbeitserfolg eines Wissensarbeiters, der seine Haupttätigkeit in Zusammenarbeit direkt mit seinen Kunden oder in Partnernetzwerken erbringt?

Er benötigt größtmögliche Informationstiefe über die Aktivitäten bei „seinen" Kunden. Es sind zumeist aber nicht allein „seine" Kunden, sondern viele Mitarbeiter und Kollegen kommunizieren mit diesem Kunden bzw. erbringen Leistungen für ihn. Bloß der Arbeiterfolg und das Ergebnis hängen unmittelbar davon ab, wie vernetzt und abgestimmt vorgegangen wird.

Die Herausforderung und der maßgebliche Effizienzgewinn besteht darin, die Kundeninformation nicht für einen eingeschränkten Vertriebsbereich einfließen zu lassen, sondern entlang aller Kundenkontaktpunkte des Kunden mit dem Unternehmen. Dazu werden Customer Relationship Management Systeme eingesetzt. Entlang eines Verkaufszyklus wird von der Kundenansprache im Kampagnen-Management über das Lead-Management, das Angebots-, Vertrags- bis zum Service-Management eine Menge an Kundeninformation zusammengetragen, welche erfolgsentscheidend wieder in den Geschäftsprozess einfließen kann.

Kontextinformation zum Kommunikationspartner

Ergänzend wird heute über die Information in den unternehmenseigenen Systemen hinaus auch gerne auf Kontextinformation in Web 2.0-Plattformen wie Xing o. ä. zurückgegriffen. Die Hauptfrage hierbei ist nicht primär was ist technisch möglich, sondern was ist von einer Verhaltensebene aus durchführbar und vom Mitarbeiter oder Anwender angenommen wird.

Enterprise Resource Planning

Ausgehend vom Kundeninformationssystem sind wir bereits sehr nahe in den Dunstkreis des „Riesen" unter den geschäftskritischen Unternehmenssystemen gekommen. ERP – Enterprise Resource Planning. An dieser Stelle werden viele denken: „Wie hängt ERP mit Wissensarbeit zusammen? Ist ERP nicht vornehmlich prozess- und aufgabenorientiert?"

ERP steht heute so zentral in der Kernbetrachtung eines Unternehmens, dass der Wissensarbeiter damit arbeiten muss: Wissensarbeitsunterstützung sollte im Kerngeschäft und den Kernaufgaben der Mitarbeiter verankert sein. Eine systematische Bewertung und Identifizierung von Wissen und relevanten Informationen sollte dort erfolgen, wo die Musik spielt und nicht in extra erfundenen Systemen. Zusammengefasst: Beziehen wir die Bedürfnisse und die spezifische Arbeitssituation des Wissensarbeiters in die integrieren Unternehmenssyteme wie ERP entlang der Wissensarbeitsprozesse mit ein.

Portale

Nicht zuletzt sind bei den Systemen für die Informationsversorgung der Wissensarbeiter die „Portale" zu nennen. Der Portalbegriff hat in den Vergangenen 10 Jahren alle Höhen und Tiefen durchgemacht. In diversen Definitionen gibt es viele Spitzfindigkeiten, ab wann eine Website für den internen oder externen Gebrauch sich Portal nennen darf. Aus dem Blickwinkel Wissensarbeit sind uns vier Kernfähigkeiten ein Anliegen:

1. Die Möglichkeit, Inhalte (Content) effizient mittels Redaktionssystem dezentral zu verarbeiten und diese systematisch kategorisiert und bewertet wieder auszugeben
2. Eine Benutzerverwaltung mit Berechtigungssystem für Schreib- und Zugriffsrechte auf Basis eines zentralen Verzeichnisses (Directory, z. B. LDAP)
3. Die technologische Fähigkeit, über Portalbestandteile (vgl. Portlet oder Webpart) Schnittstellen für die Integration von externen Anwendungen, Services und Datenbank Inhalten zu schaffen
4. Die Fähigkeit, als Zugangsseite im Internet/Intranet das Suchen und Finden von dahinterliegender Information durch Personalisierung zu unterstützen

D. Aktive Informationssuche

Wissensarbeiter betreiben aktive Informationssuche gerne über Experten oder andere Wissensträger. Implizites und Erfahrungswissen wird im persönlichen Gespräch transferiert. Ein Gesprächspartner erhält rasch und bereits aufbereitet seine Informationen. Bloß: Wie identifiziere und erreiche ich einen gewünschten Ansprechpartner und Experten?

Ein gemeinsames Verzeichnis von Mitarbeitern ermöglicht nicht nur Kontaktdaten gleich einem Telefonbuch sondern auch ihren Erreichbarkeitsstatus anzuzeigen. Was spricht dagegen, eine Übersicht über die Kontaktinformation gleich mit Kompetenzen, Erfahrungen, persönlichen Publikationen und Fähigkeiten der genannten Person zu ergänzen. Somit kann eine Vernetzung von Experten im Unternehmen nicht nur auf informellem Weg erfolgen sondern strukturiert und systematisch. Wenn hier bereits gepflegte Mitarbeiterinformation vorliegt, kann leicht eine Verknüpfung mit den Mitarbeiter Stamm- und Berechtigungsdaten vorzunehmen (LDAP Verzeichnis). Der Effekt wird größer, wenn das Verzeichnis auch zum Kontaktnetzwerk nach außen wird und die Mitarbeiter ihre persönlichen Netzwerke gemeinsam mit den Kollegen teilen. Auch in diesem Fall gilt jedoch: die technische Lösung alleine ist oft nicht einmal die halbe Miete. Vielmehr kommt es darauf an, die Mitarbeiter dazu zu bewegen, sich dem firmeneigenen Netz zu öffnen und von sich selbst etwas preiszugeben um von Anderen etwas zurückzubekommen. Dieser Kulturwandel gestaltet sich oft schwieriger als es sich anhört, weil Wissen oder auch „meine eigenen" Kontakte für viele vermeintlich die Jobgarantie oder die gewünschte Macht darstellt.

Corporate Directory

Expertenverzeichnis

Eine gemeinsame Suche: Eine Suchfeld in das ich den gewünschten Begriff eingebe und die Suche findet mir die gewünschten Dokumente; gleich ob auf dem eigenen PC, auf einem Fileserver, im Intranet oder auch in einem Dokumentenarchiv. Diese Vorstellung treibt in vielen Unternehmen einigen Mitarbeitern Schweißperlen auf die Stirn. Alleine die Information über das Vorhandensein eines Dokumentes (z. B. mit dem Namen „Personalabbauliste") wird nur allzu gerne als Argument gegen die Einführung einer vernünftigen Unternehmenssuche angeführt. Selbstverständlich berücksichtigt ein Berechtigungssystem, welche Ergebnisse auf die Anfrage hin im Archiv überhaupt angezeigt werden sollen.

Desktop und Enterprise Search

Archivierung

Experten finden und verbinden bei Sanofi-Aventis

In der pharmazeutischen Industrie kann die Entwicklung eines Arzneimittels von der Wirkstofffindung bis zur Zulassung 10 bis 15 Jahre dauern. Dennoch sind auch geringe Zeiteinsparungen von Bedeutung, können sich umsatzmäßig bemerkbar machen und zur Refinanzierung innovativer Forschung beitragen. Eine Substanz mittlerer bis guter Ertragskraft (zum Beispiel 365 Millionen Euro im Jahr) erwirtschaftet durchschnittlich eine Million Euro pro Tag. Also ist allein die Verkürzung der Entwicklungszeit schon förderlich für den Umsatz. Einerseits kann der Zugriff auf die richtige Information zur richtigen Zeit helfen, Entwicklungszeiten zu verkürzen, andererseits besteht aber auch die Möglichkeit, den Zugriff auf die Wissensträger selbst zu verbessern. Insbesondere gilt dies dann, wenn verschiedene Experten in verschiedenen Bereichen an vergleichbaren Problemen arbeiten oder gearbeitet haben. Doppelarbeit kann vermieden werden, die Produktivität steigt und bei einem entsprechenden Austausch der Erkenntnisse entfallen Investitionen in externe Experten.

Analyse von E-Mails

Die intranetbasierte Software „KnowledgeMail" erstellt durch das Analysieren von E-Mails so genannte Expertenprofile. Zusätzlich können diese ergänzt werden durch Dokumente, die dem profilierenden System explizit zur Verfügung gestellt werden sowie durch eine freie Beschreibung des Tätigkeitsprofils mit eigenen Worten.

Die Analyse der E-Mails läuft im Hintergrund ohne dass der Anwender, für den das Profil erstellt wird, hierbei tätig werden muss. Die Profile basieren auf Schlüsselwörtern und Hauptwortsätzen, die aus den Dokumenten automatisch extrahiert und mit dem Expertennamen verbunden werden. Der Experte hat volle Kontrolle darüber, ob und in welchem Umfang das Profil für andere einsehbar ist. Das Expertenprofil ist aber auch über den nicht öffentlichen Teil des Profils (private Profile) unter Wahrung des Datenschutzes anonym recherchierbar und der Experte kann, quasi als Unbekannter- über die Software kontaktiert werden.

Innovative Elemente im Knowledge Management Ansatz

Die Vorteile des KnowledgeMail-Systems gegenüber manuell zu pflegenden Systemen, wie Yellow Pages und Wissensdatenbanken, sind beachtlich:

- Automatische Profilerzeugung und Aktualisierung: Keine aufwendigen Umfragen oder Interviews zur Erfassung und Aktualisierung der Mitarbeiterexpertise
- Aktualität der Schlagwörter: Nicht abhängig von einem definierten Schlagwortkatalog; unmittelbare Anpassung an den schnellen Wandel der Forschungssprache, ohne dass vorher ein Thesaurus aktualisiert werden muss
- Suchprozesse: Namenslisten werden nach dem Grad der Relevanz sortiert, den die Suchbegriffe bei den gefundenen Experten einnehmen. An oberster Stelle stehen so diejenigen Mitarbeiter, in deren Profil die gesuchten Begriffe eine hohe Relevanz besitzen (ipsative Skala)
- Würdigung der Mitarbeiter und Förderung der Netzwerkbildung: Das „Tacit"-Wissen beim Wissensträger steht im Vordergrund, nicht das dokumentierte Wissen; Mitarbeiter, die sich bisher nicht kannten, können Informationen austauschen; Bildung von Netzwerken wird gefördert
- Vermeidung der Urheberrechtsproblematik: Jeder Mitarbeiter entscheidet selbst, welche Informationen er unter welchen Umständen und in welcher Form anderen Mitarbeitern zugänglich macht. Der Mitarbeiter wird nicht gezwungen, Dokumente ohne Zieladresse zur Verfügung zu stellen

Das Knowledge-Mail-System verfügt über ein umfassendes Sicherheitskonzept, welches sowohl den Schutz der Privatsphäre, als auch die Datensicherheit gewährleistet. Grundsätzlich unterscheidet das System zwischen privaten und öffentlichen Begriffen.

Alle profilierten Begriffe sind zunächst privat und können nur vom Nutzer selbst eingesehen und bearbeitet werden.

Die Einführung des Knowledge-Management-Ansatzes „Experten finden & verbinden" bedeutet für die Mitarbeiter eine zum Teil nicht unerhebliche Änderung ihrer Sichtweise. Unter anderem werden folgende Anforderungen an die Mitarbeiter gestellt:

- Bereitschaft, vorhandenes Wissen zu teilen
- Bereitschaft, Expertenwissen anderer zu akzeptieren („Not-invented-here"-Syndrom)
- Akzeptanz der Speicherung personenbezogener Daten
- Knüpfen von Kontakten zwischen Personen über Abteilungs-, Länder- und Sprachgrenzen hinweg. Dies gilt insbesondere, wenn Personen zueinander in Kontakt treten, die sich selbst vorher weder gesehen noch gekannt haben.

Quelle: (Oldigs-Kerber et al. 2002)

E. Kooperative Wissensnutzung

Das Web 2.0 hat mit seinen bahnbrechenden Veränderungen, wer für wen Inhalte (Content) produziert, einen radikalen Umbruch der Kommunikation und Zusammenarbeit für den Wissensarbeiter eingeleitet.

Diese Entwicklung ist im Internet fest etabliert und mittlerweile vielfach darüber hinaus multipliziert. Umgelegt auf eine thematisch geschlossene Interessengruppe im Unternehmen verhält sich der Nutzen für den User gleich. Der Anteil aktiver User in einer Business Community muss allerdings um vieles höher sein, weil die Benutzergruppe von Haus aus um vieles kleiner ist. Die demographische Zusammensetzung unterscheidet sich derzeit grundlegend und birgt somit die Herausforderung für die Umsetzung von Business-Community-Projekten. *Business Community*

Die eigentliche Herausforderung bei der Etablierung von Wissenssystemen zur kooperativen Wissensnutzung ist nicht die technische Umsetzung, sondern die Content-Aufbereitung. Sie zählt zu den ressourcenintensivsten wird heute optimal durch die zahlreichen Individuen einer Community durch den User generiert. IKT-Systeme, die ihren Schwerpunkt in der Vermittlung von Lehrinhalten haben, rücken immer mehr mit den genannten Bereichen „Collaboration" und „soziale Netzwerke im Internet und Intranet" zusammen.

„Unter E-Learning (auch E-Learning, englisch electronic learning – lektronisch unterstütztes Lernen)" sieht Wikipedia (2008) „– nach einer Definition von Michael Kerres – alle Formen von Lernen, bei denen digitale Medien für die Präsentation und Distribution von Lernmaterialien und/oder zur Unterstützung zwischenmenschlicher Kommunikation zum Einsatz kommen. Für E-Learning finden sich als Synonyme auch Begriffe wie Online-Lernen, Tele- *E-Learning* lernen, Computer Based Training, multimediales Lernen, Open and DistancE-Learning, computergestütztes Lernen u. a." Für die Gestaltung von Kurs- und Lernumgebung kommen eigene LMS (Learning Management Systeme zum Einsatz) die sich als Content Management Systeme für E-Education (Baumgartner et al. 2004) entwickelt haben.

Konvergente Medien

Für eine gezielte Mitarbeiterinformation werden verstärkt als konvergente Medien Zeitung, TV und Newsletter eingesetzt. Dies sind exakt auf eine Zielgruppe zugeschnittene Informations- und Lernangebote. Business TV stellt darüber hinaus eine sehr wirkungsvolle Methode dar, um eine Gruppe (Mitarbeiter, Lieferanten und Kunden) zum Lernen anzuregen.

Blogs

Eine weitere Form von wissensorientierten Web 2.0 Anwendungen sind Weblogs (Blogs), die sich seit Anfang 2002 als nicht mehr wegzudenkendes Informations- und Kommunikationsmedium für den Wissensarbeiter etabliert haben.

Robes (2005) stellt verschiedene Sichtweisen zu Weblogs zur Diskussion:

- Weblogs als vorwiegend private Journale, die über die persönlichen Befindlichkeiten und Aktivitäten ihrer Autoren Auskunft geben;
- Weblogs als neue journalistische Ausdrucksformen, die eine Kontrollfunktion gegenüber etablierten Medien ausüben;
- Weblogs als Marketing- und Kommunikationsinstrumente, die es Unternehmen ermöglichen, in neue Beziehungen zu ihren Kunden und Mitarbeitern zu treten;
- Weblogs als neue Lernmedien, durch die Menschen sich selbst organisiert mit einem Thema auseinandersetzen und diese Auseinandersetzung für sich und andere transparent machen.

Robes teilt weiterhin die Motivation von Knowledge Workern zu bloggen ein, um

- ihre Arbeit zu organisieren,
- zu publizieren,
- zu kommunizieren und
- sich als Fachexperte zu positionieren.

Community-Wissensspiele

Jede Community (ob privat oder Business) benötigt ihre Anreizsysteme. Motivation für die Nutzung und Aktivität in der Community kann neben Anerkennung und Wertschätzung auch der Spieltrieb sein. So können Lerninhalte und die informelle Vernetzung der Mitarbeiter im Unternehmen durch Wissensorientierte Spiele gefördert werden.

Die Auswirkungen der Kooperativen Wissensnutzung sind auch bei den Systemarchitekturen spürbar. Client Server Architekturen werden sukzessive durch Peer to Peer Architekturen ergänzt oder abgelöst. Wikipedia (2008) definiert Peer-to-Peer (P2P): „P2P Connection (engl. peer für „Gleichgestellter", „Ebenbürtiger") und Rechner-Rechner-Verbindung sind synonyme Bezeichnungen für eine Kommunikation unter Gleichen" aus dem Blickwinkel der Systemarchitektur als ebenbürtiges „Netzwerk von Computern."

Peer to Peer

F. Managementsysteme zur Planung und Steuerung

„Als Managementsysteme (Wikipedia 2008) werden Systeme des Managements bezeichnet, die dessen Aufgaben umfassend beschreiben und verknüpfte Methoden zur erfolgreichen Bewältigung (Zielsetzung, Steuerung, Kontrolle) beinhalten."

MIS Systeme sind EDV-technische Informationssysteme zur betriebwirtschaftlichen Planung und Steuerung des Unternehmens. Die Datenbasis für dieses Modell kommt zumeist aus einem Data Warehouse.

Management Informationssysteme (MIS)

Die gleiche Datenbasis nutzen BI Systeme allerdings mit dem zusätzlichen Schwerpunkt Reporting. So gesehen sind unterstützende Werkzeuge die die Unternehmensführung dabei unterstützen, den Geschäftserfolg zu optimieren oder die Qualität des Arbeitsergebnisses zu sichern auch Werkzeuge für den Wissensarbeiter. Sie liefern zur besseren Erreichung definierter Unternehmensziele folgenden Beitrag:

Business Intelligence & Data Warehouse

- Schaffung einer inhaltliche Grundlage für die Entscheidungsfindung,
- Strukturierung des Entscheidungsprozesses
- Beitrag zur Qualitätssicherung des Arbeitsergebnisses
- Auch Wissensmanagement selbst ist eine Management Disziplin, die geplant und gesteuert werden muss.

In einem kennzahlen-orientierten Zyklus kann in Anlehnung an Deming (1989) (PDCA: Plan, Do, Check, Act) ein Wissenscontrolling aufgesetzt werden. Für durch Kennzahlen operationalisierte Wissensziele empfiehlt es sich, zusätzlich zu Struktur- Human- und Beziehungskennzahlen einer Wissensbilanz auch quantifizierbare Nutzungsparameter von Wissensmanagement Systemen und Inhalten einfließen zu lassen. Die Frage, wie intensiv die ad hoc Kommunikation in der Zusammenarbeit genutzt wird, wie durchgängig eine systematisch klassifizierte Ablage von Dokumenten als Wissensquelle erfolgt oder welche Quote an Usern aktiv in ein Unternehmens-WIKI hineinarbeiten kann nur durch eine laufende Auswertung und Zugriffstatistik in den IKT-Systemen für den Wissensarbeiter beantwortet werden.

Wissenscontrolling

Skywiki - das unternehmensweite Wissensportal von Fraport

Im Jahr 2007 führte der Flughafen-Betreiber Fraport ein betriebliches Wiki – genannt „Skywiki" – ein. Wegen der Bekanntheit und Akzeptanz der Internet-Enzyklopädie Wikipedia, wurde deren Opensource-Software MediaWiki implementiert. Nach fast einem Jahr Praxistest wurden bereits 1.200 Artikel geschrieben. Entscheidend für die hohen Nutzerzahlen war letztendlich nicht die Technik, sondern vielmehr die aktive Kommunikation des Tools und die intensive Ansprache potenzieller Autoren.

Wie alles anfing: Die Fraport AG ist, nicht nur an ihrem Konzernstandort Flughafen Frankfurt (FRA), sondern weltweit, in einem breiten Spektrum von Geschäftsfeldern aktiv: Bodenverkehrsdienste, Flug- und Terminalbetrieb, Handels- und Vermietungsmanagement und Externe Beteiligungen gehören zum Portfolio des Konzerns, der weltweit mit etwa 20.000 Beschäftigten im Airport-Geschäft tätig ist.

Die Drehscheibe (Hub)FRA mit über 500 Unternehmen und Behörden und etwa 70.000 Beschäftigten ist – bedingt durch das Wachstum des Luftverkehrs – die größte Arbeitsstätte Deutschlands. Als sich im Sommer 2005 Fraport entschied, ein „Programm Wissensmanagement" aufzulegen, schien die Zeit günstig. Hatte doch die Europäische Kommission gerade den Zwischenbericht zur Lissabon-Strategie vorgelegt, der davor warnte, dass die EU Gefahr laufe, ihr ehrgeiziges Ziel zu verfehlen, bis 2010 zum wettbewerbsfähigsten und dynamischsten wissensbasierten Wirtschaftsraum in der Welt zu werden. Die Bedeutung der Unternehmen verfügbaren Wissensressourcen rückte verstärkt ins Blickfeld des Unternehmens.

Wikis als Werkzeug des Wissensmanagements

Dem Wissensmanagement stehen verschiedene Methoden und Instrumente zur Verteilung von Wissen zur Verfügung. Die Web 2.0-Bewegung hat den Focus auf Social-Software gelenkt, die Kommunikations- und Informationsprozesse auf neuen Wegen erleichtern und unterstützen. Insbesondere Weblogs und Wikis sind dabei hervorzuheben, die den Benutzer direkt zum Mitmachen bewegen. Diese Systeme dienen der menschlichen Kommunikation, Interaktion und Zusammenarbeit. Wikis sind einfach zu bedienen und scheinen den Mitarbeitern einen echten Nutzen zu bringen. Als Anwender kann man „einfach loslegen". Eine Datenstruktur muss nicht im Vorfeld entworfen werden. Da eine solche Struktur nicht vorgegeben ist, kann sich ein Wiki entsprechend den realen Bedürfnissen der jeweiligen Nutzergruppe entwickeln. Externe Verknüpfungen sind ebenfalls leicht zu setzen. Wikis sind technisch anspruchslos, günstig und einfach zu warten. Auf Client-Seite muss keine Software installiert werden, es reicht der vorhandene Webbrowser.

Die Fraport AG faszinierte dabei die breite Einsatzmöglichkeit betrieblicher Wikis:

- als Austauschplattform für Abteilungen, Projektgruppen etc.
- für das Projektmanagement
- für Dokumentationen (Spezifikationen, Prozessdefinitionen, Beschreibungen ...)
- für die Vorbereitung und Protokollierung von Besprechungen
- als globaler Wissensspeicher
- als Support-Plattform für Kunden
- als Support-Plattform für Software-Entwickler
- als Lernplattform
- zur Ablage komplexer Handbücher

Umsetzung des Projekts Skywiki: Zu Beginn des Programms Wissensmanagement wurde eine aktivierende Befragung im Unternehmen durchgeführt, um Informationsbedarfe zu analysieren und die geeigneten Wissensmanagement-Methoden zu identifizieren. Diese Befragung wurde gezielt, auch in Hinblick auf bereits ausgesuchte Methoden, durchgeführt. Aufgrund der Befragungsergebnisse (45 % der Befragten wünschten sich ein Fraport-Wiki) wurde die Erfolgswahrscheinlichkeit von Wissensmanagement-Maßnahmen als sehr hoch eingestuft und deshalb beschlossen, ein fraportweites Wissensportal (Skywiki) mit branchen-, unternehmens- und arbeitsbezogenen Themen einzuführen.

Aufgaben, Rollen und Verantwortung

Die Programmleitung für Skywiki lag im Bereich Wissensmanagement. Die IT-Abteilung war für alle technischen Fragen und Entscheidungen zuständig. Eine Arbeitsgruppe ist für die Administration des Skywikis zuständig, sie verantwortet die Kommunikation, Nutzerakquise, Nutzerbetreuung und Systempflege.

Anforderungen an das System Skywiki

Das Skywiki soll es ermöglichen, unternehmensweit einen Wissensmarkt zu schaffen und somit die Experten unterstützen, ihr Wissen zu verbreiten, aber auch Neues hinzuzulernen. Mithilfe dieses Werkzeugs soll systematisch das Organisationswissen, sei es individuell oder auch kollektiv, als Basis für die tägliche Arbeit, aber auch als Archiv für späteres Nachschlagen gesammelt werden.

Auswahl der Software und Gründung einer Arbeitsgruppe

Unter Berücksichtigung der Anforderungen entschieden wir uns Ende 2006 für die Opensourcesoftware MediaWiki. Für MediaWiki sprach vor allem, dass deren Funktionalität und Praxis durch das Internet-Nachschlagewerk Wikipedia sehr populär ist. MediaWiki lässt sich durch eine Vielzahl von Erweiterungen den Bedürfnissen der spezifischen Nutzer(gruppen) anpassen. Außerdem existiert eine große Community, die bei Problemen Hilfe leisten kann. Zudem war durch den Kontakt mit Wikimedia e.V. eine Unterstützung möglich. Die Bekanntheit des Online-Lexikons schien eine Gewähr dafür zu bieten, bei der Einführung einer ähnlichen Datenbank bei Fraport nicht auf die üblichen Akzeptanz-Hürden neuer Technik zu stoßen.

Nach der Entscheidung für den Einsatz von MediaWiki wurde eine Arbeitsgruppe aus Mitarbeitern der Bereiche Wissensmanagement, Informations- und Kommunikationsdienstleistungen, Unternehmenskommunikation und Personalserviceleistungen gebildet. Ihre Mitglieder verstehen sich, analog Wikipedia, als „Erste unter Gleichen".

Zunächst passte die IT-Abteilung das System und seine Funktionalitäten an Fraport-spezifische Anforderungen an, worunter auch die Anpassung der Oberfläche an das Corporate Design der Fraport AG fiel. Danach legte die Arbeitsgruppe eine Themenstruktur im Skywiki an und stellte Artikel ein, um den späteren Nutzern dadurch Beispiele und Anreiz zu geben, eigene Artikel zu verfassen. Zusätzlich wurde ein umfangreiches Hilfesystem entwickelt, in dem die Grundsätze für das Verfassen von Artikeln erläutert und Hilfestellung bei der Bedienung des Systems gegeben wurden. Dabei wurden die „Spielregeln" von Wikipedia auf die unternehmensinternen Anforderungen „abgespeckt", um keine zu hohen Hürden und Ansprüche aufzubauen. Die fünfköpfige Arbeitsgruppe vereinbarte, erst mit einem Grundstock von 500 Artikeln das Wiki online gehen zu lassen.

Struktur und Regeln von Skywiki

Bei der Einführung des Skywikis wurden nur wenige Regeln vorgegeben:

- Jede/r darf und soll mitmachen können.
- Es gilt das strikte Prinzip der Freiwilligkeit.
- Die Entwicklung des Wissensportals folgt dem Interesse und Bedarf der Teilnehmer.
- Es sind die im Arbeitsvertrag und in den Nutzerbedingungen des Intranets beschriebenen Rechte und Pflichten (Vertraulichkeit von Unternehmensinterna) zu beachten.

Für die inhaltliche Themenbreite wurden keine einschränkenden Vorgaben gemacht, denn: jegliches Wissen, das für Fraport wichtig ist oder sein kann (und das lässt sich nicht immer eo ipso feststellen) kann hier eingestellt werden. Um aber eine Struktur vorzugeben, die den Lesegewohnheiten entgegenkommt, wurden die bereits bestehenden Artikel und Artikel-Cluster („Kategorien") fünf Portalen zugeordnet: Luftverkehr, Fraport, Projekte, Technik, Tipps und Tricks.

Werben für das Wiki

Die beste dialogfähige Datenbank nützt nichts, wenn niemand von ihrer Existenz weiß. In Unternehmen kommt hinzu, dass bei vielen Mitarbeitern noch wenig Erfahrungen im Umgang mit Web 2.0-Technologien existieren.

So treten die üblichen Fragen auf:

- Was ist jetzt daran neu?
- Welchen Mehrwert bietet mir das neue Tool?
- Darf ich während der Arbeitszeit schreiben?
- Muss ich meine(n) Vorgesetzte(n) um Erlaubnis bitten, zu schreiben?

Mit einer intensiven Kommunikationskampagne in den internen Unternehmensmedien wurde für die Nutzung und Mitarbeit des betrieblichen Wikis geworben. In einem an alle Mitarbeitenden versandten Flyer warb der Vorstand Arbeitsdirektor in einem Geleitwort für die Mitarbeit. Weitere erklärende Hinweise und Kontaktadressen für schnellen Support ergänzten die Broschüre mit einer Auflage von 15.000 Exemplaren. Um zum Wissensportal zu gelangen, genügt es, im Adressfeld des Browser „Skywiki" einzugeben, um direkt auf die Hauptseite geleitet zu werden. Derzeit wird an einer Suche gearbeitet, mit der alle Inhalte, sowohl des betrieblichen Internets (Skynet) als auch des Skywikis indiziert werden können und die Treffer in einer gemeinsamen Liste angezeigt werden. Damit erhoffen wir uns eine weitere Steigerung der Zugriffszahlen auf das Wiki. Um das Interesse an der Fraport-Enzyklopädie wachzuhalten und zu steigern, werden regelmäßig „exzellente Artikel" ausgezeichnet, die inhaltlich besonders sorgfältig erarbeitet wurden und/oder vom Aufbau oder der (grafischen) Darstellung überzeugen. Die (verlinkten) Hinweise auf diese Artikel in einer Meldung im Intranet führen zu einem stark steigenden Besuch dieser Seiten.

Schulung während der Arbeitszeit

Für ungeübte Mitarbeiterinnen und Mitarbeiter werden monatlich PC-Schulungen mit dem Wiki während der Arbeitszeit angeboten, die Kosten werden intern nicht verrechnet. Dazu wurde ein eigenes Schulungshandbuch entwickelt, in dem nicht nur die Wiki-Prinzipien, sondern alle grundlegenden Bearbeitungsmöglichkeiten detailliert dargestellt werden. Hier kann man beobachten, dass vor allem solche Kollegen diese Trainings besuchen, die sich jenseits der 40 befinden. Jüngere Mitarbeitende (bis 30 Jahren) scheinen kaum einer Unterstützung oder Schulung zu bedürfen. Im

Frühsommer 2008 erhielten auf Wunsch des Personal- und Trainingsbereichs alle 300 Auszubildende der Fraport AG eine kurze Einweisung in das Skywiki und die anderen Wissensmanagement-Tools. Da die jungen Arbeitnehmer in der Regel nicht über einen Internet- oder Intranetzugang verfügen, bietet das Skywiki eine gute Möglichkeit, das Fraport-Wissen auch dieser Zielgruppe nahe zu bringen. Zu erwarten ist, dass sich junge Auszubildende, da sie eine niedrige Zugangsbarriere zu Web 2.0-Werkzeugen haben, vermutlich in größerer Zahl als Autoren am Wissensportal beteiligen werden.

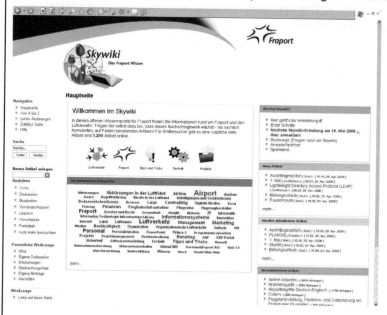

Erste Erfahrungen mit dem unternehmensweiten Wiki

Nach dem Skywiki online gegangen war, zeigte sich wie beim großen Vorbild Wikipedia, dass sich die Experten, obwohl des öfteren auch persönlich angesprochen, selten dazu bewegen ließen, aus ihren Themen Beiträge zu verfassen. Vielmehr schreiben oder bearbeiten die Artikel (in der Mehrzahl) jüngere Mitarbeiterinnen und Mitarbeiter entweder der „zweiten Reihe" oder schlicht an einem Thema stark Interessierte. Zur Qualitätssicherung werden thematisch anspruchsvolle Artikel von der Skywiki-Arbeitsgruppe an die bekannten Experten im Unternehmen mit der Bitte um kritische Durchsicht und - wenn nötig – Bearbeitung geschickt.

Ein Wiki bietet den unschätzbaren Vorteil, dass Kritikasterei sehr schnell verpufft, wenn man darauf hinweist, dass ein (vermeintlicher) Fehler von jedem sofort zu beheben ist, gleiches gilt für Aktualisierungen, Ergänzungen und Weblinks. Wichtig für die erfolgreiche Einführung des Wikis waren zum einen die angepasste Oberfläche des Systems - der Anwender „fühlt" sich gleich zu Hause - zum anderen war es auch die stetige Anpassung des Systems aufgrund von Anwender-Feedbacks. Beispielsweise wurde bemängelt, dass die Neuanlage von Artikeln zu kompliziert sei. Daraufhin wurde eine Funktionalität implementiert, die dem Anwender dies aus der Hauptnavigation ermöglicht und ihm auf Wunsch auch gleich eine Standardvorlage mitliefert, die er nur befüllen muss.

Fazit und Ausblick

Seit der Einführung des betrieblichen Wikis bei Fraport im Juli 2007 wurden 1.200 Artikel geschrieben, es wurden 400 Autoren registriert und fast 500 Dateien hochgeladen (Bilder, Grafiken, PDF-Dokumente). Mehr als 141.000 Seitenabrufe bedeuten, dass an jedem Arbeitstag zwischen 800- und 900-mal auf die Wissensdatenbank zugegriffen wird. Mehr als 19.000 Seitenbearbeitungen zeigen, dass auch Aktualisierungen und Verbesserungen nicht zu kurz kommen (Zahlen Stand: 30. April 2008). Wikis lassen sich im Unternehmen sehr vielfältig einsetzen. Sie verbessern die Zusammenarbeit und Kommunikation und damit die Effizienz. Opensourcewikis sind sehr kostengünstig einsetzbar. Allerdings verlangen sie ein hohes Maß an Engagement und Einarbeitungszeit, wenn der Standard nicht ausreicht. Wer spezielle Features sucht, wie etwa einen Wysiwyg-Editor, ist bei kommerziellen Lösungen unter Umständen besser aufgehoben.

Um das Skywiki aktuell zu halten und ständig zu erweitern, ist ein permanentes Marketing notwendig. Gerade das Gewinnen neuer Autoren ist eine stete Herausforderung. Oft heißt es, man habe keine Zeit, einen Artikel zu schreiben, auch wenn man die Datenbank lobt. Man braucht also einen langen Atem und darf im Werben für das Instrument und um neue Autoren nicht nachlassen. Dennoch lässt sich feststellen, dass nach neun Monaten bereits so mancher Wissensschatz mit dem Skywiki gehoben wurde, der ohne dieses Werkzeug nie das Licht der Unternehmensöffentlichkeit erblickt hätte. Das große Medieninteresse und die zahlreichen Anfragen von Unternehmen zeigen, dass das Engagement von Fraport in Sachen Wissensmanagement mit viel Interesse und Sympathie betrachtet wird.

Helmut Sins, Wieland Stützel

4.3 Produktivitätssteigerungen durch IKT realisieren

Optimales Zusammenspiel von Anwender, Organisation und IT

Grundvoraussetzung für Effizienzsteigerungen und Potenziale durch IKT-Systeme für den Wissensarbeiter ist das optimale Zusammenspiel von Anwender (User), Organisation (Ablauf- und Aufbauorganisation) sowie IKT-System. In der Folgenden Darstellung von Nutzeneffekten werden besonders Quantitative Nutzendimensionen hervorgestrichen, auch wenn es in folge nicht immer leicht ist, die Nutzendimension effektiv zu quantifizieren.

Die größte Herausforderung für Unternehmen ist bei Systementscheidungen klar den Nutzen für das Unternehmen zu quantifizieren. In weitere Folge ist daher auch eine Vielzahl an Ansatzmöglichkeiten aufgelistet, die in eine Investitionsentscheidung einbezogen werden können. Wie jedoch schon eingangs erwähnt kann ein immerwährender Wunsch eine klare Bandbreite oder einen Potenzialkorridor für den Nutzen anzuführen nur nach individuellen Analyse im Unternehmen erfolgen, weil der technische Nutzens durch Einflüsse von Organisation und Anwender im Unternehmen nur allzu leicht überlagert werden kann. Die Ergebnisse und Bewertung in der folgenden Übersicht (Abbildungen 4-1 bis 4-3) über die Nutzendimensionen der IKT-Systeme entstanden in vielen Gesprächen mit Achim Gölz, Fraunhofer IAO, 2006 sowie Praxisprojekten von Kommunikation und Zusammenarbeit von Wissensarbeitern.

In der Matrix ist der Nutzen nach vier Kriterien beschrieben:

- Sachkostenreduktion
- Personalkostenreduktion
- Kalkulatorische Ertragssteigerung
- Opportunitätskosten

Für jeden der im Kapitel 4.2 dargestellten Anwendungsfälle A bis F wurde eine Nutzenbeurteilung der IKT-Lösungen vorgenommen.

Evaluieren Sie für sich, ob der beschriebene Nutzen auch für Ihre genutzten IKT-Lösungen zutrifft.

Produktivitätssteigerungen durch IKT realisieren

Nutzendimensionen IKT Systeme (1) — **Abbildung 4-1**

Solution Matrix - Nutzenübersicht / Lösungen — Kostenvorteile/ Nutzeneffekte	A. Individuelle Effizienz					B. Zusammenarbeit					
	A1. Mobile Endgeräte zur Steigerung der Kommunikationsfähigkeit	A2. Mobile Lösungen zur Erweiterung des Arbeitsplatzradius	A3. PAT (Systeme f. persönliche Arbeitstechniken)	A4. Adaptive Kommunikationslösungen	A5. Unified Messaging Services	B1. Shared Work Spaces	B2. Konferenz Lösungen	B3. Groupware Funktionalitäten	B4. Teleworker	B5. Präsenzinformation - Instant Messaging	B5. Workflow Unterstützung (ECM, Ticketing,…)
I. Sachkostenreduktion											
Ia. Einsparung von Reisekosten		X				X		X			
Ib. Einsparung von Telefonkosten							X			X	
Ic. Einsparung von Hardwarekosten						X					
Id. Einsparung von Verzeichniserstellungs- und Distributionskosten						X					X
Ie. Kommunikations- und Vertriebskosten											
II. Personalkostenreduktion											
IIa. Erweiterung der Produktivzeiten	X	X	X					X			
IIb. Reduktion Doppelarbeit und Prozessineffizienzen	X	X			X	X					X
IIc. Reduktion von Reisezeiten		X					X	X			
IId. Reduktion von Adminaufwand	X			X	X			X			X
IIe. Reduktion von Publizierungsaufwand						X					
IIf. Reduktion von Suchzeiten						X		X		X	X
IIg. Reduktion von Telefonzeiten				X				X		X	X
IIh. Reduktion von Bearbeitungszeiten für Voicebox Nachrichten	X			X						X	X
IIi. Reduktion von Rüstzeiten für den Aufbau von Projektumgebungen						X					
IIj. Reduktion von Überarbeitungszeiten von Dokumenten						X					X
IIk. Reduktion von Rückfrageaufwand											X
III. Kalkulatorische Ertragssteigerung											
IIIa. Steigerung Personaleffizienz	X	X	X	X		X	X	X			X
IIIb. Höhere Teamproduktivität	X			X		X	X	X			X
IIIc. Kürzere Durchlauf-/Reaktionszeiten	X	X		X			X	X		X	X
IIId. Verbesserte Sales Close Ratio									X		
IIIe. Dynamisierung des Business	X	X				X		X	X		
IIIf. Kundenorientierung (Service, Erreichbarkeit, Qualität, …)	X	X		X		X				X	X
IV. Oportunitätskosten											
IVa. Vermeidung mögl. Know-How Verluste						X					
IVb. Vermeidung mögl. Kosten Personalaufbau (z.B. durch hohe Fluktuation)						X		X			
IVc. Vermeidung mögl. Sicherheitsrisiken, Informationsverlust						X					X
IVd. entgangene Geschäftschancen	X	X								X	
IVe. Hemmnisse in der Innovationsfähigkeit			X			X					
IVf. mögl. Folgekosten aus Qualitätsmängeln und Fehlern						X					X
IVg. mögl. Folgekosten aus Fehlentscheidungen aufgrund Informationsmangel und Defiziten						X					

Abbildung 4-2 Nutzendimensionen IKT Systeme (2)

Solution Matrix - Nutzenübersicht Kostenvorteile/ Nutzeneffekte	C. Informationsversorgung				D. Aktive Info-Suche			
	C1. Kundeninformationssystem	C2. Enterprise Ressource Planning	C3. Portale (Intranet, Extranet)	C4. Kontextinformationen zum Kommunikationspartner (Xing)	D1. Corporate Directory	D2. Expertenverzeichnis	D3. Desktop und Enterprise Search	D4. Archivierung
I. Sachkostenreduktion								
Ia. Einsparung von Reisekosten								
Ib. Einsparung von Telefonkosten								
Ic. Einsparung von Hardwarekosten								
Id. Einsparung von Verzeichniserstellungs- und Distributionskosten			x					x
Ie. Kommunikations- und Vertriebskosten	x		x	x				
II. Personalkostenreduktion								
IIa. Erweiterung der Produktivzeiten								
IIb. Reduktion Doppelarbeit und Prozessineffizienzen	x	x				x	x	x
IIc. Reduktion von Reisezeiten								
IId. Reduktion von Adminaufwand								x
IIe. Reduktion von Publizierungsaufwand			x					
IIf. Reduktion von Suchzeiten	x	x	x	x	x	x	x	x
IIg. Reduktion von Telefonzeiten								
IIh. Reduktion von Bearbeitungszeiten für Voicebox Nachrichten								
IIi. Reduktion von Rüstzeiten für den Aufbau von Projektumgebungen								
IIj. Reduktion von Überarbeitungszeiten von Dokumenten							x	
IIk. Reduktion von Rückfrageaufwand	x					x		
III. Kalkulatorische Ertragssteigerung								
IIIa. Steigerung Personaleffizienz		x	x					
IIIb. Höhere Teamproduktivität			x		x	x		
IIIc. Kürzere Durchlauf-/Reaktionszeiten								
IIId. Verbesserte Sales Close Ratio	x			x				
IIIe. Dynamisierung des Business	x							
IIIf. Kundenorientierung (Service, Erreichbarkeit, Qualität, ...)	x	x		x		x		
IV. Oportunitätskosten								
IVa. Vermeidung mögl. Know-How Verluste	x		x		x	x		x
IVb. Vermeidung mögl. Kosten Personalaufbau (z.B. durch hohe Fluktuation)	x		x		x			
IVc. Vermeidung mögl. Sicherheitsrisiken, Informationsverlust	x	x	x					x
IVd. entgangene Geschäftschancen	x	x		x				
IVe. Hemmnisse in der Innovationsfähigkeit	x					x	x	
IVf. mögl. Folgekosten aus Qualitätsmängeln und Fehlern	x	x				x		x
IVg. mögl. Folgekosten aus Fehlentscheidungen aufgrund Informationsmangel und Defiziten	x	x	x			x	x	x

Produktivitätssteigerungen durch IKT realisieren

Nutzendimensionen IKT Systeme (3)

Abbildung 4-3

Solution Matrix - Nutzenübersicht / Lösungen — Kostenvorteile/ Nutzeneffekte	E. Kooperative Wissensnutzung					F. Planung Steuerung		
	E1. eLearning	E2. Unternehmens Infochannel (TV, MA Zeitung, Newsletter)	E3. Business Community (WIKI, Forum, ...)	E4. Unternehmens - BLOG	E5. Community Wissensspiele	F1. Management Informationssystem	F2. Business Intelligence (Data Warehouse)	F3. System Wissenscontrolling
I. Sachkostenreduktion								
Ia. Einsparung von Reisekosten	X							
Ib. Einsparung von Telefonkosten								
Ic. Einsparung von Hardwarekosten								
Id. Einsparung von Verzeichniserstellungs- und Distributionskosten								
Ie. Kommunikations- und Vertriebskosten		X		X	X			
II. Personalkostenreduktion								
IIa. Erweiterung der Produktivzeiten								
IIb. Reduktion Doppelarbeit und Prozessineffizienzen			X					
IIc. Reduktion von Reisezeiten	X		X					
IId. Reduktion von Adminaufwand								
IIe. Reduktion von Publizierungsaufwand		X	X					
IIf. Reduktion von Suchzeiten		X	X					X
IIg. Reduktion von Telefonzeiten								
IIh. Reduktion von Bearbeitungszeiten für Voicebox Nachrichten								
IIi. Reduktion von Rüstzeiten für den Aufbau von Projektumgebungen								
IIj. Reduktion von Überarbeitungszeiten von Dokumenten			X					
IIk. Reduktion von Rückfrageaufwand								
III. Kalkulatorische Ertragssteigerung								
IIIa. Steigerung Personaleffizienz	X		X			X	X	X
IIIb. Höhere Teamproduktivität		X	X			X	X	X
IIIc. Kürzere Durchlauf-/Reaktionszeiten								
IIId. Verbesserte Sales Close Ratio						X	X	
IIIe. Dynamisierung des Business	X		X		X	X	X	
IIIf. Kundenorientierung (Service, Erreichbarkeit, Qualität, ...)						X	X	
IV. Oportunitätskosten								
IVa. Vermeidung mögl. Know-How Verluste	X		X					X
IVb. Vermeidung mögl. Kosten Personalaufbau (z.B. durch hohe Fluktuation)	X		X					
IVc. Vermeidung mögl. Sicherheitsrisiken, Informationsverlust			X			X	X	X
IVd. entgangene Geschäftschancen						X	X	X
IVe. Hemmnisse in der Innovationsfähigkeit	X		X					X
IVf. mögl. Folgekosten aus Qualitätsmängeln und Fehlern	X					X		X
IVg. mögl. Folgekosten aus Fehlentscheidungen aufgrund Informationsmangel und Defiziten	X		X			X	X	X

Beschreibung der IKT-Systemanalyse

Ziel für eine Analyse der IKT-Systemlandschaft ist das Aufzeigen konkreter Schwachstellen in der IKT-Infrastruktur sowie im individuellen Nutzungsverhalten und Ableitung konkreter Ansatzpunkte zur Optimierung. Für die Analyse der Systemlandschaft im Unternehmen wird dreistufig vorgegangen:

Schritt 1: Analyse was ist vorhanden? Erhebung des Ausstattungsgrades.

Verteilung und Ausstattung von IKT-Systemen bei Mitarbeitern in den betroffenen Fachabteilungen wird im Zusammenspiel mit ihrer Arbeitsaufgabe erfasst. Der Ablauf der Analyse der IKT-Landschaft gliedert sich in die Analyse relevanter Anwendersoftware, Kommunikationssystemanalyse, Analyse der Systemintegration, Analyse der Datenarchivierungssysteme und Analyse der Steuerungssysteme & Instrumente.

Ist-Analyse Systeme IKT Infrastruktur

Ziel: Aufzeigen konkreter Schwachstellen in der IKT Infrastruktur sowie im individuellen Nutzungsverhalten und Ableitung konkreter Ansatzpunkte zur Optimierung

Vorgehensweise	Instrumente	Ergebnis
Analyse von relevanter Anwendersoftware	System-Mapping	System Blue Print
Kommunikationssystemanalyse	IT-Anwendungs-Check	Schwachstellenkatalog
Analyse der Systemintegration	IKT Blue Print	Ansatzpunkte & Stellhebelauflistung
Analyse der Datenarchivierungssysteme	Nutzungskennzahlen	

Schritt 2: Was wird durch den Wissensarbeiter angewendet?

Wie intensiv nutzen die Mitarbeiter die Systeme in ihrer täglichen Arbeitssituation. Die Nutzung hängt primär von der Akzeptanz ab und der erwarteten Effizienz ab.

Schritt 3: Wie effizient sind die IKT-Systeme?

Die Effizienz kann bei Wissensarbeitern vielfach nur den Mitarbeiter selbst eingeschätzt werden. Welchen Beitrag liefert die Informations- und Kommunikationstechnologie für das Arbeitsergebnis des betroffenen Wissensarbeiters. Ursachen für Ineffizienzen können einerseits beim System selbst liegen (Performanz-Thema des IKT-Systems oder der Applikation) oder aber beim Anwender (bedingt durch sein Verhalten).

Erfolgsfaktoren bei der Implementierung

1. Orientierung an Produktivität: Wir haben es bei der Wissensarbeit mit neuen, Produktivität steigernden Einflussfaktoren zu tun, die gestaltet werden müssen. Hierzu gehören insbesondere die tägliche Arbeitsumgebung der Wissensarbeiter mit allen begleitenden und unterstützenden Werkzeugen, die Kenntnis der richtigen Wissensquellen, die Zugriffsmöglichkeiten auf das Wissen der Kollegen und deren Bereitschaft, dieses zu teilen, das richtige Gleichgewicht zwischen konzentrierter Einzelarbeit und gemeinsamer Arbeit, und, nicht zuletzt, der produktive Nutzung der Ressource Wissen (und des Wissensträgers in seiner Arbeitszeit).

Orientierung an Produktivität

2. Verankerung in Geschäftsprozessen, Arbeitsprozessen und Arbeitsabläufen: Wir haben es mit dauerhaft zu implementierenden Prozessen und Systemen zu tun, nach welchen es gelingt, Wissen im Sinne des Unternehmens zu erzeugen, zu speichern, zu verteilen und anzuwenden. Dazu kommen die abgestimmten organisatorischen Strukturen und Arbeitsumgebungen. Eine einmalige, rein technologie-orientierte Lösung würde allenfalls zufällig in dieses Gefüge passen. Diese Prozesse und Abläufe können nicht, wie bei der produktiven Arbeit, für den einzelnen Menschen geplant und vorgegeben werden. Entsprechend gilt es diese so anzulegen, dass der Wissensarbeiter ihnen gerne folgt, weil er den Nutzen für seine Arbeit erkennt: er kann vereinfacht Wissen zur Verfügung stellen und er kann, umgekehrt, aufgrund optimierter Kommunikationsprozesse, verbessert auf Experten und deren Wissen zugreifen.

Verankerung in Geschäftsprozessen

3. Stärken der Wissenskultur, und der Bereitschaft des Einzelnen: Dabei kommt es auch sehr stark auf die innere Überzeugung der Beteiligten, ihr Interesse und ihre Motivation an, und eine Unternehmenskultur, die entsprechendes Verhalten positiv stimuliert und belohnt. Das Setzen von Anreizen wird hier notwendig, aber nicht hinreichend sein. Leben wird ein Wissensmanagement aber nur, wenn die Wissensarbeiter den unmittelbaren Nutzen erkennen und sich in das System einbringen, etwa durch das Bereitstellen des eigenen Wissens. Denn der Einzelne muss bereit sein, sein Wissen zu teilen – und er muss Vertrauen haben, um bereits vorhandenes Wissen produktiv zu nutzen. Die hierfür notwendige Unternehmenskultur muss langfristig aufgebaut werden. Am Anfang steht die durch dedizierte Maßnahmen erfolgende Entwicklung der Bereitschaft der Wissensträger, was begleitend zur Umsetzung angegangen werden muss.

Stärken der Wissenskultur

4. Schaffung zirkulärer Abhängigkeiten in der Umsetzung: Ein Wissensmanagement lebt und gewinnt seinen Nutzen aus dem Wissen, worüber es verteilt und genutzt werden kann. Andererseits kann die Erzeugung und Speicherung erst beginnen, wenn es (technisch und organisatorisch) steht. Es gilt in Wissensmanagementprozessen somit immer, eine „Durststrecke" zu ü-

Zirkuläre Abhängigkeiten

berwinden. Angesprochen sind hier technische, organisatorische und kulturelle Herausforderungen. Zu überwinden ist die Durststrecke aber nur wenn Zugpferde darüber hinweg helfen. Zugpferde wiederum können nicht nur das Management und die Fachvorgesetzten sein, steckt doch entscheidendes Wissen in den Köpfen der Experten. Für die Umsetzung wird es wichtig sein, die potenziellen Zugpferde zu kennen und frühzeitig für die Maßnahmen zu gewinnen.

Management Attention

5. Management Attention für Wissensziele: Die Wissensziele müssen mit der Gesamtstrategie des Unternehmens in Übereinstimmung stehen bzw. aus dieser abgeleitet werden. Sie präsentieren in der bisher ausgewiesenen Form vor allem die Stakeholder-Sicht auf das Unternehmen. Dieser Prozess ist nicht einmalig zu leisten, sondern muss ebenfalls dauerhaft im Sinne einer lernenden Organisation implementiert werden.

Analogien

6. Identifizierung und Schaffung von Analogien: Einen wesentlichen Faktor für Erfolg und Akzeptanz von kollaborativen Systemen für den Wissensarbeiter stellt die Fähigkeit und Möglichkeit dar, dass Mitarbeiter Analogien zwischen sich und anderen entwickeln können. Dieser Schritt aus der Anonymisierung hinein ein vertrauensvolles Verhältnis der Wissensarbeiter untereinander, muss klar durch IKT-Systeme in Einheiten und Zellen der persönlichen Kommunikation und Zusammenarbeit unterstützt werden. Der Wissensarbeiter ist als IKT-Systemanwender in höchstem Maße von seiner Motivation abhängig, die durch die persönliche Note in seiner Arbeit gefördert wird.

Für eine erfolgreiche IKT-Systemnutzung ist es notwendig, sich von der überzogenen Erwartungshaltung an IT Projekte zu lösen.

Der Irrglaube, dass ein noch so großes Problem sich von alleine löst, wenn nur eine möglichst umfangreiche und teure IKT-Lösung angeschafft und eingeführt wird, weicht nur langsam dem Bewusstsein, den Wissensarbeiter mit seinen Bedürfnissen von Beginn an mit ins Boot zu holen.

Jutta M. arbeitet sich ein

Jutta M. hat vor einigen Wochen eine Stelle im Bereich des Kunden-Servicemanagement besetzt hat. In dieser Schlüsselposition an der Schnittstelle von Banken und Informationstechnologie spielt neben der Kenntnis der unternehmenseigenen Prozesse insbesondere der genaue Einblick in kundenspezifische Abläufe und Anforderungen eine zentrale Rolle. Glücklicherweise bringt Jutta M. qualifizierte Erfahrung aus ihrer langjährigen Tätigkeit im Privatkundenbereich einer Großbank bereits mit.

Die Basis für einen **geglückten Integrationsprozess** bildet der definierte **Mentor,** der Jutta M. vom ersten Arbeitstag an als Ansprechpartner in praktisch allen Fragen der Unternehmensrealität unterstützt. Diese anspruchsvolle Rolle macht sich auch in Form eines sozialen Türöffners bei der Kontaktaufnahme und im Prozess des Kennenlernens im Zuge der sozialen Integration bezahlt.

Darüber hinaus steht unserer neuen Mitarbeiterin ab dem Eintrittstag ein Zugang zur unternehmensspezifischen „Gelbe Seiten"-Applikation zur Verfügung. Damit können neben den organisatorischen und räumlichen Einbettungen auch die Projekt-, Produkt- und Kundenzuordnungen der Kollegen nachgelesen werden. Jutta M. hat über diesen Einstieg auch ihr persönliches Expertenprofil vervollständigt und somit Informationen über ihre „Skills" (Kompetenzen) im Rahmen der organisationsweit verfügbaren Expertensuche bereitgestellt. Über diesen Weg kann sie als Wissensträgerin identifiziert und angesprochen werden.

Seit dem Eintrittstag begleitet weiter ein vorab erstellter Ausbildungsplan die Einarbeitungsphase. Neben **Orientierungsveranstaltungen** für neue MitarbeiterInnen, interne Basisschulungen zum Mitarbeitergespräch, zu den Informationssystemen, usw. bilden auch eine Reihe von E-Learning-Schulungen zu den Themen Strategie, Zielen, Rahmenbedingungen und zur unternehmensweiten Ablauforganisation einen Rahmen für selbst gesteuerte Lernprozesse. Jutta M. bestimmt somit selbst und in Abstimmung mit dem Mentor, wann sie die angebotenen Informationen in einem festgelegten Zeitrahmen durcharbeiten möchte.

Parallel dazu soll sie kurz nach Eintritt eine vakante Position in einem internen Projekt zur Verbesserung der innerbetrieblichen Auftragsabwicklung übernehmen. Für die Information über den Projektfortschritt an die an dem Prozess beteiligten MitarbeiterInnen steht Jutta M. neben dem unternehmensweiten Intranet-Redaktionssystem, auch eine WiKi-Plattform zur Verfügung. Dabei kann sie hinsichtlich der Handhabung und der Struktur der geplanten Dokumentationsbestände auch auf die Unterstützung ihrer bereits aufgebauten Kontakte zur **Knowledge-Group** zählen.

Diese **Wissensmanagement Task-Force** besteht aus einer Gruppe von rund 12 Personen quer durch die Organisation und wurde vor inzwischen 4 Jahren gegründet. Neben Hilfestellungen beim Einstieg und der Nutzung zentraler, wissensorientierter Tools, beschäftigt sich die Knowledge Group mit diversen Initiativen und Veranstaltungen zum Thema Wissensmanagement.

Zusätzlich ist Jutta M. bereits nach wenigen Tagen zur Teilnahme in einer für Auftragsverantwortliche eingerichteten **Wissensgemeinschaft** eingeladen worden. Dieses durch das Projektcontrolling initiierte und moderierte Wissensaustauschforum gibt Jutta M. einmal mehr Gelegenheit zur **Vernetzung** mit einer Vielzahl teilnehmender KollegInnen, die für die Abwicklung der im Fokus befindlichen Prozesse regelmäßig Verantwortung tragen. Dieses Forum eröffnet gleichzeitig die Chance durch Gespräche und Erfahrungsberichte die Komplexität und Heterogenität der täglichen Anforderungen kennen zu lernen. Ein Kollege aus einer Nachbarabteilung berichtet beispielhaft über die Tücken in der Informationsvermittlung zwischen Projektteams und Regelbetriebsorganisation nach Abschluss des Projektes, eine andere Kollegin bringt Erfahrungen aus einer ähnlichen Initiative bei einem Kunden, der ebenfalls seit Monaten an der Optimierung der zentralen Geschäftsprozesse arbeitet, ein. Aus diesen Beiträgen entstehen sehr bald neue Ideen über ergänzende Maßnahmen zur verbesserten Integration veränderter Abläufe bei der Vielzahl der betroffenen Gruppen und Abteilungen.

Schon 3 Monate vergangen ...

Jutta M. hat inzwischen die ersten 3 Monate ihrer Beschäftigung absolviert. Im Rahmen einer wohlverdienten Urlaubswoche reflektiert sie ihre aktuelle Situation. Einen guten Teil ihrer Arbeitszeit verbringt sie mit der Klärung situativer Fragestellungen im Projekt. Das dabei sehr häufig zum Einsatz kommende Instant messaging System war für sie eine neue Erfahrung, erwies es sich doch als ortsunabhängiges, bei besonders eiligen Aufträgen auch als schnelleres Medium als ein Telefonat oder E-Mail. Eine gewisse Vorfreude entsteht auf ein nun in wenigen Tagen stattfindendes Kommunikationstraining, welches für alle MitarbeiterInnen angeboten wird. Jutta M. erhofft sich neben aktionsorientiertem Lernen auch eine noch breitere persönliche Vernetzung in die Organisation.

Im Rahmen eines Knowledge-Group Treffens hat Jutta M. auch erfahren, dass seit wenigen Monaten ein neuer interner Lernworkshop zum Thema „persönliches Wissensmanagement" angeboten wird. Neben einem Informationsteil über die verfügbaren Suchwerkzeuge in **den organisationalen Wissensbeständen**, erarbeiten die Teilnehmer unter anderem persönliche, kurz- und mittelfristige Wissensziele im Sinne einer persönlichen Wissensstrategie. Basis dafür bilden aus der unternehmerischen Strategieentwicklung heraus definierte Wissensfelder. Aufgebaut auf diese Wissensfelder wurden in den vergangenen zwei Jahren auch neuartige Karrierepfade beschrieben und schrittweise umgesetzt. Konkret entstanden fachorientierte

Entwicklungspläne und Karrierestufen, die mit spezifischen, wissensorientierten Aufgabenstellungen verbunden sind. Die derzeit tätigen Fachexperten gewährleisten neben Ausbildungsleistungen und selbst gesteuertem Wissensaufbau auch die schrittweise Vernetzung aller im Fachgebiet tätigen MitarbeiterInnen und tragen gemeinsam mit dem zentralen Marketing zur Außenwirkung der Organisation hin zu Kunden und Interessenspartnern bei. Diese Aufgaben bilden auch eine Klammer über die unterschiedlichen Konzernunternehmungen, die in teilweise fachlich ähnlichen Themenfeldern im internationalen Kontext zusammenarbeiten.

Nach einem Jahr ...

Jutta M. hat sich nun nach einjähriger Tätigkeit im Kunden-Servicemanagement und ihren damit erworbenen Erfahrungen zu den spezifischen Bedürfnissen an der Kundenschnittstelle für eine persönliche Entwicklung im Applikationsmanagement entschlossen. In den nächsten Tagen soll dazu ein entsprechender Entwicklungsplan mit ihrem Vorgesetzten besprochen werden. Durch ihre unlängst erstmals durchgeführte Mentorentätigkeit zu Gunsten eines neuen Kollegen im Fachbereich hat Jutta M. nicht nur ihre hohe Kompetenz im persönlichen Umgang mit Menschen bewiesen, sondern auch einen ersten Schritt in der fachlichen Übernahme von Führungsverantwortung für andere KollegInnen gesetzt.

Durch die wissensorientierte Sozialisation besteht eine realistische Perspektive, dass Jutta M. durch persönlichen Arbeitsstil und Kenntnis der betrieblichen Instrumente der wissensorientierten Unternehmensführung auch in Zukunft einen wichtigen Beitrag zur Hebung der gemeinschaftlichen Wissenskultur leisten wird. In diesem Sinne fungiert sie als Multiplikatorin und Mitgestalterin produktiver Wissensarbeit in einer modernen Dienstleistungsorganisation.

Michael Würzelberger

5 Produktive Wissensarbeit leben

Sie haben nun einige Anregungen für die Gestaltung Ihrer eigenen Wissensarbeit oder in Ihrer Organisation erhalten. Bevor Sie nun das Buch weglegen und sagen: „Dies ist ja alles ganz schön, aber bei uns ist es doch anders", laden wir Sie ein, dieses Buch für sich fortzuschreiben.

Es gilt, die Anregungen umzusetzen und im konkreten Kontext mit Leben zu erfüllen. Hierzu soll das abschließende Kapitel Hilfestellung bieten. Diese Hilfestellung setzt auf drei Ebenen an: der Entwicklung von Schlüsselkompetenzen für Wissensarbeit, der Unterstützung von Wissensarbeitern durch Wissensmanager und mit einigen pragmatischen Vorschlägen, wie ein Projekt produktivere Wissensarbeit in einer Organisation strukturiert werden kann.

5.1 Schlüsselkompetenzen für Wissensarbeiter

Aus- und Weiterbildung in der langsam entstehenden Wissensgesellschaft ist weiterhin durch die Vermittlung von Fachwissen dominiert. Fachübergreifende Schlüsselkompetenzen für Wissensarbeit werden bisher nur in Ausnahmefällen vermittelt.

Beherrschen Sie die Schlüsselkompetenzen für Wissensarbeiter? Geben Sie Gelegenheit, dass Mitarbeiter diese erwerben bzw. in der Entwicklung dieser Kompetenzen unterstützt werden?

Im Folgenden soll auf fünf Schlüsselkompetenzen eingegangen werden, über die Wissensarbeiter verfügen sollten.

Fünf Schlüsselkompetenzen für Wissensarbeiter

1. Wissensfelder strukturieren und bewerten

„Jetzt verstehe ich endlich, was Sie machen", sagte der Generaldirektor einer internationalen Organisation, nachdem die Mitarbeiter zu jedem der Dienstleistungsmodule die wichtigsten Themenfelder und Wissensgebiete strukturiert und hierfür Referenzprojekte, Dokumente, Publikationen und Metho-

Produktive Wissensarbeit leben

den nach einem gemeinsamen Raster systematisiert hatten. Die Herausforderung besteht darin, das eigene Wissensgebiet so darzustellen und aufzubereiten, dass Andere verstehen was der Kollege oder die Kollegin tut. Eine noch größere Herausforderung ist es, gemeinsam in einer Abteilung herauszuarbeiten:

- Was ist das Kernwissen unserer Arbeitsgruppe oder Abteilung?
- Wodurch zeichnen wir uns im Gegensatz zu Anderen aus?
- Was sind unsere spezifischen Methoden?

Wissensgebiete strukturieren

Bei der Strukturierung von Wissensgebieten und Visualisierung, z. B. mit einer Mindmap oder in Form einer Prozessdarstellung ist es weniger sinnvoll, von der Frage auszugehen „Was wissen wir?", sondern die Frage zu stellen: „Welche Leistungen erbringen wir für einen wie auch immer gearteten *Kunden* und welches Wissen benötigen wir für diese Leistungserbringung?"

Reifegrad des Wissens beurteilen

Bei der Strukturierung von Wissensgebieten ist es auch sinnvoll, diese zu bewerten, z. B. durch eine Beurteilung der Reife des Wissens von „unreif" (bzw. noch in Entwicklung) über Reife (Erfahrungen gesichert) bis zu „überreif" oder „verdorben" (d. h. dieses Wissen brauchen wir nicht mehr und kann „entsorgt werden"). Die Strukturierung von Wissensfeldern und deren Bewertung ist auch wichtig, um sich bewusst zu werden, welches Wissen uns fehlt, z. B. in einer Arbeitsgruppe, und wie wir dieses Wissen beschaffen möchten. Tabelle 5-1 zeigt eine praxiserprobte Strukturierung von Wissen bezogen auf spezifische Leistungen, Interventionsfelder oder Methoden.

Tabelle 5-1 | *Überschrift der Tabelle Wissensfelder strukturieren und bewerten*

Interventionsfeld, Leistungsbaustein, Methode	Spezifisches Wissen	Referenz „Leuchtturm"	Reifegrad (1 unreif – 5 reif)	Dokumentation & Verfügbarkeit
▪				
▪				

2. Zusammenarbeit gestalten

Gemeinsame Sprache

„Es hat mich viel Zeit gekostet, eine gemeinsame Sprache und Arbeitsweise im Team zu finden, aber es hat sich gelohnt", sagte ein junger Ingenieur, der in einem Entwicklungsprojekt mit Sozialwissenschaftlern, Ärzten und Betriebswirten zusammenarbeitete. Viele Disziplinen bilden weiterhin Einzelkämpfer aus und wenn sie im Rahmen der Ausbildung Arbeitsgruppen strukturieren, sind darin meistens Leute der gleichen Disziplin vertreten: Ingenieure arbeiten mit Ingenieuren, Ärzte arbeiten mit Ärzten.

Es gilt daher, schon in der Ausbildung inderdisziplinäre Zusammenarbeit zu üben. Zur interdisziplinären kommt weiterhin die interkulturelle Dimension: wenn ein deutscher Ingenieur mit einem französischen zusammenarbeiten soll, dann kann dies ähnliche Schwierigkeiten aufwerfen. Die Fähigkeit zur Zusammenarbeit will daher gelernt sein. Es gilt Raum zu schaffen zur Reflexion über Methoden, implizite Annahmen und Rollenverteilung. Wir reden zwar viel darüber, was wir tun, aber zu wenig, wie wir zusammenarbeiten.

Interdisziplinäre Zusammenarbeit

Im Kapitel 3.3 haben wir gezeigt, wie Zusammenarbeit gelernt werden kann.

3. Kommunikationsmedien intelligent nutzen

„Wenn ich nicht erreichbar bin, fühle ich mich irgendwie ausgeschlossen. Aber, wenn ich mir eine „Offline-Zeit" nehme, läuft der Laden auch ohne mich weiter", formulierte ein Anwalt.

Wie wir kommunizieren, ergibt sich oft weitgehend unreflektiert aus dem Arbeitsalltag.

Der bewusste Umgang mit Kommunikationsmedien und die Entwicklung der eigenen Kommunikationsstrategie ist eine handwerkliche Fähigkeit der Wissensarbeiter und dieses Handwerk muss erlernt werden. Im Kapitel 3.3 „Informationsflut bewältigen" und im 4. Kapitel zur Informations- und Kommunikationstechnologie finden Sie Auswahl an Anregungen.

4. Selbstmanagement

„Mit der neu gewonnenen Freiheit wusste ich zunächst gar nichts anzufangen", betonte ein Projektingenieur, der von einem straff geführten Großkonzern in ein kleineres Ingenieurbüro gewechselt war.

Das Ausfüllen von Freiräumen ist für viele, auch für Studierende oft schwieriger als das Abarbeiten von mehr oder weniger vordefinierten Aufgabenstellungen. Freiräume zu nutzen erfordert die Fähigkeit, zum Selbstmanagement. Dies bedeutet, Aufgaben zu strukturieren, sich selbst Ziele zu setzen, einen gewissen Arbeitsrhythmus finden, Entscheidungen zu treffen, mit Unsicherheit umgehen zu können. All dies wird in den dominierenden Ausbildungssystemen bisher nur ungenügend gelehrt und gelernt.

Ausfüllen von Freiräumen

Verantwortung für eigene Entwicklung

Selbstmanagement bedeutet auch, Verantwortung für die eigene Kompetenzentwicklung zu übernehmen. Wissensarbeiter sollten in der Lage sein, ihr eigenes Kompetenzprofil zu pflegen und eigeninitiativ weiterzuentwickeln.

Selbstvermarktung

Selbstmanagement bedeutet weiterhin die Vermarktung der eigenen Kompetenzen. So lernen junge Berater schnell, dass sie sich anbieten müssen, um an interessante Projekte zu kommen, während sie vielleicht aus ihrer Ausbildung gewohnt sind, zu warten bis sie angesprochen werden.

Selbst-Reflexion

Selbstmanagement beinhaltet darüberhinaus die Fähigkeit zur Selbst-Reflexion, darüber nachzudenken, wie ich mit mir und anderen umgehe.

5. Achtsamkeit

Ungeteilte Aufmerksamkeit

„Bei meiner Arbeit denke ich immer schon an den nächsten und übernächsten Schritt. Das, was ich gerade mache, scheint mich nur daran zu hindern, den nächsten Schritt zu gehen", formulierte ein Manager in einem Seminar. Achtsam zu sein bedeutet, innere und äußere Vorgänge mit ungeteilter, entspannter Aufmerksamkeit zu beobachten. Achtsam sein heißt, sich auf die Dinge konzentrieren und sie auch voll wahrnehmen, die ich gerade tue, oder einem Gesprächspartner meine ungeteilte Aufmerksamkeit zukommen lassen. Dinge und Personen unvoreingenommen und in Ruhe zu beurteilen, ist nicht immer einfach, wenn ein schnelles Urteil gefordert wird. Achtsamkeit lässt sich üben, wie z. B. eine Reihe von Techniken des Zen-Buddhismus zeigen. Das Netzwerk „Achtsame Wirtschaft" (www.achtsame-wirtschaft.de) gibt Hilfestellung, Achtsamkeit im Alltag zu leben und zu lernen.

Was tun Sie, um diese Schlüsselkompetenzen für sich, in Ihrer Organisation und ggf. auch bei Ihren Studierenden, Führungskräften und in der Weiterbildung zu entwickeln?

Leitbild eines Wissensarbeiters

Wissen ist eine individuelle Ressource, sie ist von der Person nicht zu trennen. Meine persönliche Wissensarbeit richtet sich daher darauf, das Innovieren im Themengebiet Wissen zu unterstützen. So kann ich meine Motivation und meine individuellen Begabungen bestmöglich entfalten.

Mein „Konzept" besteht vorerst aus 7 eher normativen Elementen, die eine Art Leitbild für meine Arbeit darstellen:

1 Freiheit und Verantwortung: Freiheit ist für mich insofern eine wichtige Ressource, da in einem zu überfüllten Terminkalender und bei zu hohen Abhängigkeiten, keine wirkliche Innovation entstehen können. Freiheit ist eine kostbare, aber auch eine teure Ressource. Die gemeinte Freiheit ist eine Freiheit zu einem sinnvollen, selbstbestimmten Gestalten und zu einem verantwortungsbewussten Leben. Das schließt durchaus auch eine Freiheit vom permanenten Druck, Umsätze zu machen, eine Freiheit vom Zwang, einem oder wenigen Auftraggebern gefallen zu müssen oder Freiheit von der Übernahme zu vieler Aufgaben ein.

2 Breites, transdisziplinäres Wissen: Mein persönliches Wissen über Wissen ist insofern systematisch transdisziplinär, als ich mich immer weigerte, mich einer wissenschaftlichen Disziplin zu verschreiben oder einer Berufsbezeichnung unterzuordnen, wie z. B. Unternehmensberater, Wissenschafter, Unternehmer oder Künstler. Ich schätze es, von einer Welt in die andere zu springen und genieße die Unwissenheit, die damit verbunden ist – aber nur wegen der Lernchancen. Die Innovationschancen sind in den Ritzen zwischen den Disziplinen und Berufsgruppen (oder sollte man sagen in den Tälern?) am größten.

3 Authentizität: Neben den Stärken habe ich wohl auch eine beträchtliche Anzahl an Schwächen. Worum ich mich um Umgang mit meinen Schwächen bemühe ist, mich oder andere nicht zu täuschen. Mit ist lieber, einen Fehler einzugestehen – auch wenn es mal peinlich sein mag. Aber mittel- oder langfristig kann ich an solchen „Offenlegungen" ebenso besser lernen, wie die Kollegen, die mit mir zusammenarbeiten. Neues schaffen bedeutet meistens, außerhalb des Normalen zu stehen. Das ist oft sehr unangenehm, aber letztlich muss man auf seinen eigenen Beinen stehen. Je besser man erkennt, was man kann und was nicht – und das auch gegenüber anderen klar macht – desto leichter fällt es, der zu sein, der man ist. Auch wenn man irgendwann als „enfant terrible" gehandelt wird.

4 Wertschätzung: Das für mich wichtigste Element des persönlichen Umgangs mit Wissen ist, die Wertschätzung für die Sache, für die ich tätig bin, nicht aus den Augen zu verlieren. Diese Wertschätzung ist der wichtigste Quell der Innovation, ebenso von jeglicher intrinsischer Motivation. Wenn wir etwas wertschätzen - oder lieben -, erkennen wir es so wie es ist, nicht so wie es unser Geldbeutel, unsere Lust, unsere Eitelkeit sehen wollen. Aus diesem Erkennen und der Wertschätzung entsteht ein unversiegbarer Fluss an Ideen, Möglichkeiten und Ambitionen. Denken wir an die liebevollen Eltern, die durch ihre Aufmerksamkeit und Hingabe Talente ihrer Kinder erkennen und sie durch die richtigen Spiele oder Maßnahmen zu fördern vermögen. Wer nichts liebt, kann nicht innovieren. Das gilt für das private ebenso wie für unser berufliches und gesellschaftliches Leben.

5 Charisma: Unter Charisma verstehe ich die individuelle, persönliche Fähigkeit, etwas zu bewegen. Man benötigt dieses spezifische Wissen/Können für das Innovieren und sollte sich nicht so sehr auf andere Dinge einlassen. Für mich war es z. B. besonders wichtig, mich in jenen Bereichen des Innovationsprozesses zu ergänzen, die nicht zu meinen Stärken gehören, wie z. B. der „Roll-out" von Projekten. Sobald etwas zur Routine wird, übernimmt ein Kollege. Als ich das einmal erkannt habe, ging vieles leichter und manche KollegInnen haben ihre Stärken eher darin, innovative Ideen auszurollen. So kann ein gutes Zusammenspiel entstehen.

6 Freundschaften und Partnerschaften: Trotz aller Umtriebigkeit in den verschiedensten Gewässern (Disziplinen, Berufsgruppen, Tätigkeitsfeldern, Ländern, etc.) bin ich eigentlich relativ treu. Die Pflege von wenigen guten Partnerschaften ist für mich als besonders wichtig. Es wir immer schwieriger, umfassende Leistungen alleine zu erbringen Die Zusammenarbeit in Netzwerken gehört daher zu den wichtigsten Fähigkeiten eines Wisensarbeiters. Je stabiler und vertrauensvoller die Zusammenarbeit mit einigen wenigen, desto stabiler die Leistungsfähigkeit.

7 Vertrauen und Risiko: Ich habe mich oft auf beträchtliche Risiken eingelassen. Kaum jemals ohne die damit verbundene Unsicherheit, Unordnung, Spannung. Das ist nicht angenehm, am wenigsten für die Familie. Aber am Ende sind die meisten Abenteuer aber doch bemerkenswert gut ausgegangen. Die Chancen konnten genutzt werden. Warum? Ich habe mir oft nach einer Innovation gedacht, dass ich es nicht gemacht hätte, hätte ich gewusst, was ich mir damit antue. Aber ich hätte mich im Nachhinein immer dafür entschieden, es wieder zu tun. Wenn ich mich auf eine Sache einlasse, sollte ich auch durchhalten können. Und dieses Durchhaltevermögen beziehe ich persönlich wiederum aus meiner Motivation und das Vertrauen in mich, in meine Talente und auch in meine guten Beziehungen.

Techniken

Neben diesen recht normativen Tugenden stehen immer auch die operativen Werkzeuge zur Verfügung. Wenngleich die Nutzung von Informationstechnologien immer ein wichtiger und unerlässlicher Bestandteil meiner persönlichen Wissensarbeit ist, sind doch die Kreativitätstechniken immer die für das Innovieren wichtigeren Instrumente gewesen.

Es hat mit immer Spaß gemacht, Kreativitätstechniken auch für das persönliche Leben einzusetzen, wie z. B. das Spiel „Was wäre wenn":

- Was wäre, wenn ich unbegrenzte Ressourcen hätte?
- Was wäre, wenn ich nur noch 2 Wochen Zeit zum Leben hätte?
- Was wäre, wenn alle Unternehmen der Welt mit mir zusammenarbeiten möchten – egal wie?
- Was wäre, wenn wir eines Morgens in einer grandiosen Wissensgesellschaft aufwachten – wie wäre das dann?"

Viele dieser Fragen, haben mich herausgefordert. Immer habe ich dabei etwas gelernt.

Die persönliche Wissensbilanz

Seit einigen Monaten beschäftige ich mich auch strukturiert mit der persönlichen Wissensbilanz. Ich bewerte darin die genannten 7 Leitprinzipien wie die „profanen" Dinge des Alltags – persönliche Infrastrukturen oder das tägliche Brotverdienen. Beruf und Privat haben dabei eine sehr unscharfe Grenze, um nicht zu sagen, da ist keine echte Grenze. Es gehört zusammen. Die tägliche Arbeit mit der Wissensbilanz hat mir wichtige Erkenntnisse gebracht, um das Bestehende nicht nur emotional zu sehen, sondern auch einmal ganz nüchtern auf die tatsächliche Glaubwürdigkeit zu hinterfragen. Denn wenn ich als Innovator eines – nahezu habituell – kann, dann mir Bilder in den Kopf zu setzen, die es gar nicht gibt. Gerade für mich – und vielleicht auch für andere, ähnliche Personen – ist es besonders hilfreich, anhand von objektiveren Kennzahlen das eigene Schaffen zu hinterfragen. Zu solchen Reflexionen lade ich auch punktuell unterschiedliche Freunde und Partner ein. Einmal habe ich einen echten Alptraumkunden zu einem solchen Reflexionsgespräch eingeladen und es war natürlich sehr erfrischend.

Conclusio

Viele Mitarbeiter in Unternehmen verstehen sich heute noch als „Angestellte" ihrer Unternehmen. Zu wenige verstehen sich primär als freie Menschen, die besondere Begabungen haben, die zu entwickeln ihre ganz persönliche Herausforderung ist. Zu viele Menschen geben auf diesem Weg zu früh auf, weil die Entfaltung in ihrem bestehenden unternehmerischen Umfeld eben nicht möglich ist. Viele beugen sich in der Angst vor dem Verlust des Arbeitsplatzes damit Umständen, die man vielleicht irgendwann in der Zukunft als unerträglich empfinden würde. Ich möchte jedem Menschen empfehlen, aus dem Bewusstsein der persönlichen Freiheit jenes Leben selbst zu gestalten, das den Begabungen und der persönlich empfundenen Verantwortung entspricht. Ich denke, dass sich auf diesem Weg auch eine überdurchschnittliche Leistungsfähigkeit ergibt.

Andreas Brandner

5.2 Wissensmanager als „Coaches"

Kümmerer gesucht!

Viele gute Vorsätze gehen im täglichen Wahnsinn verloren. Oft fehlt uns der Raum und der „Kümmerer", um produktive, kreative, befriedigende Wissensarbeit zu fördern. In Organisationen brauchen wir Trainer oder Coaches, die produktive Wissensarbeit trainieren, die Räume schaffen für gemeinsames Lernen und Anreger sind, sich mit der Thematik zu beschäftigen.

Aufgaben von Wissensmanagern

In diesem Zusammenhang emanzipieren sich Wissensmanager zunehmend von der Rolle des Infrastrukturmanagers für Intranet, Gelbe Seiten und Datenbanken und werden zu Unterstützern bei der Gestaltung produktiver Wissensarbeit in einer Organisation. Wissensmanager haben in diesem Zusammenhang drei wichtige Aufgaben:

1. Sie entwickeln und implementieren Werkzeuge und Methoden zur produktiven Wissensarbeit.
2. Sie erbringen Dienstleistungen als Moderatoren oder Coaches, indem sie z. B. Workshops zur Strukturierung von Wissensgebieten oder Lessons-learned-Workshops moderieren sowie Wissensarbeiter individuell coachen.
3. Sie messen und beurteilen die Produktivität von Wissensarbeit und unterstützen die Führungskräfte und Mitarbeiter bei der Ableitung entsprechender Maßnahmen.

In der folgenden Fallstudie finden Sie eine Beschreibung des Alltags einer Wissensmanagerin.

Gestatten ..., ich bin Wissensmanagerin

Darf ich mich vorstellen: Gestatten ... ich bin Wissensmanagerin in der **Forschung und Entwicklung** (F&E). Sie wollen sicher wissen, was ich in dieser Funktion tue. Die kostenbewussten Controller und Kollegen, die nur ihr Projekt sehen fragen „Jetzt machen wir auch noch Wissensmanagement, warum?", oder: „Noch mehr overhead?", oder: „Wofür brauchen wir das?". Damit Sie einen Eindruck erhalten, wie ein Wissensmanager zur Produktivitätssteigerung von Wissensarbeit beitragen kann, will ich mal in meinem Terminkalender blättern und berichten, was in dieser Woche ansteht.

Das Tagesgeschäft meiner Kunden, eines Projektleiters und der Mitarbeiter im F&E-Bereich, ist stark durch eine Vielzahl von Projekten geprägt. Projekte, die mehr oder weniger parallel und mit unterschiedlicher Wichtigkeit und Intensität betrieben werden. Die Kriterien Termin, Kosten, Anforderungen des Kunden, Eigenschaften des Produktes und die fachlichen Herausforderungen stehen in Entscheidungssituationen an oberster Stelle. Alles was nicht unmittelbar mit dem Erreichen der Projektziele zu tun hat, kommt an zweiter Stelle.

Wie kann nun die Wissensmanagerin mit dieser nachvollziehbaren Haltung und Situation der Wissensarbeiter, seiner internen Kunden, umgehen? Gehört die geregelte Nutzung und Generierung von Wissen und Erfahrung zu den (primären) Projektzielen? Diese Frage manifestiert sich bei der Planung des **Lessons Learned Workshops** für nächsten Feitag. Wer trägt den Aufwand? Der Projektleiter wird am Erreichen der primären Projektziele gemessen; d.h. auch an den Kosten. Aus dieser Perspektive hat dieser wenig Interesse hier den Wissensmanager zu unterstützen bzw. einzusetzen. Die Linienorganisation ist leichter von der Notwendigkeit der Wissens- und Erfahrungsnutzung über Projekte hinweg zu überzeugen, da der Austausch Produktivitätspotenziale hebt. Geht es aber darum hier Budget in die Hand zu nehmen, ist der Diskussions- und Argumentationsaufwand ein höherer. Vor diesem Hintergrund will das Vorbereitungsgespräch am Dienstag für den nächsten Lessons Learned Workshop gut geplant sein. Der Projektleiter hat noch nicht mit der Wissensmanagerin zusammengearbeitet. Hier ist sicher noch Sensibilisierungsarbeit hinsichtlich Sinnhaftigkeit bzw. Notwendigkeit, Rollenverteilung und Inhalt zu leisten. Eine gute Gelegenheit um auf der normativen, strategischen und operativen Ebene wirksam zu sein. Auf der normativen Ebene bedeutet diese eine Zustimmung, dass wir eine wissensorientierte Organisation sind und aus unseren Projekterfahrungen nachhaltig lernen wollen. Die Zustimmung des Projektleiters, einen sauberen Projektabschluss durchzuführen, zeigt Wirksamkeit auf der strategischen Ebene. Die Vorbereitung und methodisch gute Durchführung des Workshops durch den Wissensmanager deckt dabei die operative Ebene ab und sichert die Qualität der Ergebnisse.

Die Herausforderung am Mittwoch wird die **Moderation** eines Strategietages für eine Abteilung zur Reflexion der eigenen Arbeit sein. Wo und wie passiert Wissensarbeit in Forschung und Entwicklung?

Vielfach in Arbeitsmeetings. Hier werden Konzepte entwickelt, diskutiert, verfeinert, verworfen, Vor- und Nachteile gegenübergestellt, Kompromisse gefunden und schließlich auch Entscheidungen getroffen. Bei Ingenieuren steht dabei die Lösung des technischen Problems im Mittelpunkt. Der Wissensarbeiter betrachtet zudem noch die Dimension des Weges, der Methode zur Lösungsfindung. Die Kommunikationsprozesse in interdisziplinären Runden stellen sich bei differenzierter Betrachtung als Quellen für Missverständnisse dar. Einkauf, Produktionsvorbereitung, Qualität, Lieferant, Konstruktion, Berechnung und Projektleitung an einem Tisch sprechen viele verschiedene Sprachen trotz des Umstandes, dass sie dieselbe Muttersprache haben. Die Unterschiede der einzelnen Welten zu kennen, versuchen auf die unterschiedlichen mentalen Modelle einzugehen, **als Übersetzer zu fungieren,** ist hier eine Art Wissensarbeit die als solche auch erkannt und anerkannt wird. Diese Moderationsfunktion der Wissensmanagerin öffnet verschiedene Handlungsräume: Zum Einen leistet sie einen aktiven Beitrag zum Projekt der für jeden greifbar ist, zum Anderen wächst mit der Zeit das persönliche Netzwerk im Unternehmen. Das **Beziehungskapital der Wissensmanagerin** unterstützt sein Tun und erhöht die Wahrscheinlichkeit der Weiterentwicklung und des Ausbaus der Themen.

Der direkte Kontakt mit dem operativen Projektgeschäft sichert die Anschlussfähigkeit der Konzepte des Wissensmanagement-Programms. Nicht zuletzt kann aus der Not eine Tugend werden und Moderation findet sich im **Dienstleistungsportfolio der Wissensmanagerin.**

Moderationen in unterschiedlicher Form begleiten Wissensmanager beinahe täglich bei ihrer Arbeit. Nach dem Strategietag am Mittwoch ist für Donnerstag eine Erfahrungstransfersitzung vorzubereiten. Im Produktentstehungsprozess ist **Wissensmanagement als Teilprozess fix verankert.** Das Zeitfenster für einen wirksamen Erfahrungstransfer ist nur kurz. Um Erfahrungsträger, dokumentiertes Wissen und Mitarbeiter, die die Erfahrung im aktuellen Projekt benötigen, zusammenzubringen ist eine konsequente Planung notwendig. Ziel einer solchen Transfersitzung ist es, ausgewählte Erfahrungen aus vergangenen Projekten in ein neues Projekt zielgerichtet einzubringen, um dadurch die Mitarbeiter zu sensibilisieren und Wiederholungsfehler zu vermeiden. Der wesentlichste Erfolgsfaktor einer solchen Runde ist es, einen möglichst interdisziplinären Teilnehmerkreis an einen Tisch zu bringen. An einer gut besetzten **Erfahrungstransfersitzung** nehmen Erfahrungsträger aus vergangenen Projekten, das neue Projektteam und Linienverantwortliche teil. Diese Teilnehmer repräsentieren unterschiedliche Disziplinen wie Konstruktion, Einkauf oder Produktion. Die Wissensmanagerin nimmt hier wiederum die Rolle des Moderators ein und führt sehr straff durch die 90minütige Sitzung. 90 Minuten sind nicht viel, dennoch ist es gerade zu Beginn eines Projektes immer schwer, die richtigen Personen für diese Zeit an einen Tisch zu bekommen. Die Wissensmanagerin versucht dabei den **Reflexionsraum** für die Teilnehmer zu öffnen und anhand der dokumentierten Erfahrungen aus vergangenen Projekten geeignete Maßnahmen für das aktuelle Projekt abzuleiten. Der fachliche Input kommt dabei von den Erfahrungsträgern und die Erfahrungsempfänger haben die Möglichkeit über kurze Kommunikationswege ihre Fragen direkt an den Erfahrungsträger zu richten. Das Ergebnis dieser Sitzung ist ein Protokoll mit den für das neue Projekt relevanten Erfahrungsberichten mit den festgelegten Maßnahmen, die in weiterer Folge durch das Projektteam umgesetzt und weiterverfolgt werden. In der Vorbereitung ist es die Aufgabe der Wissensmanagerin den Teilnehmerkreis und die Inhalte mit dem Projektverantwortlichen und der Linie abzustimmen.

Bei der Vorbereitung der Inhalte für die Sitzung greift die Wissensmanagerin auf einen Pool von dokumentierten Erfahrungen zu, in dem Problemfälle der Vergangenheit speziell für diese Erfahrungstransfersitzungen kompakt und anschaulich aufbereitet sind. Kompakt bedeutet, dass ein Problem auf einer Seite kurz und klar dargestellt wird. Dieser **Einseiter** wird gemeinsam mit dem Erfahrungsträger erstellt. Dabei hilft die Wissensmanagerin dem Spezialisten/Erfahrungsträger mit seiner Fähigkeit die richtigen Fragen zu stellen, sich aus dem Projektkontext herauszuheben und bei der Abstraktion sich auf das Wesentliche zu konzentrieren, so dass der Einseiter auch ohne konkrete Vorkenntnisse zum Problemfall verständlich bleibt. Neben der verbalen Beschreibung der Fakten ist eine visuelle Darstellung des Problemfalls unabdingbar. Ein Bild sagt mehr als tausend Worte. Dazu zeigt sich, dass ein Erfahrungsträger durch das Bild alleine bereits beginnt, die „Story" dahinter zu erzählen, bevor man als Außenstehender den ersten Satz der Problembeschreibung zu Ende gelesen hat. Gerade auch diese **Geschichten** sind ein wichtiger Bestandteil des Einseiters, der den Erfahrungsbericht darstellt. Mit der Geschichte wird der Fall lebendiger und anschaulicher abgebildet. Um den Einseiter zu vervollständigen, ist neben der Beschreibung der verbalen Fakten und Geschichten und der visuellen Darstellung eine klare Darstellung von kritischen Zahlen erforderlich. Mit hohen Zusatzkosten, entgangenem Gewinn oder zusätzlichen Mitarbeiterstunden zum Problemfall kann ein Aufmerksamkeitsfenster bei den Erfahrungsempfängern erzeugt werden. Solche Einseiter stellen den roten Faden einer Erfahrungstransfersitzung dar. Für die Sitzung am Donnerstag sind bereits ausreichend Erfahrungsberichte vorhanden, jedoch für den Termin nächste Woche müssen noch Interviews mit den Erfahrungsträgern geführt werden, um ausreichend Erfahrungsberichte zur Verfügung zu haben.

Als Wissensmanager ist man ständig im Dialog mit anderen und arbeitet kaum für sich alleine am Arbeitsplatz. Dabei ist es natürlich nicht immer leicht, dass die Erfahrungsträger sich die Zeit für eine sorgfältige Aufbereitung der Problemfälle nehmen. Durch diese Tätigkeit wird die Wissensmanagerin jedoch in der Organisation und speziell in den Projekten auch wirksam wahrgenommen.

Am Freitag gibt es einen Termin mit einem Abteilungsleiter, der die Möglichkeiten der Wisssenssicherung und das zur Verfügung stellen dieses Wissens in seiner Abteilung mittels eines WIKI Systems diskutieren möchte. Nicht nur bei der Aufbereitung von Erfahrungsberichten spielt die Wissensmanagerin eine redaktionelle Rolle, sondern auch beim firmeninternen Wikipedia System.

Aus diesen Schilderungen zu den Handlungsfeldern einer Wissensmanagerin lassen sich nun einige wesentliche Erfolgsfaktoren zusammenfassen. Die Arbeit der Wissensmanagerin muss **„greifbar"** für den F&E-Bereich sein. Moderation, in unterschiedlichster Form, spielt dabei eine tragende Rolle.

Das Finden und Bedienen der **geeigneten Handlungsfelder** erfordert neben erhöhter Anstrengung auch ein gewisses Maß an Handlungsspielraum. Um diesen Freiraum zu schaffen, bedarf es einer regelmäßigen Abstimmung über die **konkrete Zielsetzung** mit dem Top-Management. Je klarer die einzelnen Schritte abgestimmt und beauftragt sind desto höher sind die Aussichten auf Erfolg.

Ein Erfolgsgarant auf dem Weg zur Wirksamkeit ist eine stabilisierende Eigendynamik in den jeweiligen Handlungsfeldern. Eine Grundvoraussetzung dafür ist der Aufbau eines Netzwerkes in der Organisation. Ein **ausgeprägtes Netzwerk** der Wissensmanagerin ist entscheidend für den Erfolg seines Handelns.

In letzter Konsequenz braucht die Wissensmanagerin ein **erkennbares Dienstleistungsportfolio** mit entsprechenden „Werkzeugen". Auch hier liegt die Kunst im Erzeugen einer stabilisierenden Eigendynamik.

Helga Schröttner, Kurt Wöls

5.3 Einige pragmatische Vorschläge

Dieses Buch hat Ihnen, beginnend mit den Selbstdiagnosen im ersten Kapitel, Produktivitätspotenziale aufgezeigt und in den folgenden Kapiteln Anregungen für Lösungen entwickelt.

Wenn Sie nun fragen: *„Was setzen die Autoren in ihrem Arbeitsalltag um"?* dann müssen wir Farbe bekennen.

Es sind drei Dinge, die uns im Alltag helfen, die Flut der Aufgaben zu bewältigen: „Idealkonzept", „Wissen, was ich will" und „die Community unterstützt".

„Idealkonzept"

Für Wissensarbeiter ist die erbrachte Leistung und Wertschöpfung vielfach intransparent. Da wir ungern für den Papierkorb arbeiten, stellen wir uns daher immer wieder die Kernfrage: „Was tue ich für wen und warum?" Ist meine „Value Proposition" (das, was ich vermeintlich für den „Kunden" an Wert generiere) sinnvoll, wenn ich mich in meinen Kunden oder in mein Gegenüber versetze? Könnte ich mit weniger Aufwand zum gewünschten Ergebnis kommen?

Idealkonzept

Aus der Zusammenarbeit in Japan hat Klaus North gelernt, von einem realen Arbeitsablauf oder Prozess zu abstrahieren und Antworten auf die Frage zu suchen: „Wie könnte der Ablauf idealerweise aussehen, wenn wir alle realen Beschränkungen außer Acht lassen?" Dies kann z. B. heißen, nach einem idealen Entwicklungsprozess oder einer idealen Form der Patientenversorgung mit allen Beteiligten zu suchen. Die Kunst liegt darin, sich über die realen Einschränkungen hinwegzusetzen. Erst wenn wir mit der Idealkonzeption zufrieden sind, sollten wir uns damit beschäftigen, wie die Lücke zwischen realem und idealem Ablauf geschlossen werden kann.

Diese Denkweise führt zu Lösungen, die hohe Verbesserungspotenziale eröffnen.

„Wissen, was ich will"

… und danach handeln! Viel Zeit geht im Alltag dadurch verloren, dass der klare Handlungsplan fehlt.

Wissen, was ich will

Deswegen befolgen wir eine Reihe von Punkten, die uns helfen, fokussiert zu bleiben und unsere Arbeitskapazität möglichst klug zu nutzen. Dabei unterstützen uns folgende pragmatische Verhaltensweisen:

1. „Der Zettel": Ich notiere mir täglich, was ich heute erledigen will, und habe auch einen Wochenplan. Habe ich mal keinen Spickzettel gemacht, stelle ich schnell fest, wie leicht ich mich ablenken lasse.

2. Ich schaffe mir Orte und Zeiten der „klugen Unerreichbarkeit". Ich behalte die Hoheit über meinen (handschriftlichen) Terminkalender.
3. Ich lasse mir meinen Arbeitsrhythmus nicht von E-Mails diktieren und greife lieber zum Telefon oder „Skype", um ein Thema gründlich im Dialog zu klären.
4. Ich nehme mir regelmäßig (mit Kollegen, Mitarbeitern) Zeit zur Reflexion: „Was ist gut gelaufen?", „Wo müssen wir besser werden?", „Wie fühlen wir uns?", „ Was haben wir daraus gelernt?" „Was verabreden wir?"
5. Ich treibe regelmäßig Sport und habe ein Hobby, das den gleichen Stellenwert wie mein Beruf hat.

Vielleicht haben Sie andere wirksame Rezepte. Wichtig ist nur, dass Sie welche haben!

„Die Community unterstützt"

Die Community unterstützt

Bei der Vielfalt der Themen, die wir bearbeiten, können wir gar nicht mehr alle Entwicklungen verfolgen.

Der Mut zur Lücke geht einher mit dem Wissen, dass wir wissen, wen wir fragen können, wenn Bedarf besteht. In der Wissensmanagement-Plattform Austria (www.pwm.at) oder der Gesellschaft für Wissensmanagement (www.gfwm.de) sowie in einer Vielzahl internationaler Communities finden wir Diskussionspartner und lernen von Kollegen. Wir haben die individuelle Verfolgung einzelner Themengebiete zu einem Teil durch die Pflege unserer Netzwerke ersetzt. Aber auch hier ist es wichtig, sich nicht zu verlieren. Mit der Zeit entwickelt man ein Gespür, wie viel Engagement in welcher Community lohnend ist.

Schreiben Sie dieses Buch für sich fort und lassen Sie andere daran teilhaben. Die Autoren wünschen viel Vergnügen auf dem Weg zu produktiver, kreativer und befriedigender Wissensarbeit.

Wollen Sie mehr zum Thema aus der Organisations-Perspektive erfahren, so empfehlen wir das Buch „Wissensorientierte Unternehmensführung" von Klaus North.

Autorenverzeichnis

Nikolaus Berger hat 20 Jahre Berufserfahrung im juristischen Wissens-, Informations- und Bibliotheksbereich in verschiedenen Regionen Europas. Er war zuletzt als Director Knowledge Management für die internationale Anwaltssozietät Freshfields Bruckhaus Deringer tätig. Derzeit arbeitet er als Consultant in seiner eigenen Unternehmensberatung und für die Wirtschaftsuniversität Wien.

Manuel Berger studierte von 1994 bis 1999 in Bonn, München und Wellington Politik. Sein beruflicher Werdegang begann bei der Barmer Krankenkasse als Referent für Unternehmenskommunikation. Danach folgte ein Traineeprogramm bei Helios. Seit 2007 ist Herr Berger Geschäftsführer der Helios Kreiskrankenhauses Gotha/Ohrdruf GmbH.

Andreas Brandner ist Geschäftsführer der KMA Knowledge Management Associates GmbH sowie des Instituts Knowledge Management Austria. Jahrelange Tätigkeit in Beratung, Ausbildung und Forschung im Wissensmanagement. Aktuelle Interessengebiete: Wissensstrategie und Wissensbilanz, Wissenspolitik und Wissensarbeit sowie Wissensprozesse im öffentlichen Raum.

Volker Engert, Daimler AG, Mercedes Benz, Werk Mannheim, ist verantwortlich für das ProduktionsLernSystem „PLS" in der Truck Group der Daimler AG.

Anja Flicker ist Diplom-Bibliothekarin (FH). Als Referentin für Wissensmanagement beim Finanzdienstleister LHI Leasing GmbH wurde sie 2003 zur „Wissensmanagerin des Jahres" gekürt. Seit 2005 ist Anja Flicker für die reinisch AG (www.reinisch.de) tätig und kümmert sich dort um Konzeption, Realisierung und Weiterentwicklung des Dienstleistungsfeldes Wissenslogistik und Entwicklung des intellektuellen Kapitals.

Ruth Frei-Schär ist Mutter von vier erwachsenen Kindern und hat im Alter von 42 Jahren die Ausbildung zur Sekundarlehrerin absolviert, um sich anschließend der befriedigenden Aufgabe des Unterrichtens und Begleitens von Jugendlichen zu widmen.

Olaf Grebner ist Research Associate bei SAP Research in Karlsruhe. Er forscht an Methoden zur Unterstützung von Wissensarbeitern bei ihrem Aufgabenmanagement. Olaf hat an der TU Darmstadt Wirtschaftsinformatik studiert und verfügt über 10 Jahre Erfahrung mit Geschäftssoftware.

Stefan Güldenberg ist Inhaber des Lehrstuhls für Internationales Management am Institut für Entrepreneurship der Hochschule Liechtenstein. Er hat geforscht und gelehrt, u. a. an der Harvard University, an der Sloan School of Management, MIT und an der Wirtschaftsuniversität Wien. Zahlreiche Veröffentlichungen in den Bereichen internationales und strategisches Management, Leadership, organisationales Lernen, Performance Management, Wissensmanagement und Wissenscontrolling.

Alexandra Hingott studierte International Business an der FH Wiesbaden und startete im Global Learning & Development der Deutschen Bank. 2002 stieg sie ins Wissensmanagement einer Versicherung ein und ist derzeit in einer globalen Initiative für den Best Practice Austausch im Bereich Schaden/Performance Management zuständig.

Robert Jakob arbeitete in der akademischen und industriellen Grundlagenforschung und übte verschiedene Managementfunktionen in internationalen Unternehmen der Life Sciences Branche aus. Als Publizist war er u. a. als Chefredaktor in Wirtschaftsmedien tätig. Seine Bücher haben Preise gewonnen und Einzug in Bestsellerlisten gehalten. Seit 2007 ist er Redaktionsleiter des Swiss Equity magazins.

Anna Maria Köck ist in der Neurovation GmbH sowie am Institut für Wissensmanagement der TU Graz tätig. In ihrer Arbeit beschäftigt sie sich mit unterschiedlichen Formen der Unterstützung und Förderung der Kreativität in virtuellen Umgebungen.

Paul Kral ist gelernter Pädagoge und war zuletzt 15 Jahre Leiter des größten österreichischen Weiterbildungsinstituts für PädagogInnen in Wien. Die Entwicklung der Balanced Education Scorecard und die Wissensbilanz für Bildungseinrichtungen und Pesonalwesen waren seine innovativen Schwerpunkte. Er ist Mitbegründer der Knowledge Management Associates und Leiter seit 2007 die KM-Academy für WissensmanagerInnen.

Karl-Heinz Leitner ist wissenschaftlicher Mitarbeiter in den Austrian Research Centers und beschäftigt sich seit 10 Jahren mit Fragen des Wissensmanagements und der Messung des intellektuellen Kapitals von Unternehmen. Er hat zahlreiche internationale und nationale Forschungs- und Beratungsprojekt durchgeführt und zahlreiche Organisationen bei der Einführung von Wissensbilanzen begleitet.

Angelika Mittelmann, geboren und aufgewachsen in Kärnten, entdeckte sie in ihrer Gymnasialzeit ihre Liebe zur Informatik, was sie in Linz studierte. Über die Systemprogrammierung, strategische Informationssystemplanung und Software Engineering führte ihr Weg konsequent vom Computer zu den Menschen, schlussendlich zu ihrer derzeitigen Funktion Personal- und Organisationsentwicklung mit Schwerpunkt Wissens- und Kompetenzmanagement.

Denizak Modica arbeitet für die Deutsche Gesellschaft für Technische Zusammenarbeit (GTZ) GmbH im Bereich „Planung und Entwicklung" in Eschborn. Nach mehrjährigen Tätigkeiten in verschiedenen Funktionen arbeitet sie seit vier Jahren als Wissensmanagerin in der Abteilung „Agrarwirtschaft, Fischerei und Ernährung". Zu ihren Aufgaben gehören auch die interne Kommunikation und die Außendarstellung.

Klaus North lehrt Internationale Unternehmensführung und Wissensmanagement am Fachbereich Wirtschaft der Fachhochschule Wiesbaden. Er entwickelt zusammen mit Unternehmen anwendungsorientierte Konzepte zur wissensorientierten Unternehmensführung. Er ist Autor zahlreicher Publikationen zum Thema des Wissensmanagement, darunter „Wissensorientierte Unternehmensführung" sowie mit Kai Reinhardt „Kompetenzmanagement in der Praxis".

Thomas M. Paul, Diplompädagoge, hat Erziehungswissenschaften, Psychologie und Soziologie studiert. Hinsichtlich dieser Aspekte beschäftigt er sich bereits seit 1995 mit dem Themenbereich Wissensmanagement.

Rupert Petschina leitet den Consulting Bereich von Telekom Austria Business Solutions. Ein Schwerpunkt der Produktivitätsberatung für Wissensarbeiter liegt in der Effizienzsteigerung von Kommunikation und Zusammenarbeit durch den angewandten Einsatz von IT-Lösungen. Nach Landwirtschaftsstudium und Beraterprüfung hat er als Projektmanager zahlreiche IT Projekte geleitet.

Hans-Peter Schnurr, Mitgründer und Geschäftsführer der ontoprise GmbH, Er ist Mitgründer der Gesellschaft für Wissensmanagement und im Vorstand des Arbeitskreis Wissensmanagement Karlsruhe e.V. Bei McKinsey & Company gewann er wertvolle Einblicke in die TIME-Industrien (Telekommunikation, IT, Multimedia, E-Commerce) mit dem Fokus auf strategische Unternehmensberatung und Start-Up-Analyse.

Helga Schröttner ist seit 4 Jahren im Bereich Innovations- und Wissensmanagement tätig und ist derzeit bei Siemens Transportation Systems beschäftigt.

Jan Schwaab leitet als Chief Knowledge Officer seit 2004 das unternehmensweite Wissensmanagement der Deutschen Gesellschaft für Technische Zusammenarbeit (GTZ) GmbH. An seine akadamische Ausbildung in der Betriebs- und Volkswirtschaftslehre an der Universität Mainz schlossen sich mehrjährige Forschungs- und Lehraufträge zur ökologischen Ökonomie und internationalen Wirtschaftsbeziehungen an.

Helmut Sins ist Leiter Elektronische Mediensysteme bei der Fraport AG und Experte in Sachen Web 2.0.

Wieland Stützel ist Leiter Wissensmanagement der Fraport AG und arbeitete dort unter anderem in der Strategie und der internen Kommunikation.

Dieter Tometten ist Gemeindepfarrer. Verheiratet und Familienvater. Durch mehrere Stellenwechsel im In- und Ausland (Münster, Ripon (Wisconsin, USA), Genf, Dortmund) und durch Mitwirkung an kirchlichen Strukturveränderungen sensibilisiert für die Wissensarbeit innerhalb und außerhalb der Kirche.

Dirk Walther studierte von 1989 bis 1995 in Leipzig Humanmedizin, Facharztausbildung Innere Medizin und Subspezialisierung Kardiologie in Leipzig, Gotha und Erfurt, Familievater von 2 fröhlichen Kindern, seit 2004 Oberarzt an der Helios Klinik Gotha.

Kurt Wöls ist seit 8 Jahren im Bereich Wissensmanagement tätig und ist derzeit bei Siemens Transportation Systems beschäftigt.

Michael Würzelberger absolvierte eine betriebswirtschaftliche Ausbildung in Wien und arbeitete in der IT-Organisationsberatung. Ab 1997 wechselte er in die Funktion als Personalleiter bei Raiffeisen Informatik. Er absolvierte ein postgraduales Studium an der Donauuniversität Krems zum Thema Wissensmanagement und verantwortet seit dieser Zeit auch alle Aktivitäten der Umsetzung eines umfassenden Wissensmanagement-Konzeptes.

Literaturverzeichnis

Ahn, J. H., Chang, S.G. (2004): Assessing the Contribution of Knowledge to Business Performance: The KP3 Methodology; Decision Support Systems, Jg. 36, Nr. 4, S. 403-416.

Argyris, C., Schön, D. (1978): Organizational Learning; A Theory of Action Perspective, Reading/MA.

Austin, T. et al. (2005): Introducing the High Performance Workplace: Improving Competetive Advantage and Employee Impact; Gartner Research, 16th May 2005.

Austin T. et al. (2008): Key Issues for the High Performance Workplace 2008-2009; Gartner Research, 28th March 2008.

Austin T. et al. (2008): Key Issues for the High Performance Workplace, Scope and Point of View 2008; Gartner Research, 28th March 2008.

Barkema, H. G. (1995): Do Job Executives Work Harder when They are Monitored? Kyklos, Jg. 48, S. 19-42.

Barley, S. (1994): The Turn to a Horizontal Division of Labor: On the Occupationalization of Firms and the Technization of Work; Working paper, US Department of Education, Washington.

BAUA (2007): Innovation braucht gute Rahmenbedingungen, Kreativität und Gesundheit im Arbeitsprozess; BAUA aktuell 3/07, S. 6-7.

Baumgartner, P., Häfele, H., Meyer-Häfele, K. (2004): Content Management Systeme in e-Education: Auswahl, Potenziale und Einsatzmöglichkeiten., Innsbruck-Wien.

Bok, H. S., Raman, K. S. (2000): Software Engineering Productivity Measurement Using Function Points, A Case Study; Journal of Information Technology, Jg. 15, Nr. 1, S. 79-101.

Bruch, H., Vogel, B., Morhart, F. (2006): Organisationale Energie. Messen, Nutzen und Erhalten der produktiven Kraft von Unternehmen; Zeitschrift Führung und Organisation (ZfO), 1/2006, S. 4-10.

Buckingham, M., Coffman, C. (2001): Erfolgreiche Führung gegen alle Regeln; Frankfurt, New York.

Burton, B. (2005): Ho to define a collaboration strategy that drives business value; Gartner Research, 15th July 2005.

Caloghirou, Y., Kastelli, I., Tsakanikas, A. (2004): Internal Capabilities and External Knowledge Sources: Complements or Substitutes for Innovative Performance?; TechnoVation, Jg. 24, Nr. 1; S. 29-39.

Clark, A. (1997): Being there. Putting brain, body, and world together again.

Clarke, T., Clegg, S. (2000): Changing Paradigms; The Transformation of Management Knowledge for the 21st Century, London.

Covey, S. R. (2006): Der 8.Weg; Offenbach, 3. Auflage.

Craig, C. E., Harris, R. C. (1973): Total Productivity Measurement at the Firm Level; Sloan Management Review, Jg. 14 Nr. 3, S. 12-29.

Csikszentmihalyi, M. (1975): Beyond Boredom and Anxiety, San Francisco/CA.

Daft, R., Lengel, R. (1984): Informations Richness, A new approach to managerial behavior and organization design; Research and Organizational Behavior, Vol. 6 (1984), S. 191-233.

Davenport, T. (2002): The Mysterious Art and Science of Knowledge Worker Performance; MIT Sloan Management Review, Fall 2002, Vol. 44, No. 1, Reprint Number 4412, 2002.

Davenport, T. (2005): Thinking for a living; Boston (Mass.).

Davenport, T., Thomas, R. J., Cantrell, S. (2002): The Mysterious Art and Science of Knowledge-worker Performance. In; MIT Sloan Management Review, Jg. 44, Nr. 1, S. 23-30.

De Vulpian, A. (2005): Listening to Ordinary People: The Process of Civilization on the Way to a New Society; Reflections, Jg. 6, Nr. 6/7, S. 1-19.

Deci, E. L. (1975): Intrinsic Motivation, New York.

Deming, W. E. (1981): Improvement of Quality and Productivity through Action by Management; National Productivity Review, Jg. 1, Nr. 1, S. 12-22.

Deming, W. E. (1989): Out of the Crisis; 2. Auflage.

Dennis, A. R., Valacich, J. S. (1999): Rethinking Media Richness, Towards a Theory of Media Synchronicity; Proceedings of the 32nd Hawaii International Conference on System Sciences, Los Alamitos.

Dostal, W., Parmentier, K., Plicht, H., Rauch, A., Schreyer, F. (2001): Wandel der Erwerbsarbeit. Qualifikationsverwertung in sich verändernden Arbeitsstrukturen; Beiträge zur Arbeitsmarkt- und Berufsforschung, Nr. 246. Bundesanstalt für Arbeit, Nürnberg.

Drucker, P. (1993): Post-Capitalist society; New York.

Drucker, P. (1999a): Management Challenges for the 21st Century, New York.

Drucker, P. (1999b): Managing Oneself; Harvard Business Review, Jg. 77, Nr. 2, S. 65-74.

Edvinsson, L., Malone, M. S. (1997): Intellectual Capital; New York.

Erpenbeck, v. Rosenstil, Hrsg. (2007): Handbuch Kompetenzmessung; Stuttgart, 2. Auflage.

Erpenbeck, J., Heyse, V. (1999): Die Kompetenzbiographie; Münster.

Ettl-Huber, S. und Risku, H. (2007): Das habe ich doch schon gesagt!; Timenews 2/2007 S. 4-7.

Falk (2008): Empirische Haltlosigkeit; Wirtschaftswoche Nr. 11 (10.03.2008), S. 54.

Feldhoff, E., Wiskemann, G. (2001): Unterstützung des Wissensmanagement(s) durch die Gestaltung von Entgeltsystemen.; Personal, Jg. 53, Nr. 5, S. 250-254.

Florida, R. (2007): The flight of the creative class, New York.

Franken, S. (2008): Warum wir ein neues Führungsparadigma brauchen; Zeitschrift Führung und Organisation (ZfO), 1/2008, S. 16-23.

Freudenberger, H.-J., North, G. (1994): Burnout bei Frauen; Frankfurt am Main, Fischer.

Frey, B. (1997): Not Just for the Money. An Economic Theory of Personal Motivation.

Frey, B. (2002): Wie beeinflusst Lohn die Motivation?; Frey, B. (Hrsg.), Managing Motivation: Wie Sie die neue Motivationsforschung für Ihr Unternehmen nutzen können, 2. Auflage, Wiesbaden, S. 73-106.

Ghobadian, A., Husband, T. (1990): Measuring Total Productivity Using Production Functions; International Journal of Production Research, Jg. 28 Nr. 8, S. 1435-1446.

Gonzalez, V. M., Mark, G. (2004): „Constant, constant multitasking Craziness" – Managing multiple working spheres; Proceedings CHI 2004, Vienna, S. 113- 120.

Greiner, S. (2004): Outsourcing; http://www.aus-innovativ.de/themen/outsourcing.htm; Zugriff Mai 2008.

Güldenberg, S. (2008): From Good to Great: Das Beispiel Google; Der Monat, Jg. 4, Nr. 2, S. 20-21.

Hall, A. (2007): Tätigkeiten und berufliche Anforderungen in wissensintensiven Berufen, Empirische Befunde; BIBB/BAuA-Erwerbstätigenbefragung 2006, Bundesinstitut für Berufsbildung.

Hamel, G., Prahalad, C. K. (1994): Competing for the future; Boston (Mass.), Harvard Business School Press.

Herbig, B., Glaser, J., Gunkel, J. (2008): Kreativität und Gesundheit im Arbeitsprozess.; Dortmund/Berlin/Dresden, BAUA (Bericht zum Forschungsprojekt F 1961).

Herzberg, F., Mausner, B., Snyderman, B. B. (1967): The motivation to work; New York, 2. Auflage.

Hock, D. (1999): The Chaordic Organization; San Francisco.

Hube, G. (2005): Beitrag zur Beschreibung und Analyse von Wissensarbeit; Dissertation am Institut für Arbeitswissenschaft und Technologiemanagement (IAT), Universität Stuttgart.

Iqbal, S. T., Horvitz, E. (2007): Disruption an recovery of computing tasks; Field study, analysis, and directions, CHI 2007, San José, S. ohne Seitenangaben.

Kaplan, A., Aronoff, S. (1996): Productivity Paradox: Worksettings for Knowledge Work; Facilities, Jg. 14, Nr. 3/4, S. 6 - 14.

Kaplan, R. S., Norton, D. P. (1996): The Balanced Scorecard: Translating Strategy into Action; Boston, MA.

Koch, O., Kaltenborn, R. (2005): Wissensmanagement am Arbeitsplatz: Mehr Zeit für Patienten durch bessere Information; Deutsches Ärzteblatt online, 18.07.2005, www.aerzteblatt.de/aufsaetze/0506.

Kochanski, J., Ledford, G. (2001): „How to Keep Me" – Retaining Technical Professionals; Research Technology Management, May-June, S. 31-38.

Kratzer, J. (2007): Die Kunst der Zurückhaltung: Führung von Forschungs- und Entwicklungsteams; Zeitschrift Führung + Organisation (zfo), Jg. 76, Nr. 4, S. 216-222.

Kriegesmann, B. (1993): Innovationsorientierte Anreizsysteme – Ein empirisch fundierter Beitrag zur Gestaltung und Umsetzung typenspezifischer Anreizstrukturen für innovative Mitarbeiter.; Bochum.

Kriegesmann, B. (2000): Innovationsorientierte Anreizsysteme.; Clermont, A.; Schmeisser, W.; Kumphove, D. (Hrsg.): Personalführung und Organisation, München, S. 385-398.

Krogh, G., von/Roos, J. (1996): Five claims on knowing; European Management Journal (14), 4, S. 423-426.

Kulke, U. (2006): In den Klauen der Zeitfresser; Die Welt, 13.12.2006.

Latniak, E., Gerlmeier, A. (2006): Zwischen Innovation und alltäglichem Kleinkrieg, Zur Belastungssituation von IT-Beschäftigten; Wissenschaftszentrum Nordrhein-Westfalen, Institut Arbeit und Technik, IAT-Report 2006-04.

Leptien, C. (1996): Anreizsysteme in Forschung und Entwicklung - Unter besonderer Berücksichtigung des Arbeitnehmererfindergesetzes; Wiesbaden.

Levy, F., Murnane, R. (2004): The new division of laor; Princton, Princeton University Press.

Meckel, M. (2007): Das Glück der Unerreichbarkeit; Hamburg.

Mertins, K., Döring-Katerkamp, U. (2004): Kompetenzmanagement – Der Faktor Mensch entscheidet; Stuttgart.

Miller, A., Dess, G. (1996): Strategic Management; New York, 2. Auflage.

Moldaschl, M. (Hrsg.) (2005): Ressourcenorientierte Analyse von Belastung und Bewältigung; Moldaschl, M. (Hrsg.), 2005 Immaterielle Ressourcen, München.

Montreal Knowledge City Advisory Committee (2003): Montreal: Knowledge City, Report.

Nohr, H. (2002): Elektronisch vermittelte Wissenskommunikation und Medienwahl; nfd Information Wissenschaft und Praxis 52.

Nonaka, I., Konno, N. (1998): The Concept of Ba: Building a Foundation for Knowledge Creation; California Management Review, Jg. 40, Nr. 3; S. 40-44.

Nonaka, I., Toyama, R., Konno, N. (2000): SECI, Ba and Leadership: a Unified Model of Dynamic Knowledge Creation; Long Range Panning, Nr. 1, S. 5-34.

North, K. (1999): Wissensorientierte Unternehmensführung: Wertschöpfung durch Wissen; Wiesbaden, 2. Auflage.

North, K. (2005): Wissensorientierte Unternehmensführung; Wiesbaden, 4. Auflage

North, K. (2008): The anatomy of European knowledge regions, A comparative Analysis; Working paper 1-2008 ,Wiesbaden.

North, K., Franz, M., Lembke, G. (2004): Wissenserzeugung und -austausch in Wissensgemeinschaften; Berlin, QUEM-Report Heft 85.

North, K., Probst, G., Romhardt, K. (1998): Wissen messen - Ansätze, Erfahrungen und kritische Fragen; Zeitschrift für Organisation + Führung (zfo), Jg. 67, Nr. 3, S. 158-166.

North, K., Reinhardt, K. (2005): Kompetenzmanagement in der Praxis; Wiesbaden.

North, K., Romhardt, K., Probst, G. (2000): Wissensgemeinschaften – Keimzellen lebendigen Wissensmanagements; IO-Management 7/8, S. 52.

OECD (2007): PIACC Programme.

Osterloh, M., Frey, B.S. (2000): Motivation, Knowledge Transfer, and Organizational Forms; Organization Science, Jg. 11, Nr. 5; S. 538-550.

Paradi, J.C., Smith, S., Schaffnit-Chatterjee, C. (2002): Knowledge Worker Performance Analysis Using DEA: An Application to Engineering Design Teams at Bell Canada; IEEE Transactions on Engineering Management, Jg. 49, Nr. 2, S. 161.

Plasonig, G. (1990): Technologie im Unternehmen: ein integrativer Ansatz strategischen Technologiemanagements; Wien.

Pulcano, J., Shaner J., Fischer, W. (2007): So steigern Sie den Wert Ihres Beziehungsnetzes; io new management Nr. 9, S. 18-21.

Ramirez, Y., Nembhard, D.A. (2004): Measuring Knowledge Worker Productivity: A Taxonomy; Journal of Intellectual Capital, Jg. 5, Nr. 4, S. 602 – 628.

Ray, P. K., Sahu, S. (1989): The Measurement and Evaluation of White-collar Productivity; International Journal of Operations & Production Management, Jg. 9, Nr.4, S. 28-48.

Reinhardt, K. (2004): Studie Betriebliches Kompetenzmanagement – Chancen und Herausforderungen für die Praxis; Magdeburg.

Reinmann-Rothmeier, G., Mandl. H. (2000): Individuelles Wissensmanagement; Bern.

Reinmann, G., Eppler, M.: Wissenswege.

Reisinger, Ovadias, Ostah (2006): Optimierung der internen Kommunikation, am Beispiel E-Mail Kommunikation; Projektarbeit Donau-Universität Krems.

Robes, J. (2005): What's in it for me? Über den Nutzen von Weblogs für Wissensarbeiter; IM - Information Management & Consulting, Heft 3/ 2005.

Robes, J. (2008): www.weiterbildungsblog.de/archives/000995.html; Zugriff 25.04.2008.

Röll, M. (2004): Distributed KM – Improving Knowledge Workers' Productivity and Organisational Knowledge Sharing with Weblog-based Personal Publishing; Paper presented to BlogTalk 2.0, Wien 5./6.7.2004 http//www.roell.net/publikationen/distributedkm.shtml;Zugriff 25.04.2008.

Riempp (2004): Integrierte Wissensmanagement-Systeme; Berlin.

Scharmer, C.O. (2007): Theory U: Leading from the Future as it Emerges; Cambridge/MA.

Schmenner, R. W. (1986): How can Service Businesses Survive and Prosper?; Sloan Management Review, Jg. 28 Nr. 3, S. 21-32.

Schmenner, R. W. (2004): Service Businesses and Productivity; Decision Science, Jg. 35, Nr. 3, S. 333-347.

Senge, P. M. (1990): The Fifth Discipline: The Art and Practice of the Learning Organization; New York.

Senge, P. M. (1997): Communities of Leaders and Learners; Harvard Business Review, Jg. 75, Nr. 5, S. 30-32.

Senge, P. M. (2003): Taking Personal Change Seriously: The Impact of Organizational Learning on Management Practice. The Academy of Management Executive, Jg. 17, Nr. 2; S. 47-50.

Singh, H., Motwani, J., Kumar, A. (2000): A Review and Analysis of the State-of-the-art Research on Productivity Measurement; Industrial Management & Data Systems, Jg. 100, Nr. 5, S. 234-241.

Sterman, J. D. (2000): Business Dynamics: Systems Thinking and Modelling for a Complex World; Boston.

Strassmann, P. A. (1997): The Squandered Computer: Evaluating the Business Alignment of Information Technologies; New Canaan.

Sumanth, D. (1994): Productivity Engineering and Management; New York.

Sveiby, K. E. (1997): The Organisational Welth. Managing and Measuring Knowledge-based Assets; San Francisco.

Sveiby, K. E. (2007): Methods for Measuring Intangible Assets; Internet: http://www.sveiby.com/Portals/0/Articles/IntangibleMethods.htm.

Taylor, F. W. (1911): The Principles of Scientific Management; New York.

Telekom Austria (2007): Collaboration Fact Finding, unveröffentlichte Studie auf Basis von persönlichen Interviews bei 170 Mitarbeitern aus 12 Unternehmen ohne Branchenfokus.

Thurow, L. (1999): Building Wealth: The New Rules for Individuals, Companies, and Nations in a Knowledge-Based Economy; New York.

Towers Perrin (Hrsg.) (2004): Reconnecting with Employees. Gewinnen, Binden und Motivieren von Mitarbeitern als Beitrag zum Unternehmenserfolg. Deutschland-Bericht des europäischen Towers Perrin Talent Reports 2004; Kröning.

Vickery, G., Wurzburg, G. (1999): The Challenge of Measuring and Evaluating Organizational Change in Enterprises; OECD (Hrsg.), International Symposium on Measuring and Reporting Intellectual Capital: Experiences, Issues, and Prospects, Amsterdam.

Weick, G., Schur, W. (2008): Wenn E-Mails nerven; Düsseldorf.

Wenger, E. (1998b): Communities of Practice: Learning, meaning, and identity; Cambridge.

Wenger, E., Snyder, W. (2000): Communities of Practice, The organizational frontier; Harvard Business Review, January-February, S. 139-145.

Wikipedia (2008): http://de.wikipedia.org/wiki/E-Learning; Mai 2008.

Wikipedia (2008): http://de.wikipedia.org/wiki/Peer-to-Peer; Mai 2008.

Wikipedia (2008): http://de.wikipedia.org/wiki/Managementsystem; Mai 2008.

Willfort, R., Tochtermann, K., Neubauer, A. (2007): Creativity @ Work; Aachen.

Witt, U. (1998): Imagination and Leadership - The Neglected Dimension of an Evolutionary Theory of the Firm; Journal of Economic Behavior and Organization, Jg. 35, Nr. 2, S. 161-167.

Wright, T. A., Walton, A. P. (2003): Affect, psychological well-being and creativity, results of a field study; Journal of Business and Management Nr. 9, S. 21-32.

Wüthrich, H. A., Osmetz, D., Kaduk, S. (2007): Leadership schafft Wettbewerbsvorteile 2. Ordnung; Zeitschrift Führung + Organisation, 6/2007, S.312-319

Zirke, J. (2003): Workflow im Mail Management; www.competence-site.de (zitiert nach Kremer, R. (2007) E-Mail und RSS Kommunikation im Doppelpack, Wissensmanagement 3/07, S. 34-35.

Stichwortverzeichnis

A

Anreize 90
Arbeitsplatzgestaltung 131 ff.
Archivierung 229
Asynchrone Kommunikation 174

B

Ba 137
Beurteilungssysteme 163
Blame Culture 174
Brain drain 13
Brain gain 13
Broad-Banding 91
Burn-Out 145 ff.
Bürokonzept 150
Business Intelligence Systeme 233

C

Coaching 16, 162, 192, 214, 258
Collaboration 226
Community 95, 170, 184, 187, 225, 231 ff.
Corporate Directory 229
Creative Class 9, 22
Crowding-Effekt 87
Customer Relationship Management Systeme 227

D

Data Envelopment Analyse 120
Daten 24
Deformation professionelle 180
Deming'sche Kettenreaktion 113

Differenzierungsstrategien 132
distributed leadership 94
Doppelhierarchien 91

E

Einkommensmaximierer 80
E-Learning 161, 164, 191, 209, 216, 225, 231
E-Mail 38, 39, 41, 48, 50, 172, 173, 174, 224
Enterprise Resource Planning 228
Extrinsische Motivation 79

F

Fachkompetenz 155, 158
Fachwissen 90, 115, 157, 189, 251
Fluktuationsbereitschaft 91
Freiberufler 11
Führung 17, 23, 36, 65 ff., 75, 79, 94 ff., 114, 145, 191, 216
Führungsebenen 94
Function Point Analyse 119

G

Groupware 226

I

IKT Systeme
   Effizienzsteigerung 240
   Nutzen 240
   Überblick 223
   Performanz 214
   Anforderungen 212

Inderdisziplinäre
  Zusammenarbeit 253
Indexmessung 116
Industrialisierung von
  Dienstleistungen 199
Informations- und
  Kommunikationstechnologie
  (IKT) 211
Informationsflut 169
Informationsstrategie 169
Innovation 137
intrinsische Motivation 79
IP-Telefonie 224

K

Karriere 91
Kernkompetenz 26
KIBS 202
Kognitive Fähigkeiten 21, 22
Kommunikationskultur 176
Kommunikations-Mix 172
Kompetenz 16, 24 ff., 34, 44, 53 ff., 157
Kompetenzentwicklung 55, 155, 161, 254
Kompetenzentwicklung, Anreize 163
Kompetenzentwicklung, Methoden 161
Kompetenzrad 159
Kompetenzziele 163
Kontaktplattform 182
KP³ Methode 121

L

Lern- und
  Veränderungsbereitschaft 139
Lernen 28
Lernen, situatives 156
Lernende Organisation 137
Lernprozesse, strategisch 97
Lessons learned 162

M

Managementperspektive 65
Media Richness Theorie 172
Mediensynchronizität 172
Methodenkompetenz 158
Mitarbeiterbeurteilung 164
Motivationstheorien 80

N

Networking 182
Networking Bilanz 183
Netzwerk 182

O

Offshoring 202
Ökonometrische Modelle 116
Operations-based Productivity
  Messung 119
Organisationale Energie 46
Organisationales Lernen 76, 96
Outsourcing 199

P

Peer-to-Peer Kommunikation 233
Performancesteigerung 130
Persönliches
  Wissensmanagement 136
Portal 228
Positionale Güter 81
Produktivität 5, 14, 26, 44, 46, 49, 54, 65, 71, 93, 98, 105, 112 ff., 172, 175, 181 f., 213, 217, 223, 230, 245, 258
Produktivitätskiller 41
Produktivitätsparadoxon der IKT 130
Prozessbeschreibung 180
Psychosomatische Beschwerden 145
Push- und Pull-Strategien 171

Q

Qualität von Wissensarbeit 139
Qualitätsmanagement 115
Quantitative Messung 65

R

Regionen 9, 13
Rollenmodell von Wissensarbeit 32
Routine-Wissensprozesse 34

S

Selbstführung 66, 96
Selbstmanagement 253
Selbstreflektion 254
Servicematrix 120
Skill-blocks 164
Sozialkompetenz 158
Standardisierung 199
Standortverlagerung 9
Strukturierung von Wissensgebieten 252
Supervision 150, 162
Swift Even Flow-Methode 120

T

Taylorismus 112
Training on-the-job 72

Typen von Wissensarbeit 31

U

Unified Messaging 224

W

Weiterbildung 55, 90, 130, 139, 156, 161, 165, 166, 179, 205, 251, 254
Wertschöpfung 9 ff., 21 ff., 54
Wettbewerbsvorteil 64
Wilfing 50
Wissensdatenbank 24
Wissensgemeinschaften 35, 157, 184 ff.
Wissensgesellschaft 9, 65, 71, 94, 136, 251, 257
Wissensintensive Dienstleister 34
Wissensökonomie 9
Wissensproduzenten 34
Wissenstreppe 24 ff.
Wissensvermittler 34
Workflow Systeme 227
Work-out 181

Z

Zieloperationalisierung 180
Zielvereinbarungen 163

Mehr wissen – weiter kommen

Erfolgreicher durch Wissensmanagement – mit einer Vielzahl von Praxisbeispielen

Die Bedeutung der Ressource „Wissen" wird in Volkswirtschaften und Unternehmen zunehmend erkannt. Die gesellschaftlichen und organisatorischen Rahmenbedingungen zur Generierung und effektiven Nutzung von Wissen werden in der nahen Zukunft die Wettbewerbsfähigkeit bestimmen.

Anhand einer Vielzahl von Praxisbeispielen macht Klaus North deutlich, wie wissensorientierte Unternehmensführung und das Management von Wissensressourcen erfolgreich umgesetzt werden können.

Die vierte Auflage wurde wiederum durchgesehen und aktualisiert, insbesondere wird auf Wissensmanagement in kleinen und mittleren Unternehmen eingegangen, neueste Entwicklungen zur Wissensbilanzierung finden Berücksichtigung. Ein 12-Punkte-Programm erleichtert die Implementierung in der Praxis.

„Wissensorientierte Unternehmensführung" richtet sich an Studenten der Betriebswirtschaft, insbesondere mit den Schwerpunkten Organisation und Unternehmensführung, Unternehmenspraktiker, Berater und Organisationsentwickler.

Klaus North
Wissensorientierte Unternehmensführung
Wertschöpfung durch Wissen
4., akt. u. erw. Aufl. 2005. XII, 353 S.
Br. EUR 36,90
ISBN 978-3-8349-0082-1

Änderungen vorbehalten. Stand: Juni 2008.
Erhältlich im Buchhandel oder beim Verlag.

Gabler Verlag . Abraham-Lincoln-Str. 46 . 65189 Wiesbaden . www.gabler.de